ITALIAANSE LITERATUUR NA 1900

DEEL 2:
1945-2000

ITALIAANSE LITERATUUR NA 1900

DEEL 2:
1945-2000

Bart VAN DEN BOSSCHE & Franco MUSARRA (red.)

PEETERS
2004

© 2004, Uitgeverij Peeters, Bondgenotenlaan 153, 3000 Leuven
D. 2004/0602/13
ISBN 90-429-1402-5

INHOUDSTAFEL

VOORWOORD

Het idee om een overzichtsbundel samen te stellen over de Italiaanse letterkunde van de twintigste eeuw is gerijpt vanuit een op het eerste gezicht paradoxaal gegeven. Enerzijds lijkt er bij het lezerspubliek van de Lage Landen een niet onaanzienlijke interesse voor de hedendaagse Italiaanse literatuur te bestaan; in de jaren tachtig speelde hierbij beslist het Eco-Calvino-effect, maar ook na het wegebben van dat effect bleef de belangstelling voor de literatuur van het schiereiland levendig. Ook het aanbod van in het Nederlands vertaalde Italiaanse literaire teksten is, in weerwil van soms opvallende en bevreemdende lacunes, al bij al vrij ruim en wordt constant aangevuld. Dit geldt uiteraard in de eerste plaats voor het hedendaagse verhalend proza, én ook voor de oudere letterkunde, die zich sinds enkele jaren mag verheugen in een hernieuwde belangstelling. Maar ook de twintigste-eeuwse poëzie, die de voorbije decennia misschien wat op de achtergrond geraakt was, lijkt de jongste jaren aan een inhaaloperatie toe te zijn.

Tegenover dit vrij grote aanbod aan primaire teksten staat echter een opvallende schaarste aan secundaire literatuur. De geïnteresseerde lezer die op zoek is naar informatie over auteurs en stromingen uit de Italiaanse literatuur komt doorgaans terecht bij (korte) toelichtingen bij vertalingen, recensies, naslagwerken en themanummers van literaire tijdschriften. Maar vaak is deze informatie òf te summier, òf te fragmentarisch, òf vrij moeilijk toegankelijk, en de lezer blijft daardoor toch al snel op zijn honger zitten. Ook wie het Italiaans voldoende beheerst om teksten in de oorspronkelijke taal te lezen, ziet zich tot op zekere hoogte met hetzelfde probleem geconfronteerd; het is wel zo dat wie in staat is om primaire teksten in het Italiaans te lezen, in principe ook secundaire literatuur in het Italiaans kan raadplegen, maar deze secundaire literatuur is vaak geconcipieerd vanuit welbepaalde (didactische of literatuurhistorische) premissen en doelstellingen, en biedt niet altijd een antwoord op de specifieke vragen van Nederlandstalige lezers, die doorgaans over een andere voorkennis beschikken dan de Italiaanstalige lezers. Met *Italiaanse literatuur na 1900* beogen de samenstellers een aanzet te geven tot het opvullen van deze leemte.

Bij de concrete uitwerking van deze bundel werd besloten om de twee delen van deze publicatie uitdrukkelijk niet op te vatten als een sterk gestructureerd en strak gestuurd literatuurhistorisch overzicht, waarbij alle literaire fenomenen een al dan niet duidelijk afgebakende plaats dienden te krijgen binnen een overkoepelend schema. Net zoals in de drie delen over *Franse literatuur na 1945* (verschenen tussen 1998 en 2000) werd geopteerd voor een monografisch concept, waarbij de afzonderlijke bijdragen telkens gewijd zijn aan één enkele auteur en telkens verzorgd door een andere medewerker. Een voordeel van deze optie is dat de bijdragen relatief los van elkaar geraadpleegd kunnen worden, waardoor het boek een lage 'instapdrempel' heeft.

Dit betekent echter niet dat *Italiaanse literatuur na 1900* bestaat uit een reeks los van elkaar staande portretten zonder enige samenhang. Binnen het algemene concept werd er wel degelijk naar gestreefd om de interne samenhang en dynamiek van het Italiaanse literaire veld in de twintigste eeuw voldoende in beeld te brengen. Elke bijdrage plaatst de behandelde auteur uitdrukkelijk binnen de bredere literaire en cultuurhistorische context, waarbij o.a. wordt stilgestaan bij de positionering van de auteur tegenover verschillende literaire stromingen en bij de waarderingsgeschiedenis van zijn werk. Bovendien vindt de lezer in deel I van dit tweedelig overzicht twee afzonderlijke bijdragen die, telkens vanuit een bijzondere invalshoek – die van de literaire kritiek en die van de literaire tijdschriften – een breder perspectief aanreiken. In de hoofdstukken over *Literaire tijdschriften* (deel I, pp. 201-219) en *Literaire kritiek* (deel I, pp. 221-241) – hoofdstukken die overigens de hele twintigste eeuw omspannen – worden een aantal bijzondere kenmerken belicht van het functioneren van het Italiaanse literaire systeem, die respectievelijk betrekking hebben op de manier waarop in Italië sinds 1900 over literatuur gesproken wordt én op de betekenis van literaire tijdschriften voor de Italiaanse literatuur, zowel voor de interne dynamiek van die literatuur als voor haar positie binnen het bredere culturele veld. Beide bijdragen vestigen de aandacht op een aantal aspecten van de Italiaanse literatuur die, hoewel ze misschien niet als echt specifiek "Italiaans" bestempeld hoeven te worden, toch niet zonder meer samenvallen met de kenmerken van andere literaire systemen. Meteen bieden deze bijdragen ook een breder referentiekader om de in de afzonderlijke essays behandelde auteurs te begrijpen tegen de achtergrond van een aantal literaire en culturele paradigma's van de periode waarin zij actief waren.

Italiaanse literatuur na 1900 wil de lezer ook actief uitnodigen tot verdere lectuur. Daarom werd aan het eind van elke bijdrage een beknopte primaire en secundaire bibliografie opgenomen. De lijsten met vertaalde primaire teksten pretenderen geenszins exhaustief te zijn, maar bevatten doorgaans wel zo goed als alle min of meer courant in de boekhandel of bibliotheek beschikbare titels. In de beknopte secundaire bibliografie werden in de mate van het mogelijke verwijzingen opgenomen naar essays in het Nederlands of minstens in het Frans of Engels; voor wie de taal van Dante voldoende machtig is werden ook een aantal teksten in het Italiaans opgenomen.

In het tweede deel van *Italiaanse literatuur na 1900* komen auteurs aan bod waarvan zowat het hele werk of minstens een belangrijk deel ervan gesitueerd is in de tweede helft van de twintigste eeuw. Het is een boutade te zeggen dat een overzichtsbundel als deze noodzakelijk selectief is, en dat alle selectiecriteria, hoe zorgvuldig ook, ter discussie gesteld kunnen worden. Van een aantal van de behandelde auteurs zal de lezer ook wel spontaan vinden dat ze 'onvermijdelijk' waren. De samenstellers hielden rekening met de relatieve bekendheid van de auteurs in het Nederlandse taalgebied èn met de mate van beschikbaarheid van teksten in het Nederlands. Toch werd er in dit overzicht ook gestreefd naar een sterke mate van representativiteit of relevantie met betrekking tot algemene tendensen in de Italiaanse literatuur en cultuur. Met de eerste twee bijdragen in dit boek, gewijd aan Mario Luzi en Edoardo Sanguineti, worden meteen twee krachtlijnen belicht die de Italiaanse poëzie na 1945 kenmerken: enerzijds een voortdurende hang naar en worsteling met het metafysische en het sublieme, vormgegeven in een taal die zich situeert binnen de traditie van de grote poëzie van de twintigste eeuw, een tendens waarvan de poëzie van Mario Luzi een van de meest sprekende en spraakmakende voorbeelden is; anderzijds een duidelijk experimentele, avant-gardistische tendens, die de grenzen van de poëzie voortdurend aftast en openbreekt, verschillende taalregisters verkent, en het ideologiekritische potentieel van poëzie aanboort, een tendens waarvan Edoardo Sanguineti ontegensprekelijk de belangrijkste exponent is.

In de eerste jaren na 1945 wordt de Italiaanse literaire scène gedomineerd door een op realistische leest geschoeide en politiek geëngageerde literatuur, een stroming die bekendstaat als het "neorealisme". Dit neorealisme, dat tegen de helft van de jaren vijftig zo goed als weggedeemsterd is, is overigens een veel complexer fenomeen dan een aantal literatuurgeschiedenissen laat uitschijnen. Ook tijdens de daaropvolgende decennia zijn er in het Italiaanse verhalend proza talloze vruchtbare vormen van kruisbestuiving te vinden tussen roman en autobiografie, verbeelding en maatschappelijke betrokkenheid, individuele ervaring en nationale geschiedenis. In het oeuvre van auteurs als Primo Levi, Giorgio Bassani, Elsa Morante, Giuseppe Tomasi di Lampedusa of Leonardo Sciascia lopen feit en fictie, getuigenis en verbeelding, verhaal en reflectie, rouwklacht en aanklacht op boeiende en vaak verrassende wijze in elkaar over.

De Italiaanse samenleving beleeft na 1945 een zeer snelle evolutie, en maakt in een recordtijd de sprong naar een industriële en postindustriële maatschappij. Het werk van Italo Calvino lijkt deze ontwikkelingen op het eerste zicht met een zekere afstandelijkheid te volgen, maar wellicht vormt zijn oeuvre precies daarom het meest coherente verhaal van de overgang van een 'moderne' naar een 'postmoderne' cultuuropvatting. Na 1980 groeit Calvino, samen met Umberto Eco, uit tot een van de internationale iconen van het postmodernisme. Niet alleen uit hun werk, maar ook uit dat van auteurs als Claudio Magris en Antonio Tabucchi spreekt een grote aandacht voor de dynamiek van verhalen en vertellen, het herschrijven van teksten en genres, de wisselwerking tussen tekst en lezer, tussen wereld en tekst – of meer nog: de aandacht voor de wereld àls tekst en voor de tekst àls wereld.

Wie in de Italiaanse literatuur na 1945 op zoekt gaat naar – soms krachtige – vormen van diversiteit en dissidentie, hoeft doorgaans niet lang te zoeken. De bedachtzaamheid van Italo Calvino's oeuvre steekt schril af tegen het werk van de rusteloze artistieke duizendpoot Pasolini, die de snelle culturele en maatschappelijke trasformaties van zijn land onophoudelijk voorzag van een vaak grillig en tegendraads commentaar. Ook in het theater van Dario Fo zijn dissidente stemmen en controversiële standpunten nooit ver weg. Dacia Maraini is dan weer een exponent van de vrouwelijke *presa di parola* in het proza van de jaren zestig en zeventig, wanneer verschillende schrijfsters, vaak op felle en indringende wijze, een veelheid aan vrouwelijke stemmen en ervaringen laten weerklinken. De slotbijdrage in dit boek geeft een bondig overzicht van de nieuwe wegen die het proza na 1980 is ingeslagen.

I
POËZIE: TAAL EN TEGENTAAL

MARIO LUZI
(°1914)

Isabelle VANDENBORRE

Mario Luzi wordt geboren op 20 oktober 1914 in Firenze. Op twaalfjarige leeftijd verlaat hij zijn geboortestad en verhuist samen met zijn ouders naar een dorp in de buurt van Siena. In zijn gedichten zullen verwijzingen naar de stad Firenze èn naar het landelijke Toscane een belangrijke rol spelen. Na de middelbare school studeert Luzi Franse letterkunde aan de Universiteit van Firenze. Het is tijdens die studententijd dat hij zijn eerste stappen zet in het wereldje van dichters en romanschrijvers. Hij gaat geregeld naar het literaire café "Giubbe rosse" aan de Piazza della Repubblica in Firenze waar hij intellectuelen en schrijvers ontmoet als Eugenio Montale, Carlo Bo en Alfonso Gatto. Die contacten zijn bepalend voor zijn vorming: vooral Carlo Bo, de theoreticus van het hermetisme, heeft een grote invloed op hem en zal hem later beschouwen als de vertegenwoordiger bij uitstek van dit hermetisme. Luzi schrijft zich op deze manier in in de stroming die op gang gebracht werd in het Firenze van de tweede helft van de jaren dertig, maar hij is ook gefascineerd door de stilistische vernieuwingen van auteurs als Ungaretti, Montale en Quasimodo. Het intimistische, spirituele en mystieke karakter van zijn werk onderscheidt hem dan weer van deze auteurs, zodat we hem een heel eigen plaats in de Italiaanse literatuur moeten toekennen. Luzi verwoordde dit zelf als volgt:

> Ungaretti en Montale waren toen zeker de meest gelezen dichters. Montale werd toen bekend, terwijl Ungaretti en het ungarettisme al heel wat navolgers hadden. Hun stilistische experimenten waren heel interessant, maar hun poëzie spoorde mij niet aan, raakte mijn diepste ik niet, deed de intiemste snaren van mijn persoonlijkheid niet trillen.
> (Interview met Mario Luzi door Isabelle Vandenborre, 1993.)

In die tijd werkt hij ook al mee aan een aantal literaire tijdschriften, hoofdzakelijk aan avant-gardistische bladen waarin het hermetisme langzaam vorm krijgt, zoals *Frontespizio* en *Letteratura*. In de jaren dertig speelden tijdschriften een belangrijke rol in het literaire leven in Italië: in tal van literaire bladen werden nieuwe ideeën voorgesteld en bediscussieerd en werden nieuwe literaire stromingen zoals het hermetisme voorbereid. De meeste schrijvers waren toen tegelijkertijd critici. Een van de belangrijkste critici op dat ogenblik was Carlo Bo. Als spirituele 'vader' van het Florentijnse hermetisme heeft hij Luzi altijd uiterst positief beoordeeld.

Mario Luzi's eerste dichtbundel *La barca* ("De boot"), dateert uit zijn studententijd, en kan worden beschouwd als een voorloper van zijn tweede, duidelijk hermetische bundel *Avvento notturno* ("Avondschemering").

Luzi rondt zijn studies af met een thesis over de Franse katholieke schrijver François Mauriac en wordt docent Franse letterkunde, eerst in de middelbare school, later aan de Universiteit van Firenze. Zijn interesse voor de Franse literatuur blijft niet zonder gevolgen voor zijn eigen werk. Op inhoudelijk vlak werd hij sterk beïnvloed door de spiritualiteit en religiositeit van schrijvers als Pascal, Racine en Mauriac. Vooral de voor hen zo typische neiging tot gewetensonderzoek vinden we bij Luzi terug. Op formeel vlak voelde hij zich veeleer aangetrokken tot symbolisten en postsymbolisten als Baudelaire, Rimbaud, Mallarmé en Valéry. Net als zij probeert hij de poëzie te herleiden tot haar fundamenten, zodat zij de uitdrukking wordt van de band tussen het individu en het geheel waarvan dat individu deel uitmaakt. In die zin is bij Luzi het woord drager van kennis, niet alleen kennis van zichzelf, maar ook kennis van de wereld: het poëtische woord is uiteindelijk het enige middel om gestalte te geven aan de waarheid waar iedereen op zoek naar is.

Luzi beperkt zich niet tot de dichtkunst: hij is ook de auteur van ettelijke essays en heeft tal van literaire vertalingen op zijn actief. Zijn interesse voor de Italiaanse en buitenlandse literatuur is immers altijd groot geweest. Onder de titel *La cordigliera delle Ande* bundelde hij in 1983 vertalingen van Franse teksten van onder anderen Racine, Baudelaire, Rimbaud, Valéry en Mallarmé. De laatste jaren gaat zijn aandacht en voorkeur uit naar de Latijns-Amerikaanse literatuur.

Sinds 1971 schrijft hij ook toneelstukken. Het meest recente voorbeeld daarvan is *Ceneri e ardori* ("As en gloed", 1997). Het hoeft niet te verwonderen dat Luzi zich de laatste decennia aan het schrijven van theater waagt, aangezien zijn gedichten vanaf 1964 steeds meer de vorm van dialogen aannemen en de stap naar het theater dus eigenlijk vrij klein geworden was.

Mario Luzi geniet een grote internationale bekendheid. Zijn poëzie werd o.a. vertaald in het Engels, Frans, Nederlands, Spaans, Grieks, Duits en Russisch. Zijn rijke literaire loopbaan is bekroond geworden met een aantal literaire prijzen. Zo kreeg hij in 1991 de Europese Aristeon-prijs voor Literatuur voor de dichtbundel *Frasi e incisi di un canto salutare* ("Zinnen en fragmenten van een heilzaam lied"). Hij geldt ook al verscheidene jaren als een serieuze kandidaat voor de Nobelprijs Literatuur, en toen die onderscheiding in 1997 aan Dario Fo werd toegekend, vond een belangrijk deel van de Italiaanse literaire goegemeente dat die prijs eigenlijk eerder naar de bejaarde Toscaanse dichter had moeten gaan.

ENKELE CONSTANTEN IN LUZI'S WERK

Luzi's oeuvre wordt gekenmerkt door een heel complexe evolutie. Vooral vormelijk lijken zijn laatste bundels in niets meer op de hermetische werken uit zijn beginperiode waarmee hij bekendheid verwierf. Deze evolutie is nauw verwant met Luzi's persoonlijke ontwikkeling en met historische en maatschappelijke ontwikkelingen. Toch wordt zijn hele oeuvre door een zekere logica en coherentie overheerst. De essentie van wat hij de lezer in zijn laatste bundels meegeeft was eigenlijk al aanwezig in *La barca*.

Een eerste pool waarrond Luzi zijn oeuvre heeft opgebouwd is de voortdurende zoektocht naar de zin van het bestaan, naar de waarheid die het leven authentiek maakt. Aanvankelijk, dit wil zeggen in zijn hermetische bundels, gaat het om de zin van zijn eigen, individuele bestaan. Die zin wordt gesitueerd en gezocht in het absolute, het transcendente, dat wat het menselijke bestaan overstijgt. Na de oorlog echter verlaat Luzi de sfeer van het individuele bestaan om op zoek te gaan naar de fundamenten van de menselijke conditie *an sich*.

Een tweede pool is de voortdurende wording of verandering die haaks lijkt te staan op deze zoektocht naar zin of essentie. Doordat Luzi zijn blik verruimt en oog heeft voor de werkelijkheid, het andere rondom hem, kan hij de overvloed aan gebeurtenissen en de onophoudelijke verandering die de werkelijkheid kenmerkt niet ontkennen. Het onstandvastige karakter van de omgeving waarin hij zich bevindt doet hem twijfelen en creëert onzekerheid, waardoor de dichter in dialoog treedt met anderen en met zichzelf. De confrontatie tussen de steeds veranderende werkelijkheid en het waarheidszoekende ik maakt zijn gewetensonderzoek steeds intenser. Hij komt tot de vaststelling dat verandering en wording de essentie van het bestaan uitmaken en dat de ultieme waarheid precies in deze processen te vinden is.

De metafoor voor de voortdurende verandering en het zoeken naar het blijvende in die verandering is de reis. Bij Luzi neemt die reis de vorm aan van een uittocht en een verbanning om uiteindelijk een pelgrimstocht, een zoektocht naar een dieper ik te worden. De twijfel waarop hij hierbij stoot verdwijnt niet meer, maar hoeft toch niet absoluut te zijn. De derde pool die de poëzie van Luzi kenmerkt is het geloof. Dit geloof is niet triomferend en biedt geen zekerheden, maar is onrustig en bevragend. Het gaat om een religiositeit die de confrontatie met de geschiedenis en de eisen van de maatschappij durft aan te gaan, die er als enige in slaagt te leven met twijfel en de absurditeit van het bestaan geen kans te geven. In Luzi's laatste bundels moet de rationaliteit steeds meer plaatsmaken voor mystiek en spiritualiteit.

Men kan de poëzie van Luzi begrijpen als een poging het universum te 'kennen' en te 'begrijpen', met enerzijds een geïntrigeerd volgen en bevragen van gebeurtenissen en anderzijds een grijpen en omvatten van de diepere betekenis van die gebeurtenissen. Deze kennis lijkt vooruit te wijzen naar een Ultieme Waarheid, en houdt de belofte van heil en redding in. Voor de dichter is het dan ook een morele verplichting in te gaan op de roeping om kennis over te brengen en de wereld opnieuw vorm te geven. Kennis verwerven en doorgeven kan dan ook enkel door middel van het woord, van de poëzie. Hierdoor vertonen Luzi's gedichten een sterke morele en spirituele spankracht.

Een overzicht van Luzi's werk

Luzi heeft naam verworven als een van de grootste hermetische dichters van Italië, en in literaire naslagwerken wordt hij dan ook steevast als "hermeticus" geklasseerd. Luzi heeft zich inderdaad vrij snel ontpopt tot een meester in het schrijven van de voor het hermetisme zo typische moeilijke, gesloten, abstracte en nogal intellectualistische poëzie. De crisissfeer die het einde van de jaren dertig overschaduwde is zeker niet vreemd aan deze vlucht uit de concrete werkelijkheid.

Zijn debuut, *La barca* (1935), kan gelden als een soort aanloop tot het hermetisme. We vinden er al een grote religieuze spanning en een intense drang naar het absolute, hetgeen vorm krijgt in een aantal abstracte en moeilijk te doorgronden beelden. Toch overheerst nog de liefdevolle aandacht voor de natuur, de eenvoud der dingen, de zachtheid van het bestaan. In de eerste verzen van *L'immensità dell'attimo* ("De onmetelijkheid van het ogenblik") vinden we een mengeling van alledaagse, natuurlijke, ja zelfs lieflijke beelden ("de zomer", "de kudden" en "de herders") en eerder abstracte begrippen ("uiterste schaduwen", de "herinnering" en het "geheime vuur" van het leven).

Quando tra estreme ombre profonda	Als diep tussen uiterste schaduwen
in aperti paesi l'estate	de zomer in wijd open landen
rapisce il canto agli armenti	de kudden van hun lied berooft en de herders
e la memoria dei pastori e ovunque tace	van hun herinnering en overal
la segreta alacrità delle specie.	't geheime vuur der soorten dooft.

(*L'immensità dell'attimo*, vert. Frans van Dooren, 1982.)

Zijn drang naar het absolute gaat nog niet echt gepaard met existentiële twijfel. In *La barca* vinden we nog een jonge, naïeve zekerheid, want de wereld waarin de waarheid, de grond van het bestaan zich bevinden wordt vanop een afstand, "vanop de boot" bekeken.

Amici dalla barca si vede il mondo	Vrienden, vanop de boot kan je de wereld zien
e in lui una verità che procede intrepida	en in hem een waarheid die moedig voortschrijdt.

(*Alla vita*, vert. Isabelle Vandenborre.)

Door de ingrijpende gebeurtenissen van de Tweede Wereldoorlog ervaart de dichter het geloof in de zachte en lieflijke kanten van het bestaan als het product van jeugdige goedgelovigheid en hij lijkt nu zijn toevlucht te nemen tot de koele abstractie. Geconfronteerd met een door oorlog overweldigde werkelijkheid zet Luzi de stap naar een ander soort poëzie. Binnen die poëzie zet hij de stap naar een moeilijke, weerbarstige en abstracte taal die het alledaagse taalgebruik, zo wezenlijk verbonden met een concrete werkelijkheid, ver achter zich laat. Zijn tweede bundel, *Avvento notturno* (1940), wordt dan ook door vele critici beschouwd als de meest overtuigende en coherente uitdrukking van Luzi's hermetisme. Hij bereikt er een volmaakt evenwicht tussen vorm en inhoud: moeilijke, vaak door hemzelf gecreëerde woorden geven uiting aan zijn fascinatie voor het onvatbare. Enkele verzen uit het gedicht *Cuma* illustreren het besluit van de dichter om afstand te nemen van het aangename, het veilige, het natuurlijke, en zijn toevlucht te zoeken in een harde, avontuurlijke en kunstmatige werkelijkheid die typisch is voor het hermetisme.

Ninfe paghe di boschi, alberi, amore,	Nimfen voldaan met bossen, bomen, liefde,
era questa la vita? Caravelle	was dat toen 't leven? Zwalkende karvelen
vagabonde di sé scaldano i mari,	verwarmen 't zeevlak met hun eigen vuur,
barche nuziali rompono gli ormeggi.	bruiloftsboten verbreken de ankerkabels.

(*Cuma*, uit *Avvento notturno*, vert. Frans van Dooren.)

Hier neemt zijn reis duidelijk de vorm aan van een verbanning uit de vertrouwde omgeving. Ook al biedt de ontastbare, kunstmatige werkelijkheid bescherming, toch duikt voor het eerst al twijfel op, twijfel over de bestemming van de menselijke levenstocht. Deze twijfel zal nooit meer verdwijnen, wordt een niet aflatende, existentiële twijfel. In de volgende verzen uit hetzelfde gedicht *Cuma* vinden we de vraag die op zoveel plaatsen in de bundel voorkomt: waarheen? Waarheen begeeft de mens, de hele mensheid zich?

Verso dove? S'annuvolano i corvi	Waarheen? Kraaien verduisteren de lucht
e il fuoco langue dentro i bivacchi al muover delle tende.	en 't vuur in 't bivak kwijnt bij 't opbreken der tenten langzaam weg.

Maar naarmate de gebeurtenissen van de Tweede Wereldoorlog elkaar opvolgen komt Mario Luzi tot het besef dat hij zich niet kan blijven ophouden in de tot kristalheldere vormen gestolde wereld die hij in zijn gedichten oproept. Enkel het aanvaarden van de werkelijkheid in al haar complexiteit kan leiden tot een duurzaam en authentiek contact met de essentiële waarden van het menselijk bestaan.

In de vijf bundels die volgen op *Avvento notturno* maken de hermetische elementen, hoewel nog duidelijk aanwezig in bepaalde uidrukkingen en beelden, plaats voor nieuwe vormen en inhouden die het contact met de werkelijkheid beter verwoorden.

In *Un brindisi* ("Een toost", 1946) moet het individualisme plaatsmaken voor de ontmoeting met de ander, een ontmoeting die later zelfs uitmondt in een regelrechte dialoog met die ander. *Quaderno gotico* ("Gotisch schrijfboek", 1947) is een bundel liefdesgedichten. De persoon waarmee de dichter een gesprek aanknoopt, is de geliefde vrouw. Het liefdesverlangen van de dichter wordt uitgedrukt in een brede reeks beelden, maar bevat zo goed als geen verwijzingen naar concrete ontmoetingen en gebeurtenissen. Zo wordt de geliefde een mysterieuze figuur en blijft de band met de poëtica van het hermetisme alsnog behouden. De volgende verzen maken dat duidelijk.

Né memoria, né immagine,	En geen herinnering, geen beeld,
né sogno.	geen droom.
Il volto dell'assente era una spera	't Gezicht van de afwezige was als
specchiata dalla prima opaca stella	een bol weerkaatst door de eerste
	omfloerste ster
e neppure eri in lei, eri caduta	en jij bevond je er niet eens in,
	jij was
fuori dell'esistenza.	buiten 't bestaan gevallen.

(*Quaderno gotico*, XIV, vert. Frans van Dooren.)

In *Primizie del deserto* ("Primeurs uit de woestijn", 1951) en in *Onore del vero* ("Eer van de waarheid", 1956) is de onderdompeling in wereldse gebeurtenissen volledig. Deze wereld wordt wel aangeduid als een "deserto", als een desolate woestijn, maar in elk geval dient de mens in deze wereld geen heil meer te verwachten van abstracte en idealistische beelden. Integendeel, de mogelijkheid tot redding ligt besloten in het herstel van de menselijke waardigheid en solidariteit.

In het gedicht *L'osteria* ("De kroeg") benadrukt Luzi het aanschouwen van de werkelijkheid in haar dagelijkse, doodgewone, concrete gedaante. De dichter observeert de bezigheden van mensen in een herberg, plaats bij uitstek van het voorbijgaande, het vluchtige in de werkelijkheid.

Son dietro questi vetri d'osteria	Ik sta bij het venster van de kroeg
uno che un nome effimero	– mijn naam is vluchtig en
distingue	alledaags –
appena, guardo. La mattina scorre,	en kijk. Het morgenlicht glijdt aarzelend
invade a grado a grado l'antro.	het gore vertrek binnen.
L'oste	De waard
numera, scrive giovedì sul marmo,	telt het geld, schrijft donderdag op het marmeren blad,
la donna armeggia intorno al	de vrouw rommelt wat bij het
fuoco, sbircia	vuur, gluurt
verso la porta se entra l'avventore.	naar de deur en wacht op klanten.

(*De kroeg*, uit *L'onore del vero*, vert. Monika Macken.)

De gedichten die Luzi publiceert tussen 1963 en 1993 tonen een dichter die voortdurend is blijven evolueren en zich uiteindelijk heel ver van het hermetisme verwijderd heeft.

In 1964 publiceert hij de bundel *Nel magma* ("In het magma"). Het woord *magma* duidt de verwarde, vormeloze en chaotische massa aan die de werkelijkheid is. Luzi, die zich als hermeticus hoog boven deze chaotische realiteit verheven voelde en er uiteindelijk uit wegvluchtte, is er nu volledig in ondergedompeld (vandaar het voorzetsel "Nel" in de titel). In de vorige drie bundels was de beslissing om een actieve verhouding met de werkelijkheid op te bouwen al voelbaar aanwezig, maar in *Nel magma* is dat contact heel concreet geworden. Centraal staat telkens het leven dat getekend is door liefde en pijn, ontmoetingen en scheidingen, hoop en twijfel. De gedichten dienen zich aan als de neerslag van gesprekken van de dichter met andere mensen: een meer directe weergave van de werkelijkheid is niet mogelijk. Deze gedichten gaan sterk op toneel lijken, maar onderscheiden er zich nog van, doordat de dichter niet zomaar zijn eigen woorden en die van zijn gesprekspartners weergeeft, maar ze als het ware filtert door het prisma van de gevoelens en gedachten die door deze woorden worden opgeroepen. Eerst en vooral stelt hij voortdurend vragen. Het antwoord op die vragen zou moeten leiden tot een beter begrip van wat in de dialogen gezegd wordt. Bovendien heeft de dichter scherpe kritiek op woorden die klakkeloos aanvaard worden, omdat ze de uitdrukking zijn van vastgeroeste waarden, zoals van sommige geloofsovertuigingen. De bedenkingen en beschrijvingen die aan de dialogen toegevoegd worden, zijn het resultaat van een intense en harmonieuze wisselwerking tussen de ik-figuur en de dialogen zelf. Het gaat niet om lang uitgesponnen filosofische gedachten, maar om beknopte kanttekeningen die van een bedrieglijke eenvoud zijn.

In het gedicht *Tra quattro mura* ("Tussen vier muren") is een onzekere ik-figuur aan het woord die worstelt met een pijn die diep in hem wroet. Hij praat met een gelovige, en laat zich kritisch uit over diens overtuiging dat hij het bij het rechte eind heeft. Op zijn aanval volgt niet onmiddellijk een harde verdediging, maar wel stilte en een nieuwe vraag. De ergernis van de dichter, maar ook het besef dat hij het op een of andere manier niet bij het rechte eind heeft, wordt steeds groter, tot een rake opmerking van de gelovige hem de mond snoert, zonder daarom alle twijfel en verdriet weg te nemen.

"Credi?" rompe infine quella
    pausa
che solo a me è sembrata lunga
volgendomi di sotto
in su la cornata di uno sguardo
non tanto offensivo quanto aguzzo.
	"Geloof jij?", zo verbreekt hij de
	    stilte ten slotte
	die alleen ik als lang heb ervaren
	en hij kijkt mij van onderen aan
	met een stotende blik
	die niet zozeer aanvallend dan wel
	    scherp is.

L'animale violato nella sua tana,
    penso,
e ne sento la forza insospettata
	Het dier dat in zijn hol is
	gegrepen, denk ik,
	en ik voel hoe de onvermoede
	    kracht ervan

crescere, crescere fino a un'obbrobriosa sicurezza.	groeit, uitgroeit tot een smadelijke zelfverzekerdheid.

(*Tra quattro mura*, uit *Nel magma*, vert. Frans van Dooren.)

De band met de werkelijkheid door middel van de dialoog met de anderen schenkt Luzi echter nog geen voldoening. Hij wil verder, meer, dieper. Hij wil weten wat de werkelijkheid draagt en steeds vooruitstuwt. Hij wil doordringen tot de "grondvesten" van de werkelijkheid, zoals de titel van de bundel *Su fondamenti invisibili* ("Op onzichtbare grondvesten", 1971) aangeeft. In plaats van zich samen met de anderen door het leven te laten meevoeren als door een stroom, creëert hij even een afstand tegenover dit leven. Hij gaat op een brug staan en bekijkt het voorbijglijdende leven vanop een hoogte. Centraal staat de vraag naar wat onveranderlijk blijft te midden van al het onstandvastige en vergankelijke, wat door zijn bestendigheid vorm en zin geeft aan het wisselvallige, wat essentieel en fundamenteel is, en misschien gelukkig maakt. Ook al zijn die fundamenten onzichtbaar, toch probeert Luzi er voeling mee te krijgen en ze in een poëtische vorm ter sprake te brengen.

Alle gedichten in *Su fondamenti invisibili* gaan uit van gebeurtenissen en situaties uit het eigen leven van de dichter, en van zijn persoonlijke ervaringen van wat de onveranderlijke grond van het bestaan uitmaakt. Maar in de ervaring van het bestendige en wezenlijke zoals de dichter dat in het eigen bestaan ervaart wordt de horizon van het individuele eigenlijk van binnenuit opengebroken en stoot men op iets wat dat individuele perspectief overstijgt en wijst in de richting van iets universeels. Maar toch blijft de band met het individuele steeds weer behouden: het concrete moet dus absoluut geen plaats ruimen voor het abstracte, de twee zijn intrinsiek met elkaar verbonden en harmonieus met elkaar verweven. De zoektocht naar de diepere zin van het zijn kan niet worden losgemaakt van de achtergrond waartegen hij zich situeert: het weefsel van alledaagse gebeurtenissen waarbinnen het individu zich voortbeweegt.

Wat zijn nu deze "grondvesten"? Wat is nu die diepere zin van het bestaan? Luzi spreekt over liefde die licht brengt, over de verhouding tussen goed en kwaad, over de voortdurende verandering en evolutie. De filosofische inslag van deze bundel heeft Luzi er wellicht toe aangezet te opteren voor een poëzie die door haar opbouw en ritme aan lyrisch proza doet denken. De lange volzinnen geven de ingewikkelde vragen en uitgesponnen bedenkingen weer, die niet alleen door de dichter, maar eigenlijk door om het even wie geformuleerd zouden kunnen worden. De dichter hanteert een taal die heel dicht bij de spreektaal ligt. In de ingewikkelde opbouw van de volzinnen is ook een diepe twijfel voelbaar, die de illusie van duidelijkheid afwijst en verhindert dat men onmiddellijk en duidelijk ja of nee zou zeggen, maar die ertoe leidt dat elke gedachte, elke beslissing honderdmaal wordt gewikt en gewogen. *Su fondamenti invisibili* is duidelijk de uitdrukking van het onrustige, getormenteerde zoeken naar wat zin geeft aan het leven. Het eerste deel van het lange gedicht *Il pensiero fluttuante della felicità* ("Het onbestendige denken aan het geluk") toont ons heel goed het zoeken naar datgene waar iedereen naar streeft, namelijk het geluk. De dichter bevindt zich ergens tussen slapen en waken, een toestand die hem in een gelukzalige roes brengt, maar die niet kan blijven duren. Daarom wordt dat geluk overschaduwd door de angst dat het vlug voorbij zal zijn. Bovendien wil de dichter niet geloven dat hij met het geluk te maken heeft. Twijfel maakt zich opnieuw van hem meester, zodat hij zich afvraagt of het niet om een droom of om bedrog gaat. Het gaat om een toestand tussen donker en licht, tussen louter onbewustzijn en bewustzijn. Zou daar, op die zo kwetsbare plek, het geluk liggen?

"Dammi tu il mio sorso di felicità
  prima che sia tardi",
implora, in tutto simile alla mia,
  una voce bassa
e fervida lungo i dedali del
  risveglio risonando.
"Da dove risale, a chi si volge"

mi chiedo io tra il sonno non
  sapendo altro di lei
se non oscuramente che un dolore
  antico quanto l'uomo l'incalza e
  l'accompagna
e avverto intanto la notte nel
  suo ultimo,
più frenetico balzo verso l'alba
  – il nuovo enigma – inghiottirla.

"Geef mij me mijn teugje geluk
  voor het te laat is",
smeekt een lage stem die, in alles
  gelijk aan de mijne,
vurig in de doolgangen van het
  ontwaken opklinkt.
"Waar komt zij vandaan, tot wie
  richt zij zich?",
vraag ik me half slapend af terwijl
  ik over haar
alleen maar vagelijk weet dat een
  verdriet oud als de mens haar
  opjaagt en vergezelt,
en intussen merk ik dat de nacht
  in zijn laatste,
koortsachtige sprong naar de
  dageraad – het nieuwe raadsel –
  haar opslokt.

(*Il pensiero fluttuante della felicità*, vert. Isabelle Vandenborre.)

Toch overheerst in dit gedicht niet alleen het onzekere zoeken. Af en toe komt de dichter in aanraking met die "onzichtbare grondvesten", af en toe brengt hij ze ter sprake. De lange, vaak ingewikkelde zinnen maken dan plaats voor kortere verzen, die even rust brengen in de verwarde en verwarrende zoektocht. Om die tekstgedeelten bijzonder te benadrukken, heeft Luzi ze cursief laten afdrukken. Het deeltje waarin hij de kortstondige ogenblikken beschrijft waarop de liefde hem met een diepe warmte vervult, is daar een mooi voorbeeld van.

*A volte si tocca il punto fermo e
  impensabile
dove nulla da nulla è più diviso,*

*Soms wordt het vaste en ondenkbare
  punt geraakt,
waar niets nog van niets gescheiden is,*

né morte da vita   noch dood van leven
né innocenza da colpa,   noch onschuld van schuld
e dove anche il dolore è gioia piena.   en waar ook verdriet diepe vreugde is.
(Il pensiero fluttuante della felicità, vert. Isabelle Vandenborre.)

In *Al fuoco della controversia* ("In het brandpunt van de controverse", 1978) en in *Per il battesimo dei nostri frammenti* ("Voor het dopen van onze fragmenten", 1984) staat het onbestendige en onstandvastige karakter van het menselijk avontuur centraal, een thema dat al ter sprake kwam in *Su fondamenti invisibili.* De vele tegenstellingen verbonden door de voegwoorden "en" en "of" benadrukken het onstandvastige. Daarvan getuigen ook de volgende verzen uit *Graffito dell'eterna Zarina III* ("Graffito van de eeuwige tsarina III")

"Passata, non ancora venuta?"   "Voorbij, nog niet gekomen?",
    gli chiedo   vraag ik hem
all'improvviso. Gli chiedo della   onverwachts. Ik vraag hem naar
    sua ora.   *zijn uur.*
Lascia impazzire la folgore   Hij laat de bliksemschicht van die
                                          vraag

lui di quella domanda, scivola   krankzinnig rondtollen, glijdt weg
nel verso e nell'inverso del tempo   in de richting en de tegenrichting
                                          van de tijd

col silenzio dei pesci   met de stilte der vissen
delle grandi profondità. Lo vedo   die leven op grote diepten. Ik zie
                                          hem

nel suo chiarore fosforico   in zijn fosforische lichtglans
che infila l'umano e il subumano,   die het menselijke en het
                                          bovenmenselijke doordringt,

si libera   hij bevrijdt zich
zigzagando dai banchi d'oscurità,   al zigzaggend van de banken van
                                          duisternis,

gli pulsa una forza di nascita e   in hem klopt een kracht van
agonia lungo le vertebre   geboorte en doodsstrijd langs de
                                          wervels,

via via che s'allontana dal principio naarmate hij zich verder van het
                                          begin verwijdert

o sale "sì,   of opstijgt "ja,
sale al futuro e all'origine?" ripeto. opstijgt naar de toekomst en de
                                          oorsprong?", herhaal ik.

(vert. Frans van Dooren.)

In de plaats van de lange volzinnen komen steeds vaker korte, afgebroken zinnen, en soms zelfs losse woorden, die samengevoegd worden tot een al bij al verbrokkeld geheel. Deze onregelmatige verzen zijn de uitdrukking van al het vluchtige dat ons raakt. Het is immers vanuit het geheel van aparte ogenblikken (de fragmenten worden 'omgedoopt' tot een geheel) dat wij kunnen besluiten wat standhoudt, wat overblijft, wat de moeite waard is.

Dezelfde vorm vinden we ook weer in de laatste bundels. In *Frasi e incisi di un canto salutare* ("Zinnen en fragmenten van een heilzaam leid", 1990) en in *Viaggio terrestre e celeste di Simone Martini* ("Aardse en hemelse reis van Simone Martini", 1993) volgen korte afgebroken zinnen, zinsdelen en woorden elkaar op. Hoewel grammaticale eenheid of harmonie afwezig zijn, is er wel een metrische eenheid in deze gedichten, waardoor Luzi toch nog kan spreken van een *canto*, een zang. Beide bundels hebben een onmiskenbaar religieus en zelfs mystiek karakter, waarschijnlijk onder invloed van de reizen die Luzi maakte naar Indië en andere Oosterse landen. De religieus getinte grondervaringen en de mystiek nemen vaak de plaats in van de ervaringen en de rationeel-filosofische overpeinzingen. Luzi neemt, na zolang gezocht te hebben, in zekere zin afstand van ons westerse denken om zich af en toe over te geven aan wat dat denken overstijgt. Zo blijft hij toch tot op zekere hoogte de hermetische dichter die ondanks alles de hang naar het absolute trouw blijft. In *Frasi e incisi di un canto salutare* is de spanning tussen het concrete (het Toscaanse landschap, historische feiten, een bezoek aan Praag) en het absolute, het hemelse (dat het concrete grondt) duidelijk aanwezig. In *Viaggio terrestre e celeste di Simone Martini* wordt de terugkeer van de schilder Simone Martini van Avignon naar zijn geboortestad Siena beschreven. In die terugkeer vinden we het motief van de reis terug, een reis die deze keer de vorm aanneemt van een pelgrimstocht en een spirituele zuivering. Zij die eraan deelnemen eren zowel het concrete als het absolute, zowel de zintuigen die hen toelaten het mooie en het lelijke binnen de werkelijkheid te aanschouwen als de geest die voeling heeft met de grootsheid van de kosmos en met het voortdurend vlieden van de tijd.

De zoektocht naar de geheimen van de werkelijkheid duurt voort. Hoe vinden we die het best? Hoe kunnen we die, al was het maar heel even, aanraken? Mario Luzi blijft die vraag keer op keer stellen.

Zijn taal heeft hij inmiddels ontdaan van al het sierlijke en overbodige om haar te herleiden tot het essentiële. Zijn vlucht in het abstracte heeft hij ingeruild voor een onderdompeling in de werkelijkheid, om uiteindelijk toch opnieuw enige afstand in acht te nemen tegenover deze werkelijkheid en zich over te geven aan het niet-rationele, het mystieke waarvan hij uiteindelijk heil verwacht.

BEKNOPTE BIBLIOGRAFIE

Werken van Mario Luzi

Poëzie

La barca, Modena, Guanda, 1935; tweede vermeerderde uitgave Firenze, Parenti, 1942.

Avvento notturno, Firenze, Vallecchi, 1940.

Un brindisi, Firenze, Sansoni, 1946.

Quaderno gotico, Firenze, Vallecchi, 1947.

Primizie del deserto, Milano, Schwartz, 1952.

Onore del vero, Venezia, Neri Pozza, 1957.

Nel magma, Milano, Scheiwiller, 1963; tweede uitgave 1966.

Dal fondo delle campagne, Torino, Einaudi, 1965.

Su fondamenti invisibili, Milano, Rizzoli, 1971.

Al fuoco della controversia, Milano, Garzanti, 1978.

Semiserie, Salerno, Galleria "Il Catalogo", 1979.

Reportage. Un poemetto seguito dal Taccuino di viaggio in Cina, Milano, Scheiwiller, 1984.

Per il battesimo dei nostri frammenti, Milano, Garzanti, 1985.

Perse e brade, Roma, Newton Compton, 1990.

Frasi e incisi di un canto salutare, Milano, Garzanti, 1990.

Viaggio terrestre e celeste di Simone Martini, Milano, Garzanti, 1994.

Cantami qualcosa pari alla vita, Forlì, Nuova Compagnia Editrice, 1996.

Toneel

Ipazia, Milano, Scheiwiller, 1971.

Rosales, Milano, Rizzoli, 1983.

Hystrio, Milano, Rizzoli, 1987.

Il Purgatorio. La notte lava la mente, Genova, Costa & Nolan, 1990.

Io, Paola, la commediante, Milano, Garzanti, 1992.

Pietra oscura, Porretta Terme, Quaderni del Battello Ebbro, 1994.

Felicità turbate, Milano, Garzanti, 1995.

Ceneri e ardori, Milano, Garzanti, 1997.

Vertalingen

La cordigliera delle Ande, Torino, Einaudi, 1983. (Bevat werk van o.a. Baudelaire, Labé, Racine, Rimbaud, Valéry.)

Verzameld werk

L'opera poetica (red. Stefano Verdino), Milano, Mondadori ("Meridiani"), 1999.

Luzi in het Nederlands

De onmetelijkheid van het ogenblik, vert. Frans van Dooren, Leuven, Leuvense Schrijversaktie, 1982. (Bevat een keuze uit de periode 1935-1978.)

"Mario Luzi" (6 gedichten), in *Gepolijst albast. Acht eeuwen Italiaanse poëzie* (red. Frans van Dooren), Baarn, Ambo, 1994, pp. 360-364.

Werken over Mario Luzi

LUZI, Alfredo, *La vicissitudine sospesa. Saggio sulla poesia di Mario Luzi*, Firenze, La Nuova Italia, 1968.

MARCHI, Marco, *Invito alla lettura di Mario Luzi*, Milano, Mursia, 1998.

NICOLETTI, Giuseppe (red.), *Per Mario Luzi*, Atti della giornata di studio (Firenze, 20 gennaio 1995), Roma, Bulzoni, 1997.

PANICALI, Anna, *Saggio su Mario Luzi*, Milano, Garzanti, 1987.

QUIRICONI Giancarlo, *Il fuoco e la metamorfosi. La scommessa totale di Mario Luzi*, Bologna, Cappelli, 1982.

RAMAT, Silvio, *L'ermetismo*, Firenze, La Nuova Italia, 1998.

RENARD, Philippe, *Mario Luzi frammenti e totalità. Saggio su* Per il battesimo dei nostri frammenti, Roma, Bulzoni, 1995.

ROMANELLI, Marco, "Influenza, travisamento e liberazione nella poesia di Mario Luzi", in *Studi novecenteschi*, 43-44 (1992), pp. 183-194.

TOPPAN, Laura, "Da *Primizie del deserto* a *Su fondamenti invisibili*. Il dantismo 'ideologico' di Luzi", in *Studi novecenteschi*, 53 (1997), pp. 147-174.

ZAGARRIO, Giuseppe, *Mario Luzi*, in MARIANI, Gaetano & PETRUCCIANI, Mario (red.), *Letteratura italiana contemporanea*, vol. II, Roma, Lucarini, 1980, pp. 389-402.

EDOARDO SANGUINETI
(°1930)

Costantino MAEDER

In 1956 maakt Edoardo Sanguineti zijn entree op de literaire scène met de publicatie van *Laborintus*, een lang dichtwerk waarvan de zevenentwintig strofen bestaan uit ongewoon lange en volgens de regels van de Italiaanse metriek niet thuis te brengen verzen. De intellectuele woordenvloed in deze monoloog lijkt elke logische of semantisch-inhoudelijke samenhang te ontberen, en ondanks het openlijke tentoonspreiden van eruditie (die – althans in theorie – zou moeten verwijzen naar duidelijk identificeerbare "kennisinhouden"), zijn de brokstukken van zinnen of paragrafen slechts in schijn begrijpelijk. Het literaire publiek van de jaren vijftig is niet voorbereid op poëzie die zo verschilt van de recente traditie. De volgende literaire teksten van Sanguineti – zowel zijn dichtbundels als romans als *Il giuoco dell'oca* ("Het ganzenspel"), zetten de linguïstische en poëtische lijn van *Laborintus* verder.

Edoardo Sanguineti wordt in 1930 geboren te Savona, een belangrijke havenstad in Ligurië; hij groeit op in Turijn, waar hij ook aan de universiteit studeert. In 1961 studeert hij af met een onder leiding van de bekende criticus Giovanni Getto geschreven scriptie over Dante, *Interpretazione di Malebolge*, een tekst die nog datzelfde jaar in boekvorm verscheen bij de Florentijnse uitgever Olschki. Hij vat een academische carrière aan, en zal in de loop der jaren doceren aan de universiteiten van Turijn, Salerno en Genua. Sanguineti is een productief auteur, die niet alleen poëzie en proza, experimentele dramatische en lyrische teksten schreef, maar ook de essayistiek en de publicistiek niet geschuwd heeft. Hij is ook opmerkelijk actief in het brede culturele veld. Onder zijn talloze activiteiten kan men o.a. het *Bollettario* vermelden, een driemaandelijks tijdschrift, dat hij leidt samen met Nadia Cavalera, en waarvan ook een elektronische versie beschikbaar is (hetgeen meteen aangeeft dat Sanguineti ook openstaat voor de nieuwe ontwikkelingen op dit vlak). Op dit moment bereidt hij een reeks lessen-interviews voor over Italiaanse literatuur voor Rai Educational, zeg maar het 'teleac' van de Rai.

Sanguineti is ook actief geweest als vertaler; op zijn palmares prijken vertalingen van *Satyricon* van Petronius (1970), *De bacchanten* van Euripides (1968), *Phaedra* van Seneca (1969), *De Trojaanse vrouwen* van Euripides (1974), de *Choëphoroi* van Aeschylus (1978), *Thesmophoriazusae* van Aristophanes (1979), *Koning Oedipus* van Sophocles (1980), *Zeven tegen Thebe* van Aeschylus (1992) en *Don Juan* van Molière (2000).

Sanguineti's bedrijvigheid beperkt zich geenszins tot literatuur en cultuur: in de loop van zijn carrière is hij ook gemeenteraadslid van Genua geweest, en hij zetelde in het Italiaanse Parlement als onafhankelijke, verkozen op een lijst van de Communistische Partij. Tot op vandaag schaart hij zich publiekelijk regelmatig achter de standpunten van Rifondazione Comunista, de partij die zichzelf beschouwt als de erfgenaam van het 'communistische' gedachtengoed van de oude Partito Comunista.

Tot zijn dichtwerk behoort, naast het reeds vermelde *Laborintus* (1956), ook *Erotopaegnia* (1960), *Opus metricum* (1960), *Testi di appercezione tematica* (1968), *Wirrwarr* (1972), *Catamerone* (1974), *Postkarten* (1978), *Stracciafoglio* (1980), *Scartabello* (1981), *Segnalibro. Poesie 1951-1981* (1982), *Due ballate* (1984), *Alfabeto apocalittico* (1984), *Quintine* (1985), *Bisbidis* (1987), *Senzatitolo* (1992) en *Corollario* (1997). Naast gedichten schreef Sanguineti ook enkele experimentele romans: *Capriccio italiano* (1963), *Il giuoco dell'oca* (1967) en *Il giuoco del Satyricon* (1970). Het vernieuwende van Sanguineti's werk zit niet alleen in de experimenten met taal, maar ook in de manier waarop Sanguineti openstaat voor theater en muziek. Zo heeft hij een bewerking van Goethe's *Faust* op zijn actief (1985) en schreef hij een toneelversie van Ludovico Ariosto's epos *Orlando furioso*; deze voorstelling, in een regie van Luca Ronconi (1968), wordt nog steeds beschouwd als een van de belangrijkste gebeurtenissen in de geschiedenis van het Italiaanse theater sinds 1945. Het vermelden waard is ook het recente *Pirandello.com. Un travestimento pirandelliano,* dat op 20 juni 2001 in première ging in het Piccolo Teatro della Corte in een regie van Andrea Liberovici. Sanguineti heeft ook samengewerkt met musici en componisten; sinds de jaren zestig heeft hij teksten geleverd voor muzikale composities. De samenwerking met de componist Luciano Berio (aan wie zijn laatste essay, *Verdi in technicolor,* is opgedragen), leidde o.a. tot *Laborintus II,* waarbij Sanguineti niet alleen de teksten schreef maar ook instond voor het voordragen ervan. Enkele jaren geleden werd een reeks gedichten uit de bundel *Postkarten* door Stefano Scodanibbio voorzien van muziek voor contrabas (1999). En recent verkende hij ook de rapmuziek: samen met Andrea Liberovici realiseerde hij verschillende teksten voor muziektheater (*Rap,* 1996; *Sonetto,* 1997; *Macbeth Remix,* 1998) die door rap geïnspireerd zijn.

HET HISTORISCH EN CULTUREEL TIJDSGEWRICHT

Wie de belangrijkste vernieuwingen in de taal van poëzie en proza sinds 1945, die gemeenzaam worden gegroepeerd onder de noemer van de "neo-avant-garde", goed wil begrijpen, kan niet om het werk van Sanguineti heen. De vernieuwende impulsen die uitgingen van het werk van Montale, Ungaretti, Quasimodo en de hermetici, hadden de Italiaanse poëzie gedurende verschillende decennia beheerst, maar leken in de periode na 1945 geleidelijk aan kracht in te boeten. De tragedie van de Tweede Wereldoorlog, de economische heropleving en de verzwakking van het neorealisme confronteren intellectuelen als Pasolini en Sanguineti met de noodzaak om een taal te vinden die in staat is om de menselijke conditie weer te geven in een steeds ondoorzichtiger en ongrijpbaarder wereld, waar reeds de eerste aanzetten te vinden zijn tot wat vandaag de globalisering genoemd wordt, en die, om met Jean-François Lyotard te spreken, zouden leiden tot het verdwijnen van de Grote Verhalen die de westerse cultuur zo lang gedomineerd hadden (men denke maar aan het christendom, aan het marxisme en hun verhalen van bevrijding en overstijging, die een *happy end* in het vooruitzicht stellen).

De effecten van de globalisering, waarover nu zoveel te doen is, waren al voelbaar aan het begin van de jaren zestig. Sanguineti ontwaart die ontwikkelingen en bekritiseert ze. Zijn teksten spelen met het virtuele plurilinguïsme van onze samenleving en de Babelse spraakverwarring, maar ook met de elkaar voortdurend kruisende, botsende en elkaar bevruchtende culturen. Zijn werk wemelt van verwijzingen naar de Franse en (vooral) de Duitse cultuur. Zijn banden met Goethe zijn talloos en cruciaal. Sanguineti is een echte kosmopoliet, die veel reist, wat ook in zijn gedichten en essays duidelijk te merken is. Hierbij dient vermeld dat hij ook in Nederland talloze contacten had. Zowel in zijn gedichten als in zijn journalistieke bijdragen verwijst hij met nauwelijks verholen sympathie naar Nederland.

In Sanguineti's beginperiode is zijn poëzie misschien wat extremistisch, maar mettertijd neemt de drang naar het *épater les bourgeois* enigszins af, ook omdat elke extreme stellingname onderhevig is aan een vorm van 'metaalmoeheid', daar het zich niet eindeloos kan hernieuwen en op een bepaald moment een soort *koinè* dreigt te worden.

In de jaren tussen 1945 en 1968 verliest het neorealisme zijn dominante positie ten voordele van de neo-avant-garde, een proces dat verbonden lijkt met sociale en industriële veranderingsprocessen en met de algemene crisis van de linkerzijde. De literatuurhistoricus Giulio Ferroni formuleert het als volgt: "bij deze veranderingen vervallen de politieke en intellectuele evenwichten die waren voortgevloeid uit de Resistenza, en er komt een nieuwe openheid tot stand tegenover de contemporaine Europese cultuur, er tekenen zich nieuwe vormen van intellectuele strijd af, nieuwe mogelijkheden voor het schrijven, nieuwe breuken, polemieken, allianties." Het neorealisme, dat zo uiteenlopende schrijvers als Sciascia, Calvino, Cassola of Bassani toch in zekere mate verbond, had verschillende perspectieven uitgetekend, maar die konden niet simpelweg worden voortgezet op een moment dat de maatschappelijke werkelijkheid van de economische *boom* en het uit elkaar vallen van de Grote Verhalen de legitimiteit van het neorealistische taalgebruik begon aan te vreten, een taalgebruik dat al te belerend was, al te zeer verbonden met waarden uit het verleden, en niet langer actueel was in een steeds onvoorspelbaarder wereld.

Vanaf de jaren vijftig duiken er ettelijke nieuwe groepen op die op zoek gaan naar nieuwe taal– en uitdrukkingsvormen tegen de achtergrond van de postindustriële samenleving die zich begon af te tekenen. De belangrijkste van deze nieuwe groepen was beslist de zogenaamde Gruppo 63, gevormd door intellectuelen en dichters als Nanni Balestrini, Alfredo Giuliani, Angelo Guglielmi, Renato Barilli, Elio Pagliarani, Umberto Eco, Antonio Porta, Luciano Anceschi en Edoardo Sanguineti. De Gruppo 63 werd opgericht tijdens een congres dat plaatsvond in Palermo in 1963. Anders dan de meeste andere avant-gardegroeperingen van die jaren, had de Gruppo 63 vrij homogene en duidelijk omschreven doelstellingen – ook al waren die dan eerder gedefinieerd in termen van afwijzing van de heersende normen dan in termen van een eigen project. De Gruppo 63, die ontbonden werd in 1970, wilde aantonen hoe in de nieuwe multiculturele en geglobaliseerde massamaatschappij, waarvan de contouren zich begonnen af te tekenen, een onmogelijkheid tot communiceren en een wijdverspreide betekenisloosheid overheersten. Het was misschien niet onmiddellijk de bedoeling om rechtstreeks politieke oppositie te voeren, maar verschillende leden van de Gruppo 63 beoogden toch wel een nieuwe ideologie te formuleren, die de inspiratie zou leveren voor een meer coherente en beter aan de nieuwe samenleving aangepaste ethiek; Giulio Ferroni formuleert het als volgt:

> Wat telde was in de eerste plaats de horizon van het neorealisme en het engagement achter zich te laten, aandacht te hebben voor de nieuwe industriële samenleving, te experimenteren met taal, voorgoed de barrières te overstijgen die kenmerkend zijn voor de traditionele communicatie, de naturalistische conventies, de versleten logica van het literaire en dagelijkse taalgebruik, van het hermetisme en het realisme. Men streefde ernaar de betekenis van literatuur en de band met het publiek te herijken, waarbij men scherp de mechanismen van de cultuurconsumptie afwees. Daartoe werd de taal ingewikkelder gemaakt, werden narratieve structuren ontmanteld, waarbij men tot duistere en onontwarbare resultaten kwam; boven de 'hoge' vormen, de sentimentele en pathetisch klinkende toonaarden, verkoos men de verdraaiing, de parodie, het lagere taalgebruik, waardoor men zelfs uitkwam bij de negatie van literatuur als waarde en ervaring.
>
> (Giulio Ferroni, *Storia della letteratura italiana. Il Novecento*, 1991, p. 508.)

Kritiek op het uit elkaar drijven van individu en taal was ook te vinden in het werk van een dichter als Montale, die haarfijn de onderlinge afstand tussen de woorden, hun buitentalige referent en de gesprekspartner observeerde. Na de Tweede Wereldoorlog schrijft Montale het volgende epigram:

Epigramma	Epigram
Dal *Quaderno di quattro anni*	Uit *Notities van vier jaren*
Il vertice lo zenit	De topontmoeting het zenit
il summit il cacume	de summit de piek

o Numi
chi mai li arresta.

o Goden
wie houdt hen ooit tegen.

E c'è poi chi si stupisce
se qualcuno si butta
dalla finestra.

En dan is men nog verbaasd
wanneer iemand door het raam
naar buiten springt.

Tegenover het steeds gespecialiseerder taalgebruik, samengesteld uit academisch Italiaans ("cacume", een literair synoniem voor "bergpiek"), politieke terminologie ("topontmoeting"), anglicismen ("summit"), een uitroep uit een operalibretto ("O Goden"), staat dan het ik, dat zich in een talige spiraal bevindt die, in plaats van de dialoog mogelijk te maken, hem wegvoert van lezers of toehoorders; het resultaat is onbegrip, zelfs afwijzing en verlies van elke mogelijkheid tot communicatie. De taal blijft beheerst, eenvoudig; wat overheerst is een gevoel van neerslachtigheid en verdriet.

DE POËTICA VAN SANGUINETI

Ook Sanguineti thematiseert de talige chaos, de Babelse spraakverwarring die onze samenleving kenmerkt, maar de benadering is radicaal anders. De creatie van nieuwe gespecialiseerde deeltalen, het gebruik van vreemde woorden, de verspreiding van nieuwe registers, dit alles brengt Sanguineti er niet toe om het talige experiment in te ruilen voor een nieuwe en onthutsende eenvoud. Ondanks de kritiek die Sanguineti formuleert ten aanzien van de Babelse taalchaos in de samenleving, schept hij er ook een groot plezier in om rond te plonzen in deze talige "poel" (de *palus putredinis* waarover hij het heeft in de bundel *Laborintus*), het plezier om iets nieuws te scheppen, om – net als in de beginjaren van de Italiaanse literatuur – een taal te creëren op een moment dat er nog maar weinig beperkingen zijn.

Voor Sanguineti wordt het talige labyrint, de "poel", een speelterrein. Laten we even een van de gedichten bekijken uit de groep van de *Reisebilder* (opgenomen in de bundel *Wirrwarr*):

Beveva, e rideva, e beveva, la giornalista Gisela: si è divertita
enormemente, alla dotta boutade del mio primogenito: (un "mir ist
vergällt") malizioso:
    (seguirono chiarimenti intorno all'etimologia della poesia, figlia
della memoria: perché scrive soltanto chi non sa ricordare, per non

dimenticare):
si è entusiasmata di fronte alle mie lunghe dita, alla salute di mia moglie,
alla bellezza sensibile del mio terzogenito: (che ha fatto la sua minima
   epifania
nel pieno di una storia di couvades):
   (e il secondogenito è rimasto in secondo spiano,
un po' in ombra, in un atteggiamento terremotato, e dolente):
   ma nel rapido addio,
quando io, un Liebling der Schnaken, mi sono travestito come un
   Liebling der Götter
è scoppiato il suo complimento di commiato: ma con delicatissime
   censure: (per
un ipotetico Liebling der Frauen, in sospensione prematrimoniale);
   (e il momento
più felice della mia vita, ho risposto, sono stati tre momenti: e ho detto quali):

Ze dronk, en lachte, en dronk, Gisela de journaliste: ze heeft zich
   ontzettend verkneukeld in de geleerde boutade van mijn
   eerstgeborene (een "mir ist vergällt")
   schalks:
   (er volgden ophelderingen omtrent de etymologie van het gedicht, dochter
van het geheugen: want slechts wie niet kan onthouden schrijft, om toch maar
niet te vergeten):
ze was enthousiast omwille van mijn lange vingers, de groet van mijn
   vrouw,
de gevoelige schoonheid van mijn derdegeborene: (die zijn minieme
   epifanie had
   temidden van een verhaal van couvades):
      (en de tweedegeborene is op het tweede onplan gebleven,
een beetje in de schaduw, als flink door elkaar geschud, en droevig):
                              maar in het snelle vaarwel,
toen ik, een Liebling der Schnaken, me heb vermomd als een Liebling
   der Götter
is het afscheidscompliment gekomen: maar met zorgvuldige censuren: (voor
een hypothetische Liebling der Frauen, in staat van voorhuwelijkse
   opschorting);
   (en het meest gelukkige
moment van mijn leven, heb ik geantwoord, zijn drie momenten: en ik
   heb ook gezegd welke:

In deze verzen kan men zonder veel moeite enkele typische
kenmerken van Sanguineti's poëzie herkennen: het gebruik van zeer
lange verzen; de aanwezigheid van anderstalige woorden of uitdrukkingen (Duits, Frans, Engels, Latijn, enz.); het gebruik van technische en gespecialiseerde termen; weglating van leestekens als punt,

kommapunt en dubbelpunt; dubbelpunt aan het eind van een vers, dat het vers eigenlijk 'opent' in plaats van het te sluiten; gebruik van haakjes en tussenwerpsels; ironie; afwezigheid van versmaten uit de traditie; segmentering van de tekst door afgebroken en inspringende regels.

Sanguineti verwijdert zich wetens en willens van enkele grondregels van de Italiaanse lyrische traditie. Zo zal men in zijn poëzie doorgaans vergeefs zoeken naar traditionele vormkenmerken; daar waar bij Montale en de hermetici nog de *endecasillabo* (het elflettergrepig vers) en andere versmaten met een oneven aantal lettergrepen domineren, opteert Sanguineti voor verzen die niet gehoorzamen aan de traditionele regels, en waarin de indeling van de tekst in verzen ogenschijnlijk berust op subjectieve voorkeur of willekeur. Over het algemeen zijn Sanguineti's verzen lang; zij tellen vaak meer dan vijfentwintig lettergrepen. Ook het rijm en de assonantie verdwijnen volledig, ten gunste van andere klankovereenkomsten binnen een vers of strofe, zoals paronomasie, allitteratie, consonantie en klinkerrijmen,

De vorm van Sanguineti's gedichten onderstreept de causale verbanden tussen de uitspraken; men denke o.a. aan het gebruik van het dubbelpunt, dat een logische relatie veronderstelt, maar ook aan het gebruik van haakjes, die volgens onze taalcodes aangeven dat wat volgt een precisering bevat, die in theorie de coherentie van de tekst verhoogt. De afwezigheid van punten en aan de andere kant het gebruik van kommapunt en dubbelpunt roepen bij de lezer het beeld op van een voortdurend *voortgaan*, alsof de verschillende zinnen van nature uit al met elkaar verbonden zijn, en noodzakelijkerwijs tot een conclusie zouden moeten leiden, een conclusie die doorgaans vermeden wordt precies omdat het laatste leesteken opnieuw een dubbelpunt of een kommapunt is. Het gebruik van leenwoorden, literaire citaten, woorden afkomstig uit het Latijn, Frans, Engels, Duits, dat alles draagt bij tot het effect van een harmonisch, evenwichtig en bondig vertoog, daar het kiezen van de 'exacte term' en het gebruik van 'citaten' uit een andere taal een specifieke competentie suggereren, en zo de (al dan niet goedgelovige) lezer er toe brengen de auteur van dit vertoog een hoge graad van eruditie en een grondige kennis van het onderwerp toe te schrijven. Maar deze gevolgtrekking is ongefundeerd: de tekst speelt precies met dit soort verwachtingen van de lezer. De gewild absurde combinaties, de duidelijke afwezigheid van echte logische verbanden hebben rechtstreeks te maken met de banaliteit van de inhoud, die,

uitgedrukt in brokstukken van zinnen en uitspraken, slechts in schijn
zinvol en verstaanbaar is: in werkelijkheid kan dit effect van betekenis en zin volledig op conto van de leestekens geschreven worden, die
verbanden aanbrengen en zo betekenis creëren.
    De term "banaliteit" die zoëven werd gebruikt houdt geen waar-
deoordeel in. In het geciteerde gedicht valt een 'interessante' tegenstelling op tussen geleerd ogende *small talk*, per definitie weinig ern-
stig en oppervlakkig, maar ook gezellig, en anderzijds de echt
belangrijke momenten in het leven van de verteller, misschien knus-
burgerlijk, maar beslist ook van fundamenteel belang: de geboorte
van zijn drie kinderen. De gratuite woordenvloed staat hier in schril
contrast met de essentiële momenten van het leven, die misschien wel
voorspelbaar zijn maar anderzijds, in weerwil van de explosie van taalregisters, woorden en betekenaars, steeds minder drager van concrete
en duidelijk verstaanbare betekenissen.
    Dit spel tussen erudiete knipoogjes en een banale – of banalise-
rende – wending komt goed tot uiting in het volgende gedicht.

attraverso Hebecrevon, Lessay, Portbail, St. Sauveur (sotto la pioggia,
sempre); poi Edith disse che non ero gentile (perché non scrivevo, come
    Pierre
per lei, quelques poèmes); (e che non dovevamo partire);
                          Micheline
ci giudicò molto semplici; e Edith e Micheline, quando io dissi che non
    l'avevo
tradita (mia moglie), vollero crederlo;
    (e qui cade opportuno ricordare quel:
"se ti buttassi le braccia al collo ecc.," che venne poi);
    poi si ballò tutti, anche
Micha, nel salottino; attraverso Cerisy, Canisy, Coutances, Regnéville;
    (ma il 12
Luglio era chiuso il Louvre, martedì);
    e scrisse (sopra un foglio a quadretti):
"pensavo che non posso guardarti in faccia"; e: "mi dispiace per te";
e ancora scrisse (mia moglie): "sto male";
    e poi a Gap (H.A.),
(due giorni più tardi), storditi ancora, quasi inerti; e pensare (dissi);
che noi (quasi piangendo, dissi); (e volevo dire, ma quasi soffocava,
davvero, il pianto; volevo dire: con un amore come questo, noi):
un giorno (noi); (e nella piazza strepitava la banda; e la stanza era
in una strana penombra);
                    (noi) dobbiamo morire:

door Hebecrevon, Lessay, Portbail, St. Sauveur (onder de regen, altijd); toen zei
Edith dat ik niet lief was (omdat ik niet, zoals Pierre
voor haar quelques poèmes schreef); (en dat we niet moesten vertrekken);
          Micheline
vond ons zeer simpel; en Edith en Micheline wilden me wel geloven,
toen ik zei dat ik ze niet bedrogen had (mijn vrouw);
          (en op dit punt is het opportuun te herinneren aan dat:
          "als ik m'n armen om je hals zou slaan enz.", dat toen kwam);
          toen dansten we allemaal, ook
Micha, in het salonnetje; door Cerisy, Canisy, Coutances, Regnéville;
(maar op 12
juli, een dinsdag, was het Louvre gesloten);
          en ze schreef (op een blad met ruitjes):
"ik dacht dat ik je niet aan kon kijken"; en: "het spijt me voor je";
en ze (mijn vrouw) schreef nog: "ik voel me niet lekker";
          en toen in Gap (H.A.),
(twee dagen later), nog verdoofd, haast futloos; en denken (sprak ik);
dat wij (bijna huilend, zo sprak ik); (en ik wilde zeggen, maar het huilen,
echt waar, verstikte het; ik wilde zeggen: met een liefde als deze, wij):
op een dag (wij); (en op het plein het geraas van de fanfare; en de kamer
          gehuld in een vreemd halfduister);
          (wij) moeten sterven:

Deze manier om gedichten te schrijven raakt met de tijd uitgeput,
ook omdat de grote thema's waarmee mensen voortdurend af te rekenen hebben steeds dezelfde zijn: liefde, geboorte en dood. In het volgende gedicht, dat vaak wordt geciteerd omwille van zijn grote helderheid en leesbaarheid, komt dit goed tot uiting:

PURGATORIO DE L'INFERNO, 10

questo è il gatto con gli stivali, questa è la pace di Barcellona
fra Carlo V e Clemente VII, è la locomotiva, è il pesco
fiorito, è il cavalluccio marino: ma se volti pagina, Alessandro,
ci vedi il denaro:
questi sono i satelliti di Giove, questa è l'autostrada
del Sole, è la lavagna quadrettata, è il primo volume dei Poetae
Latini Aevi Carolini, sono le scarpe, sono le bugie, è la scuola di Atene,
  è il burro,
è una cartolina che mi è arrivata oggi dalla Finlandia, è il muscolo massetere,
è il parto: ma se volti foglio, Alessandro, ci vedi
il denaro:
e questo è il denaro,
e questi sono i generali con le loro mitragliatrici, e sono i cimiteri
con le loro tombe, e sono le casse di risparmio con le loro cassette
di sicurezza, e sono i libri di storia con le loro storie:

ma se volti il foglio, Alessandro, non ci vedi niente.
(*Biblico* XXX)

LOUTERINGSBERG VAN DE HEL, 10

dit is de gelaarsde kat, dit is de vrede van Barcelona
tussen Keizer Karel en Clemens VII, de locomotief, dit is de perzikboom
in bloei dit is het zeepaardje; maar als je de bladzijde omslaat, Alessandro,
zie je het geld:
dit zijn de satellieten van Jupiter, dit is de autostrada
del Sole, dit is het schoolbord met rooster, het eerste deel van de Poetae
Latini Aevi Carolini, dit zijn de schoenen, de leugens, de school van Athene,
de boter,
dit is een kaartje dat ik uit Finland kreeg, dit is de kaakspier,
dit is een geboorte: maar als je de bladzijde omslaat, Alessandro, zie je
geld
en dit is het geld
en dit zijn de generaals met hun mitrailleurs, en dit zijn de kerkhoven
met hun graven, en de spaarkassen met hun kluizen
en dit zijn de geschiedenisboeken met hun geschiedenissen:
maar als je het blad omslaat, Alessandro, zie je niets.
(*Bijbels* XXX)

We kunnen ons inbeelden hoe een vader samen met zijn zoontje in een encyclopedie bladert en uitleg verschaft bij al wat 'belangrijk' is, althans volgens de criteria van onderhand uitgeholde en
ledig geworden Grote Verhalen. De verwijzingen naar volstrekt
niet bij elkaar horende zaken en gebeurtenissen worden slechts bij
elkaar gehouden door het enige dat in deze verbrokkelde wereld
nog voor eenheid lijkt te kunnen zorgen: het geld, en dus het
"niets", de afwezigheid van echte waarden; het gedicht vertoont
meer dan één gelijkenis met Brechts bekende *Fragen eines lesenden
Arbeiters*.

BIJ WIJZE VAN BESLUIT

Niet alleen in zijn creatieve werk, ook in zijn essays en artikelen,
waarin Sanguineti vaak heen en weer pendelt tussen scherp sarcasme
en fijnzinnige ironie, en die verzameld werden onder betekenisvolle
titels als *Ghirigori*, "krabbels", of *Scribilli*, "schrijverijen", gaat Sanguineti vaak in op de problematiek van de taal, in het bijzonder op de
manier waarop taal functioneert in onze hedendaagse samenleving en

de gevolgen die dat dreigt te hebben: een potentiële verdamping van alle betekenissen en een mogelijke vervreemding tussen subject en taal.

Op het probleem van het uiteendrijven van taal en taalgebruiker reageert Sanguineti echter niet met een gemakkelijk afstand doen van het 'elitaire' of 'creatieve' taalgebruik wanneer hij bijvoorbeeld schrijft voor een blad als *L'Unità*, het partijblad van de Communistische Partij. In een van de talloze kritische bijdragen waarin Sanguineti op de korrel genomen werd, verwijt een partijlid Sanguineti het gebruik van een cryptische, geheimzinnige en van intellectuele gemeenplaatsen barstende taal, waarbij hij meteen lijkt te suggereren dat het taalgebruik van Sanguineti "makkelijk" en zelfs "volks" dient te zijn. Hoewel Sanguineti vaak spreektaalelementen gebruikt in zijn teksten (tot zelfs puur fatische uitroepen toe), heeft hij beslist nooit de meer complexe vormen van taalgebruik van de hand gewezen. Taal kan zich volgens Sanguineti aan zeer uiteenlopende situaties aanpassen; als hij ergens kritiek op heeft, is het op de vervreemding die het sprekende subject vaak in haar greep heeft, een subject dat de taal niet meer aanpast aan zijn eisen maar haar ondergaat, en woorden en uitdrukkingen gebruikt die hij niet meer "deelt", en die daarom niet meer in staat zijn om uit te drukken wat hij wil zeggen. Taal moet creatief zijn: een adjectief als *scapocodato* ofte "kopstaartloos", is een staaltje van efficiënte en plastische taalcreativiteit. En als woord is het minstens op hetzelfde niveau als het gebruik van Engelse leenwoorden of van vaak ondoorzichtige en ondoordacht gebruikte technische termen.

Niet toevallig bekritiseert Sanguineti de typische *tics* die door journalisten (maar ook door anderen) worden gebruikt om te pas en te onpas termen te gebruiken als *tuttologia, stupiden(t)zia, sinistrese*, die in de jaren zeventig en tachtig bijzonder in de mode waren. Hij geeft anderzijds wel toe dat stilstaan bij dit soort "modes" wel het voordeel heeft dat men de overheersende ideologische knelpunten van het maatschappelijke discours gemakkelijk kan belichten (cfr. *Dalla tuttologia alla stupidenzia*, in *Ghirigori*, pp. 57-59). Dit soort modes doen afbreuk aan de potentiële rijkdom van een taal. Het is verkieslijk om, in functie van het onderwerp, op een vindingrijke manier om te springen met taal, ook al vereist dit van de kant van de lezer een inspanning. Aan het partijlid, lezer van *L'Unità* en gefrustreerd door een "moeilijk" en complex taalgebruik, antwoordt Sanguineti dat klaar en duidelijk schrijven, "scrivere chiaro chiaro" (of, zoals de middeleeuwse prediker Bernardino da Siena zou gezegd hebben, "chiarozo chiarozo"), niet per se klaar en duidelijk is. Uiteraard dient de taal van *L'Unità* vanuit ideologisch en politiek standpunt helder te zijn. Een vorm van "talige gestrengheid" zou een aanlokkelijk programma kunnen zijn.

> Maar ik, die een gecultiveerde intellectueel ben, kijk, ik citeer de obscure Adorno van *Moraal en stijl*, ook indien je er, helaas, geen snars van begrijpen kan. Adorno stelt dat de cultuurindustrie vereist dat men communiceert door middel van "afgepeigerde en onverantwoorde formuleringen", omdat deze afgevlakte knoeitaal een waarborg voor "affiniteit" en "contact" lijkt. Want "de algemene uitdrukking laat de toehoorder toe om min of meer te begrijpen wat hij uit zichzelf reeds denkt en verkiest." En aldus "gaat alleen wat men niet hoeft te begrijpen door voor begrijpelijk, alleen wat in werkelijkheid vervreemd is, het aan de commercie ten prooi gevallen woord, lijkt de mensen vertrouwd te zijn." Da's helemaal niet opgeschreven voor arme domkoppen als ik, met hun buitenissige bezigheidjes. Het is een veel verhevener zaak. Dit belangt schrijvers en intellectuelen aan, die zich engageren met harde, onwrikbare concepten, die spreken over de grote verbanden. Maar het is waar, in elke aangelegenheid, dat het "verdacht is wanneer men in een taaluiting de zaak in het oog houdt in plaats van de communicatie". En de Nelli's van deze wereld weten dat. En of ze dat weten!
> Vriendelijke groeten.
> (*L'Unità*, 28 maart 1980, nu met de titel *Lettera a Cipputi* in *Ghirigori*, pp. 104-105.)

In een taaluiting het *ding* in de plaats van de communicatie in de gaten houden zou verdacht zijn. Wat telt is te kunnen *benoemen*, iets door middel van de juiste woorden te kunnen *uitdrukken*. Taalvindingrijkheid bootst niet alleen na, ze drukt ook uit, ze blijft dicht bij de dingen, ook al is ze dan niet noodzakelijk onmiddellijk leesbaar. Eenvoudige en begrijpelijke woorden gebruiken helpt misschien om zichzelf verstaanbaar te maken, maar deze eenvoud is ook een *reductie* en laat niet toe om de werkelijkheid exact weer te geven. Een eenvoudige en oppervlakkige taal is uiteindelijk slechts in schijn 'begrijpelijker'; in werkelijkheid is die taal misleidend en ondoorzichtig zoals de explosie van betekenaars die door Sanguineti bekritiseerd wordt.

Vanzelfsprekend hebben we hier ook in zekere mate te maken met een spel tussen literaire kritiek, lezers en auteur. In zijn poëzie bekritiseert deze laatste het onvermogen tot communiceren en de linguïstische vervreemding die het individu in zijn greep houdt, de Babelse spraakverwarring van mogelijke talen en taalregisters. Op zijn beurt wordt Sanguineti soms scherp aangevallen omwille van zijn duidelijk *niet* makkelijke stijl, aangezien zijn artikels, ook die voor *L'Unità*, barsten van de voor een gecultiveerde universiteitsprofessor zo typische erudiete citaten en knipoogjes, en vooral omdat het in zijn teksten wemelt van de literaire vernieuwingen, creaties die men niet in de woordenboeken terugvindt, maar die, indien men ze wil begrijpen in rationele zin – en niet in een ongedifferentieerde en ongecontroleerde empathische manier – hoe dan ook voor iedereen duidelijk moeten zijn.

Het is niet aan ons om uit te maken of Sanguineti's betrachting om een meer plastische taal te creëren ook succesvol is. Vast staat wel dat hij in zijn werk steeds nieuwe horizonten opzoekt; dat mag o.a. blijken uit zijn samenwerking met rapmuzikanten en uit zijn besef van het historisch belang van de vaak als oppervlakkig beschouwde popmuziek:

> Ook van het standpunt van de inhouden en ideeën, en hoewel het lied een bijzonder ruim publiek heeft gehad, is het steeds in de ban gebleven van houdingen die ik kleinburgerlijk zou noemen. Veel van het protest dat [in Italië] via dit medium werd geuit valt in het niets bij de radicale breuk die veel Angelsaksische muziek kenmerkt, van de Rolling Stones tot de Sex Pistols, waarin soms intense radicale en anarchistische tendensen zitten, die hier zo goed als onbekend zijn, of slechts bij hoge uitzondering te bespeuren vallen. De beperkingen van het Italiaanse lied zijn dus ook beperkingen op het vlak van ideologie en sociale klasse. Experimenteren met rap betekende voor mij echt deze afbakeningen overschrijden en me met iets echt anders bezighouden: samen met een muzikant werken in een richting die zelfs niet meer binnen het genre van de rapmuziek bleef zitten, maar de regels van dat genre gebruikte als een soort fundamentele grondslag voor een nieuwe vorm van performance, zonder af te zien van welke mogelijkheid dan ook die woorden of klanken vandaag de dag kunnen bieden.

(*Rap e poesia*, in *Bollettino 900*, 1996.)

BEKNOPTE BIBLIOGRAFIE

Werken van Edoardo Sanguineti
Poëzie
Laborintus, Varese, Magenta, 1956.
Erotopaegnia, Milano, Rusconi e Paolazzi, 1960.
Triperuno, Milano, Feltrinelli, 1964.
T. A. T. – Testi di appercezione tematica, Verona, Sommaruga, 1968.
Wirrwarr, Milano, Feltrinelli, 1972.
Postkarten, Milano, Feltrinelli, 1978.
Scartabello, Ancona, Colombo, 1981.
Due ballate, Genova, Pirella, 1984.
Alfabeto apocalittico, Genova, Pirella, 1984.
Quintine, Roma, Rossi e Spera, 1985.
Novissimum Testamentum, inleiding door Filippo Bettini, Lecce, Manni, 1986.
Bisbidis, Milano, Feltrinelli, 1987.
Senzatitolo, Milano, Feltrinelli, 1992.
Libretto, Genova, Pirella, 1995.
Corollario, Milano, Feltrinelli, 1997.
Cose, inleiding door Fausto Curi, nawoord door Ciro Vitiello, Napoli, Pironti, 1999.

Verzamelde uitgaven van poëzie
Opus metricum 1951-1959, Milano, Rusconi e Paolazzi, 1960.
Catamerone 1951-1971, Milano, Feltrinelli, 1974.
Stracciafoglio. Poesie 1977-1979, Milano, Feltrinelli, 1980.
Segnalibro. Poesie 1951-1981, Milano, Feltrinelli, 1982.

Proza
Capriccio italiano, Milano, Feltrinelli, 1963
Il giuoco dell'oca, Milano, Feltrinelli, 1967.

Toneel
K e altre cose, Milano, Scheiwiller, 1962.
Teatro, Milano, Feltrinelli, 1969.
Storie naturali, Milano, Feltrinelli, 1971.

Bewerkingen
Orlando furioso, Roma, Bulzoni, 1970.
Il giuoco del Satyricon, Torino, Einaudi, 1970.
Faust. Un travestimento, Genova, Costa & Nolan, 1985.

Pirandello.com. Un travestimento pirandelliano, Genova, Il Nuovo Melangolo, 2001.

Essays
Interpretazione di Malebolge, Firenze, Olschki, 1961.
Tra liberty e crepuscolarismo, Milano, Mursia, 1961; tweede editie 1965.
Tre studi danteschi, Firenze, Le Monnier, 1961
Alberto Moravia, Milano, Mursia, 1962; vermeerderde editie 1970.
Ideologia e linguaggio, Milano, Feltrinelli, 1965; vermeerderde editie 1970.
Guido Gozzano. Indagini e letture, Torino, Einaudi, 1966.
Il realismo di Dante, Firenze, Sansoni, 1966.
Scribilli, Milano, Feltrinelli, 1985.
La missione del critico, Genova, Marietti, 1987.
Ghirigori, Genova, Marietti, 1988
Lettura del Decameron, Salerno, Scrittura, 1989.
Dante reazionario, Roma, Editori Riuniti, 1992.
& BURGOS, Jean, *Per una critica dell'avanguardia poetica in Italia e in Francia,* Torino, Bollati Boringhieri, 1995.
"Rap e poesia", in *Bollettino '900 – Electronic Newsletter of '900 Italian Literature,* 6-7, september 1996. (http://www.unibo.it/boll900/.)
Il chierico organico. Scritture e intellettuali (red. Erminio Risso), Milano, Feltrinelli, 2000.
Verdi in technicolor, Genova, Il Melangolo, 2001.

Bloemlezing
Poesia italiana del Novecento, Torino, Einaudi, 1969. (Een nog steeds belangrijke bloemlezing.)

Sanguineti in het Nederlands
"Reisebilder 1 en 31", vert. Pieter de Meijer, in *Raster,* 6:2 (1972), pp. 140-141. (Voorafgegaan door een gesprek met Edoardo Sanguineti, pp. 129-139.)
"Natuurlijke Historiën 3", vert. Pieter de Meijer, in *Raster,* I (1977), 1, pp. 58-68.
"Edoardo Sanguineti" (16 gedichten), in *Een tak van denken. Tien moderne Italiaanse dichters* (red. Karel van Eerd), Amsterdam, Meulenhoff ("Poetry International Serie"), 1989, pp. 39-46.
"Vier gedichten uit *Laborintus*", vert. Harald Hendrix & Pieter de Meijer, in *De Revisor,* 18:5 (1991), pp. 18-21.
"Een Italiaans Europa", vert. Harald Hendrix, in *Raster,* 52 (1991), pp. 27-31. (Reactie op het Italië-beeld in *Ach Europa!* van Hans Magnus Enzensberger.)

Werken over Edoardo Sanguineti

BARILLI, Renato, *La neoavanguardia italiana. Dalla nascita del* Verri *alla fine di* Quindici, Bologna, Il Mulino, 1995.

FORTINI, Franco, *I poeti del Novecento*, LIL63, *Il Novecento. Dal Decadentismo alla crisi dei modelli*, Bari, Laterza 1980. (Zie vooral het hoofdstuk "La 'nuova avanguardia': Edoardo Sanguineti, Elio Pagliarani, Antonio Porta".)

GAMBARO, Fabio (red.), *Colloquio con Edoardo Sanguineti. Quarant'anni di cultura italiana attraverso i ricordi di un poeta intellettuale*, Milano, Anabasi, 1993.

LUPERINI, Romano, *Il Novecento. Apparati ideologici ceto intellettuale, sistemi formali nella letteratura italiana contemporanea*, vol. II, Torino, Loescher, 1981, vnl. pp. 831-841en 886-887.

PIETROPAOLI, Antonio, *Unità e trinità di Edoardo Sanguineti. Poesia e poetica*, Napoli, ESI, 1991.

RAMAT, Silvio, "Sanguineti e la sintassi nullificante", in ID., *Storia della poesia italiana del Novecento*, Milano, Mursia, 1982, pp. 602-606.

SICA, Gabriella, *Edoardo Sanguineti*, Firenze, La Nuova Italia, 1974

II
DE ROMAN:
VERLEDEN EN HEDEN,
GETUIGENIS EN ENGAGEMENT

GIORGIO BASSANI
(1916-2000)

Sabine VERHULST

...het licht, het typische gouden schemerlicht van de lente in Emilia...
(G. Bassani, *La passeggiata prima di cena*)

Giorgio Bassani werd geboren in 1916 te Bologna, als oudste zoon van een welgestelde joodse burgerfamilie uit Ferrara. Reeds tijdens zijn jeugdjaren in Ferrara gaf Bassani blijk van een veelzijdige artistieke en sportieve belangstelling. Hij had aanleg voor pianospelen en was een verwoed tennisser. In 1934 schreef hij zich in aan de Universiteit van Bologna waar hij samen met zijn vriend en toekomstig filoloog Lanfranco Caretti o.m. de colleges volgde van Carlo Calcaterra. Bassani had dan wel voor een literaire studie gekozen, met een eindverhandeling over Tommaseo, zijn eigenlijke leermeesters vond hij in de wereld van de beeldende kunsten. Zoals hij het naderhand in het essay *Un vero maestro* verwoordde was het de vermaarde kunsthistoricus en geraffineerde essayist Roberto Longhi die hem zou bevrijden van een aantal keuzes die hij tot dan toe dacht te moeten maken: "tussen studie en kunst; tussen kunst en liefde; tussen studie, leven en tennis." (*Un vero maestro*, in *Opere*, p. 1076) De hechte vriendschapsband met Longhi, wiens colleges Bassani nog jarenlang zou volgen, vond een filosofische en esthetische voedingsbodem in het idealisme van Benedetto Croce. Bepalend voor Bassani's ontwikkeling als schrijver was tevens Giorgio Morandi, de uit Bologna afkomstige schilder van bevreemdende stillevens.

Vanaf 1937 kwam Bassani, mede onder impuls van zijn Sardische vrienden Claudio Varese en Giuseppe Dessì, in verzet tegen het fascistisch regime. Een jaar later werd hij samen met zijn joodse medeburgers het mikpunt van de rassenwetten. In 1942 engageerde hij zich als militant antifascist. In 1943 werd hij door de politieke politie (O.V.R.A.) opgepakt op beschuldiging van clandestiene activiteiten tegen het fascisme. Van half mei tot 26 juli, vlak na de val van Mussolini, werd hij opgesloten in de gevangenis van Ferrara. Veertien brieven die hij vanuit zijn cel naar zijn familie schreef verschenen voor het eerst in 1981 in de *Corriere della Sera* onder de titel *Da una prigione* ("Vanuit een gevangenis"). Bassani's proza en poëzie refereren voortdurend, hetzij impliciet, hetzij expliciet, aan de jaren tussen 1938 en 1943.

In 1940 zag *Una città di pianura* ("Een stad in de vlakte") het licht, een bundel prozastukjes (en één gedicht) geschreven in de geest van het autobiografisch getinte kunstproza van Cardarelli. Om de rassen-wetten te omzeilen koos Bassani het pseudoniem Giacomo Marchi.

In 1943 huwde hij met Valeria Sinigallia, met wie hij twee kinde-ren zou hebben, Paola (°1945) en Enrico (°1949). Ondergedoken in Firenze onder een valse naam, zette Bassani zijn politieke activiteiten verder en engageerde zich in de Partito d'Azione. Na de breuk binnen de partij in 1946 zou hij overstappen naar de Partito Socialista. Eind 1943 vertrok hij naar Rome waar hij, op enkele korte periodes na, tot aan zijn dood zou blijven wonen.

Het eigenlijke literaire debuut van Bassani stond in het teken van de poëzie. In 1945 verscheen een eerste dichtbundel, *Storie dei poveri amanti e altri versi*, met werk geschreven tussen 1939 en 1945, gevolgd door de bundels *Te lucis ante. 1946-1947* in 1947 en *Un'altra libertà* in 1951.

Bassani werd redacteur van verschillende literaire tijdschriften, waar-onder *Botteghe Oscure* (1948), dat hij leidde met oprichtster Mar-guerite Caetani, en *Paragone* (1953), het blad van Roberto Longhi en schrijfster Anna Banti. Hij stond open voor werk van buitenlandse auteurs zoals Dylan Thomas, René Char, Maurice Blanchot, Georges Bataille en Truman Capote, waarvan hij werk publiceerde in *Botteghe Oscure*. Hij trad ook steeds meer op de voorgrond als succesvol ont-dekker van nieuw literair talent. Hij publiceerde teksten van Soldati, Cassola, Calvino, Bertolucci, Caproni en de debuterende Pasolini. Met Pasolini onstonden nauwe vriendschapsbanden. In 1955 was Bassani één van de medeoprichters van Italia Nostra, een vereniging die zich de bescherming van het culturele en natuurlijke erfgoed van Italië tot doel stelt, en waarvan hij in 1965 voorzitter werd.

In 1956 publiceerde hij bij Einaudi de verhalenbundel *Cinque storie ferraresi*, bestaande uit *Lida Mantovani*, *La passeggiata prima di cena* (*De wandeling voor het eten*), *Una lapide in via Mazzini* (*Een gedenkplaat in de via Mazzini*), *Gli ultimi anni di Clelia Trotti* (*De laatste jaren van Clelia Trotti*) en *Una notte del '43* (*Een nacht in '43*). Voor dit werk kreeg Bassani hetzelfde jaar de Premio Strega. Het tweede en het vierde (reeds bekroonde) verhaal verschenen reeds eerder, repectievelijk in 1953 en 1955. In 1956 werd hij tevens adviseur en verantwoordelijk directeur voor verhalend proza bij de nog jonge uitgeverij Feltrinelli. In die hoedanigheid trok hij Testori, Cassola en Arbasino aan en publiceerde hij buitenlandse auteurs als Borges, Forster en Blixen. Inmiddels verleende Bassani ook geregeld zijn medewerking aan filmscenario's, onder andere voor Soldati, Antonioni, Zampa en Trenker.

Van 1957 tot 1967 doceerde hij Theatergeschiedenis aan de Accademia Nazionale di Arte Drammatica "Silvio D'Amico" te Rome, waar hij Giancarlo Giannini en Carmelo Bene onder zijn leerlingen telde.

In 1958 publiceerde Einaudi zijn eerste roman, *De gouden bril* (*Gli occhiali d'oro*). Datzelfde jaar was Bassani rechtstreeks betrokken bij twee van de grootste successen uit de geschiedenis van de uitgeverij Feltrinelli: de publicatie van *Dokter Zivago* van Nobelprijswinnaar Boris Pasternak en van *De tijgerkat* (*Il Gattopardo*) van Giuseppe Tomasi di Lampedusa. Bassani zag onmiddellijk dat de roman van Lampedusa, die nochtans reeds door verschillende uitgevers geweigerd was, een meesterwerk was.

Na zijn succes als 'ontdekker' van *De tijgerkat*, waarvoor hij ook het voorwoord schreef, bereikte Bassani het hoogtepunt van zijn roem met de publicatie in 1962 van zijn roman *De tuin van de Finzi-Contini's* (*Il giardino dei Finzi-Contini*), die bekroond zou worden met de Premio Viareggio. Eveneens in 1962 werd hij in Ferrara op een socialistische lijst tot gemeenteraadslid verkozen.

In 1963 verschenen zijn verzamelde gedichten, *L'alba ai vetri. Poesie 1942-1950*. Datzelfde jaar, na de breuk met Feltrinelli naar aanleiding van een meningsverschil over de roman *Fratelli d'Italia* van Arbasino, werd Bassani het mikpunt van een reeks aanvallen op zijn werk en op zijn persoon vanuit neo-avant-gardistische hoek. Een groep schrijvers en intellectuelen, waaronder leden van de Gruppo 63, wilden breken met de cultuur van de jaren vijftig, o.a. met het neorealisme, en met wat zij zagen als maatschappelijk onaangepaste en achterhaalde kunstvormen. Experimenten met taal, met verteltechnieken en tekstvormen stonden centraal. Behalve op Bassani richtten ze hun pijlen ook op Cassola, Moravia en Pasolini. De kritiek op Bassani was niet nieuw. De publicatie van *De tijgerkat* dat ideologisch en vormelijk haaks stond op de neorealistische credo's, was reeds eerder het voorwerp van controverse. Als gezaghebbend criticus en succesvol auteur vormde Bassani een ideaal doelwit voor wie komaf wilde maken met traditiegetrouwe literatuuropvattingen. Alles wat kenmerkend was voor zijn poëtica moest het ontgelden, zoals de klassieke verhaalstructuur, het intimisme, het *mal du siècle*, het belang van historisch feitenmateriaal, de heldere, elegante schrijftrant. Nu, zo'n kleine veertig jaar later, is van die kritiek nog nauwelijks iets te merken en worden Bassani's romans en verhalen gerekend tot de canon van het twintigste-eeuwse proza.

In 1964 verscheen bij Einaudi de roman *Achter de deur* (*Dietro la porta*). De in Parijs verschenen vertaling *Les lunettes d'or et autres histoires de Ferrare* vormde de aanzet tot de internationale bekendheid van Bassani, wiens werk vertaald zou worden in zowat alle Europese talen. Datzelfde jaar werd hij aangesteld als vicevoorzitter bij de RAI, de Italiaanse openbare omroep. In 1966 publiceerde hij bij Einaudi een bundel essays, *Le parole preparate*, dat reeds eerder in kranten en tijdschriften verschenen teksten bevatte. In 1968 verscheen zijn laatste roman, *De reiger* (*L'airone*), die het jaar daarop bekroond werd met de Premio Campiello.

De verfilming van *De tuin van de Finzi-Contini's* (1970), waarvan de regie na heel wat perikelen tenslotte aan Vittorio De Sica toevertrouwd zou worden, was een bron van ergernis voor Bassani, die zijn ongenoegen uitte in het blad *L'Espresso* onder de veelzeggende titel *Il giardino tradito*, "de verraden tuin". Ook de verfilming van *De gouden bril* door Giuliano Montalto (1987) viel bij de schrijver niet in goede aarde.

In 1972 verscheen *De geur van hooi* (*L'odore del fieno*), een bundel prozateksten die het zesde en laatste deel zou vormen van wat zou uitgroeien tot Bassani's grote romancyclus *Il romanzo di Ferrara*. Na een eerste reeks *lectures* in 1972 aan het Smith College in Boston, werd Bassani tussen 1976 en 1980 geregeld door Amerikaanse en Canadese universiteiten uitgenodigd als *visiting professor*.

In 1973 verscheen onder de titel *Binnen de muren* (*Dentro le mura*) de volledig herziene versie van de *Cinque storie ferraresi*. In 1974 werden de romans en verhalen van de Ferrarese vertelcyclus voor het eerst verzameld onder de titel *Il romanzo di Ferrara*. Datzelfde jaar publiceerde Mondadori de dichtbundel *Epitaffio*, gevolgd in 1978 door de gedichten van *In gran segreto*. De definitieve versie van *Il romanzo di Ferrara* (vertaald als *Het verhaal van Ferrara*) zag het licht in 1980, gevolgd in 1982 door de definitieve bundeling van zijn gedichten onder de titel *In rima e senza*. Als sluitstuk van zijn oeuvre verscheen in 1984 ook de definitieve uitgave van zijn verzamelde essays, *Di là dal cuore* ("Voorbij het hart"), eveneens bij uitgever Mondadori.

In 1993 werd Bassani door de Biblioteca Ariostea van Ferrara gehuldigd om het onrecht dat hem in 1943 werd aangedaan door hem als joods burger uit de bibliotheek te bannen, weer goed te maken. In 1996 verleende de Universiteit van Ferrara hem een eredoctoraat voor zijn inzet op het gebied van de milieubescherming. Tussen de jaren 1970 en 1992 waren hem in binnen-en buitenland nog talrijke literaire prijzen en eerbetuigingen te beurt gevallen.

Bassani overleed te Rome in april 2000 waar hij sedert 1978 samenleefde met Portia Prebys.

BASSANI'S OEUVRE: EEN LOFZANG OP DE SCHEMERING

Het oeuvre van Bassani bestaat uit de roman- en verhalencyclus *Il romanzo di Ferrara* (1980), het verzamelde dichtwerk van *In rima e senza* (1982) en de kritische essays bijeengebracht onder de titel *Di là dal cuore* (1984). Ondanks deze drieledigheid kan men het verhalend proza, de poëzie en de kritiek niet echt als losstaande entiteiten beschouwen. Zelf vond de auteur dat zijn werk als criticus ontsproten was aan hetzelfde creatieve elan dat van hem ook een dichter en een verteller had gemaakt, en dat een onderscheid tussen de drie activiteiten puur kunstmatig is. Men zou het oeuvre van Bassani onder één gezamenlijke noemer kunnen samenbrengen, die van de schemering. Het schemerlicht en de schemertijd zijn alomtegenwoordig, in de beschrijvingen van het nevelige landschap van Emilia en van het vage licht van de valavond, maar ook als metafoor voor een fundamentele levenservaring en als symbool van de herinnering. In het laatste fragment van *De geur van hooi*, dat de titel *Daar, aan het eind van de gang* (*Laggiù, in fondo al corridoio*) draagt, blikt Bassani terug op de ontstaansgeschiedenis van zijn *Cinque storie ferraresi* (die, zoals reeds aangestipt, in de definitieve versie als titel *Binnen de muren* krijgen). Zijn bedenkingen over *De wandeling voor het eten* zijn representatief voor zijn poëtica en als dusdanig toepasbaar op zijn hele oeuvre:

> Want wat is *De wandeling* anders, als je zuiver naar de structuur kijkt, dan het dynamische gegeven van een aanvankelijk wazig, nauwelijks te onderscheiden beeld dat heel, heel langzaam, alsof het tegenstribbelt, scherp wordt gesteld? Het verleden is niet dood, zegt de verhaalstructuur zelf, op haar manier, dat gaat niet dood. Alleen, de afstand wordt elk moment groter. Je kunt het verleden dus terughalen als je dat echt wilt, maar dan moet je door een soort gang die elk moment langer wordt. Helemaal aan het eind, in het lichtpunt waar de zwarte randen van de gang samenkomen, daar leeft het verleden, even intens en bewogen als toen het heden was. Eeuwig dus? Eeuwig. En toch steeds verder weg, steeds vluchtiger, steeds moeilijker te grijpen.
> (*De geur van hooi*, in *Het verhaal van Ferrara*, p. 736.)

Bassani belicht bij voorkeur een soort schemertijd in het leven van zijn personages die een onafwendbare tragische lotsbestemming tegemoet gaan of een ontnuchterende levensfase doormaken. De meeste van zijn romans en verhalen spelen zich af binnen en rond de joodse gemeenschap van Ferrara tijdens het fascisme, of tijdens de lange nasleep ervan. De auteur werkt de thematiek van het anders-zijn en van de uitsluiting meestal elegisch en intimistisch uit, met momenten van epigrammatische verve in zijn poëzie. De schemering als moment van bewustwording inspireerde de verteller van *Een gedenkplaat in de via Mazzini*, het verhaal over het vreemde gedrag van Geo Josz, na diens terugkeer uit Buchenwald als enige overlevende van honderddrieëntachtig gedeporteerde Ferrarese Joden, tot de volgende slotmijmering:

> Maar laat tenslotte de schemer invallen, het half lichte, half donkere uur van een kalme meiavond aanbreken, dan kan het gebeuren dat dingen en mensen die u eerst heel gewoon leken, heel normaal, zich ineens in hun ware gedaante tonen, dan kan het gebeuren dat iemand ineens voor het eerst tegen u begint te praten (en op dat moment zult u als door de bliksem getroffen zijn) over zichzelf en over u.
> (*Een gedenkplaat in de via Mazzini*, in *Het verhaal van Ferrara*, p. 93.)

De schemer wordt echter niet alleen geassocieerd met beschou-
wende of tragische passages, maar vergezelt tevens momenten van
heerlijke zorgeloosheid. Een groepje joodse studenten, waaronder de
verteller van *De tuin van de Finzi-Contini's*, wordt na hun uitsluiting
uit de Ferrarese tennisclub Eleonora d'Este, door Alberto en Micòl
Finzi-Contini uitgenodigd om bij hen thuis, in het prachtige domein
aan de Corso Ercole I d'Este, tennis te komen spelen op hun privé-
terrein:

> Wij hadden werkelijk veel geluk met het weer. Gedurende tien of twaalf
> dagen leek het tot stilstand gekomen, gevat in een geheimzinnig waas
> van zachtheid en helderheid zoals in onze streek soms eigen is aan het
> najaar. Het was warm in de tuin, bijna of het zomer was. Wie zin had
> kon tot halfzes of later tennis blijven spelen zonder bang te hoeven zijn
> dat de vochtigheid van de avond, die tegen november al sterk is, de sna-
> ren van de rackets zou beschadigen. Op dat uur zag men natuurlijk
> haast niets meer op de baan. Het licht, dat nog steeds de met gras
> begroeide hellingen van de Mura degli Angeli verguldde, die vooral zon-
> dags vol mensen waren – een kalme, bonte menigte: jongens die ach-
> ter een bal aanliepen, kindermeisjes die naast kinderwagens zaten te
> breien, militairen met verlof, verliefde paartjes op zoek naar een plaats
> om te vrijen – dat laatste licht nodigde uit tot doorgaan, tot doorspe-
> len ook al zagen we bijna niets meer. De dag was nog steeds niet ten
> einde en het loonde de moeite nog wat te blijven.
> (*De tuin van de Finzi-Contini's*, in *Het verhaal van Ferrara*, p. 301.)

Een zweem van *fin de siècle* kenmerkt Bassani's universum, met zijn
elegante, gecultiveerde personages, die met hun diep gevoel voor
schoonheid en kunst bijzonder kwetsbaar de dreigende barbaarsheid
op zich zien afkomen.

EENHEID VAN TIJD, PLAATS EN HANDELING

De wordingsgeschiedenis van de vertelcyclus *Het verhaal van Ferrara* was lang en moeizaam. Gedurende meer dan 30 jaar herwerkte
Bassani zijn proza gestaag en liet hij hoofdstukken en fragmenten
van zijn werk verschijnen in literaire tijdschriften, weekbladen en
kranten. De definitieve versie is onderverdeeld in zes boeken: het
eerste boek, *Binnen de muren*, met de verhalen *Lida Mantovani*,

De wandeling voor het eten, Een gedenkplaat in de via Mazzini, De laatste jaren van Clelia Trotti en *Een nacht in '43*; het tweede boek, de roman *De gouden bril*; het derde boek, de roman *De tuin van de Finzi-Contini's*; het vierde boek, de roman *Achter de deur*; het vijfde boek, de roman *De reiger* en het zesde boek, de autobiografische fragmenten van *De geur van hooi*.

In zijn verhalend proza streefde de auteur naar een nagenoeg klassieke eenheid van plaats, tijd, en handeling (cfr. Bassani's *Intervento sul tema: cinema e letteratura*, 1964). De archetypische aantrekkingskracht die uitgaat van Bassani's fictioneel universum is voor een groot stuk te danken aan deze narratieve actualisering van de wet der drie eenheden.

De vertelde feiten vinden plaats onder het fascisme, meer bepaald tijdens de dramatische jaren 1938-1943. Naarmate de onrust stijgt, nemen de menselijke deugden en ondeugden extremere vormen aan. Het fascisme wordt belicht vanuit het perspectief van de gekwelde joodse gemeenschap. In *De tuin van de Finzi-Contini's* is de joodse vader van de verteller, net als zoveel van zijn medeburgers toen, lid van de Fascistische Partij. Na de afkondiging van de rassenwetten belanden de leden van de joodse gemeenschap, of ze nu lid zijn van de partij of niet, in een maatschappelijk erg benarde situatie. Zoals de autobiografische verteller van *De tuin van de Finzi-Contini's* worden ze uitgesloten uit het openbare leven, onder andere uit de stadsbibliotheek en uit de plaatselijke tennisclub.

Bassani's romans en verhalen spelen zich af in het landschap van Emilia dat zich een eind in de Povlakte uitstrekt, met Ferrara als emblematisch middelpunt. Ferrara is de stad van de herinnering en wordt bij elk verhaal op een rituele manier opgeroepen. Het Ferrara van Bassani behoort noch helemaal tot het verleden, noch tot het heden, maar doemt telkens weer op uit de heel bijzondere fictionele spanning tussen deze twee polen. Ferrara wordt aanvankelijk opgeroepen via het collectief geheugen, later, vanaf *De gouden bril*, levert het autobiografische geheugen van de ik-verteller de elementen voor de (re)constructie. In *De wandeling na het eten* komt de stad opnieuw tot leven aan de hand van een vergeelde ansichtkaart. *Een gedenkplaat in de via Mazzini* is opgebouwd rond de "geheime dynamische relatie" tussen Ferrara en de jood Geo Josz. Naarmate de stad zich losmaakt van de oorlogsjaren, raakt Josz steeds meer verstrikt in zijn verleden van gedeporteerde, tot hij opnieuw zal verdwijnen. *Een nacht in '43* begint met de voor een buitenstaander onbegrijpelijke gewoonte van de Ferrarezen om niet langs het bruine muurtje van de kasteelgracht te lopen. Later zal blijken dat hier, op het "executietrottoir", recht tegenover het Caffè della Borsa, in de nacht van 15 december 1943 elf Ferrarese burgers werden gefusilleerd als vergelding voor de moord op officier Bolognesi, voormalig secretaris van de Fascistische Federatie.

Bassani's meest sombere roman, *De reiger*, speelt zich niet meer af in Ferrara, of in de tegenhangers van de stad, de badplaatsen aan de kust van Romagna, maar tussen Codigoro en de kustmeren van de delta van de Po. De door melancholie verteerde protagonist, Edgardo Limentani, is ondanks de korte ontmoetingen met familieleden, vrienden en kennissen alleen in het weidse landschap waar hij vol vertwijfeling zijn laatste dag doorbrengt. *De reiger* situeert zich aan het einde van Bassani's narratieve parabool, en belicht in extreme vorm het soort handeling dat kenmerkend is voor zijn poëtica.

Doorgaans beleven de protagonisten van Bassani's vertelcyclus een individueel, intiem drama dat zich afspeelt in de historische context van het fascisme (behalve in *De reiger*). Dit drama heeft te maken met een langzaam bewustzijnsproces dat de protagonist confronteert met zijn onafwendbare lotsbestemming. Dit kan tot zelfmoord leiden, zoals bij Athos Fadigati, de homoseksuele joodse oogarts uit *De gouden bril*, en bij Edgardo Limentani uit *De reiger*. De zelfmoord wordt echter slechts gesuggereerd, het is het bewustwordingsproces dat de eigenlijke handeling van de verhalen vormt. Bassani's universum is zo beklijvend omdat het bevolkt wordt door adolescenten, boeiende en enigmatische personages waarvan sommigen bezield worden door een onuitputtelijke levenslust, en de anderen gekweld worden door melancholie en angst. Zo zijn er bijvoorbeeld de ontstuimige Deliliers uit *De gouden bril* en de onderling zo verschillende jongelui uit *De tuin van de Finzi-Contini's*: de verteller, Alberto en Micòl Finzi-Contini, Bruno Lattes en Giampi Malnate. In *Achter de deur* doet de ik-verteller, *alter ego* van de adolescent Bassani, het relaas van een schoolvriendschap die een voor hem bittere wending zal nemen. Na deze ontnuchtering voelt hij zich de gevangene van zijn gevoelens van onmacht.

Het meest aangrijpende personage is ongetwijfeld dat van Micòl uit *De tuin van de Finzi-Contini's*. De jonge vrouw komt spiritueel

versterkt uit de beproeving, of beter, in plaats van haar lot te ondergaan, adopteert ze moedig een filosofie van de aanvaarding en koestert ze zich in een fatalistische, doch allesbehalve larmoyante levenshouding. Op een dag, bij een van de zoete zwerftochten door de tien
hectaren grote tuin van het *magna domus* van de familie Finzi-Contini,
worden Micòl en de op haar verliefde verteller verrast door de regen
en schuilen ze in het oude koetshuis. Ze gaan zitten in een rijtuig dat
nog geregeld een poetsbeurt krijgt van de trouwe huisbediende Perotti.
Wanneer de verteller zich vol bewondering uitlaat over de goede staat
van het rijtuig, antwoordt Micòl ontstemd het volgende:

> "Perotti heeft er plezier in," zei ze, "om aan dit ongelukkige wrak zoveel
> tijd en moeite te besteden! Geloof me, hier in het halfduister kun je mis-
> schien van een wonder spreken, maar buiten in het volle licht springen
> de talloze kleine gebreken dadelijk in het oog. Hier en daar is de lak
> beschadigd, in de spaken en de naven van de wielen zit houtwurm, de
> bekleding van deze zitplaats (je kunt het nu niet zien, maar ik garan-
> deer het je) is op sommige plaatsten een echt spinnenweb geworden.
> Ik vraag me af waar al die *struma* ['moeite' in Ferrarees dialekt] van
> Perrotti goed voor is. Is het de moeite waard? (...)"
> "Kijk liever naar de kano," ging zij verder – en wees door het raampje,
> dat door onze adem besloeg, naar een lange, grijze, skeletachtige vorm
> die tegen de wand tegenover het rek met grapefruits stond. "Kijk ernaar
> en bewonder alsjeblieft de eerlijkheid, de waardigheid en de morele
> moed waarmee deze de gevolgen van zijn nutteloosheid draagt. Ook
> dingen sterven, vriendlief. En omdat ze moeten sterven, is het beter ze
> met rust te laten. Het is in ieder geval stijlvoller, vind je ook niet?"
> (*De tuin van de Finzi-Contini's*, in *Het verhaal van Ferrara*, pp. 325-
> 326; noot van de vertaalster.)

ISOLEMENT, INTIMISME EN IDEALISME

Overeenkomstig de idealistische filosofie van Croce, zijn Bassani's
personages geen representatieve 'types', maar individuen wiens spiritualiteit en gevoelsleven noch te doorgronden, noch volledig te verwoorden is. De personages tasten elkaars gevoelens af, maar slagen er
nooit in het mysterie van de ander te ontsluieren. Ook de lezer kan
slechts een glimp opvangen van de fascinerende innerlijke wereld van
de personages die *Het verhaal van Ferrara* bevolken. Die personages

duiken herhaaldelijk op in de verschillende boeken, zij het niet altijd op de voorgrond, maar terugkerende namen als die van Clelia Trotti, Bruno Lattes, Athos Fadigati en Corcos, verlenen, in combinatie met het sterk autobiografische hoofdpersonage, een bijzondere cohesie aan de romancyclus.

Bassani's meest geliefde personage, de jonge en geheimzinnige Micòl uit *De tuin van de Finzi-Contini's* op wie de verteller hopeloos verliefd is, verzamelt *làttimi*, het Venetiaanse woord voor opalines, antiquarische voorwerpen in opaalglas. Deze siervoorwerpen, die zo uit Morandi's stillevens lijken weggeplukt, zijn broos en ondoorzichtig, als de persoonlijkheid van Micòl. 's Nachts is een blik op haar verzameling, die in een nooit volledig verduisterde kamer altijd zichtbaar blijft, genoeg om haar tot rust te brengen:

> Het was in Venetië begonnen, ging ze verder, misschien onder de invloed van de nevels daar, die zo heel anders waren dan de dichte nevels van de Po-vlakte, zo oneindig veel lichter en en vager (slechts één schilder op de wereld had ze kunnen 'weergeven': beter dan de late Monet, 'onze' De Pisis) – in Venetië werd ze verliefd op de làttimi. (…) Als zij 's nachts wakker werd, hoefde ze maar een slokje van het Skiwasser te nemen (…) en dan, na weer te zijn gaan liggen, haar blik te laten glijden over de lichtende, ijle nevel van haar dierbare làttimi om weer weg te doezelen en in slaap te vallen, net zo ongemerkt als het opkomen van hoog water in de lagune van Venetië.
>
> (*De tuin van de Finzi-Contini's*, in *Het verhaal van Ferrara*, pp. 331-332).

Het Ferrara van Bassani is een provinciale stad met een scherpe sociale controle die elk afwijkend gedrag afkeurt. De uitsluiting die zoveel personages treft valt echter niet samen met de scheidingslijn tussen joden en niet-joden. Uitsluiting en afzondering kenmerken zowel groepen als individuen, en Bassani wijst op de tragische lotsbestemming van hen die geen aansluiting kunnen vinden binnen een gemeenschap zoals de joodse, die op zich reeds voorwerp is van segregatie. Afzondering binnen de afzondering dus. De familie Finzi-Contini sluit zich als slachtoffer van de rassendiscriminatie vrijwillig af van de samenleving van Ferrara en dus ook voor een stuk van de communicatie met hun minder bevoorrechte en intellectueel minder gewapende lotgenoten. De Finzi-Contini's leven in autarchie in hun prachtige *magna domus* met bijbehorend privé-park, privé-bos,

privé-tennisveld en privé-bibliotheek. De verteller is een van de zeldzame geprivilegieerden die gebruik mogen maken van de tennisbaan
en later van de bibliotheek van Micòls vader, professor Ermanno.
De immense tuin en het *magna domus* met zijn ontwikkelde bewoners vormen samen een oase van natuur (denk alleen maar aan de
unieke boomsoorten, de passie van Micòl) en cultuur, een symbool
van beschaving in een wereld van bekrompenheid en geweld.

Een onzichtbare muur omringt de personages. Zo verwerken de
leden van de familie Finzi–Contini elk op hun manier het onheil dat
op hen afkomt. Het niet kunnen participeren treft vele protagonisten
van Bassani. Het zijn enkelingen die in stilte de anderen gadeslaan,
anderen die wel in de geheimen van het echte leven ingewijd lijken,
of die zich althans zorgeloos schijnen te laten opnemen in de koesterende zekerheid van het dagdagelijkse. Ausilia in *De wandeling voor het
eten*; de jongeling in *Achter de deur*; Athos Fadigati die in de trein
tussen Ferrara en Bologna schuchter het verkwikkende gezelschap
opzoekt van het groepje studenten:

> Hij was met een kleinigheid tevreden, in feite, of zo leek het in elk
> geval. Erbij zitten, in onze derdeklascoupé, als een oude man die zich
> zwijgend warmt bij het vuur: meer verlangde hij niet.
> (*De gouden bril*, in *Het verhaal van Ferrara*, p. 187.)

Hoewel Bassani's verhalen meestal een dramatische wending aannemen, vervalt hij nooit in het pathetische en laat hij steeds ruimte
voor een subtiele ironie die zijn personages bijzonder geloofwaardig en
menselijk maakt. Zo onstaat er een soort empathie waardoor de lezer
zelfs voor een hatelijk personage als de laffe Pino Barilari uit *Een nacht
in '43* begrip kan opbrengen. De verlamde en door zijn echtgenote
bedrogen Barillari heeft zeker de daders gezien van de verschrikkelijke
vergeldingsactie die in de nacht van 15 december 1943 het leven
kostte aan elf mensen. Zoals altijd bespiedde hij waarschijnlijk ook die
nacht de straat, wachtend op de thuiskomst van zijn frivole echtgenote. Uit schroom expliciet te moeten toegeven wat iedereen al lang
vermoedde, zal hij beweren dat hij die nacht sliep:

> Wie weet. Misschien had hij 's namiddags niet naar de uitzending uit
> Verona geluisterd. In elk geval leek het normaal dat Pino om negen uur,
> toen de slagen van de kasteelklok langzaam en zacht als een zegening
> over de hele stad waren uitgestrooid, al opgerold in zijn kinderledikantje

had gelegen met de dekens opgetrokken tot over zijn oren. Ogen dicht, slapen. Waar had Pino anders aan moeten denken nadat hij zijn vrouw van tafel had horen opstaan om naar beneden te gaan (op dat uur was er altijd iets te doen in de apotheek: de kas opmaken, het rolluik neerlaten en van binnen afsluiten), nadat hij haar op de drempel van de eetkamer had gezien, van achteren, groot, mooi, en onverschillig? Lekker slapen. En die avond misschien nog vroeger dan anders.
(*Een nacht in '43*, in *Het verhaal van Ferrara*, p. 151.)

Bassani hanteert een analytische, ietwat 'proustiaanse' verteltrant waarbij veel ruimte wordt gegeven aan de innerlijke gedachtenstroom van de protagonisten. In de roman *De reiger* culmineert het innerlijke drama van Edgardo Limentani tijdens het lange wachten bij een vogeljacht. Aan de hand van de toenemende vereenzelviging tussen de vertwijfelde man en de gewonde reiger, groeit deze laatste uit tot metafoor van Edgardo's gekwetste ik. De projectie van Edgardo op de reiger gebeurt via een subtiele manipulatie van de taal, waardoor de lezer plots geen onderscheid meer kan maken tussen wat zich mogelijk in de kop van de reiger afspeelt en de gedachten van de protagonist.

HERINNERING EN MONUMENTUM

De vertelcyclus *Het verhaal van Ferrara* staat volledig in het teken van de herinnering. Met zijn verhalen bouwt Bassani, in de epideiktische zin van het woord, een monument voor de beproefde joodse gemeenschap. Zoals reeds aangegeven heeft Bassani vooral oog voor de individuele lotsbestemming van de personages, maar door het aaneenrijgen van zoveel individuele drama's wordt het totaalbeeld wel erg prangend. De aanwezigheid van grafmonumenten en begraafplaatsen in zijn romans en verhalen is dan ook helemaal niet toevallig. Maar die monumenten zijn bezield, zoals de herinnering dat is. De geur van hooi waaraan het laatste boek van de saga van Ferrara, *De geur van hooi*, zijn titel ontleent, is de geur van het vers gemaaide hooi van de joodse begraafplaats, een geur die bij de ik-verteller van het fragment *Meer over Bruno Lattes* mooie herinneringen oproept:

Zodra de lijkwagen, traag opverend, over de drempel van het grote toegangshek was gereden, bracht de sterke geur van vers hooi de door warmte bedrukte stoet weer tot leven. Wat een verademing. En wat een rust. Dadelijk ontstond er een bijna vrolijke drukte van door elkaar lopende mensen. Sommigen verspreidden zich tussen de graven vlak bij de ingang. (*De geur van hooi*, in *Het verhaal van Ferrara*, p. 678.)

De proloog van *De tuin van de Finzi-Contini's* begint met een bezoek aan de Etruskische necropool van Cerveteri. Dankzij de onschuldige nieuwsgierigheid van de negenjarige Giannina wordt het thema van de dood en van de tragische lotsbestemming van de joodse gemeenschap gespiegeld aan de roemrijke dodencultus van de Etrusken en, zoals altijd bij Bassani, gekoppeld aan de wereld van de levenden. Al eeuwenlang tekenen de Etruskische *montarozzi* het landschap:

> We reden langs de zogenaamde *montarozzi*, de kegelvormige, met gras begroeide heuveltjes waarmee het hele gebied van Latium ten noorden van Rome – en meer nog in het heuvelland daarachter dan aan de kust – tot aan Tarquinia en nog verder is bezaaid en die het tot een immense, bijna ononderbroken begraafplaats maken. Het gras is er groener, dichter en donkerder dan op de lager gelegen vlakte tussen de via Aurelia en de Tyrreense Zee.
> (*De tuin van de Finzi-Contini's*, in *Het verhaal van Ferrara*, p. 246.)

Het contrast met de nutteloze monumentale graftombe van de Finzi-Contini's in Ferrara is des te schriller: een architectonische miskleun, waar slechts een paar leden van de beproefde familie hun laatste rustplaats kregen, de anderen stierven tijdens hun deportatie. De teksten van Bassani zijn evenveel gedenktekenen ter gedachtenis aan de talloze slachtoffers, niet alleen van het fascisme, maar van de onverdraagzaamheid in het algemeen.

IN RIMA E SENZA

Bassani's in 1982 verschenen verzamelde poëzie bestaat uit twee afdelingen: *I. In rima* en *II. Senza*. Het dichtwerk van *In rima* werd geschreven in de jaren 1939-1951 en bevat overwegend kwatrijnen op rijm. Deze afdeling bevat drie delen, *Storie dei poveri amanti* en *Te lucis ante* met gedichten uit de gelijknamige bundels en uit *Un'altra libertà*, en *Traducendo* met vertalingen van Paul-Jean Toulet, René Char en Robert Louis Stevenson. Vragen over de dingen die voorbijgaan,

ingehouden gevoelens, de eenzaamheid der geliefden, de verloren zorgeloosheid, de afzondering en de vervreemding, de onrust, de sche-
mertoestand van het gemoed: alle leidmotieven van het proza worden
in de poëzie onomfloerst aangereikt, zij het steeds met de voor Bassani
zo kenmerkende schroom. Het landschap van Emilia dat oprijst uit
het licht, uit de nevels, het maanlicht en de verschroeiende zon verwijzen ook in Bassani's poëzie naar de picturale vertaling van het vertrouwde landschap door de Ferrarese schilders die zo uitmuntend door
Longhi werden bestudeerd. In het *Nawoord* van *L'alba ai vetri* had
Bassani overigens opgemerkt dat hij het platteland van Ferrara had
leren kennen dankzij de schilderkunst, die hem letterlijk de ogen had
geopend. Maar ook de geluiden, de wind, de ruisende bomen, de galm
van de passerende treinen boetseren zijn poëtisch universum. Zoals bij
Montale schuilt de metafysische openbaring in kleine dingen en
indrukken. Gedreven door zijn sterk ethisch bewustzijn had Bassani
zowat spontaan aansluiting gezocht bij de poëtica van het Italiaanse
hermetisme, waarvan de invloed vooral in deze eerste bundels tastbaar
is. Maar ook Leopardi en Pascoli zijn niet ver weg.

De gedichten verzameld in de afdeling *Senza* zijn opgesplitst in de
delen *Epitaffio* en *In gran segreto*, en bevatten werk uit de gelijknamige bundels die voor het eerst in 1974 en 1978 verschenen.
De gedichten zijn niet meer op rijm en hebben alle de vorm van graf-
schriften. Hier domineert de gedachte van het *monumentum*: de verzen zijn als epitafen gebeiteld op de vliedende tijd. De autobiografische en historische component zijn in deze gedichten prominent
aanwezig. Zoals Stefano Giovanardi het kernachtig formuleert in de
bloemlezing *Poeti italiani del secondo Novecento*, waar Bassani een
plaats krijgt onder de *Poeti narratori*, zegeviert in *Senza* de veront-
waardiging en ontpopt de dichter zich herhaaldelijk tot puntdichter
met scheldtirades waarvan het "grijnslachende nihilisme [vervalt] in
het pathetische en in een soms slachtofferachtige attitude" (*Poeti
italiani del secondo Novecento*, p. 753).

ESSAYS: *DI LÀ DAL CUORE*

De essaybundel *Di là dal cuore* (1984) bevat, behalve de reeds
eerder verzamelde teksten van *Le parole preparate* (1966), essays die

tussen 1940 en 1980 in kranten en tijdschriften (*Il Mondo, La Fiera letteraria, Lo Spettatore italiano, Nuovi Argomenti,*..) verschenen. Zoals dit ook voor het verhalend proza en de poëzie het geval is, werden de teksten van de essays vaak herwerkt en de titels gewijzigd. De essaybundel is chronologisch opgebouwd en bestaat uit de volgende afdelingen: de brieven uit de gevangenis *Da una prigione*; enkele pagina's (*Pagine di un diario ritrovato*) uit zijn verloren dagboek dat hij schreef in januari en februari 1944 onder de Duitse bezetting van Rome; vier reeksen essays, respectievelijk uit de jaren 1940-1950, 1950-1960, 1960-1970 en 1970-1980. *Un'intervista inedita (1991)* vormt het sluitstuk van de essaybundel. Dit onuitgegeven interview is het zevende en laatste luik (*In risposta VII*) van een reeks antwoorden die Bassani in de loop der jaren (tussen 1959 en 1991) formuleerde op vragen over zijn poëtica en over de polemieken waarvan hij het doelwit was geweest.

Als gezaghebbend criticus en als auteur heeft Bassani mede de krachtlijnen van de na-oorlogse Italiaanse cultuur van de twintigste eeuw uitgezet. Hij was directeur en redacteur van toonaangevende literaire tijdschriften (*Paragone, Botteghe oscure*). Zijn essays getuigen van zijn voorname rol in de pers en in de uitgeverswereld. Het volstaat hier nogmaal te herinneren aan het succes van *De tijgerkat*. Zijn brede en solide culturele interesses blijken uit zijn recensies van Italiaanse auteurs (Tobino, Soldati, Cassola, Banti, Carlo Levi) en van buitenlandse schrijvers waarvan hij steeds met acribie de Italiaanse vertalingen onder de loep nam (Goethe, Mann, Hemingway, …). Hij wijdde talrijke bijdragen aan de band tussen verschillende semiotische systemen, zoals de bewerkingen van verhalen tot film, de relatie tussen schilderkunst en literatuur, de relatie tussen steden en literatuur (Triëst, Venetië).

Een aantal van zijn essays illustreren onomwonden het sterke morele engagement van Bassani wiens oeuvre constant wijst op de gevaren van de middelmatigheid. De mediocriteit baart monsters van ideologische waanzin en richt onnoemelijke ravages aan. In *I borghesi di Flaubert* (*Opere*, pp. 996-998), een artikel dat hij schreef in 1944, gaat Bassani op zoek naar de wortels van het kwaad dat fascisme heet. Bassani vindt geen sociale of specifiek klassegebonden oorzaken. Het fascisme is volgens Bassani niet de dictatuur van een bepaalde politieke klasse, maar een uitwas van ideeën eigen aan een middelmatigheid die van alle tijden is. Bekrompen ideeën worden op onfatsoenlijke manier verheven tot de totalitaire uitdrukking van de nationale volksaard. Fascisme is voor Bassani het produkt van de wijdverbreide middelmatigheid en van de figuur van Mussolini. Het is door de middelmatigheid dat een individu als Barilari uit *Een nacht in '43* zich ontwikkelt tot een lafaard.

BEKNOPTE BIBLIOGRAFIE

Werken van Giorgio Bassani
Verhalend proza
Una città di pianura, Milano, Lucini, 1940. (Onder het pseudoniem Giacomo Marchi.)
La passeggiata prima di cena, Firenze, Sansoni, 1953.
Gli ultimi anni di Clelia Trotti, Pisa, Nistri-Lischi, 1955.
Cinque storie ferraresi, Torino, Einaudi, 1956. (Bevat *Lida Mantovani, La passeggiata prima di cena, Una lapide in via Mazzini, Gli ultimi anni di Clelia Trotti, Una notte del '43*)
Gli occhiali d'oro, Torino, Einaudi, 1958; Milano, Mondadori, 1970. (*De ondergang van dr. Fadigati*, vert. M. Montulet, Utrecht, Erven J. Bijleveld, 1961; *De goudgerande bril*, vert. M. Montulet, Hilversum, Gooi en Sticht, 1988; *De gouden bril*, vert. Tineke van Dijk, Amsterdam, Meulenhoff, 1996.)
Il giardino dei Finzi-Contini, Torino, Einaudi, 1962. (*Het groene paradijs van de jeugdliefdes. De tuin van de Finzi-Contini*, vert. A.J. Romein, Amsterdam, Contant, 1971; *De tuin van de Finzi-Contini's*, vert. Joke Traats, Amstelveen, Cypres, 1989; Amsterdam, Meulenhoff, 1994.)
Dietro la porta, Torino, Einaudi, 1964. (*Achter de deur*, vert. Tineke van Dijk, Amsterdam, Meulenhoff, 1997.)
L'airone, Milano, Mondadori, 1968. (*De reiger*, vert. Joke Traats, Amsterdam, Meulenhoff, 1993.)
L'odore del fieno, Milano, Mondadori, 1972. (*De geur van hooi*, vert. Tineke van Dijk, in *Het verhaal van Ferrara*, Amsterdam, Meulenhoff, 1998.)
Dentro le mura, Milano, Mondadori, 1973; herwerkte versie van *Cinque storie ferraresi*. (*Binnen de muren. Verhalen*, vert. Tineke van Dijk, Amsterdam, Meulenhoff, 1995.)

Il romanzo di Ferrara, Milano, Mondadori, 1980; bevat *Dentro le mura, Gli occhiali d'oro, Il giardino dei Finzi-Contini, Dietro la porta, L'airone* en *L'odore del fieno*. (Alle Nederlandse vertalingen van Bassani's romans en verhalen die verschenen na 1980 zijn gebaseerd op deze definitieve uitgave van *Il romanzo di Ferrara*. Deze vertalingen werden gebundeld in *Het verhaal van Ferrara*, Amsterdam, Meulenhoff, 1998; de vertaling van *Il giardino dei Finzi-Contini* is van Joke Traats, de andere vertalingen zijn van Tineke van Dijk.)

Poëzie
Storie dei poveri amanti e altri versi, Roma, Astrolabio, 1945; 2e uitgave 1946.
Te lucis ante, Ubaldini, Roma, 1947.

Un'altra libertà, Milano, Mondadori, 1951.
L'alba ai vetri. Poesie 1942-1950, Torino, Einaudi, 1963. (Bevat de drie eerste bundels.)
Epitaffio, Mondadori, Milano, 1974.
In gran segreto, Milano, Mondadori, 1978.
In rima e senza, Milano, Mondadori, 1982. (Verzamelde poëzie.)

CUCCHI, MAURIZIO & GIOVANARDI, Stefano, *Poeti italiani del secondo Novecento. 1945-1995*, Milano, Mondadori ("Meridiani"), 1996, pp. 752-760. (Bloemlezing.)

Essays
Le parole preparate e altri scritti di letteratura, Torino, Einaudi, 1966.
Di là dal cuore, Milano, Mondadori, 1984. (Verzamelde kritiek.)

Verzameld werk
Opere (red. Roberto Cotroneo), Milano, Mondadori ("Meridiani"), 1998.

Teksten over Giorgio Bassani
CHIAPPINI, Alessandra & VENTURI, Gianni, *Le intermittenze del cuore. Bassani e Ferrara*, Ferrara, Il Corbo, 1995.
COTRONEO, Roberto, *La ferita indicibile*, in BASSANI, Giorgio, *Opere* (red. Roberto Cotroneo), Milano, Mondadori ("Meridiani"), 1998, pp. XI-LVIII; het volume bevat ook een *Bibliografia della critica*, pp. 1803-1835.
DOLFI, Anna, *Le forme del sentimento. Prosa e poesia in Giorgio Bassani*, Padova, Liviana, 1981.
FERNANDEZ, Dominique, *Le voyage d'Italie. Dictionnaire amoureux*, Paris, Plon, 1997, pp. 146-158.
GRILLANDI, Massimo, *Invito alla lettura di Giorgio Bassani*, Milano, Mursia, 1972; nieuwe uitgave 1988.
PRÖPPER, Henk, *Giorgio Bassani's Ferrara, een universum*, Amsterdam, Meulenhoff, 1998.
SEMPOUX, André (red.), *Il romanzo di Ferrara. Contributi su Giorgio Bassani*, Louvain-La-Neuve, Presses Universitaires de Louvain, 1983.
VARANINI, Giorgio, *Bassani narratore, poeta, saggista*, Modena, Mucchi, 1991.

PRIMO LEVI
(1919-1987)

Reinier SPEELMAN

LEVEN: GETUIGE, SCHRIJVER EN CHEMICUS

Met de Italiaanse eenheid en het conflict tussen Kerk en Staat dat daarmee was ontstaan, had de assimilatie van de kleine groep joodse Italianen een hoge vlucht genomen. Deze patriottisch gestemde, hoog opgeleide bevolkingsgroep schonk het land in de nog geen tachtig jaar tussen 1859 en 1938 talrijke ministers, hoge militairen, wetenschappers, burgemeesters, ingenieurs, artsen, advocaten, industriëlen, bankiers, kunstenaars en literatoren, die zich in de praktijk in de eerste plaats zagen als Italianen en in wier leven de joodse traditie en religie een zeer ondergeschikte rol speelden.

De familie van Primo Levi behoorde tot die geassimileerde joden. Primo werd als zoon van een ingenieur geboren in de tegelijk deftige en progressieve stad Turijn op 31 juli 1919, in het huis waar hij zijn hele leven – met een "onvrijwillig intermezzo", zoals hij eens schreef – zou wonen aan de statige Corso Re Umberto. Zijn jeugd, die bijna geheel samenviel met de opkomst en consolidatie van het fascisme, een beweging waarmee Levi's milieu niet veel ophad, verschilde weinig van die van andere kinderen. Na de middelbare school, die hij via een herexamen voor Italiaans absolveerde, ging hij in 1937 scheikunde studeren. Primo's hobby's waren lezen, bergsport, skiën en wandelen.

In 1938 kondigde Mussolini de rassenwetten af en begon zijn noodlottige liaison met Hitler. Joodse Italianen, die tot kort daarvoor vrij goede relaties met het regime hadden gehad, werden in enkele weken tijd beroofd van vrijwel al hun rechten en gedegradeerd tot tweederangsburgers. Levi mocht echter zijn reeds aangevangen studie voltooien en studeerde aan de niet erg filofascistische en alles behalve antisemitische Universiteit van Turijn cum laude af in 1941, toen de

Tweede Wereldoorlog reeds in volle gang was. Als jood hoefde hij niet in dienst en kon zo enige professionele ervaring opdoen. Ook ontstonden de eerste fantastische verhalen (zie voor deze fase van zijn leven en werken *Het periodiek systeem*).

Na de val van het fascisme in 1943 vielen de nazi's Italië binnen. Levi trok de bergen in en werd partizaan, maar zijn onervaren formatie werd vrijwel meteen (in december 1943) door verraad opgerold, en hij belandde in het concentratiekamp Fossoli, een voorportaal van Auschwitz. In februari 1944, nadat de leiding over het kamp was overgenomen door de SS, werd hij op transport gesteld. Hij belandde uiteindelijk in het werkkamp Buna-Monowitz dat ressorteerde onder Auschwitz, maar in feite een groot arbeidsreservoir vormde voor de kunstrubberfabriek van IG-Farben.

Door een mengeling van wilskracht, geluk, kennis van het Duits, de hulp van een Italiaanse arbeider en een baantje in het laboratorium van de fabriek wist Levi tot de bevrijding te overleven. Toen de Duitsers alle 'gezonde' gevangenen afvoerden op een lange dodenmars, bleef Levi, die toen roodvonk had, met de andere zieken achter en werd na enige dagen door de Russen bevrijd. Zijn ervaringen en haast sociologische waarnemingen in het kamp, geboren uit de wil tot overleven om te getuigen ("eten, terugkeren, vertellen", vatte hij het in een gedicht samen), zouden hun neerslag vinden in *Is dit een mens* (*Se questo è un uomo*). Na de bevrijding zou Levi een maandenlange odyssee door Oost-Europa moeten ondernemen om naar Italië terug te keren, een tocht die hij later in *Het respijt* (*La tregua*) zou beschrijven.

En zo was Primo Levi in de herfst van 1945 weer in Italië, maar hij was een geheel ander mens geworden. Enerzijds was hij hardhandig geconfronteerd met een niet zelf gekozen of beleden identiteit, het jodendom, anderzijds had hij elke vorm van religiositeit verloren. Toch is Levi's werk rijk aan verwijzingen naar jodendom en bijbel. Terwijl hij probeert zich in het chaotische Italië van na de oorlog een bestaan op te bouwen, schrijft hij gedichten en *Is dit een mens*. Het boek wordt geweigerd door de belangrijke linkse uitgeverij Einaudi, hoewel een prominente intellectueel als Natalia Ginzburg in de redactie zat, en verschijnt uiteindelijk bij de kleine uitgever De Silva van de ex-verzetsman Franco Antonicelli, maar blijft grotendeels onopgemerkt.

Voor Levi betekent dit een teleurstelling, voor zijn schrijverschap de veroordeling tot een bestaan in de marge: hij schrijft gedichten en af en toe een kortverhaal. De komende decennia staat in zijn leven vooral zijn werk als chemicus centraal. In 1947, het jaar van zijn huwelijk met Lucia Morpurgo, krijgt hij een baan bij de verffabriek Siva, net buiten Turijn, en zal het daar tot technisch en uiteindelijk tot algemeen directeur brengen. De wereld van wetenschap en techniek, en vooral de scheikunde, zullen in zijn werk altijd een belangrijke plaats innemen.

In 1955 spreekt Levi in Turijn bij een tentoonstelling over de sjoa en krijgt veel belangstelling van jongeren, reden om zich met zijn boek opnieuw tot Einaudi te wenden, ditmaal niet vergeefs: met enige vertraging wegens financiële problemen bij de uitgeverij verschijnt het boek in 1958 en wordt een groot – en blijvend – succes. Mede aangespoord door vrienden hervat Primo zijn schrijverschap, wel te verstaan 's avonds, in weekeinden en vakanties. Tegelijkertijd schrijft hij episoden van *Het respijt* en een reeks fantastische verhalen, die respectievelijk in 1963 en 1966 zouden verschijnen (de laatste onder de titel *Storie naturali* ofte *Natuurlijke geschiedenissen*). Een tweede deel fantastische vertellingen, *Vormgebrek* (*Vizio di forma*) zou volgen in 1971, maar ook nu viel het schrijven ervan grotendeels samen met dat van een autobiografisch geïnspireerd boek, *Het periodiek systeem* (*Il sistema periodico*), dat in 1975 zou verschijnen, een jaar dat belangrijk was in Levi's leven omdat hij besloot met vervroegd pensioen te gaan en zich volledig aan de literatuur te wijden.

De volgende twee boeken zijn *De kruissleutel* (*La chiave a stella*, 1978), een raamvertelling geïnspireerd door Levi's reizen voor zijn werk naar Togliattigrad in de Sovjet-Unie (in 1972 en 1973) – het boek won in het jaar van zijn verschijnen de belangrijke Premio Strega – en *Lilít* (1981), een bundel van gemengde samenstelling: naast kampherinneringen zijn er fantastische en lossere verhalen in opgenomen.

Vanaf zijn pensionering tot zijn dood is Levi's leven gewijd aan het schrijverschap, met alle maatschappelijke verplichtingen van dien. Hij heeft – zonder dat van te voren te beseffen – het anonieme leven van een chemicus verruild voor dat van een *public figure*. In contacten met anderen is Levi altijd hoogst zorgvuldig: brieven worden door hem vrijwel altijd beantwoord, aan uitnodigingen voor lezingen over de sjoa wordt gevolg gegeven, indien nodig reist Levi ook naar het buitenland (o.a. naar Amerika, Engeland en Zweden) voor ontmoetingen met vertalers, uitgevers en critici. Hij wordt ook zelf vertaler van onder anderen Kafka, Lévi-Strauss en Presser. Regelmatig publiceert hij columns op de *terza pagina*, de cultuurpagina van zijn favoriete dagblad, *La Stampa*. Aparte vermelding verdient de studie van het Oost-Europese jodendom waaraan hij bijna een jaar zijn tijd wijdt als voorbereiding op het schrijven van een 'echte' roman. Dat wordt het in 1982 verschenen *Zo niet nu, wanneer dan?* (*Se non ora, quando?*), de verzonnen maar op waargebeurde feiten gebaseerde lotgevallen van een groep joodse partizanen die zich in de laatste jaren van de oorlog vechtend een weg banen naar het Westen. Het boek wordt een daverend succes en wint twee van de drie belangrijkste Italiaanse literaire prijzen, de Premio Viareggio en de Campiello.

Het jaar 1982 is geen gemakkelijk jaar voor het Italiaanse jodendom. De Israëlische inval in Libanon ter bescherming van Galilea, in het kielzog waarvan pro-Israëlische christelijk-Libanese milities slachtingen aanrichten in twee Palestijnse vluchtelingenkampen, wordt sterk bekritiseerd – en de Italiaanse joden worden door de pro-Arabische meerderheid van hun landgenoten erop aangesproken. De meesten voelen zich in een isolement geraakt; opnieuw beseffen geassimileerde joden dat zij als anders worden gezien. Veel schrijvers kiezen nu bewust voor het uitkomen voor hun jood-zijn. Levi bekritiseert de bloedbaden en het optreden van premier Begin en minister van defensie Sharon.

Een opmerkelijke titel uit de laatste jaren is *De verdronkenen en de geredden* (*I sommersi e i salvati*, 1986), waarin Levi zich opnieuw uitspreekt over Auschwitz. In het voorjaar van 1987 ondergaat de schrijver een prostaatoperatie. Op 11 april, na de dagelijkse post in ontvangst te hebben genomen, komt Primo Levi door een val in het trapgat van de woning waar hij was geboren om het leven.

WERKEN: OP ZOEK NAAR DE WORTELS

Bij het bestuderen van Levi's werk lijkt het op het eerste gezicht aanlokkelijk uit te gaan van een onderverdeling tussen de aan de sjoa gewijde en de puur verhalende werken. Zo'n scheiding, die in sterke mate ook de aandacht van het publiek voor Levi's oeuvre reflecteert (met veel publieke belangstelling voor de getuigenissen, veel minder voor het puur verhalend werk), ligt mede voor de hand doordat Levi zijn eerste verhalenbundel *Natuurlijke geschiedenissen* publiceerde onder het pseudoniem Damiano Malabaila, een *nom de plume* die Levi zelf verdedigde met de woorden: "Ik ben als schrijver gedebuteerd met twee boeken over de concentratiekampen (...) gericht op een serieus publiek. Dat publiek een boek met schertsverhalen voorstellen (...), is dat geen bedrog, zoals iemand pleegt als hij wijn in olieflessen verkoopt?" Maar Levi vervolgt met de uitspraak dat hij ze nooit zou publiceren als hij niet had gemerkt dat er "tussen het Lager en deze uitvindingen continuïteit, een brug bestaat."

Daar bij grondige lezing van Levi's verhalend werk de wereld van de sjoa altijd aanwezig blijkt te zijn, is de gebruikelijke tweedeling niet vol te houden. Een alternatieve groepering zou kunnen bestaan uit drie perioden: de eerste getuigenissen, gedichten en verhalen (tot de publieke bekendheid vanaf ca. 1958), de werken uit de periode dat Levi min of meer gelijktijdig telkens aan twee (of meer) thematisch verschillende boeken werkt (tot ca. 1981) en de laatste jaren, waarin een grote verscheidenheid van werken haar vorm krijgt: de roman, een reeks essays, de laatste overdenking van Auschwitz, gesprekken met collega-schrijvers en de latere gedichten.

Het unieke van *Is dit een mens* is niet de bijna-primeur als zodanig. Vrijwel gelijktijdig zagen vier tot op heden te weinig bekende werken van joodse Italianen over de concentratiekampen het licht: *Vagone piombato* van Esther Joffe Israel (uit het Frans vertaald in 1949), *Il fumo di Birkenau* ("De rook van Birkenau") van Liliana Millu (1957, herdrukt vanaf 1979), *C'è un punto della terra* van Giuliana Tedeschi (oorspronkelijke titel: *Questo povero corpo*, 1946) en *Perché gli altri dimenticano* ("Omdat anderen vergeten") van Bruno Piazza (1956; in een paar dagen tijd geschreven in 1946 en postuum gepubliceerd). Als beschrijving doet geen van deze teksten veel onder voor Levi's relaas. Later zouden ook nog andere titels volgen, zoals de werken van Edith Bruck, die veel meer dan die van Levi aan een haast obsessieve verwerking van het geleden leed gewijd zijn. Maar Levi beschreef niet alleen, hij bestudeerde en analyseerde ook, en is daar mee doorgegaan tot een punt dat weinig anderen hebben bereikt. Meer nog dan in de rij van literatoren van de sjoa – Levi stelde duidelijk dat hij niet erg op stijl had gelet – past hij in de rangen der sociologen en wetenschappelijke bestudeerders ervan, samen met o.a. Siegfried Krakauer, Jean Améry en Jacob Presser (wiens *Nacht der Girondijnen* Levi veelzeggend uit het Nederlands heeft vertaald). Het eerste geschrift dat Primo aan Birkenau wijdde was dan ook een medisch rapport, geschreven samen met Leonardo Debenedetti en verschenen in een vaktijdschrift in 1946.

Maar *Is dit een mens* is veel meer dan een zakelijk verslag, en de eenvoud van de gekozen formele en taalkundige uitgangspunten is bedrieglijk. Het heeft om te beginnen de schijnbaar losse, episodische structuur die Levi later ook voor zijn raamvertellingen *Het periodiek systeem* en *De kruissleutel* zou hanteren, maar tevens voor zijn laatste meditatie over Auschwitz, *De verdronkenen en de geredden* (de titel had hij al aan een hoofdstuk uit *Is dit een mens* meegegeven). Dit stelt hem in staat om individuele scènes te isoleren en zonodig van gezichtspunt te veranderen. In plaats van het volgen van een vast groepje gevangenen, en een strikte chronologie, de voor werken als dit voor de hand liggende procédés, kiest Levi voor een choraal perspectief, waarin af en toe individuele *Häftlinge* naar voren komen. Het boek is aldus tegelijkertijd autobiografie, roman (met een vrij strakke eenheid van plaats en van handeling), essay- en verhalenbundel. De tendens om – aanvankelijk niet bewust – te tornen aan de grenzen van de traditioneel afgebakende literaire genres zal Primo Levi nooit loslaten.

Minder is deze neiging overigens in *Het respijt* te zien. Het relaas van de terugkeer is lichtvoetig en picaresk van toon. Met veel gevoel voor detail zet Levi de gestalten van zijn toevallige lotgenoten neer. Dat Levi over het resultaat tevreden was, mag blijken uit het feit dat het karakter van Mordo Nahum, een extroverte Griek uit het boek, temidden van de klassieke gestalten uit de literatuur verschijnt in de novelle *In het park* (opgenomen in *Vormgebrek*), waarin Levi een soort reservaat voor schrijvers en literaire creaties poneert, een soort hiernamaals dus. *Het respijt* vormt zo'n perfect tegenwicht voor *Is dit een mens* dat de boeken vaak samen zijn uitgegeven. Ik denk ook dat Levi zelf het tweede boek als afsluiting van een tweeluik, als tegenwicht tot zijn debuut heeft geconcipieerd. Men vergelijke alleen maar het aantal hoofdstukken van beide boeken: in elk zeventien – het ongeluksgetal in de Italiaanse cultuur –, en samen vierendertig, precies het aantal zangen van Dante's *Inferno*. Tegelijk vinden wij in het boek een (voor onze tijd misschien wat minder voor de hand liggende) bewondering voor de Sovjet-Unie, het land dat later het decor zou vormen voor *De kruissleutel*. Over land en volk schrijft Levi in mild-ironische superlatieven: mensen zijn gigantisch, horizonten eindeloos, ruggen zwaar en massief, de ruimte immens. Een Russische latrine wekt bij Primo associaties met Rabelais, de vreugdevolle overgave waartoe de mensen in staat zijn wordt met Homerus' werk vergeleken. Ook noemt Levi de omgeving waar hij zich bevond een "purgatorio", na en in tegenstelling tot de "inferno" waaraan hij was ontkomen.

De beide bundels fantastische verhalen, die een groep vormen waaraan delen van het latere *Lilít* en sommige postume novellen kunnen worden toegevoegd, vertonen soms opmerkelijke thematisch-inhoudelijke overeenkomsten met het werk van drie Italiaanse groot-meesters op dit gebied: Tommaso Landolfi, Dino Buzzati en Italo Calvino. Aan deze laatste legde Levi in 1961 ook een aantal verhalen voor, en kreeg een zeer positieve reactie.

Het eerste boek, *Natuurlijke geschiedenissen,* bevat onder meer een aantal verhalen rond een zelfde personage, Mijnheer Simpson, verko-per van allerlei fantastische machines, zoals een dichtende computer (de Verzenmaker), een duplicator (de Mimeet), en een simulator van een virtuele realiteit. Je zou hier kunnen spreken van een versnipperde science-fiction-roman, waar bij nader beschouwen ook een duidelijke lijn in valt te zien, eindigend met de ondergang van de held in het laatste verhaal, *Met pensioen*. Ook vinden wij in dit boek een briljante maar lugubere *reductio ad absurdum* van de nazistische rassentheorie (in *Engelachtige vlinder*). Voor een deel van de verhalen gebruikte Levi de vorm van de eenakter.

De tweede bundel, *Vormgebrek*, is minder vrijblijvend en speels-experimenteel. Vele verhalen zijn ingegeven door grote zorg om het milieu, de onbeheersbare ontwikkeling van de technologie, de span-ning tussen arme en rijke landen en de Koude Oorlog. Het boek bevat duidelijke verwijzingen naar het anderszijn van bijvoorbeeld joden (in het verhaal *Synthetisch*). Ook geeft Levi geeft in *Op het voorhoofd geschreven*, een schijnbaar lichtvoetig verhaal over voorhoofdsreclame, een duidelijke metafoor voor de onuitwisbaarheid van de tatoeages van de sjoa – Levi had trouwens het op zijn arm aangebrachte kamp-nummer nooit laten verwijderen – en voor het overerven van de slachtofferproblematiek op de naoorlogse generaties. Als zodanig is Levi een der eersten die zich bewust is van dit probleem.

In het voorwoord tot een latere herdruk (geschreven kort voor zijn dood in 1987) liet de schrijver, met een gevoel van opluchting dat de zo gevreesde rampen waren uitgebleven, de door hem geanticipeerde technologisch-wetenschappelijke herinneringen de revue passeren. Hij constateerde dat veel van zijn inventies in korte tijd werkelijkheid waren geworden, zoals reageerbuisbaby's en reizen naar de maan, terwijl de door hem beschreven verspilde ontwikkelingshulp, waarover hij twee verhalen had geschreven, aan de orde van de dag was. De *virtual reality*-spelletjes en een intelligent telematisch netwerk, die ook in de verhalen voorkomen, kunnen wij inmiddels aan het rijtje toevoegen, en met het klonen van dieren is ook wellicht de Mimeet geen verre toekomstmuziek meer.

Een van Primo's mooiste boeken is voor mij *Het periodiek systeem*, een soort chemische autobiografie in de vorm van eenentwintig korte verhalen, in elk waarvan een der elementen uit Mendelejevs beroemde tabel centraal staat. Natuurlijk speelt Levi's carrière als chemicus een vooraanstaande rol, maar ook voorouders, school- en studietijd, verzet en kamp komen aan de beurt. Het slotverhaal, de biografie van een koolstofatoom, dat het voor het leven zo essentiële maar in slechts zeer geringe concentratie in de lucht aanwezige kooldioxide helpt vormen, is een metafoor voor de rol van het jodendom in de Italiaanse cultuur. Het boek zal de kern gaan vormen van een grote, ideale autobiografie, die verspreid over de verschillende werken (van *Is dit een mens* tot de allerlaatste verhalen) in perfect evenwicht tussen getuigenis van de sjoa en passie voor chemie en techniek, tussen gebeurtenis en reflexie, tragiek en humor, betrokkenheid en esthetiek, zou mogen gelden als een van de belangrijkste werken van de Italiaanse literatuur.

De kruissleutel vormt in zekere zin een vervolg op *Het periodiek systeem*. Net als in de voorgaande titel vormt ook hier Levi's werk als chemicus het kader voor de diverse verhalen, waarvan sommige het karakter hebben van de *whodunit*. Maar het gaat hier om een raamvertelling met zichtbaar raam: Levi's verblijf in Togliattigrad en ontmoetingen met Faussone, een gespecialiseerde Piëmontese monteur. Het boek is een ode aan de mensen van de praktijk, en aan de poëzie die in elke menselijke activiteit kan liggen, mits de mens in zijn werk op zijn plaats is. Voor het boek koos Levi bewust een taal die vaak een regionale kleur heeft.

Als het gezegde "vertel mij wat je leest en ik zal zeggen wie je bent" op waarheid berust, dan is ook *La ricerca delle radici* ("De zoektocht naar de wortels") een vorm van autobiografie. Op voorstel van zijn uitgever Einaudi maakte Levi in 1981 een persoonlijke bloemlezing van teksten die in zijn leven een wijzende of althans belangrijke rol hadden gespeeld. De anthologie is in een aantal sectoren of thematische leeslijnen onderverdeeld, waarvan elk een etiket heeft meegekregen: "Redding door begrip" (onder andere vertegenwoordigd door teksten van Lucretius en Darwin), "Statuur van de mens" (van Marco Polo via Conrad tot Saint-Exupéry), "De mens lijdt onrecht" (met onder anderen Celan), en "Redding door de lach" (van Rabelais tot en met Shalom Alechém). Beginpunt van alle tracés is de bijbelse figuur Job, slachtoffer van een wrede weddenschap tussen de Eeuwige en Satan, eindpunt vormt de ontdekking van de Zwarte Gaten, dat wil zeggen, van het feit dat wij alleen zijn in de kosmos.

De bloemlezing (het enige werk van Levi dat niet in het Nederlands is vertaald) is uit meer dan één oogpunt interessant, en om die reden gaan wij er hier kort op in. In de eerste plaats uit hoofde van canonvorming. Levi is een schrijver in wiens werk intertekstualiteit een meer dan gemiddeld belang heeft. We zagen dat al in de getuigenissen en de vroege fantastische verhalen. Ook de vormende invloed van andere teksten is in zijn werk evident.

Al zijn de *Tenach*, Homerus, Rabelais en Swift als "oude klassieken", Parini, Belli en Porta als "Italiaanse groten uit de XVIII-XIX eeuw" en T.S. Eliot, Melville, Thomas Mann, Babel' en anderen als "moderne klassieken" opgenomen, het geheel van keuzen is niet afgezaagd of traditioneel te noemen. Dit door opname van een paar niet-literaire teksten die in Levi's vorming als chemicus een grote rol hebben gespeeld (als het handboek van Gattermann), en door aanwezigheid van vrienden: Mario Rigoni Stern, Stefano D'Arrigo en Hermann Langbein (die ook uit eigen ervaring over Auschwitz schreef). Dante ontbreekt, maar tot hem bekende Levi zich al in zijn eerste boek, in het aangrijpende hoofdstuk over de "Zang van Odysseus", waarin de herinnering aan een beroemde passage uit de *Divina Commedia* centraal staat.

Interessant is ook Levi's bewondering voor de werken die wij zouden kunnen aanduiden als "literatuur van de geslaagde actie" (onder te brengen onder de vereenvoudigde noemer "avonturenromans"), werken die nogal eens worden geweerd uit de canons. Niet uit die van Levi, zoals blijkt uit de opname van Rosny, Conrad, Vercel en Saint-Exupéry, maar ook uit een fragment van een science-fictionverhaal. Deze wetenschap werpt licht op Levi's eigen plaats in dit genre, met *De kruissleutel* en de nog te schrijven roman.

La ricerca delle radici geeft ook aanleiding iets op te merken over Levi's filosofie. Zijn atheïsme is reeds ter sprake gekomen. Toch heeft dit atheïsme ("Auschwitz bestaat, dus God kan niet bestaan") in Levi niet geleid tot verbittering of cynisme, maar tot een vorm van humanisme die een diepgaande menselijke solidariteit in zich droeg. Dit doet denken aan de grote romantische dichter en denker Giacomo Leopardi. Het belangrijkste verschil tussen beiden is dat laatstgenoemde zich als mens door de Natuur verraden en 'stiefmoederlijk' behandeld voelde, terwijl Levi in de Natuur – en de natuurwetenschappen – een bron van kennis en dus van redding vond, zoals reeds uit zijn kampervaringen blijkt. Ook in zijn latere werk blijft de inspiratie van wetenschap en natuur de grootste kracht: veel van zijn briljante essays zijn eraan gewijd, maar ook de laatste verhalen die Levi schreef gaan over de natuur, en vooral over de dieren. Deze belangstelling houdt nooit verafgoding van de wetenschap in. Integendeel, Levi is altijd diepgaand verontrust door verschijnselen als genetische manipulatie en de ontwikkeling in de wereld van de farmacie. Zo analyseerde hij in de verhalen *Versamine* (in *Natuurlijke geschiedenissen*) en *Difylaxe* (in *Lilít*) respectievelijk de uitwerking van een geneesmiddel dat pijnprikkels omzet in genotprikkels en van een middel dat de natuurlijke weerstand tegen *Fremdkörper* uitschakelt.

Vrijwel gelijktijdig met de zojuist besproken bloemlezing verscheen *Lilít ed altri racconti*. De bundel is een soort synthese van de eerdere hoofdmotieven in Levi's werk. Eén sectie autobiografische verhalen is gewijd aan het kamp, één groep is van fantastische aard, waaronder een soort postscriptum van *Het periodiek systeem*, *Tantalium*, en een derde brengt in het heden spelende verhalen bijeen. De belangrijkste tekst is wellicht *De Koning der Joden* (*Il Re dei Giudei*), het waargebeurde verhaal van de megalomane gettoheerser Chaim Rumkowski, die na verrichte arbeid uit het getto van Litzmannstadt (de nazistische naam voor het Poolse Łódź) werd gedeporteerd in een speciale wagon. Levi concludeert:

Een verhaal als dit is niet besloten is zichzelf. Het gaat zwanger van betekenissen, roept meer vragen op dan het beantwoordt, en laat ons onbevredigd. Het schreeuwt en roept om begrepen te worden, omdat men er een symbool in vermoedt, zoals in dromen of in tekenen uit de hemel. (...) Net als Rumkowski worden ook wij zo verblind door macht en aanzien dat we de broosheid van ons wezen vergeten; dat we ons, of we willen of niet, schikken naar de macht, en vergeten dat we allemaal in het getto zitten, dat het getto is afgezet, dat buiten de versperring de heersers van de dood staan, en dat iets verderop de trein wacht.

Uit dit fragment blijkt duidelijk dat Auschwitz Levi nog steeds in belangrijke mate bezighoudt, dat het drama van de sjoa voor hem niet alleen historisch, maar ook existentieel van aard is, en ons allemaal betreft. In dit fragment, of in elk geval in deze gedachte zou bijna vijf jaar later de kern liggen van Levi's beschouwing *De verdronkenen en de geredden*, waarin het hele hoofdstuk over Rumkowski werd hergebruikt en ingepast in het belangrijke essay over de "zona grigia" (grijze zone) tussen slachtofferschap en collaboratie, wellicht de belangrijkste bijdrage van Levi aan de discussie over de sjoa.

Voor Levi zijn gedachten over deze en andere zaken definitieve vorm zou geven, schreef hij zijn enige 'echte' roman, *Zo niet nu, wanneer dan?*, dat zijn titel ontleent aan de *Pirké Avoth*, de verzameling "gezegden van de ouden" die een niet onbelangrijke plaats inneemt in de joodse cultuur. Het werk is gebaseerd op een verhaal dat Levi ooit van een vriend hoorde over de lotgevallen van een groep joodse partizanen die uit Rusland Italië wisten te bereiken. De mogelijkheid om aan de hand van deze mensen nog eens aan te tonen dat er ook joods verzet tegen de nazi's was geweest, sprak Levi in hoge mate aan. De "Ostjuden" (Azhkenazim) had hij natuurlijk leren kennen in de jaren van en na Auschwitz, maar hij documenteerde zich grondig over hun cultuur, taal en geschiedenis alvorens zijn boek te schrijven. Hoofdpersoon is Mendel, een horlogemaker, een technicus dus en *alter ego* van de schrijver zelf. Een echte *Mann ohne Eigenschaften*, typische stedeling temidden van een bonte groep lotgenoten. Deze vertegenwoordigen de verschillende levenswijzen en ideologische posities van de Russische joden, van socialisme tot zionisme.

Een van de centrale ideeën achter het boek is een antwoord te geven op de vraag-beschuldiging "waarom hebben de joden zich nooit verzet tegen hun beulen?" Dit boek toont aan — net als de opstand van het getto van Warschau – dat er wel degelijk joods verzet is geweest. Niet zonder betekenis is de wraakactie van de groep als in een Duits stadje een van hen wordt gedood: ze bestormen het Rathaus en richten een slachting aan, waarbij tien Duitsers de dood vinden. Eén voor tien: de bij de Duitse vergeldingsacties gebruikelijke ratio wordt hier door joden op Duitsers toegepast. Een zeer bijzondere vorm van "oog om oog" die echter mede te relateren valt aan het bijbelboek *Esther* 9:7-9, waarin de tien zonen van de jodenhater Haman als wraak gedood worden. *Zo niet nu, wanneer dan?* loopt in verschillende opzichten parallel met *Het respijt*. De streken waar beide boeken zich afspelen zijn deels gelijk – Levi heeft geput uit eigen ervaringen in de beschrijving ervan. Er is ook een concreet punt aan te wijzen waar beide verhalen met elkaar zijn verbonden. Aan het eind van *Het respijt* is namelijk al sprake van een groep joodse partizanen die meeliften in een eigen wagon, aangehaakt achter de trein die Levi naar Italië zal brengen. Op soortgelijke wijze wordt ook door de schrijver het ene boek aan het andere vastgehaakt.

Een aparte categorie werken vormen de gesprekken met andere schrijvers (Philip Roth, Germaine Greer, Tullio Regge, Ferdinando Camon) en journalisten of critici. Hun materie is niet beperkt tot verduidelijking van en commentaar op Primo's boeken, maar is soms een sprankelende gedachtewisseling tussen gelijken. Vooral de *Dialoog* met de eminente joods-Turijnse fysicus Tullio Regge uit 1984 is een prachtig stuk dat doet denken aan een dialoog uit de tijd van het humanisme.

Van Levi's gedichten was een bloemlezing verschenen in 1975 bij de kleine poëzie-uitgever Scheiwiller; de verzamelde poëtische werken, met inbegrip van enige vertaalde, werden in 1984 gebundeld onder de titel *Ad ora incerta* (*op een onzeker uur*). De titel is een verwijzing naar Coleridge's *Rhyme of the Ancient Mariner* (Part VII): "Since then at an uncertain hour / That agony returns / And till my ghastly tale is told, / This heart within me burns." Dit citaat, dat Levi vaker heeft gebruikt, doelt natuurlijk op zijn overleving en getuigenis van Auschwitz, op zijn allesoverheersende drang om, ook al wordt hij niet gehoord, toch te vertellen, waarover hij ooit tegen collega-schrijver Ferdinando Camon zei dat het voor hem gelijk stond aan een psychoanalyse.

De gedichten zijn om meerdere redenen interessant. Zij verbinden de diverse thema's in Levi's werk, documenteren een jarenlang scheppingsproces en laten zien waartoe een dichter in staat is die zich volledig buiten de hoofdstromen van de moderne Italiaanse poëzie beweegt. De neiging om niet onmiddellijk voor publicatie bestemde teksten later toch uit te geven, is kenmerkend voor Levi. Hij adviseerde jonge schrijvers ooit in een essay om al het geschrevene een tijd lang in een la te laten rusten en er dan nog eens kritisch naar te kijken.

Een lijn is in Levi's poëtisch oeuvre duidelijk zichtbaar: de eerste gedichten zijn intens, als gebeiteld, en lopen evenwijdig met de getuigenissen. Later verbreedt de materie zich, maar het lijden van de mens blijft een belangrijke plaats innemen: het anonieme, in het jaar 79 door vulkanische as verstikte meisje van Pompeji wordt tot een lotgenote van Anne Frank, en een rij mieren die over de trambaan voor Levi's huis lopen herinneren hem onmiddellijk aan de rijen *Häftlinge* in Auschwitz, een "donkere schare", om Dante te citeren. Toch is er ruimte voor intimiteit en soms zelfs voor humor in de gedichten. Fijnzinnig is de ironie in een gedicht als *Le pratiche inevase* ("Onafgesloten dossiers") uit 1981, geschreven als een soort ontslagbrief en een gebed tegelijk – de dubbelzinnigheid begint al met het eerste woord. Levi greep graag terug om ironisch gebruikt bureaucratisch jargon, vooral waar het ging om de scheidslijn tussen leven en dood (dit hangt duidelijk samen met zijn ervaringen in het kamp).

"Signore, a fare data dal mese prossimo / voglia accettare le mie dimissioni / e provvedere, se crede, a sostituirmi." In het Nederlands zouden de eerste verzen als volgt kunnen luiden (in mijn vertaling):

Signore, a fare data dal mese prossimo	MIJN HEER, weest u zo goed om met ingang van de volgende maand
voglia accettare le mie dimissioni	mijn ontslag te aanvaarden en desgewenst
e provvedere, se crede, a sostituirmi.	maatregelen te nemen om mij te vervangen.
Lascio molto lavoro non compiuto sia per ignavia, sia per difficoltà obiettive.	Ik laat veel werk achter dat niet af is, hetzij uit lafheid, of door objectieve problemen.
Dovevo dire qualcosa a qualcuno, ma non so più che cosa a chi: l'ho scordato	Ik moest iemand iets zeggen, maar ik weet niet meer wat en aan wie: dat ben ik vergeten.

Dovevo anche dare qualcosa,
una parola saggia, un dono,
un bacio;
ho rimandato da un giorno all'altro.
Mi scusi,
provvederò nel poco tempo
che resta.

Ik moest ook iets geven,
een wijs woord, een geschenk,
een kus;
dat heb ik van dag tot dag uitge-
steld. Neemt u mij niet kwalijk,
ik zal maatregelen nemen in de
korte tijd die mij nog rest.

LEVI EN DE KRITIEK

Weinig Italiaanse schrijvers is in de hele wereld zo'n golf van publicaties te beurt gevallen als Primo Levi in de jaren na zijn dood. Dit begon al op de dag na de fatale val in het trapgat van zijn woning in april 1987, toen een discussie losbarstte over de vermeende zelfmoord van de schrijver. Joden en niet-joden, Italianen en buitenlanders, historici van de sjoa en literaire critici gingen zich met hem bezighouden, officiële instanties, culturele centra en universiteiten organiseerden studiedagen en in de hele wereld verschenen nieuwe vertalingen. Dit alles hangt samen met de rol die Levi als overlevende en getuige van de sjoa had vervuld en aldus de grenzen van de literatuur overschreed, en met zijn grote bekendheid op het moment van overlijden, toen hij eigenlijk naast de statuur ook de status van een klassiek auteur had bereikt.

De vraag is of de publiciteit rond zijn persoon, die in de privé-sfeer geconfronteerd was met gezondheidsproblemen van hemzelf en ook in zijn gezin, geen invloed kan hebben gehad op een eventuele zelfmoord. Levi's vriendin Rita Levi Montalcini, arts en winnares van de Nobelprijs in 1986, heeft de gemakkelijke stelling die ook de media zich eigen hebben gemaakt ("Auschwitz heeft weer een slachtoffer geëist", schreef Natalia Ginzburg daags na Primo's dood) overtuigend bestreden en altijd gesproken van een "raptus" of black-out.

Van de talrijke aan Levi gewijde studies mag zeker de uitgebreide documentatie worden vermeld die Marco Belpoliti bezorgde in zijn tweedelige editie van de *Opere* (1997). Belpoliti's apparaat gaat uitgebreid in op de ontstaansgeschiedenis van elk van de werken. Nog geen tien jaar eerder had Einaudi een driedelige dundrukeditie in de "Biblioteca dell'Orsa" uitgegeven, die vooral belangrijk is vanwege de inleidende essays van belangrijke critici als Cesare Cases, Pier Vincenzo Mengaldo en Cesare Segre, maar die geen rekening hield met nagelaten werken. En die bleken in er wel degelijk te zijn, zoals de Utrechtse onderzoekster Susanna Terstal in 1993 aantoonde in haar afstudeerscriptie waarvoor het veldwerk in de archieven van o.a. *La Stampa* was verricht. De definitieve editie uit 1997 bevat alle niet eerder in boekvorm gepubliceerde teksten van Levi, zoals columns, ingezonden brieven en recensies, en ook een paar nooit gebundelde verhalen. Aldus beschikken wij over een zeer complete en betrouwbare tekstuitgave.

Dit geldt ook voor Nederland. Waarschijnlijk is geen Italiaanse schrijver met zoveel titels op zijn naam zo (bijna) volledig vertaald en uitgegeven, met inbegrip van moeilijk verkoopbare genres als gedichten, essays en gesprekken met de schrijver. Dit is primair de verdienste van Maarten Asscher, directeur van uitgeverij Meulenhoff. Nederland hoorde overigens ook bij de eerste landen waar Levi werd vertaald (de eerste vertalingen van *Is dit een mens* en *Het respijt* dateren al uit 1961 en 1963, maar trokken toen weinig aandacht en zijn in de jaren tachtig opnieuw en veel beter vertaald).

Toch zou Levi internationaal pas echt als schrijver bekend worden in de tweede helft van de jaren tachtig, nadat een Amerikaanse heruitgave van het sjoa-tweeluik in de Newyorkse pers was bejubeld door gezaghebbende critici als Asherson, Rosenfeld en Gross. In de hele wereld had deze overzeese erkenning een golf van vertalingen ten gevolge, versterkt – zoals reeds opgemerkt – door de dood van de schrijver. Primo Levi is hierbij vaak gebruikt als reclamebord voor de joods-Italiaanse letteren, een literatuur die met bekende schrijvers als Giorgio Bassani, Carlo Levi, Rita Levi Montalcini, Claudio Magris, Elsa Morante, Gianni Stuparich, Umberto Saba, Italo Svevo, of minder bekende als Angela Bianchini, Edith Bruck, Furio Colombo, Alain Elkann, Alberto Lecco, Giacoma Limentani, de Debenedetti's, de Pressburgers, Gianfranco Rossi, Miro Silvera, de Vigevani's en de Voghera's best op eigen benen kan staan. Op de publiciteit rond Levi is door de nabestaanden van de schrijver nogal afwijzend gereageerd, waarbij zij meer dan eens weigerden mee te werken aan documentaires of biografieën. Dit mag echter geen beletsel zijn voor een grondige studie van het werk van deze belangrijke schrijver. Te betreuren valt alleen dat binnen Levi's werk het verhalend proza, vooral dat van kortere adem, consequent minder aandacht heeft gekregen dan de getuigenissen, dit terwijl uit het bovenstaande duidelijk moge zijn geworden dat al Levi's werken met elkaar verbonden is.

Het zou wenselijk zijn om alle autobiografische werken van Levi in nieuw verband te publiceren en te lezen, in een perspectief dat uitgaand van leven en ontwikkeling van de auteur begint met de veelal in essayvorm opgetekende jeugdherinneringen en via de talrijke vroeger en later opgetekende herinneringen aan Buna-Monowitz en de terugkeer, reikt tot de door het werk als chemicus geïnspireerde en de latere teksten. Een eerste, doch niet meer dan gedeeltelijke aanzet tot zo'n lezing geeft de Nederlandse editie van *Alle verhalen*, waarin verhalen uit meerdere bundels in de chronologie van Primo Levi's leven zijn geplaatst.

Tenslotte mag het enorme belang van Levi's getuigenissen als katalysator voor die van anderen niet vergeten worden. In Levi's kielzog hebben velen de moed en energie gevonden om te schrijven over hun eigen oorlogservaringen – of die van hun ouders. Het betreft een verschijnsel dat nog steeds aanhoudt en dat grote documentaire naast katarsische en literaire waarde heeft. In Italië zijn er talrijke voorbeelden van te geven, sommige namen zijn reeds hierboven opgesomd. In Nederland bekende Gerhard Durlacher specifiek door Primo Levi tot het schrijverschap te zijn gekomen. Mogelijk hebben vroege fantastische verhalen van Levi (zoals *De zesde dag* en *Headhunters*, die zich afspelen in een bureaucratische hemel) Harry Mulisch beïnvloed bij *De ontdekking van de hemel*. Maar ook de Amerikaans-joodse schrijver Oliver Sacks publiceerde in 2001 een autobiografisch werk waarin jeugdervaringen met de scheikunde als leidraad dienden (*Oom Wolfraam en mijn chemische jeugd*).

BEKNOPTE BIBLIOGRAFIE

Werken van Primo Levi

Se questo è un uomo, Torino, De Silva, 1947, herdruk Torino, Einaudi, 1958. (*Is dit een mens*, vert. Frida De Matteis-Vogels, Amsterdam, Meulenhoff, 1987.)

La tregua, Torino, Einaudi, 1963 (*Het respijt*, vert. Frida De Matteis-Vogels, Amsterdam, Meulenhoff, 1987.)

Storie naturali, Torino, Einaudi, 1966. (*Natuurlijke geschiedenissen*, vert. Reinier Speelman, in *Alle verhalen*, Amsterdam, Meulenhoff, 2001.)

Vizio di forma, Torino, Einaudi 1971. (*Vormgebrek*, vert. Reinier Speelman, in *Alle verhalen*, Amsterdam, Meulenhoff, 2001.)

Il sistema periodico, Torino, Einaudi 1975. (*Het periodiek systeem*, vert. Frida De Matteis-Vogels, Amsterdam, Meulenhoff, 1987.)

La chiave a stella, Torino, Einaudi 1978. (*De kruissleutel*, vert. Frida De Matteis-Vogels, Amsterdam, Meulenhoff, 1989.)

L'osteria di Brema [gedichten], Milano, Scheiwiller, 1975. (Keuze: *Gedichten*, vert. Maarten Asscher en Reinier Speelman, Amsterdam, Meulenhoff, 1988.)

Lilít en altri racconti, Torino, Einaudi 1981. (Vert. Frida De Matteis-Vogels, in *Alle verhalen*, Amsterdam, Meulenhoff, 2001.)

La ricerca della radici [bloemlezing], Torino, Einaudi 1981.

Se non ora, quando?, Torino, Einaudi, 1982. (*Zo niet nu, wanneer dan?*, vert. Frida De Matteis-Vogels, Amsterdam, Meulenhoff, 1988.)

Ad ora incerta [gedichten], Milano, Garzanti, 1984. (Bloemlezing *Op een onzeker uur*, vert. Maarten Asscher en Reinier Speelman, Amsterdam, Meulenhoff, 1984.)

Dialogo [met Tullio Regge], Torino, Einaudi 1984. (in *Gesprekken met Primo Levi*, vert. Reinier Speelman, Amsterdam, Meulenhoff, 1991.)

L'altrui mestiere [essays], Torino, Einaudi, 1985. (Keuze in *De Spiegelmaker*, vert. Reinier Speelman, Amsterdam, Meulenhoff, 1991; *De eekhoorn*, vert. Reinier Speelman, Amsterdam, Meulenhoff, 1993.)

Racconti e saggi, Torino, Editrice La Stampa, 1986 (Keuze in *De Spiegelmaker*, vert. Reinier Speelman, Amsterdam, Meulenhoff, 1991, *De eekhoorn*, vert. Reinier Speelman, Amsterdam, Meulenhoff, 1993 en *Alle verhalen*, vert. Reinier Speelman, Amsterdam, Meulenhoff, 2001.)

I sommersi e i salvati [essay], Torino, Einaudi 1986. (*De verdronkenen en de geredden*, vert. Frida De Matteis-Vogels, Amsterdam, Meulenhoff, 1991.)

De Nederlandse vertalingen van de korte verhalen komen niet overeen met de oorspronkelijke Italiaanse bundels. Om deze reden is de bibliografische verwijzing beperkt tot de definitieve, volledige uitgave van *Alle verhalen*.

Postuum verschenen
Opere, Torino, Einaudi 1987-1988-1990, 3 voll.
Opere (red. Marco Belpoliti), Torino, Einaudi, 1997, 2 voll.
L'ultimo Natale di guerra, Torino, Einaudi 2000 (Vert. Reinier Speelman, in *Alle verhalen*, Amsterdam, Meulenhoff, 2001.)
Conversazioni e interviste 1963-1987 (red. Marco Belpoliti), Torino, Einaudi 1997.

Studies over Primo Levi
ANISSIMOV, Miriam, *Primo Levi ou la tragédie d'un optimiste*, Paris, Lattès, 1996. (Het boek is ook in Engelse vertaling verkrijgbaar als *Primo Levi. The Tragedy of an Optimist*).
CAVAGLION, Alberto (red.), *Primo Levi. Il presente del passato*, Milano, Franco Angeli, 1991.
DINI, Massimo & JESURUM, Stefano, *Primo Levi. Le opere e i giorni*, Milano, Rizzoli, 1992.
FERRERO, Ernesto (red.), *Primo Levi. Antologia della critica*, Torino, Einaudi, 1997.
LEVI DELLA TORRE, Stefano (red.), *Scritti in memoria di Primo Levi*, themanummer van *La Rassegna mensile di Israel*, maggio-dicembre 1989, Roma, 1989.
POLI, Gabriella & CALCAGNO, Giorgio, *Echi di una voce perduta*, Milano, Mursia, 1992.
PUGLIESE, Stanislao G. (red.), *The Most Ancient of Minorities. The Jews of Italy*, Westport, Conn., Greenwood Press, 2002. (Diverse bijdragen gewijd aan Primo Levi.)
SPEELMAN, Raniero, "Levi novelliere", in *Incontri*, 16:1-2 (2001), pp. 79-88.
STUART HUGHES, Henry, *Prisoners of Hope. The Silver Age of the Italian Jews*, Cambridge, Mass., Harvard University Press, 1983, en vooral pp. 73-89.

GIUSEPPE TOMASI DI LAMPEDUSA
(1896-1957)

Els JONGENEEL

DEBUUT ÉN TESTAMENT

In het najaar van 1954 begint een onbekende 59-jarige aristocraat in Palermo met het schrijven van een roman. Deze debutant is een autodidact *pur sang*, onbekend in kunstenaarskringen op zijn geboorte-eiland Sicilië, op het vasteland van Italië en daarbuiten. Maar hij waagt zich niet onvoorbereid aan dit experiment. Als verwoed bibliofiel beschikt hij over een rijke collectie van Engelse, Franse en Russische literatuur en van geschiedkundige werken. Niet in het minst dankzij de vele reizen die hij heeft gemaakt, bezit hij een kritische visie op de eigentijdse maatschappij. De naam van deze incognito literatuurminnaar: Giuseppe Tomasi di Lampedusa, zoon van de hertog van Palma, kleinzoon van de prins van Lampedusa, de laatste nakomeling uit een belangrijk adellijk geslacht op Sicilië. De bezittingen van deze familie zijn al sinds een eeuw in verval geraakt door de afschaffing van het feodale systeem. Giuseppe weet dat met hem de Lampedusa's zullen uitsterven: zelf heeft hij geen kinderen en hem rest als naaste bloedverwant slechts een oom die eveneens kinderloos is gebleven. Met leedwezen ziet hij de teloorgang van zijn geslacht aan, alhoewel hij tevens sceptisch staat ten opzichte van de rijken die zichzelf inbeelden op grond van geld en macht 'het zout der aarde' te zijn. Hij besluit er een boek over te schrijven, een tekst waarin hij tegelijkertijd zijn pessimisme over de Siciliaanse cultuur en over het menselijk bestaan in het algemeen kan verwoorden. Als genre kiest hij de historische roman, als tijdsbestek de periode 1860-1910, de eerste vijftig jaar na de eenwording, als hoofdpersoon zijn overgrootvader, de sterrenkundige Giulio di Lampedusa, en als locatie afwisselend Palermo en het Siciliaanse binnenland.

De roman, die hij de titel *Il Gattopardo* (*De tijgerkat*) meegeeft, naar het wapenschild van de familie Salina die er de hoofdrol in speelt (gebaseerd op het authentieke wapenschild van de Lampedusa's), zal zijn debuut en zijn testament worden. Wanneer hij zich aan het schrijven zet, in 1955, weet hij al dat de tijd dringt. Zijn gezondheid gaat achteruit en kort daarop wordt bij hem longkanker geconstateerd. Door deze persoonlijke omstandigheden klinkt in het werk van Lampedusa, naast de pijn om het uitsterven van een geslacht, ook een doodstrijd door, het persoonlijke gevecht met de tijd dat hij heeft moeten leveren. *De tijgerkat* is een roman over afsterven en dood.

De geschiedenis van de ontvangst van dit literaire debuut is uniek te noemen in de Italiaanse literatuurgeschiedenis van de twintigste eeuw. In 1956 en 1957 biedt de auteur het manuscript tweemaal aan ter publicatie, de eerste maal nog in verkorte vorm, achtereenvolgens bij uitgeverij Mondadori in Milaan en bij Einaudi in Turijn. Beide keren krijgt hij een afwijzing te verwerken door zijn streekgenoot, de schrijver Elio Vittorini, die als redacteur bij Einaudi werkzaam was en ook connecties had bij Mondadori. Vittorini kon vanuit het 'marxistische' standpunt van een geëngageerd auteur van het volk geen waardering opbrengen voor de ironische distantie ten opzichte van de geschiedenis die de aristocraat en estheet Tomasi di Lampedusa in zijn roman aan de dag legt. Bovendien ergerde Vittorini zich aan het onconventionele historisme van de roman, waarin de geschiedenis slechts als coulisse wordt gebruikt voor het persoonlijk drama van de hoofdpersoon, don Fabrizio. In 1958, Lampedusa is inmiddels overleden, krijgt de auteur Giorgio Bassani het manuscript in handen. Bassani is enthousiast en weet uitgeverij Feltrinelli zover te krijgen, de tekst te publiceren. *De tijgerkat* komt postuum uit in november 1958. Drie jaar later verschijnt een bundel van vier verhalen die Lampedusa afwisselend met de roman had geschreven. In 1977 volgen nog *Lezioni su Stendhal*, een serie opstellen van Lampedusa over een van zijn meest geliefde schrijvers, en in 1979 *Invito alle lettere francesi del Cinquecento*, beide tot stand gekomen in het kader van bijlessen die Lampedusa gaf in Palermo aan een bevriende jonge student, Francesco Orlando. Begin jaren negentig verschijnen tenslotte twee lange essays over de Engelse literatuur (*Letteratura inglese. Dalle origini al Settecento* (1990), *Letteratura inglese. L'Ottocento e il Novecento*, 1991), eveneens uitvloeisels van discussies met Orlando.

Een briefwisseling tussen Lampedusa en zijn vrouw, Alessandra Wolff von Stomersee (de eerste praktizerende psychoanalytica in Italië), verschijnt in 1986 (*Lettere a Licy. Un matrimonio epistolare*).

De reacties van het lezerspubliek op *De tijgerkat* blijken overweldigend: in zes maanden tijd verschijnen achttien edities, goed voor meer dan honderdduizend exemplaren. Dit flitsende kassucces wordt in 1959 bekroond met de prestigieuze Premio Strega. In 1963 volgt de eveneens succesvolle verfilming door Luchino Visconti (*Il Gattopardo*, de film won meerdere prijzen, waaronder de Gouden Palm in Cannes). Ook in het buitenland werd het boek met enthousiasme ontvangen. Het is hedentendage in meer dan twintig talen vertaald. In 1987 waren in totaal meer dan een miljoen exemplaren verkocht. Naar aanleiding van deze postume bliksemcarrière spreekt men wel van "het geval Lampedusa" (*il caso Lampedusa*): het romandebuut van een totaal onbekende dilettant op leeftijd, zonder connecties in de academische wereld, noch in politieke of journalistieke kring, groeide in korte tijd uit tot de eerste bestseller van de Italiaanse literatuur.

Men verklaart het publieke succes van *De tijgerkat* wel vanuit de politieke en literaire ongebondenheid van de auteur. Qua literatuuropvatting heeft Lampedusa affiniteit met het modernisme van de jaren twintig, in het geheel niet met het eigentijdse neorealisme van auteurs als Cassola, Pavese, Vittorini en Silone. *De tijgerkat* kwam uit in de nadagen van het naoorlogse neorealisme, dat de Italiaanse lezers nauwelijks nog wist te boeien. Het boek was daarom in zekere zin een verademing. Het rijke taalgebruik stak scherp af tegen de objecttaal van de neorealisten die streefden naar een zo direct mogelijke weergave van de dagelijkse werkelijkheid. De ironische visie van Lampedusa op de Italiaanse geschiedenis, zoals die tot uitdrukking komt in het negatieve beeld dat hij schetst van het negentiende-eeuwse Risorgimento, vond weerklank bij veel landgenoten die kritisch stonden tegenover de magere resultaten van wat men wel het "secondo Risorgimento" noemde, de bevrijding van het fascisme. Daarbij overtroffen Lampedusa's kritische kanttekeningen bij de *sicilianità*, bij monde van de hoofdpersoon don Fabrizio en diens geestelijk verzorger pater Pirrone, in scherpte de afstandelijke portrettering van de Siciliaanse volksaard door een gevierd Siciliaans auteur als Verga.

In weerwil van de publieke ovaties onstond echter in de officiële literaire kritiek een ware *querelle* van felle voor- en tegenstanders, "gattopardisti e no", zoals de literatuurcriticus Luigi Russo het uit-drukte. Temidden van de voorstanders schaarde zich ook de weduwe Tomasi di Lampedusa, die de roman verdedigde tegen het sarcasme van iemand als Vittorini. De tegenstanders gebruikten Lampedusa vooral ook voor politieke doeleinden (zij beschouwden de auteur als een verlate reactionaire aristocraat), of betrokken zijn debuut bij de discussies over de levensvatbaarheid van de roman, die de avant-garde van de late jaren vijftig bezighield. Na 1960 nam het rumoer rond *De tijgerkat* snel af. Een kortston-dige opleving veroorzaakte de verfilming van het boek door Luchino Visconti, een film die in 1963 in de zalen verscheen. Daarna kwam de roman te boek te staan in de Italiaanse literatuurgeschiedenis als het geniale product van een onafhankelijke kosmopoliet, intens betrokken bij zijn land en bij zijn tijd, maar tegelijkertijd er boven ver-heven en er aan ontheven door zijn kennis en zijn kritische blik.

IL GATTOPARDO: AFREKENING MET DE GESCHIEDENIS

Uit een verslag van een gesprek met zijn geadopteerde zoon Gioacchino Lanza weten we dat Lampedusa oorspronkelijk van plan was, in navolging van Joyce's *Ulysses*, de intrige van zijn roman toe te spitsen op een etmaal uit het leven van de hoofdpersoon, Fabrizio Corbera, prins van Salina. Maar spoedig zag hij hiervan af: de rol die hij in de roman aan de geschiedenis had toebedacht, leende zich niet tot deze strenge tijdslimiet. Wel hield hij het 24 uur-schema aan voor het eerste deel – de handeling voltrekt zich hier van rozenkrans naar rozenkrans – waarin hij het vastgeroeste ritueel beschrijft van het leven in een aristocratisch milieu. Door zijn cyclisch tijdsverloop gepunc-tueerd door het thema van de dood, weerspiegelt het eerste deel de visie op de geschiedenis die in de rest van de roman regelmatig aan de orde komt.

Lampedusa deelde de roman in acht delen in, die samen exact vijf-tig jaar bestrijken, van mei 1860, datum van de landing van Garibaldi op Sicilië, tot mei 1910. In zijn correspondentie sprak de auteur bij voorkeur van "verhalen" of "delen", niet van hoofdstukken, om daar-mee aan te geven dat zijn tekst geen harmonieus verlopend verhaal vormt. Inderdaad zou men kunnen zeggen dat het werk uit een achttal episodes bestaat, die flitsen te zien geven van de lotgevallen van een Siciliaanse adellijke familie in de tweede helft van de negentiende eeuw. Boven ieder deel staan een maand en een jaartal vermeld; die tijdsaanduidingen geven de fragmentarische episodes het aanzien van een kroniek. De steeds kleiner wordende ellipsen tussen de delen 1 tot en met 4 (mei 1860, augustus 1860, oktober 1860, november 1860) verwijzen naar de niet te stuiten ontwikkeling in de familiekroniek, die een spiegeling van de nationale geschiedenis te zien geeft: de definitieve verburgerlijking van huize Salina door de verbintenis van de erfgenaam Tancredi met Angelica, de kleindochter van de pachter Peppe 'Mmerda, die in deel 4 een feit is geworden, laat in miniatuur de ontwikkeling zien van een absolute naar een constitutionele monarchie die bezig is zich te voltrekken in Italië en daarmee ook op Sicilië.

De combinatie van kroniek en fragment refereert aan de reflectie op de geschiedenis, die het hoofdthema vormt van *Il Gattopardo*. Het fragmentarische van het verhaal verwijst allereerst naar het vrijwillige isolement van de hoofdpersoon don Fabrizio, een introverte scepticus die zich meer en meer onttrekt aan het politieke en sociale leven op Sicilië, omdat de teloorgang van de aristocratie voor hem onverdraaglijk is. Het maatschappelijke leven interesseert hem steeds minder; het maakt plaats voor een toenemende verinnerlijking, een rijke gedachtenwereld die cirkelt rond de thema's van ondergang en dood. Het fragmentarische karakter van de episodes hangt tevens samen met de al genoemde cyclische tijdsopvatting van Lampedusa. Deze gaat uit van wat hij in een essay over de roman *The Years* (1937) van Virginia Woolf de "onveranderlijke verscheidenheid" en de "veranderlijke gelijkheid" van de menselijke geschiedenis noemt. Lampedusa heeft zich in *De tijgerkat* dan ook laten inspireren door de wijze waarop Woolf in haar roman broksgewijs een levensloop weergeeft.

Lampedusa stelde eigenhandig de inhoudsopgave van zijn roman samen. Met Stendhaliaanse ironie geeft hij er de verwevenheid van particuliere lotgevallen en nationale geschiedenis in aan: *Bericht van de landing en nogmaals de rozenkrans, De jacht en de volksstemming, Hoe men een pad eet* (een humoristische samenvatting van de voor don Fabrizio moeilijk te verteren volksstemming, in combinatie met de nog moeilijker te verdragen vraag die hij namens Tancredi moet overbrengen aan don Calogero om de hand van diens dochter Angelica), *Aankomst van een Piëmontees in Donnafugata*.

De acht delen van de roman zijn met elkaar verbonden door hetzelfde oriënteringscentrum van waaruit de gebeurtenissen worden waargenomen, don Fabrizio, in het laatste *post mortem* deel afgelost door zijn dochter Concetta, die echter de kritische blik mist van haar vader op de buitenwereld en op het eigen ik. Het veel bekritiseerde vijfde deel van de roman neemt een uitzonderingspositie in, aangezien hier pater Pirrone als focalisator optreedt[1]. Door de scherpe karaktertekening die de geestelijk verzorger hier geeft van de adellijke stand, ten aanhoren van zijn boerse dorpsgenoten, fungeert dit deel echter als een doeltreffende, humoristische aanvulling op deel zes (dat het bal ten huize van de Ponteleone's beschrijft) waarin de ironische opvattingen die don Fabrizio zelf kenbaar maakt aangaande zijn klasse een cynisch hoogtepunt bereiken.

De prins van Salina bekijkt de gebeurtenissen om zich heen vanop een ironische afstand, die nog wordt vergroot door een zeker aristocratisch dédain voor 'het gewone volk'. Alle gebeurtenissen worden aldus gefilterd via het bewustzijn van de hoofdpersoon, tot in de slotscène van diens leven toe, waarin hij op zijn sterfbed in een hotelkamer in Palermo de balans opmaakt van 73 jaar aristocratisch bestaan. Door deze onlosmakelijke relatie tussen handeling en innerlijk van een personage sluit Lampedusa aan bij de modernistische traditie en keert hij zich radicaal af van het eigentijdse neorealisme, dat vanuit een marxistische invalshoek gefixeerd is op de weergave van de alledaagse 'werkelijkheid' van 'de man in de straat', zich politiek geëngageerd opstelt en wars is van introspectie.

De keuze van de hoofdpersoon als filter van het overgrote deel van de handeling veroorzaakt een eenzijdige kijk op de gebeurtenissen. De auteur compenseert deze verteltechnische beperking door vooruitwijzingen of kritische opmerkingen in te lassen die het verhaal meestal abrupt onderbreken:

---

[1] De regisseur Luchino Visconti verwerkte bij zijn verfilming van *De tijgerkat* dit deel van de roman, in sterk verkorte vorm, in de reis van de Salina's van Palermo naar Donnafugata (deel 2 in de roman). Tijdens de overnachting in een herberg laat hij pater Pirrone ten aanhoren van enkele bezoekers zich uitspreken over de adel.

Om zijn dochter te bemoedigen begon hij [Don Fabrizio] uit te weiden over de ondoeltreffendheid van de vuurwapens van het koninklijke leger. Hij legde uit dat het ontbreken van trekken en velden in die enorme geweerlopen zorgde voor een gering penetratievermogen van de projectielen: technische verklaringen en onbetrouwbaar bovendien, die door weinigen begrepen werden en die niemand overtuigden maar wel allen troost boden, aangezien ze erin slaagden de buitengewoon tastbare en smerige chaos van de oorlog te transformeren tot een helder diagram van krachten. (p. 41)

Don Fabrizio kreeg een brief van de autoriteiten in Girgenti te zien, waarin de nijvere burgers van Donnafugata werden geïnformeerd over de toestemming voor een bijdrage van tweeduizend lire ten behoeve van de aanleg van riolering, een onderneming die voor 1961 gereed zou zijn, zoals de burgemeester verzekerde, hiermee een fraai voorbeeld gevend van een lapsus, het verschijnsel waarvan Freud vele decennia later de werking zou verklaren. (pp. 99-100)

Evenmin schroomt de verteller zijn hoofdpersoon te bekritiseren en zijn zwakheden duidelijk te vermelden. Zo wordt de lezer al vanaf het begin van het verhaal met de 'casus' Don Fabrizio geconfronteerd. Volgens veristische traditie begint de verteller het eigenlijke verhaal van huize Salina, direct na het *in medias res*-begin van de rozenkrans, met een beknopte genealogie van don Fabrizio waaruit de erfelijke factoren moeten blijken die hem hebben gedetermineerd. De verteller besluit de karakterschets van de voorvaders als volgt:

Enerzijds vanwege de trots en de verstandelijkheid die hij van zijn moeder had, anderzijds door de lakse zinnelijkheid van zijn vader, leefde de arme prins Fabrizio, ondanks zijn strenge godengelaat, in een voortdurende onvrede en bezag hij de ondergang van zijn stand en van zijn vermogen zonder er ook maar iets tegen te doen, laat staan dat hij dat ook maar enigszins ambieerde. (p. 10)

De tijgerkat illustreert trouwens op treffende wijze het belang van het onderscheid dat de verteltheorie maakt tussen "waarnemen" en "vertellen" in de moderne roman. De scherpe waarnemingen, toegeschreven aan don Fabrizio, worden onderstreept door een kritisch en soms rijk taalgebruik dat op rekening komt van de vertelinstantie, een taalgebruik dat de belezenheid en de mondigheid van de intellectueel

Lampedusa verraadt. Lampedusa, aldus de literatuurcriticus Francesco Orlando, placht een onderscheid te maken tussen *autori magri* en *autori grassi*. Onder de categorie van de "mageren", waaraan hij de voorkeur gaf, verstond hij die auteurs die beknopt formuleren in een stijl met weinig ornamenten, de lezer niet overladen met gegevens maar uit- en afwerking aan hem overlaten; tot de "vetten" rekende hij die schrijvers die personages en gebeurtenissen uitbundig beschrijven met een overvloed aan nuances. Onder de eerste categorie rangschikte hij bijvoorbeeld Racine, Stendhal, Mallarmé en Gide, onder de tweede Dante, Montaigne, Shakespeare, Balzac, Mann en Proust. In weerwil van zijn voorkeur voor de *magri*, ontpopt Lampedusa zelf zich eerder als een *autore grasso*. Zijn stijl is rijk voorzien, de vergelijkingen zijn soms breed uitgesponnen, de karakterisering die hij geeft van personages, voorwerpen, gebeurtenissen, verraadt zijn belezenheid en taalbeheersing, alhoewel hij, voordat hij aan *De tijgerkat* begon te werken, zich schriftelijk meer van andere talen bediende dan van het Italiaans (vooral van het Frans). Enkele retorische staaltjes:

> *Morfine*: "dit onbehouwen chemische surrogaat voor heidens stoïcisme en christelijke berusting." (p. 31)
> *Bellini en Verdi*: "de eeuwige pleisters op alle nationale wonden." (p. 159)
> *Onverschilligheid voor complimenten*: "Vleiende woorden gleden van de prins af als water van de bladen van een waterlelie." (p. 161)
> *Een amoureuze ambiance*: "De beide zusjes daarentegen, Carolina en Caterina, speelden heel goed hun partij in de symfonie van verlangens die deze novembermaand door het hele paleis weerklonk, zich vermengend met het gemurmel van de fonteinen, het trappen van de bronstige paarden in de stallen en het hardnekkige knagen van de houtwormen die hun bruidsnesten uitboorden in de oude meubels." (p. 141)
> *De theetafels met desserts in huize Ponteleone*: "Daar stonden enorme baba's, vosrood als een paardenvacht, Mont-Blancs besneeuwd met room; beignets Dauphin, wit en groenig bespikkeld met amandelen en pistaches; heuveltjes van chocolade profiteroles, kastanjebruin en zwaar als de humus van de vlakte van Catania, waar ze inderdaad, na duizend en een metamorfosen, vandaan kwamen; roze parfaits, champagneparfaits, koffieparfaits, die knappend afbrokkelden als de spatel erdoorheen ging; melodieën in majeur van de gekonfijte amarenen, zurige tonen van de ananassen, en dan nog de 'triomfen van de gulzigheid',

met het matte groen van hun gemalen pistaches, ontuchtig 'maagden-gebak'." (p. 213)

TRASFORMISMO EN SICILIANITÀ

Het duizelde don Fabrizio een beetje bij de eerste lezing van dit bij-zondere stuk proza. Opnieuw gaf hij zich rekenschap van de verba-zingwekkende snelheid van de geschiedenis. Om het eens in moderne termen uit te drukken: hij kwam terecht in de gemoedstoestand van iemand van vandaag de dag die, terwijl hij meent aan boord te zijn gegaan van zo'n gemoedelijk vliegtuigje dat tussen Palermo en Napels pendelt, opeens merkt dat hij opgesloten zit in een supersonische straaljager en inziet dat hij al op zijn plaats van bestemming zal zijn nog voor hij een kruis heeft kunnen slaan. (p. 89)

Don Fabrizio heeft zojuist een belangrijke brief ontvangen van zijn neef Tancredi die onder zijn voogdij is geplaatst. Tancredi strijdt in Caserta in het leger van Victor Emanuel voor de eenwording van Ita-lië. In de brief vraagt Tancredi zijn oom om te bemiddelen bij zijn voorgenomen verloving met het burgermeisje Angelica. Tancredi kleedt zijn verzoek in met de nodige romantische retoriek, maar vooral ook met politieke argumenten (hij beargumenteert de verbintenis als een "bijdrage aan de nivellering van de standen, een van de doelein-den van de actuele politieke beweging in Italië", p. 88).

Deze scène bevat een van de vele uitwerkingen van het hoofdthema die we in de roman tegenkomen: de vermenging van privé- en natio-nale geschiedenis en de daarmee gepaard gaande distantiëring en iro-nisering door de hoofdpersoon van het wapengekletter, dat voor hem overstemd wordt door het tikken van het zilveren bestek tegen het Boheems aardewerk tijdens de dagelijkse rite van de maaltijden in huize Salina. Of zoals de verteller het elders zonder omwegen uitdrukt, de rok die don Calogero draagt tijdens het eerste officiële diner in Donnafugata, maakt op Fabrizio meer indruk als een teken van de veranderende maatschappelijke hiërarchie, dan het bulletin inzake de landing van Garibaldi bij Marsala (p. 69). *De tijgerkat* kan worden beschouwd als een historische roman, aangezien de moeizame een-wording van Italië, aan de hand van de omwenteling die zich gedu-rende een halve eeuw voltrekt op Sicilië, erin wordt becommentarieerd, zij het vanop ironische afstand ("Er zou van alles gebeuren", denkt don Fabrizio als hij voor het eerst met de veranderende "democratische" mentaliteit wordt geconfronteerd, "maar het zou allemaal komedie zijn, een luidruchtige, romantische komedie met hier en daar een bloedspat op een clownspak", p. 34). Centraal staat het opportunistische standpunt dat Tancredi en don Fabrizio tegenover de revolutie innemen: je kunt niets anders doen dan meegaan met je tijd en je neerleggen bij het onvermijdelijke. De geschiedenis laat immers "een geleidelijke vervanging van de ene stand door de andere" (p. 35) zien, meer niet, "het gestage proces van verfijning dat in de loop van drie generaties efficiënte boerenkinkels verandert in kwetsbare heren" (p. 126). Of zoals Tancredi het bondig uitdrukt: "Als we willen dat alles blijft zoals het is, moet alles anders worden" (p. 21). Deze attitude van compromissen en schipperen om de status quo te kunnen handhaven staat in de Italiaanse politiek bekend onder de naam *trasformismo*. De term werd in de tweede helft van de negentiende eeuw gebruikt voor de manoeuvres van de politicus Depretis (in 1860 aangesteld door de regering van Piëmont als bestuurder op Sicilië), later nagevolgd door Crispi en Giolitti, manoeuvres om door middel van kortlopende overeenkomsten zowel links als rechts te winnen en daarmee de oppositie vleugellam te maken.

Lampedusa verbindt vervolgens het thema van het *trasformismo* met dat van de *sicilianità*, de Siciliaanse volksaard. Don Fabrizio onttrekt zich aan de geschiedenis door zich te verschuilen achter het determinisme van zijn omgeving. "Dit is het land van de minnelijke schikkingen" (p. 34), is de eerste geruststellende gedachte waarmee don Fabrizio probeert iedere ongerustheid over de toekomst van de Salina's de kop in te drukken. Tijdens het gesprek met de organist don Ciccio Tumeo (pp. 92-112) en het onderhoud met Chevalley (pp. 160-170), de afgezant uit Turijn die probeert don Fabrizio voor de lokale politiek in te winnen, formuleert don Fabrizio de belangrijkste kenmerken van de *sicilianità*: indolentie, hoogmoed, egocentrisme, non-engagement, veroorzaakt door een barbaars klimaat, politiek en geografisch isolement en eeuwenlange overheersing. Een volk dat zo hoogmoedig is dat het meent het zout der aarde te zijn, is niet in beweging te krijgen voor democratische vernieuwing. De verwoording van het standpunt van Chevalley die gelooft in maatschappelijke vooruitgang en zich daarom verzet tegen iedere vorm van passiviteit, levert trouwens een van de weinige passages op waarin de auteur de visie van zijn hoofdpersoon op de geschiedenis relativeert[2]:

> In het loodgrijze licht van half zes in de ochtend lag Donnafugata er uitgestorven bij en maakte een desolate indruk. Voor elke woning hoopte afval van armzalige maaltijden zich op tegen de melaatse muren. Trillende honden haalden het overhoop, met steeds opnieuw teleurgestelde gretigheid. Hier en daar stond er al een deur open, en de stank van dicht opeengepakte slapers stroomde de weg op. Bij het zwakke licht van een lampenpit onderzochten moeders de ontstoken oogleden van hun kinderen. Haast al deze vrouwen waren in de rouw en een flink aantal was getrouwd geweest met een van de vele verdwaasden die over de kuddesporen dwaalden. Mannen hadden hun houweel gegrepen en gingen op zoek naar iemand die hun, zo God het wilde, werk zou geven. Een doffe stilte en dan weer wanhopig geschreeuw van hysterische stemmen. Boven het Santo Spiritoklooster begon de tinnen morgenstond te kwijlen op loodkleurige wolken. Chevalley dacht: "Deze toestand zal niet zo blijven. Ons nieuwe, soepele, moderne bestuur zal alles veranderen." De prins was somber gestemd: "Dit alles zou niet zo mogen blijven, maar het blijft zo, altijd: wat de mens 'altijd' noemt, welteverstaan, een eeuw, twee eeuwen... Daarna zal het anders zijn, maar erger. Wij waren de tijgerkatten, de leeuwen. Zij die hier onze plaats gaan innemen zullen de jakhalzen zijn, de hyena's. En wij allemaal zullen onszelf blijven zien als het zout der aarde." (p. 171)

Toch geeft het slot van deze scène duidelijk aan wiens standpunt de auteur deelt:

> Het was nog maar nauwelijks dag. Het zwakke licht dat door het dikke wolkendek heen wist te breken werd nogmaals tegengehouden door de oeroude laag vuil op het raampje. Chevalley was alleen. Onder het horten en stoten door bevochtigde hij de top van zijn wijsvinger en zorgde

---

[2] Opmerkelijk genoeg heeft Visconti bij de verfilming van deze scène gekozen voor het standpunt van don Fabrizio: alleen de gedachten van de prins worden uitgesproken maar door Chevalley niet verstaan, en de gammele postkoets rijdt hortend en stotend weg terwijl hij uit het raampje hangt en de prins toeschreeuwt of deze zijn woorden nog eens wil herhalen. Deze keuze past in het algehele patroon van trouw aan de visie van Fabrizio, dat in de film naar voren komt. In tegenstelling tot de roman wordt in de film de visie van de hoofdpersoon op de gebeurtenissen nauwelijks gerelativeerd. Dit maakt don Fabrizio pathetischer dan zijn oorspronkelijke model in de roman.

voor een schoon plekje op de ruit, ter grootte van een oog. Hij keek: voor hem, in het asgrauwe licht, danste het landschap, hopeloos. (pp. 171-172)

De passage geeft een goed voorbeeld van het filmisch vertellen dat Lampedusa aan Balzac heeft ontleend. Ieder detail verwijst metonymisch naar een gepostuleerde betekenis: het zwakke licht, de laag vuil, de eenzaamheid van het personage, het schone plekje, het desolate landschap geven weinig hoop voor de hervormingspolitiek van de constitutionele monarchie waarvan Chevalley een onderdaan is.

Met het in kaart brengen van de *sicilianità* sluit Lampedusa aan bij beroemde eilandgenoten als Verga, Pirandello, Brancati, Sciascia, en recentelijk Andrea Camilleri, die eveneens de Siciliaanse volksaard in hun teksten gebruiken om een bepaalde thematiek uit te werken. Opmerkelijk is dat hij daarbij een enkele keer de anonimiteit van de heterodiëgetische verteller (de verteller die buiten het verhaal staat), het vertelstandpunt dat hij in *De tijgerkat* heeft gekozen, doorbreekt, door zich door middel van een ondubbelzinnig "wij" als onderdeel van de gemeenschap kenbaar te maken:

> Het was al heel wat als de prins bij thuiskomst een paar patrijzen naar de keuken kon laten brengen, terwijl don Ciccio zich gelukkig prees als hij 's avonds een wild konijn op tafel kon smijten, dat overigens ipso facto werd bevorderd tot de rang van haas, zoals bij ons gebruikelijk. (p. 82)

> Gelukkig trad vervolgens een bij ons tamelijk frequent verschijnsel in werking en won boosaardigheid het van waarheid. (p. 109)

Maar ook als het "wij" niet wordt gehanteerd, blijkt de verteller met kennis van zaken te spreken:

> Voor hij [don Fabrizio] de kamer verliet nam hij van een tafel een excerpt van *Blätter der Himmelsforschung* en bekruiste zich ermee, een vroom gebaar dat op Sicilië vaker dan men zou denken een niet-godsdienstige betekenis heeft. (p. 112)

> Pater Pirrone was van boerenkomaf. Hij was namelijk geboren in San Cono, een piepklein dorpje dat tegenwoordig, dankzij de autobus, welhaast een van de satellietkippenhokken van Palermo is, maar een eeuw geleden bij wijze van spreken deel uitmaakte van een apart planetenstelsel: per kar was het vier of vijf uur rijden van de Palermitaanse zon. (p. 173)

De betrokkenheid van de verteller herinnert aan de rol van kroniekschrijver en 'journalist' die nogal wat vertellers zich aanmeten in de negentiende-eeuwse realistische roman (Dickens, Balzac, Flaubert, Tolstoj), om hiermee de feitelijkheid en actualiteit van het verhaal te onderstrepen.

HORA MORTIS NOSTRAE

Maar *De tijgerkat* is meer dan alleen een historische roman in de geest van Federico De Roberto's *I vicerè* ("De onderkoningen", 1894; in het Nederlands vertaald als *Het geslacht Uzeda*), waarin eveneens de lotgevallen van een adellijke Siciliaanse familie worden beschreven tegen de achtergrond van de moeizame eenwording zoals die zich op Sicilië voltrekt. In de traditie van Manzoni gebruikt Lampedusa de ondervraging van de geschiedenis als uitgangspunt voor een allesomvattende bespiegeling over de zin van het bestaan. In tegenstelling tot Manzoni echter stelt Lampedusa bij monde van de verteller zich niet op als de moralist van zijn tijd, maar beschrijft hij slechts wat hij als de essentie van het leven beschouwt: een voortdurend afsterven en verdwijnen, een wegvloeien van de vitaliteit. Ieder uur is een *hora mortis*, dagen en maanden zijn als zandkorrels die door de zandloper glijden (het beeld wordt door de stervende don Fabrizio opgeroepen en uitgewerkt aan het begin van deel 7). Deze wisselwerking tussen historische en existentiële roman verwarde veel literaire critici ten tijde van de publicatie van de tekst. Men vond het boek ongrijpbaar, tegenstrijdig, zonder duidelijke boodschap, men ergerde zich aan de passieve houding die de personages innemen ten aanzien van de geschiedenis.

Inderdaad geeft *De tijgerkat* een duidelijke tegenstelling te zien tussen een pessimistische levenshouding en een opportunistische visie op de geschiedenis. Don Fabrizio gelooft in het cyclische verloop van de geschiedenis maar lijdt desondanks aan de ondergang van zijn geslacht die zich onverbiddelijk voltrekt voor zijn ogen. Die degeneratie plaatst hij in het bredere kader van het menselijk leven dat overschaduwd wordt door de dood. De dood doortrekt alle delen van de roman, vanaf de rozenkrans en de herinnering aan de dode soldaat in deel 1 tot en met de stofwolk die opstijgt uit het gemummificeerde karkas van de hond Bendicò die op de vuilnishoop belandt aan het slot van het verhaal. Maar een directe confrontatie vinden we voornamelijk in de delen 6 en 7 die respectievelijk het bal in het paleis van de Ponteleone's en de dood van de prins beschrijven. Het bal verwordt onder de ironische blik van de prins tot een karikatuur van de kwijnende Palermitaanse adel die tekenen van degeneratie vertoont, en tot de cynische belichaming van de metafoor van 'het feest van het leven' in het algemeen. Het onbehagen van de prins gaat tenslotte in existentiële walging over. De verteller onderstreept de sombere observaties van zijn hoofdpersoon door middel van een onbarmhartig portret van het aristocratisch ras dat niet zou misstaan in een roman van Zola:

> Men kon hem [don Fabrizio] geen ongelijk geven. De vele huwelijken tussen neef en nicht, in die jaren, bepaald door seksuele luiheid en territoriale berekening; de eiwitarme voeding, nog verergerd door een overvloed aan zetmeel; het totale gebrek aan beweging en frisse lucht; dat alles had ervoor gezorgd dat de salons nu gevuld waren met een menigte meisjes met ongelooflijk korte beentjes en onwaarschijnlijk vaalbruine gezichtjes, terwijl ze bovendien onverdraaglijk lispelden. (p. 202)

Lampedusa tekent in zijn roman twee levenshoudingen als reactie op de doodsdreiging: ironie en escapisme. De ironie is kenmerkend voor handelingen en taalgebruik van Tancredi en don Fabrizio. Dankzij de ironie weten zij zich te handhaven binnen het veranderend maatschappelijk bestel dat hen als in een maalstroom meesleurt. In relatie tot de ironie staat het thema van het dier dat in *De tijgerkat* een belangrijke plaats inneemt. De gedragingen van de hond Bendicò worden door don Fabrizio voortdurend in verband gebracht met menselijke eigenaardigheden. Dieren bevolken de *grottesche*, de barokke plafondschilderingen van huize Salina, van waaruit zij het menselijk getob spottend gadeslaan. Zij komen bovendien veelvuldig voor in beschrijvingen (vb. de nijvere mieren op p. 94), in metaforen en als-vergelijkingen, zoals die over de zorgen die op komen zetten als mieren die een dode hagedis bekruipen (p. 84), de al genoemde breed uitgesponnen metafoor van het doorslikken van een pad (pp. 115-119), en niet te vergeten de talloze tijgerkat-metaforen (afgewisseld door andere roofdieren: leeuw, jakhals, hyena) gebruikt om de hoofdpersoon, diens lichamelijke kracht en imposante verschijning, uit te beelden.

Terwijl deze laatste categorie metaforen getuigen van luchtige spot, impliceert verdierlijking in relatie tot andere personages scherpere ironie. Tijdens het bal bij de Ponteleone's gaat de gedesilllusioneerde prins zover dat hij de adellijke gasten verdierlijkt tot zwanen en kikkers (p. 203), en tot kraaien op zoek naar rottende prooi (p. 206). Zijn zwaarmoedigheid bezorgt hem tenslotte een carnavaleske, groteske hallucinatie:

> Terwijl hij door een lange galerij liep, waar een omvangrijke kolonie van dergelijke creaturen zich op de centrale poef had verzameld, kwam het hem opeens voor dat hij een oppasser was in een dierentuin en toezicht moest houden over een hondertal wijfjesaapjes; elk moment verwachtte hij dat ze in de kroonluchters zouden klimmen, waar ze dan aan hun staart heen en weer schommelden om hun achterste te laten zien en de vreedzame bezoekers te bekogelen met notendopjes, onder luid gekrijs en veel geblikker van tanden. (p. 203)

Het groteske kan hier worden beschouwd als middel tot verwerking van gevoelens van degeneratie en ondergang. Ook elders in de roman komen we groteske beelden of fantasieën tegen: het rottende lijk met de uitpuilende ingewanden van de soldaat in de tuin van huize Salina (p. 12), de opengesneden dieren die don Fabrizio als erfpacht worden geschonken (p. 43), de karikatuur die don Fabrizio maakt van zijn eigen gemummificeerde lijk opgehangen in de crypte van de kapucijnen (pp. 208-209), de kar met opengesneden, bloedende karkassen van ossen, afkomstig uit het slachthuis, die de Salina's onderweg tegenkomen na het bal (p. 218), de naar dode kakkerlakken en urine stinkende hotelkamer waarin don Fabrizio zijn laatste uren moet doorbrengen (pp. 224-225), het beeld dat don Fabrizio heeft van de barbier die over zijn lijk staat gebogen om zijn baard te scheren (p. 224), het zijn voorbeelden van een openlijke, cynische confrontatie die wordt aangegaan met de dood.

Naast de confrontatie is er de vlucht voor de sterfelijkheid: de erotiek, de astronomie en de godsdienst worden aangevoerd als surrogaten voor een directe acceptatie van de contingentie. De erotiek blijkt een ineffectief narcoticum te zijn, aangezien Eros en Thanatos hand in hand gaan. De escapades van don Fabrizio (behalve naar een van de hoofdpersonen uit Stendhals *La Chartreuse de Parme*, verwijst zijn naam ook naar *fabbro*, "smid", de vurige Vulcanus) confronteren deze des te pijnlijker met de eigen walgelijkheid en vergankelijkheid. Sensualiteit is onherroepelijk verbonden met de dood (het schilderij van Greuze in de bibliotheek van palazzo Ponteleone, p. 208; het schilderij *De Madonna met de brief* in de kapel van villa Salina,

p. 237). De fascinatie die voor don Fabrizio van de dood uitgaat wordt door Tancredi vergeleken met hofmakerij (p. 209). Het cynische aspect van de erotiek, het pact tussen Eros en Thanatos, komt vooral tot uitdrukking in de ontwikkeling van de verbintenis tussen Tancredi en Angelica, het begerenswaardige lustobject dat herinnert aan haar naamgenote uit Ariosto's *Orlando furioso*. De betrekkelijkheid van de relatie wordt meermalen door de verteller in de vorm van vooruitwijzingen onderstreept. De opmerkelijke episode in deel vier waarin de sensuele ontdekkingstochten van Tancredi en Angelica in de verborgen gangen en geheime kamers van het paleis in Donnafugata worden beschreven, bevestigt dit negatieve beeld van de liefde dat in de gehele roman wordt geschetst. De libertijnse relikwieën in de onbewoonde paleiskamers, die zowel voor erotische als mystiek-godsdienstige en economische praktijken dienden (de gesel – pp. 146-147) getuigen van de onveranderlijkheid van de tijd, van de eeuwige kringloop van bloed, lust, en geld:

> In dit vertrek geselde hij zich, Giuseppe Corbèra, hertog van Salina, in eenzaamheid voor het aangezicht van zijn God en voor dat van zijn domein, in de veronderstelling dat de druppels van zijn bloed neerkwamen op zijn landerijen om ze te verlossen; in zijn vrome exaltatie zal hij gemeend hebben dat ze alleen door deze verzoeningsdoop werkelijk de zijne werden, bloed van zijn bloed, en vlees van zijn vlees, zoals dat heet. Maar de zoden waren gevlogen en veel van het land (...) behoorde nu anderen toe: aan don Calogero bijvoorbeeld. (...) Het ging nu duidelijk om een vrijkoop door schoonheid, parallel aan de vorige vrijkoop, door het bloed, en dit alles deed Tancredi duizelen. Angelica lag op haar knieën en kuste de doorboorde voeten van Christus. "Kijk, jij bent als dat werktuig daar, je dient dezelfde doeleinden." En hij wees op de gesel... (pp. 147-148)

Meer nog dan de erotiek betekent de astronomie voor don Fabrizio een vlucht uit de tijd, het ontstijgen aan de geschiedenis. In zijn observatorium, waarin hij zich bijna dagelijks terugtrekt, kan hij zich overgeven aan "het leven van de geest", de rationele berekening van de perfecte regelmaat van de kometen. Maar de vlucht is maar tijdelijk: het eeuwig universum van de sterren laat het zich niet verenigen met de grillige menselijke tijd; het sluit de mens buiten.

De godsdienst voldoet evenmin, aldus Lampedusa. Religie is niet in staat de mens te behoeden voor het einde, voor de stoffelijkheid en sterfelijkheid. De godsdienstige riten geven uitdrukking aan de folklore (zie de heilige Corbera en het nonnenklooster van Donnafugata), zij zijn ondergeschikt aan de bestaande sociale en politieke macht; wanneer deze wankelt, dan is ook de godsdienst in gevaar. Dit wordt vooral duidelijk in het laatste deel van de roman, waarin de relikwieën van huize Salina worden 'geruimd' in opdracht van de nieuwe kardinaal-aartsbisschop; na afloop blijft Concetta ontledigd achter. De enige, povere metafysica die Lampedusa zijn lezers biedt is te vinden in het zesde deel, in de overpeinzingen van don Fabrizio over zijn wegvloeiende vitaliteit die misschien elders zal terugkeren in de vorm van een "minder bewuste maar bredere individualiteit", zoals deeltjes waterdamp die naar de hemel opstijgen en wolken vormen. In dit deel ook komen alle vormen van escapisme, erotiek, astronomie, godsdienst samen, in het allegorische personage van de jonge reizigster die don Fabrizio komt halen voor de laatste reis. Zij wordt vergeleken met een sensuele, aantrekkelijke vrouw die hij het hof had gemaakt, en die nu op het punt staat zich aan hem te geven, en met Venus, de avond- en morgenster, symbool van dood en wedergeboorte, die hem altijd trouw had opgewacht (p. 218). Opmerkelijk genoeg valt de dood van don Fabrizio, de eenwording met Venus/Aphrodite, samen met het stilvallen van de zee. Behalve een verwijzing naar het definitieve einde van het bewustzijn van de hoofdpersoon, via wie de gebeurtenissen tot dan toe zijn geregistreerd, is dit ook een teken van een geboorte, een nieuw begin in de cyclus van de geschiedenis.

TOT SLOT

Alhoewel *De tijgerkat* bij verschijnen in 1958 een uitzonderlijk werk bleek waarin praktisch niets herinnerde aan de trends uit de eigentijdse Italiaanse literatuurgeschiedenis, weerspiegelt dit grandioze debuut en testament van een eenzaam genie toch de crisis van de naoorlogse West-Europese beschaving. In de geest van Manzoni heeft Lampedusa het historisch kader van een bewogen periode uit de Italiaanse geschiedenis, de eerste vijftig jaar na de eenwording, gebruikt om zich uiteen te zetten met het raadsel van het menselijk bestaan. Centraal staat de vraag hoe te overleven in een wereld waarin de dood iedere handeling relativeert. Om deze vraag te beantwoorden of in ieder geval te bediscussiëren, grijpt Lampedusa terug naar de zelfanalyse, een literaire vorm die vooral tot ontwikkeling kwam in het modernisme van het interbellum, een van de periodes uit de literatuurgeschiedenis waarmee hij zich in het bijzonder verbonden voelde. Om enige kritische armslag te behouden kiest hij daarbij niet voor het ik-verhaal, maar voor een personaal vertelperspectief à la Kafka met een buiten het verhaal staande, becommentariërende verteller (alleen is de verteller bij Lampedusa nadrukkelijker aanwezig dan de vertellers in de teksten van Kafka). Ofschoon het woord "absurditeit" bij Lampedusa niet voorkomt, doen het walgen van de materie en de obsessie van het lichamelijke denken aan het eigentijdse (Franse) existentialisme dat in de jaren vijftig hoogtij vierde en waardoor meerdere Italiaanse auteurs (Moravia bijvoorbeeld) zijn beïnvloed. De fascinatie voor de dood, het lijden aan het bestaan, de keuze voor het politieke en sociale isolement in *De tijgerkat* staan echter haaks op het antwoord dat de existentialisten geven op de zinloosheid van het leven. Deze thema's zijn te verklaren vanuit de problematiek van het afsterven van de aristocratie die Lampedusa ter sprake brengt. Zij herinneren aan het negentiende-eeuwse fin de siècle, de periode waarin het overgrote deel van de handeling in de roman zich afspeelt. Lampedusa heeft dus deels zijn opvattingen over de geschiedenis op geraffineerde wijze verweven met het historisch kader van het verhaal.

Lampedusa's meesterwerk geeft geen duidelijke oplossing voor de indringende vragen die het oproept. Het bundeltje stof waarmee het afsluit laat geen twijfel bestaan over het pessimisme van de auteur aangaande existentie en geschiedenis. Aangezien leven degenereren betekent, is de enige aanvaardbare levenshouding zelfbewuste en ironische distantiëring. Maar zoals gewoonlijk in de literatuur is daarmee de lezer niet het zwijgen opgelegd. Het *quo vadis* dat ook in deze roman doorklinkt dwingt ons onherroepelijk tot een stellingname.

VISCONTI'S *GATTOPARDO*

In 1963 kwam de verfilming van *De tijgerkat* door Luchino Visconti uit. In tegenstelling tot andere van Visconti's bewerkingen van literaire teksten, blijft de regisseur in deze film dicht bij de brontekst (tot aan het tijgerachtig voorkomen van de hoofdpersoon toe).

Desondanks heeft hij belangrijke wijzigingen aangebracht, waar niet alleen mediumspecifieke oorzaken aan ten grondslag liggen, maar ook de politieke opvattingen van de filmmaker, die haaks staan op die van Lampedusa.

Visconti deelt Lampedusa's opvatting aangaande de cyclische, degenererende en regenererende tijd niet. Als marxist beschouwt hij de geschiedenis als een lineair proces gericht op de verwezenlijking van een politiek ideaal, de macht van het proletariaat. In een interview over *Il Gattopardo*, verschenen in april 1963 in *L'Unità*, zegt Visconti dat hij in deze film, evenals in andere die hij heeft geregisseerd, het *trasformismo*, dat hij de "historische ziekte" van Italië noemt, de ziekte die het volk in zijn vrijheidsstrijd heeft belemmerd, aan de kaak wil stellen. Daarom heeft hij ook de bekende ironische lijfspreuk van Tancredi, "Als we willen dat alles blijft zoals het is, moet alles anders worden," als polemisch citaat aan het begin van de film geplaatst.

Visconti koos het huwelijkscontract als hoofdthema voor de film, het contract waarin volgens hem de ideologisch-geschiedkundige lijn en de poëtisch-sentimentele lijn van de brontekst samenvloeien. Hij heeft het verhaal in vier narratieve blokken ingedeeld: Palermo, op weg naar Donnafugata, in Donnafugata, het bal. Het laatste blok, dat meer dan een derde van de film in beslag neemt, fungeert als epiloog. De verschillende motieven van de roman komen erin samen en er tekent zich een vooruitwijzing in af naar de toekomst. Het vijfde, zevende en achtste deel zijn weggelaten. Fragmenten van het gesprek tussen pater Pirrone en zijn dorpsgenoten (deel 5 in het boek) heeft Visconti ingelast in het tweede deel dat de reis naar Donnafugata uitbeeldt. Visconti heeft daarentegen de historische context sterker willen benadrukken dan Lampedusa dit doet in de roman, door een gevechtsscène in te lassen aan het einde van het eerste deel, de confrontatie in Palermo tussen de soldaten van het Bourbon-regime en de militie van Garibaldi. In de film wordt het verhaal zowel vanuit de algemene historische context als vanuit de hoofdpersoon belicht.

De gematigd positieve ondertoon die Visconti aan de pessimistische visie op de geschiedenis heeft willen meegeven, heeft zijn uitwerking op de existentiële problematiek die aan het verhaal ten grondslag ligt. Temeer ook aangezien de ironisering van de hoofdpersoon zoals die in de roman tot uitdrukking komt, in de film praktisch niet is overgenomen. De uiteenzetting met leven en dood door don Fabrizio dreigt daarom in de film soms te verworden tot de verwerking van een *midlife crisis* en generatieprobleem, nog onderstreept door het pathetische filmeinde van de neergeknielde prins in het ochtendlijke Palermo.

BEKNOPTE BIBLIOGRAFIE

Werken van Giuseppe Tomasi di Lampedusa
"Paul Morand", in *Le Opere e i Giorni*, 5:5 (1926), pp. 15-46.
"W.B. Yeats e il risorgimento irlandese", in *Le Opere e i Giorni*, 5:11 (1926), pp. 36-46.
"Una storia della fama di Cesare", in *Le Opere e i Giorni*, 6:3 (1927), pp. 28-42; 6:4 (1927), pp. 17-32.

Postuum verschenen
Il Gattopardo, Milano, Feltrinelli, 1958. (*De tijgerkat*, vert. Anthonie Kee, Amsterdam, Athenaeum-Polak & Van Gennep, 2000.)
I racconti, Milano, Feltrinelli, 1961.
Lezioni su Stendhal, Palermo, Sellerio, 1977.
Invito alle lettere francesi del Cinquecento, Milano, Feltrinelli, 1979.
Letteratura inglese. Dalle origini al Settecento, Milano, Mondadori, 1990.
Letteratura inglese. L'Ottocento e il Novecento, Milano, Mondadori, 1991.
Lettere a Licy. Un matrimonio epistolare, Palermo, Sellerio, 1987.

Teksten over Giuseppe Tomasi di Lampedusa
BERTONE, Manuela, *Tomasi di Lampedusa*, Palermo, Palumbo, 1995.
GILMOUR, David, *The Last Leopard. A Life of Giuseppe di Lampedusa*, London, New York, Quartet Books, 1988.
LANSING, Richard H., "The Structure of Meaning in Lampedusa's *Il Gattopardo*", in *PMLA*, 93:1 (1978), pp. 409-422.
MUSARRA, Franco & VANVOLSEM, Serge (red.), *Il Gattopardo*, Atti del convegno internazionale dell'Università di Lovanio, Leuven-Roma, Leuven University Press-Bulzoni, 1991.
ORLANDO, Francesco, *L'intimità e la storia. Lettura del* Gattopardo, Torino, Einaudi, 1998.
VITELLO, Andrea, *Giuseppe Tomasi di Lampedusa*, Palermo, Sellerio, 1987.

Over Luchino Visconti's verfilming:
Voor een uitstekend overzicht van de film, inclusief een vergelijking met de brontekst van Lampedusa, verwijs ik naar de site opgesteld door het Liceo Scientifico "Albert Sabin" in Bologna. Adres: http://kidslink.bo.cnr.it/irrsaeer/gattopar/

ELSA MORANTE
(1912-1985)

Dina ARISTODEMO

TUSSEN MISKENNING EN BEWONDERING

In het panorama van de Italiaanse letteren van de tweede helft van de twintigste eeuw hebben weinig auteurs zulke uiteenlopende reacties op hun werk geoogst als Elsa Morante. Bij het verschijnen van elk van haar boeken vielen haar verheerlijking en verguizing, instemming en afkeer ten deel. Toen György Lukács in de jaren zestig bij herhaling beweerde dat hij Morante als een van de grootste romanciers van de twintigste eeuw beschouwde, werd zijn uitspraak met enige scepsis ontvangen: dat de schrijfster van *Menzogna e sortilegio* en van *L'isola di Arturo* een plaats zou verdienen naast James Joyce en Thomas Mann, daar hadden velen moeite mee. Pas na haar dood, in 1985, en vooral de laatste tijd, nu haar oeuvre grondiger wordt bestudeerd, lijkt zich een consensus af te tekenen rond de uitzonderlijke kracht van haar vertelkunst. In de huidige radicaal veranderde cultuurhistorische context, vanuit volkomen andere invalshoeken – en zeker met heel andere motivaties dan die van de marxist Lukács –, is men geneigd Elsa Morante een zeer oorspronkelijke plaats in de Italiaanse literatuur toe te kennen. Niet toevallig heeft onlangs een van de meest gezaghebbende Italiaanse critici, Pier Vincenzo Mengaldo, *Menzogna e sortilegio* als "een van de grootste romans van deze eeuw (en niet alleen in Italië)" bestempeld.

Tot de tegenstrijdige oordelen heeft ongetwijfeld ook de persoonlijkheid van de schrijfster bijgedragen. Zij heeft zich altijd ver gehouden van elk conformisme en de gevestigde orde, ze stond zeer kritisch tegenover de waarden en de zekerheden van de contemporaine cultuur, was afkerig van de rituelen van het literaire establishment, achterdochtig tegenover iedere mode en weinig geneigd om zichzelf bloot te geven. Hoewel in haar romans thema's van het vrouwelijk bestaan centraal stonden, hield ze zich afzijdig ten opzichte van de emancipatiebeweging (ze weigerde steeds als "schrijfster" aangeduid te worden, haar voorkeur ging uit naar termen als "auteur" of "romancier"). Met uitzondering van haar bewondering voor Simone Weil, had zij eigenlijk een afkeer van intellectuele en gecultiveerde vrouwen en haar meest geslaagde vrouwelijke personages zijn bijna-analfabeten. Morante was een autodidact, in haar literaire oordelen liet zij zich niet leiden door enig streven om modern te lijken. Haar "auteur" was Mozart, en tot haar lievelingsdichters behoorden Rimbaud, Saba en Penna. Onder de Italiaanse schrijfsters heeft zij lang een lot van uitsluiting uit de canon gedeeld met Anna Maria Ortese, die inderdaad het dichtst bij haar in de buurt komt. Het verst van haar af staan twee Noord-Italiaanse schrijfsters als Lalla Romano en Natalia Ginzburg, die zich met hun sobere, ironische en ingetogen vertelwijze vanaf het begin verzekerd wisten van de gunst van de lezers.

Van de levensloop van Morante was tijdens haar leven niets meer bekend dan het weinige dat zij zelf had laten doorschemeren. Na haar dood hebben getuigenissen van vrienden het beeld wat verrijkt, terwijl een familieportret van de hand van haar broer Marcello meer licht heeft laten schijnen op haar jeugd, haar moeilijke verhouding met haar moeder en haar eerste stappen als schrijfster. Maar uiteindelijk gaat haar leven geheel op in haar schrijverschap.

Elsa werd geboren op 18 augustus 1912 in Rome, in een typische volkswijk, de Testaccio, in een kleinburgerlijke familie die gedomineerd werd door Elsa's moeder, een temperamentvolle maar driftige onderwijzeres, die met haar neurose en eerzucht een zware druk heeft uitgeoefend op haar kinderen. Twee "geheimen" drukten hun stempel op het familieleven, en lieten ook sporen na in de familieverhoudingen in Morante's romans. Het eerste "geheim" betrof haar moeder, die haar halfjoodse afkomst verborgen wilde houden en haar vier kinderen katholiek liet dopen en opvoeden in de hoop ze betere kansen te geven. Het tweede "geheim", waarvan de eerstgeboren Elsa vrij gauw op de hoogte werd gesteld, was dat de kinderen twee vaders hadden: een volgens de burgerlijke stand en een natuurlijke. In deze familiesfeer ontwikkelde zich Morante's vroegrijpe literaire begaafdheid, die door haar gefrustreerde moeder sterk werd aangemoedigd. Elsa, die geen lagere scholen bezocht, wijdde zich aan de chaotische lectuur van talloze boeken en schreef kindergedichten, toneelstukken en sprookjes (een daarvan, *Le bellissime avventure di Caterí dalla trecciolina*, zou in 1942 gepubliceerd worden).

Het verlangen naar een zelfstandig leven bracht de achttienjarige Elsa ertoe het ouderlijk huis te verlaten en een eigen onderdak te zoeken "om de wereld op eigen kracht tegemoet te treden", een beslissing die voor een jonge vrouw in het Italië van de jaren dertig zeer ongebruikelijk was. Morante moest haar pas begonnen studie aan de universiteit afbreken om in haar eigen onderhoud te kunnen voorzien door het geven van privé-les en door het schrijven van artikelen en verhalen voor kranten en tijdschriften onder allerlei – meestal mannelijke – pseudoniemen. Men bedenke dat er in die jaren fascistische tijdschriften waren die in principe elk geschrift van een vrouw weigerden. De in deze periode ontstane productie werd later door Morante grotendeels verloochend, maar critici gaan in dat werk gretig op zoek naar rudimenten van motieven en thema's van haar latere productie.

In 1936 begon zij een verhouding met de toen reeds bekende auteur Alberto Moravia, met wie zij in 1941 trouwde. Het huwelijk met Moravia betekende voor haar ook een zekere bevrijding van materiële zorgen waardoor zij zich kon wijden aan het schrijven. In 1941 publiceerde zij ook haar eerste boek, *Il gioco segreto* ("Het geheime spel"), een verhalenbundel waarin raadselachtige personages handelen in de onzekere schemerzone tussen droom en werkelijkheid. Tot deze periode hoort *Diario*, een dagboek geschreven in 1938 maar postuum gepubliceerd in 1990 en toen door de critici begroet als een document dat verhelderend was zowel voor Morante's opvatting van literatuur als voor haar verbeeldingwereld, dromen en obsessies.

Van de wapenstilstand van september 1943 tot de zomer van 1944 leefde zij samen met haar man ondergedoken in de bergen van Fondi, in Ciociaria. Daarna woonde het echtpaar in Rome, en verbleef vaak langdurig in Capri. Hun huwelijk bewoog zich tussen perioden van intense overeenstemming en perioden van malaise en afstand: Elsa werd heen en weer geslingerd tussen de behoefte aan bescherming en het verlangen naar autonomie. Zij en haar man waren twee volkomen verschillende persoonlijkheden, zowel op het menselijke als op het literaire vlak. Zij was de meest enigmatische schrijfster die Italië ooit gehad heeft, hij de meest open en directe van alle auteurs van die tijd. Moravia kon zijn schrijverschap als een beroep uitoefenen, met de onverbiddelijke stiptheid van een employé in een routineuze dagindeling die ruimte liet voor het Romeins intellectueel-mondaine leven waarvan hij een van de onbetwiste hoofdrolspelers was. Morante hield zich afzijdig en ontwikkelde steeds meer een afkeer van al die rituelen. Het schrijven eiste van haar een volledige afzondering van de wereld. Terwijl de productie van Moravia tientallen romans en verhalen telt, omvat het oeuvre van Morante slechts enkele titels. Moravia streefde naar zowel inhoudelijke als stilistische leesbaarheid, Morante confronteerde haar lezers met lange verwikkelingen en met een weelderige taal die aanvankelijk gekunsteld kon lijken.

In 1948 kwam bij Einaudi haar eerste roman uit, *Menzogna e sortilegio* ("Verdichting en betovering"), een boek waarvoor ze de Premio Viareggio kreeg, maar dat door vele critici beschouwd werd als een werk dat niet bij de tijd was. Wat moest men met deze roman, die afweek van alle gebaande wegen en ver afstond van het toen triomferende neorealisme en van alle bekende stromingen van het Novecento? Toen in 1957 haar tweede roman verscheen, *Het eiland van Arturo (L'isola di Arturo)*, die eveneens bekroond werd met een belangrijke literaire prijs, de Premio Strega, was het hoogseizoen van het neorealisme al voorbij: de initiatieroman die zich in een bijna mythisch mediterraan scenario afspeelde kon zo rekenen op een mildere ontvangst van de critici, en zeker op een groter publiek succes.

Morante maakte intussen vele reizen met haar man, naar de voormalige Sovjetunie en China, naar Brazilië en India (deze laatste reis maakten ze samen met hun vriend Pasolini). In 1958 verscheen de kleine dichtbundel *Alibi*; een jaar later leerde zij in de Verenigde Staten een jonge schilder kennen, Bill Morrow, met wie zij een intense relatie begon tot zijn tragische zelfmoord in 1962. In dat jaar gingen zij en Moravia voorgoed uit elkaar, hoewel het huwelijk, dat kinderloos was gebleven, nooit ontbonden werd. Daarna kreeg haar leven een dramatische wending. Bij alle kwellingen van haar persoonlijke leven (de obsessie om Morrow's dood, de mislukking van kortstondige en moeilijke verhoudingen met jonge intellectuelen) voelde zij steeds sterker de behoefte aan maatschappelijk engagement. Van deze wending getuigen in eerste instantie twee teksten: *Pro o contro la bomba atomica* ("Voor of tegen de atoombom"), een lezing uit 1965, en *Il mondo salvato dai ragazzini* ("De wereld gered door de jeugd"), een dichtbundel uit 1968 gewijd aan de adolescenten, "de enige, misschien, die nog geloven dat de wereld is zoals ze lijkt." Opvallend is dat deze laatste bundel, die de onschuld en de vrolijke anarchie van de jeugd prijst, gelijktijdig uitkwam met het uitbarsten van de jongerenprotesten in 1968. Maar in de daaropvolgende stormachtige woelingen van de Italiaanse maatschappij, in de "loden jaren" van het terrorisme, moest Morante's politieke geloof in een anarchie zonder macht en zonder geweld plaats maken voor het ontgoochelende besef dat echt radicale sociale veranderingen niet haalbaar leken. De openhartigheid en de moed waarmee zij haar eigen mening overeind hield deden zowel het culturele establishment als de volgelingen van linkse buitenparlementaire bewegingen, met wie ze hartstochtelijke discussies had, van haar vervreemden. Vooral in de omvangrijke roman *De Geschiedenis* (*La Storia*) uit 1974 valt haar steeds meer ontgoochelde levensvisie samen met de opvatting van de geschiedenis als een voortdurende onderdrukking van de meest verwaarloosde en marginale groeperingen van de samenleving. *De Geschiedenis* had een ongekend succes bij het publiek maar deed, zoals we hieronder zullen zien, hevige polemieken onder de critici ontstaan.

Eind jaren zeventig verslechterde haar fysieke en psychische toestand. Morante kon het proces van het ouder worden moeilijk verwerken. Voor haar was geluk identiek met schoonheid, en nu ze haar schoonheid moest prijsgeven, moest ze ook toegeven dat deze uiteindelijk "niet had gediend om ooit door iemand te worden bemind." Ten prooi aan een grote verbittering ging zij het contact met trouwe vrienden vermijden. Nadat zij was getroffen door een hersenaandoening en door een ongeluk dat een dijbeenbreuk veroorzaakte, trachtte zij zelfs zelfmoord te plegen. Daarna waren haar krachten net toereikend om haar vierde en laatste roman te voltooien. *Aracoeli* verscheen in 1982 en ook deze keer wist de schrijfster haar lezers en critici te verrassen. In 1984 kreeg de roman de Franse Prix Médicis toegekend. Een jaar later, op 25 november 1985, overleed ze in de Romeinse kliniek waar ze haar laatste jaren had doorgebracht.

DE DUBBELZINNIGE FAMILIEROMAN VAN ELISA

Menzogna e sortilegio ("Verdichting en betovering"), Morante's eerste roman, uit 1948, getuigt van durf. In het naoorlogse Italië was het neorealisme de literaire stroming waaraan een vernieuwende kracht werd toegekend. In de meest succesvolle romans van auteurs van die jaren, zoals Pavese, Vittorini, Carlo Levi, Calvino en Pratolini, zag men de kenmerken van het nieuwe literaire credo: de geëngageerde schrijver als aanklager of getuige van sociale wantoestanden in achterbuurten en afgelegen gebieden; een vertelkunst gebaseerd op de weergave van het dagelijks leven; een besliste afwijzing van het literaire Italiaans ten gunste van de gesproken taal. *Menzogna e sortilegio* was niets van dat alles. De grote omvang (meer dan 900 pagina's), de structuur (een opdracht in verzen, een inleiding, daarna zes delen met secties en hoofdstukken, alle met passende titels, een epiloog en zelfs een afscheidslied), het onderwerp (een familieroman waar de personages handelden zonder zich te bekommeren om sociale en economische toestanden) en de tijdloze sfeer brachten de Italiaanse critici in verwarring, zelfs degenen die positief reageerden.

Aan de opbouw van deze tekst lag ten eerste een bewuste keuze ten grondslag voor de roman boven het genre van het kortverhaal dat de schrijfster tot dan toe had beoefend. De keuze voor een type roman dat toen achterhaald kon lijken, bleek definitief te zijn: op een paar uitzonderingen na, zoals *Lo scialle andaluso* ("De Andalousische sjaal", 1963), zal zij geen kortverhalen meer schrijven. Morante vatte de roman op als wezenlijk anders dan het verhaal. De roman had voor haar iets absoluuts, was een totaliteit, zoals blijkt uit een antwoord op een enquête van het literaire tijdschrift *Nuovi Argomenti* in 1959:

> Een poëtisch werk, waarin de auteur door middel van een fictionele vertelling van representatieve verwikkelingen (…) een eigen *integraal* beeld geeft van het werkelijke universum (nl. van de mens in zijn werkelijkheid).

En inderdaad vormt elke roman van Morante een in zichzelf besloten geheel, een wereld ook die haar eigen taal vereist. Maar het gaat ook om een eigen beeld: anders dan de negentiende-eeuwse romancier, waaraan sommige aspecten van haar oeuvre doen denken, stelt Morante zich op als medeplichtige van haar personages. Ze schept ze niet alleen, ze blijft er intens mee verbonden.

In *Menzogna e sortilegio* vertelt Elisa, een jonge vrouw die zich in haar kamertje heeft afgezonderd van de hele wereld met haar kat als enige gezelschap, de duistere geschiedenis van haar familie. Ze begint bij haar grootouders, maar alles draait om haar moeder Anna. Sinds haar jeugd is deze verliefd op haar rijke adellijke neef, de knappe, wispelturige en wrede Edoardo, die haar tegelijk charmeert en kwelt, maar die haar uiteindelijk in de steek laat. Na Edoardo's dood berust Anna in een huwelijk met Francesco, "de pokdalige", een jongeman uit de provincie die irrealistische dromen van sociale promotie koestert en op Anna verliefd wordt vanwege haar halfadellijke afkomst. Uit dit huwelijk, een hel van onbegrip en liefdeloosheid, wordt Elisa geboren. Zij wordt volkomen verwaarloosd door haar moeder, wier bestaan geheel gevangen is in de herinneringen aan Edoardo. Na tragische ontwikkelingen, waarin haar ouders en andere personages overlijden, blijft Elisa alleen met Rosaria, een prostituee die ooit minnares was van Francesco en Edoardo en die haar nu opvangt als een tweede moeder. Elisa begint de lotgevallen van haar familie te vertellen wanneer ook Rosaria sterft.

Verleiding, verraad, wanhopige liefde, smaad, verdenking, woede, misverstand volgen elkaar op: de indruk dat men te maken heeft met het repertoire van de negentiende-eeuwse feuilletonroman is sterk, maar Morante manipuleert de hele materie door middel van de vertelster Elisa op een verrassend moderne wijze, die soms ook de parodie niet uitsluit. Hoewel Elisa een ik-verteller is (en als zodanig een beperkte blik zou moeten hebben op de geschiedenis die zij vertelt) gedraagt zij zich als een alwetende verteller. Zij brengt meedogenloos alle leugens, valse verlangen en dwaasheden, opschepperijen en verdichtsels aan het licht, waarvan het dagelijks leven van de verschillende personages is doordrongen, maar die zij niettemin als hun enige waarheid en werkelijkheid beschouwen. Zij analyseert hun hartstochten en mateloze gevoelens soms hardvochtig, soms instemmend, en ook al beseft zij hoe funest hun megalomane fantasieën zijn, hoe ingebeeld de ambities van hun middelmatige en ziekelijke bestaan, toch koestert zij zich in hun verdichtselen. Elisa, zelf slachtoffer van de liefdeloosheid van haar moeder, ondergaat zo sterk de aantrekkingskracht van de absurde liefde van haar moeder voor haar neef, dat zij er toe komt zichzelf te beschuldigen van bezitsdrang ten opzichte van haar moeder. Als vertelster raakt Elisa verstrikt in haar eigen verhaal, dat haar overmeestert en betovert:

...mijn geheugen veranderde hun kleinburgerlijk drama in een legende. En, zoals het gaat met volkeren zonder geschiedenis, raak ik geëxalteerd door deze legende.
(*Menzogna e sortilegio*, in *Opere*, vol. I, p. 19; alle vertalingen zijn van mij.)

Elisa blijkt uiteindelijk in de ban van dezelfde visionaire waanzin te verkeren als haar familieleden, zij deelt hun "fantasieziekte", en zij bekent zelfs dat de ernstigste zieke van allemaal "niemand anders is dan degene die hier schrijft: ik, Elisa." (*Opere*, vol. I, p. 23)

Als de thematiek ons even had kunnen doen denken aan een feuilleton, toont de dubbelzinnige houding van de vertelster hoe de techniek die Morante in 1948 hanteert anticipeert op de discussies die pas jaren later in Italië en in Europa zouden ontstaan over de "crisis" of het "einde" van de roman. De schrijfster zelf verklaarde dat zij met *Menzogna e sortilegio* ten opzichte van de moderne roman had willen doen wat Ariosto en Cervantes hadden gedaan met de ridderromans: zij had "de laatste roman willen schrijven en het genre willen ombrengen." In *Menzogna e sortilegio* wordt het ambitieuze plan ontwikkeld om alle romansituaties uit te putten en de genreconventies te overschrijden en te vermengen. Daarom is het tegelijk epos, roman en sprookjesachtige constructie, alles overheerst door dubbelzinnigheid. Dubbelzinnigheid – schrijft Elisa –

> is substantie van dromen en goden, schriftuur van profeten en, onder de stervelingen, uiting van de elegantste dieren, van de meest subtiele kunsten, en zoet, barbaars refrein van de natuur.
> (*Opere*, vol. I, 778.)

Hoewel er voldoende aanwijzingen zijn dat het gaat om gebeurtenissen die zich afspelen in een stad in Zuid-Italië aan het begin van de twintigste eeuw, vervagen tijd en ruimte: een sfeer van betovering omringt en transfigureert personages en dingen. Door de verteltoon worden de bijna banale privé-lotgevallen van de personages opgetild tot het niveau van tragische en epische gebeurtenissen. Het is daarom moeilijk literaire voorbeelden voor *Menzogna e sortilegio* aan te wijzen. Het meest opvallende intertekstuele aspect wordt gevormd door de herhaalde toespelingen op opera's. Het melodrama functioneert als een hypotekst (Lugnani), vooral in de negentiende-eeuwse taal die soms door de vertelster wordt gebezigd. In het algemeen is het proza van de roman weelderig: zo sprak de ene criticus over een "barbaarse luxe van het woord" (Venturi), een andere over de "barokke" taal om het effect van verwondering te schetsen. De rijkdom aan expressie-middelen van *Menzogna e sortilegio* wordt in het Italiaanse Novecento slechts geëvenaard door een schrijver als Gadda – die verder zo zeer verschilt van Morante (Mengaldo). En dat verklaart misschien waarom *Menzogna e sortilegio* in het Nederlandse taalgebied nog geen vertaler heeft gevonden die het heeft aangedurfd.

ARTURO OF HET VERGEEFSE WACHTEN OP HET "VOLLE DAGLICHT"

Terwijl in *Menzogna e sortilegio* de geschiedenis van drie generaties wordt verteld, heeft *Het eiland van Arturo* een intrige die zich beperkt tot de initiatie van een adolescent die, nu hij volwassen geworden is, zijn verhaal vertelt. Met slechts twee belangrijke personages naast hem, met het eilandje Procida als enige plaats van handeling, en met gebeurtenissen die los staan van enige historische of sociale context, ontstaat een rechtlijnige vertelling, die sneller verloopt dan de eerste roman. In een wijds scenario van zee en rotsen ligt het huis waar de vijftien-jarige Arturo is geboren en opgegroeid, volkomen aan zichzelf over-gelaten: zijn moeder, afkomstig uit Procida, is bij zijn geboorte over-leden en zijn vader, de knappe, blonde en halfduitse Wilhelm Gerace, door Arturo vereerd als een god, is meestal weg van huis, verwikkeld in geheimzinnige en duistere avonturen met verdachte vrienden. Artu-ro's leven bestaat uit zwemmen langs afgelegen strandjes, schelpen, zeeëgels en zeesterren zoeken, en wilde vogels observeren.

Deze betoverende ruimte stort in door de komst van Nunziata, een zestienjarig meisje uit een straatarme Napolitaanse familie die Wil-helm als bruid naar het eiland meebrengt. Tot dat moment waren vrouwen voor Arturo "kleine wezens" die hun leven doorbrachten "opgesloten in kleine kamertjes en vertrekjes" of rondliepen als "lompe en vormeloze gestalten" en "vreugdeloze dieren" (I, 997): kortom niet voorbestemd voor de heldhaftige ondernemingen waartoe mannen in staat zijn. Des te verstorender werkt de komst van Nunziata in Arturo's leven. Na een aanvankelijke houding van minachting, probeert de jongen eerst in haar een vervangster van zijn moeder te vinden, daarna ontdekt hij in haar ook de vrouw, en wordt hij, zonder dat hij het zelf beseft, verliefd op haar. Hoewel Nunziata, die door Wilhelm totaal verwaarloosd wordt, zich tot haar jonge stiefzoon voelt aangetrokken, wijst ze zijn liefde echter vol afschuw af. Arturo's liefde maakt verschillende stadia door, van heimelijkheid tot woede. Hij voelt daarbij jaloezie wanneer zijn halfbroer geboren wordt aan wie Nunziata al haar aandacht wijdt. Afgewezen door zijn stiefmoeder, krijgt Arturo zijn seksuele inwijding van een sluwe weduwe, hetgeen zijn gevoelens voor Nunziata alleen maar versterkt. Nunziata speelt de rol "van de moeder die zijn moeder niet kon zijn, van de bruid die zijn bruid niet zal kunnen zijn" (Debenedetti). Arturo's teleurstelling krijgt nog meer traumatische trekken wanneer ook het mythische beeld van zijn vader in stukken valt door de ontdekking dat deze mateloos verliefd is op een kleine crimineel die hem uitbuit. Deze pijnlijke ervaringen betekenen voor Arturo het afscheid van zijn kindertijd. Op zijn zestiende verjaardag besluit hij het eiland voorgoed te verlaten.

De volwassenheid, waarnaar de jongen zo verlangde, ("mijn onvolwassenheid was mijn schaamte" memoreert de volwassen verteller) doet zich voor als een parodie: Arturo heeft ervaren dat volwassenheid geen geluk verschaft, maar alleen een "amorfe droefgeestigheid". Van het gedicht dat de opdracht van de roman vormt en duidelijk niet aan de verteller maar aan de auteur toegeschreven moet worden, luidt de laatste regel: "buiten het voorgeborchte bestaat geen Elysium" ofwel buiten het voorgeborchte van de kinderjaren bestaat geen geluk. Dat is een existentiële wet waarvan de auteur, maar niet de volwassen Arturo zich bewust is:

De zekerheid van de daad wachtte op me, zoals na de mooie dromen van de nacht, de dag ontbrandt die de volmaakte schoonheid is. Prins Tristan sprak echt wartaal, toen hij zei dat de nacht mooier is dan de dag! Sinds ik geboren werd, heb ik op niets anders gewacht dan op het volle daglicht, de volmaaktheid van het leven: ik heb altijd geweten dat dit eiland en dat primitieve geluk van mij niets anders waren dan een onvolmaakte nacht.
(*Opere*, vol. I, p. 1155.)

Vanuit zijn standpunt als volwassene lijkt de tijd op het eiland een "onvolmaakte nacht"; hij is ervan overtuigd dat het "volle daglicht" nog zal komen. De lezer beseft echter dat er in Arturo's wachten op het volle daglicht een tegenstrijdigheid zit: te duidelijk blijkt uit zijn verhaal dat niets de zuivere schoonheid van zijn kinderjaren zal kunnen evenaren. Zoals verschillende critici hebben opgemerkt, bestaat er een breuk tussen de verteller Arturo en het personage Arturo. Onduidelijk blijft namelijk wat voor een soort volwassene Arturo is geworden: hij vertelt zijn kinderjaren als een absolute werkelijkheid, het eiland is een symbool van die leeftijd en als geografische werkelijkheid bestaat het zelfs niet meer voor hem vanaf het moment dat zijn kinderjaren voorbij zijn. Alsof het "hemelse eilandje" in zijn tijd en ruimte een initiatieparcours omvatte dat niet is uitgekomen op het heden van de volwassenheid.

Het eiland van Arturo ontleent zijn bekoring aan een vertelwijze die een maximum aan realisme combineert met een maximum aan mythisch-symbolische toespelingen. Procida is bijvoorbeeld zo gedetailleerd beschreven dat de roman als toeristische gids zou kunnen dienen (in het onlangs ingestelde "Parco letterario di Procida" komen negen parcoursen voor die geïnspireerd zijn op Morante's roman), en tegelijkertijd is het eiland in zijn tijdloosheid en ongeschonden schoonheid vol fantastische en onwerkelijke trekken. Mythologische en sprookjesachtige trekken hebben ook de personages: Arturo's naam roept de naam op van een ster (Arcturus) en die van de legendarische koning Arthur; de fysieke gestalte van de vader lijkt een uiting van de magische natuur van het eiland; de stiefmoeder, een "uniek personage in de wereldliteratuur" (Spitzer) bergt in haar lichaam van moedermeisje een wijsheid waarin tijd en onveranderlijkheid samenkomen. Deelhebbend aan de dierlijke wereld (ze is een "madre gatta", haar zang is "dierlijk"), maar ook aan een bovenmenselijke wereld (haar schoonheid is "engelachtig") blijft Nunziata onaangetast door de gebeurtenissen.

Zoals in de eerste roman is ook hier de opera nadrukkelijk aanwezig. Titels van talrijke episodes doen sterk aan opera-scènes denken: *De oosterse tent, Verwachting en terugkomst, De dubbele eed, Koningin der vrouwen, Tragedie, De grote jaloezie, Intriges van de galanterie, De stenen stiefmoeder, Gedaanteverwisselingen, Verraad, De oorring, De betoverde broche, Addio...* De verkenning van het onzekere gebied tussen kindertijd en rijpheid vindt in de lichtheid van Mozart en zijn libretto's de meest geëigende en tevens meest expliciete ondertoon. Zo dient een aria van Cherubino als motto voor het zesde hoofdstuk ("De fatale kus"): "Ricerco un bene / fuori di me. / Non so chi 'l tiene / non so cos'è."

HET SCHANDAAL VAN DE GESCHIEDENIS

La Storia. Romanzo[1] (*De Geschiedenis*) verscheen in 1974 in een voor Italië ongekende oplage van honderdduizend exemplaren en werd geïntroduceerd met een gigantische publiciteitscampagne. Dat het boek alleen als paperback verscheen, overeenkomstig de expliciete wens van Morante, die tot dan toe als een nogal elitaire auteur werd beschouwd, maar nu een "roman voor iedereen" had willen schrijven, droeg er nog toe bij dat het boek een bestseller werd. Maar in de besloten republiek der letteren, bewaakt door de schildwachten van de neo-avant-garde, was de afwijzing onverbiddelijk: *De Geschiedenis* werd gebrandmerkt als een verouderd neorealistisch product, populistisch, vertroostend en tegelijk wanhopig, sentimenteel en pathetisch, en bovendien wijdlopig; de 'traditionele' vertelwijze was een ontoelaatbare provocatie van het in die jaren aangehangen formele experimentalisme en van de theoretische uitspraken over de dood van de roman. Nu, dertig jaar later, lijkt het onmogelijk dat de roman aanleiding heeft gegeven tot zulke verhitte ideologische polemieken, soms zelfs tot scheldpartijen tussen de verdedigers en de verachters (van wie sommigen arrogant verklaarden dat ze slechts enkele van de 657 pagina's hadden gelezen). Wel valt op dat, anders dan gebruikelijk in het Italiaanse culturele debat, waardering of verachting niet altijd uit dezelfde ideologische hoek kwamen: de negatieve oordelen, bijvoorbeeld, die door linkse intellectuelen met cynische afstandelijkheid werden geveld, hadden geen invloed op de enthousiaste reacties van het jongere publiek van Nieuw Links[2]. Wat dat betreft had Morante zowel de uitholling en de uitputting van de gekunstelde en kille laboratorium-experimenten van de neo-avant-garde als de behoefte aan "inhoud" en verhalen van het lezerspubliek goed ingeschat: en dit lang voordat Umberto Eco's *De naam van de roos* (1980) een nieuwe bloei van het vertellen zou inluiden.

---

[1] De aanduiding "romanzo" is merkwaardigerwijze weglaten door de bezorgers van de *Opere* van 1988.

[2] De roman heeft als opdracht een regel van de Peruviaanse dichter César Vallejo: "Por el analfabeto a quien escribo" (uit *Himno a los voluntarios de la republica*, 1937). Tot de analfabeten behoorden voor Morante ook het jongerenpubliek dat door de narcistische experimenten van de neo-avant-garde de roman had ingeruild voor het essayistisch proza en politieke pamfletten.

De Geschiedenis is zeker geen meesterwerk. In vergelijking met *Menzogna e sortilegio*, dat eerder als een meesterwerk beschouwd zou kunnen worden, had *De Geschiedenis* grotere ambities. De Geschiedenis, de grote afwezige in de voorgaande romans, werd hier geïntroduceerd in een confrontatie met het leven van gewone mensen. *De Geschiedenis* is echter geen historische roman waarin de verhouding tussen een bijzondere fictionele geschiedenis en de openbare gebeurtenissen van de historische werkelijkheid essentieel is. De zeven lange hoofdstukken beslaan ieder één jaar (van 1941 tot 1947) en elk hoofdstuk wordt voorafgegaan door een chronologisch overzicht van de belangrijkste historische gebeurtenissen in de twintigste eeuw (oorlogen, gewelddaden, onrecht, gruwelen). Maar tussen de gebeurtenissen van de grote Geschiedenis en degenen die haar moeten ondergaan is geen osmose mogelijk. De Geschiedenis die zich schijnbaar progressief ontwikkelt naar een doel is in werkelijkheid "een schandaal dat al tienduizend jaar duurt" (zoals op de omslag van het boek stond) en dat elke mogelijkheid van vooruitgang uitsluit. In de Italiaanse literatuur moeten we tot Manzoni teruggaan om even duidelijk de overtuiging te vinden dat elke actieve betrokkenheid bij het maken van de geschiedenis hoe dan ook medeverantwoordelijkheid met zich mee brengt voor het kwaad, dat Morante "schandaal" noemt. Want dat is de centrale en expliciete stelling van *De Geschiedenis*: de zwakkeren, de slachtoffers, de berooiden, de paria's van de wereld, die onbewuste dragers van de waarheid zijn, leven in een dimensie die bijna 'prehistorisch' te noemen is. Vanuit dit opzettelijk 'lage', prehistorische of buitenhistorische gezichtspunt worden in de roman de historische gebeurtenissen gezien en verteld: de meesterlijke scène, bijvoorbeeld, van de joden die in een Romeins station, opgehoopt in wagons, op het punt staan gedeporteerd te worden, wordt gezien vanuit de ogen van een vrouw (de moeder) die niet beseft wat er gaande is en vanuit de ogen van haar kindje: "In het onmetelijk afgrijzen van zijn blik was er ook angst of liever doffe verbijstering; maar een verbijstering die geen enkele verklaring vroeg." (*Opere*, vol. II, p. 544)

De draad van het verhaal wordt gevormd door de lotgevallen van een schuchtere halfjoodse onderwijzeres uit Calabrië, de zevenendertigjarige weduwe Ida Ramundo, die in Rome leeft met haar zoon Nino, een onbezorgde en vrolijke adolescent. Begin 1941 wordt Ida verkracht door een dronken Duitse soldaat en uit de verkrachting wordt een kind Useppe (Giuseppe) geboren. Bevangen door een voort-durende angst om haar gedeeltelijk joods-zijn en gekweeld door het gebrek aan voedsel voor haar *pischelletto* ("jochie"), wordt Ida's leven tijdens de oorlogsjaren een opeenvolging van ellendige gebeurtenissen, die zij ondanks alles te boven komt. Maar na de oorlog krijgt haar schamele bestaan een tragisch einde: Nino, die zich eerst aangetrok-ken voelde tot de fascistische brigades, daarna in het verzet terecht-kwam en uiteindelijk smokkelaar was geworden, komt door een auto-ongeluk om het leven; de kleine Useppe wordt getroffen door epilepsie en overlijdt, en zijzelf eindigt haar dagen buiten zinnen in een krank-zinnigengesticht.

Rondom deze drie hoofdpersonen bewegen zich talrijke andere personages wier voorvallen uitgebreid worden beschreven op een manier die nog verder gaat dan de uitvoerige vertelwijze die zo type-rend is voor Morante. Ook als het gaat om een personage dat maar een bescheiden aandeel heeft, lukt het de verteller er alles over te laten weten. Morante's trouwe vriend Pasolini had kritiek op het ontbreken van enige "hiërarchie van personages"; maar het was precies Moran-te's uitdrukkelijke bedoeling om de personages een gelijke waarde toe te kennen en ze gelijk te behandelen. Aan de andere kant geeft de vervlochtenheid van de verscheidene levensverhalen ook de mogelijk-heid om massascènes uit te beelden met een techniek die sommige cri-tici aan het *kolossal*-genre in de film hebben doen denken. Hoe dan ook, in tegenstelling tot de twee voorgaande romans, die zich in een begrensde omgeving afspelen, strekt de aandacht zich hier uit van de kleinburgerlijke binnenkamers of de opvangruimtes waar de geëva-cueerde menigte moet proberen te overleven tot de wirwar van steeg-jes in de Romeinse volkswijken en *borgate*: de Testaccio, San Lorenzo, de Tiburtino, Pietralata, het Ghetto.

Overeenkomstig de opvatting dat elke roman zijn eigen taal vereist, brengt de overvloed aan personages Morante ertoe gebruik te maken van een meertaligheid waarin dialect, volkstaal en de meest versleten uitdrukkingen gecombineerd worden met metaforen en retorische figuren die de vlakke dagelijkse spreektaal te boven gaan, een combi-natie die uitmondt in de voor Morante zo typische stijl.

Centraal staat in *De Geschiedenis* het thema van het moederschap dat zich manifesteert in de absolute, wanhopige liefde van Ida voor Useppe. Hoewel ze onderwijzeres is en dus meer ontwikkeld dan de personages in haar omgeving, bewaart Ida tegenover de wereld een "bange onderdanigheid" en houdt ze ook iets kinderlijks dat haar vreemd doet staan tegenover de onmenselijke logica van de macht en van de geschiedenis. Zij belichaamt een blik van buiten de geschiedenis die er totaal geen vat op heeft. Haar betekenis in de wereld ligt alleen in het moeder zijn, een privé-dimensie die Morante, in tegenstelling tot de publieke dimensie van de Geschiedenis, op alle niveaus behandelt, te beginnen met het biologische niveau van zwangerschap en bevalling, iets dat opmerkelijk genoemd mag worden voor een vrouw die zelf het moederschap nooit gekend heeft. Ida's moederinstinct (waarin ze lijkt op Nunziata in *Het eiland van Arturo*) is tegelijk haar enige bescherming tegen de geschiedenis en maakt haar verwant aan de dieren. In hun onschuld nemen de dieren (honden, katten, kanaries) in deze roman een bijzondere plaats in: de Maremmaanse herder Bella is voor Useppe een tweede moeder die hem helpt, leidt en zelfs toespreekt. Evenmin als de zwakste onder de mensen behoren de dieren tot de geschiedenis. Daarom wordt in het eerste portret van Ida de "passieve zachtheid" van haar ogen onderstreept, die nader wordt omschreven als "een hele diepe en ongeneeslijke barbaarsheid", die leek op voorkennis:

> Maar *voorkennis* is niet het meest geschikte woord want kennis had er niets mee te maken. Het vreemde van die ogen deed eerder denken aan de mysterieuze stompzinnigheid van de dieren die niet met hun verstand maar met een zintuig van hun kwetsbare lichamen 'weet hebben' van het verleden en de toekomst van ieder lot.
> (*Opere*, vol. II, p. 278.)

In dit opzicht zijn Ida en Nunziata zonder precedent in de Italiaanse romantraditie. Zonder precedent is ook Useppe, voor sommige critici een oorspronkelijke en gelukkige schepping van Morante, voor anderen een duidelijk bewijs voor de sentimentaliteit waarvan het boek zou zijn doordrenkt. De kleine, in vodden geklede "bastaard" is volgens gewone maatstaven een onnozel en onbeholpen wezen, maar zijn bruisende verbeelding en zijn spontane tederheid geven hem toch een betoverende kindertijd. Dankzij zijn ongeschonden, zuivere blik ontdekt Useppe de natuur en de grote "familie van de dingen", die hij in een pregrammaticale taal eigen nieuwe namen geeft. In de tegenstelling tot de microkosmos van Useppe en zijn bijna sprekende

dieren, waarin het jongetje in zijn onbevangenheid uit een afschrik-
wekkende en afstotende werkelijkheid een gelegenheid tot vreugde en
vrijheid weet te puren, wordt de Geschiedenis onherroepelijk ontmaskerd en veroordeeld. De figuur van Useppe hoort bij de "Weinige
Gelukkigen" die door Morante bezongen zijn in *Il mondo salvato dai
ragazzini*. De "Weinige Gelukkigen" zijn de armen, de dwazen, de
dichters, de onderdrukten, al diegenen die het geld en de concurren-
tiebeschaving afwijzen in tegenstelling tot de "Vele Ongelukkigen" die
produceren, bouwen en besturen.

Een aparte plaats in het systeem van personages wordt ingenomen
door de jonge joodse intellectueel Davide Segre. Deze neemt als Carlo
Vivaldi-Piotr deel aan het verzet en leert via Nino ook Ida en Useppe
kennen. Ook Davide staat aan de kant van de verliezers en overlijdt
als gevolg van een drugsverslaving. Hij is de teleurgestelde drager van
een anarchistisch-linkse ideologische boodschap[3], maar met zijn stereotype en abstracte redeneringen is hij de enige aanleiding in de
roman tot eensgezindheid van de critici, die hem unaniem het minst
geslaagde en geloofwaardige personage vinden.

ARACOELI, DE "ERVARING VAN DE VERSCHEURING"

Geschreven in een zowel fysiek als psychisch uitermate zware toestand toont *Aracoeli* (1982) alle tekenen van een onafwendbare afta-
keling. Als *De Geschiedenis* ondanks het pessimisme toch nog uiting
gaf aan een soort positieve verbondenheid met de uitgestotenen, wordt
in Morante's laatste roman geen enkele ruimte voor welke hoop dan
ook gelaten. Morante bouwt echter voort op de formele resultaten
van *De Geschiedenis*. Ook in deze roman zijn er de precieze coördinaten van tijd en plaats, maar bovendien wordt *Aracoeli* gekenmerkt
door een sterke expressionistische tendens in de geraffineerde

---

[3] Concetta D'Angeli heeft aangetoond dat Morante aan Davide een aantal
biografische kenmerken (o.a. het werk in een fabriek onder een andere identiteit) en
ideeën van Simone Weil (vooral uit haar *Cahiers*) heeft toegekend. Evenals Useppe
belichaamt Davide de ook bij Weil typische figuur van de zondebok die lijdt om boete
te doen voor het kwaad van de mensheid (Cfr. de bijdrage van Concetta D'Angeli in
Per Elsa Morante, 1993).

vermenging van heterogeen taalmateriaal, gallicismen, hispanismen, neologismen uit het reclamejargon, politieke slogans en zelfs het beeldmateriaal van het stripverhaal.

Het verhaal ontwikkelt zich langs twee elkaar snijdende lijnen, beide beheerst door de monologen van de ik-verteller die tevens de hoofdpersoon is. De eerste lijn volgt de reis van de veertigjarige homoseksuele Manuele (in wie sommige critici trekken van Pasolini menen te bespeuren) op zoek naar het Andalusische geboorteplaatsje van zijn overleden moeder Aracoeli. De tweede lijn is de symbolische reis, die Manuele via zijn herinneringen poogt te reconstrueren. Het eigenlijke doel van zijn *quête* is zijn moeder, de moederschoot die hem heeft gebaard. Met zijn moeder had hij in een soort symbiose zijn eerste kinderjaren doorgebracht, maar daarna had zij hem totaal van zich vervreemd en hem verjaagd naar de wereld van de volwassenen. De reconstructie mislukt echter, want Manuele's geheugen is een wereld van brokstukken en puinhopen, waarin noch een herrijzenis van het verleden, noch een ontdekking van zichzelf mogelijk is.

Tegen de achtergrond van de desolate reis vanuit Milaan naar het afgelegen El Almendral, tekent zich zowel de autobiografie van Manuele af als de biografie van Aracoeli, die als kuise jonge bruid in de jaren dertig uit Andalusië naar Rome gebracht was door een verliefde Italiaanse officier. Aracoeli is een typische Morantiaanse vrouw, die evenals Ida weer doet denken aan Nunziata van *Het eiland van Arturo*: in de uit Piëmont afkomstige familie van haar man, die zich welbewust is van haar solide burgerlijke tradities, is de beeldschone Aracoeli iemand die volkomen "onbewust aan deze zijde van de Geschiedenis, en van de politiek, en van boeken en kranten" (*Opere*, vol. II, p. 1261) leeft. Haar leven is volkomen geconcentreerd op haar zoontje, dat zij grootbrengt tussen Spaanse wiegeliedjes en mythische verhalen uit haar armoedige maar sprookjesachtige jeugd. Voor Manuele wordt de betovering verbroken wanneer het pasgeboren en door Aracoeli vurig verlangde dochtertje doodgaat: zijn moeder, die tot dan toe een voorbeeld van kuisheid was geweest, wordt getroffen door nymfomanie. Zij begint Manuele van zich af te stoten tot ze zich uit wanhoop gedwongen voelt man en kind te verlaten en haar toevlucht te zoeken in een bordeel.

Het proces van zelfverachting van Aracoeli, haar aanvallen van wellust, haar gedrag dat de mannen uitnodigt om haar te bezitten, worden door de volwassen Manuele verteld vanuit het perspectief van het kind, dat niet begrijpt wat er gaande is met zijn moeder, en toch zeer pijnlijk de scheuring voelt die zich daardoor tussen hem en haar voltrekt. Van deze verscheurdheid is Manuele nooit genezen. Opgevoed op een kostschool, heeft hij daarna steeds in de marge geleefd, want voor hem is ieder contact met de wereld een herhaling van die scheuring, die op haar beurt een herhaling is van het oorspronkelijke weggerukt worden uit de moederschoot. De reis naar El Almendral, die begonnen was in het verlangen naar een terugkeer naar zijn oorsprong, wordt tegen het einde een vergeefse tocht, want "niets en niemand wacht op mij." (*Opere*, vol. II, 1067) Het dorpje openbaart zich als een "woeste hoop stenen" in een dor Andalusië, dat ver staat van het gebruikelijke weelderige beeld van deze streek: met zijn spookachtig en onnatuurlijk landschap is het de metafoor van hetzelfde aftakelingsproces dat de personages, de dingen en uiteindelijk de hele natuur treft.

De verwoesting, embleem van deze roman, raakt vooral het menselijk (vrouwelijk) lichaam. In de voorgaande romans haalde het moederlijke gevoel van overgave van de vrouwelijke personages de overhand op de verwoestende kracht van de seksuele driften. In *Aracoeli* komt het tot een uitbarsting van het conflict tussen moederinstinct en vrouwelijke lust die dominant in één en hetzelfde personage aanwezig zijn. Het verlangen van de zinnen vernietigt degenen die er aan lijden. Als Manuele nadenkt over de obsederende ziekte van zijn moeder die "zich in de armen wierp van elke man zonder te letten op zijn stand, zijn manieren of zijn gestalte als het maar een man was" en zich afvraagt of er "enige dialoog, hoe rudimentair ook, plaatsvond tussen haarzelf en haar lichaam", komt hij tot de conclusie dat

> ons eigen lichaam ons even vreemd is als de sterrenstelsels of de bodems van vulkanen. Geen dialoog mogelijk. Geen gemeenschappelijk alfabet. We kunnen niet afdalen in de duistere werkplaats van ons lichaam.
> (*Opere*, vol. II, p. 1353.)

De woekerende eros die Aracoeli overmeestert maakt elke band met haar eigen ego en met de anderen onmogelijk. Zoals de moeder in het bordeel, die zelfgekozen gevangenis, gewacht heeft op de verwoesting van haar eigen lichaam, zo is voor haar zoon de dood het enige perspectief dat hem wacht.

De uitzichtloze toestand van de auteur zelf is in *Aracoeli* duidelijk te bespeuren: net als Elsa beweert ook Manuele dat zijn "eerste, wanhopige vraag altijd was om bemind te worden." (*Opere*, vol. II, p. 1116) Maar in de combinatie van de traumatische ervaringen van de hoofdpersoon met zijn evenzeer aanwezige vreugdevolle herinneringen aan zijn eerste levensjaren, blijft zichtbaar dat Morante zich tot het einde heeft laten leiden door de voortdurende spanning tussen de expressiemogelijkheden van de taal en de waarheid van het menselijk bestaan.

118 DINA ARISTODEMO

BEKNOPTE BIBLIOGRAFIE

Werken van Elsa Morante
Il gioco segreto, Milano, Garzanti, 1941.
Le bellissime avventure di Caterí dalla trecciolina, Torino, Einaudi, 1942.
Menzogna e sortilegio, Torino, Einaudi, 1948.
L'isola di Arturo, Torino, Einaudi, 1957. (*Het eiland van Arturo*, vert.
   J.H. Klinkert-Pötters Vos, Amsterdam, Meulenhoff, 1960.)
Alibi, Milano, Longanesi, 1958.
Lo scialle andaluso, Torino, Einaudi, 1963. (Bevat ook eerder gepubliceerde
   verhalen, waarvan "Il compagno" (1938) en "Il soldato siciliano" (1945)
   in het Nederlands zijn vertaald: "De klasgenoot", in *Bzzlletin*, 159
   (1988), pp. 66-67 en "De Siciliaanse soldaat", in *Moderne Italiaanse ver-*
   halen, Utrecht-Antwerpen, Het Spectrum, 1969, pp. 29-35.)
"Pro o contro la bomba atomica", in *L'Europa letteraria*, 84, maart-april 1965.
Il mondo salvato dai ragazzini e altri poemi, Torino, Einaudi, 1968.
La Storia, Torino, Einaudi, 1974. (*De Geschiedenis*, vert. Frédérique van der
   Velde, Bussum-Antwerpen, Agathon-Standaard, 1982; Amsterdam,
   Ooievaar Pockethouse, 1995.)
Aracoeli, Torino, Einaudi, 1982.

Postuum verschenen
Pro o contro la bomba atomica e altri scritti, Milano, Adelphi, 1987.
Diario 1938 (red. Alba Andreini), Torino, Einaudi, 1989.

Verzameld werk
Opere (red. Carlo Cecchi & Cesare Garboli), Milano, Mondadori ("Meridiani"), 1988-1990, 2 voll. (Vol. II, pp. 1635-1649, bevat de eerste
   bibliografie van Morante's verspreide geschriften van 1933 tot 1970.)
Racconti dimenticati (red. Carlo Cecchi & Irene Babboni), Torino, Einaudi,
   2002.

Werken over Elsa Morante
Per Elisa. Studi su Menzogna e sortilegio, Pisa, Nistri-Lischi, 1990.
Per Elsa Morante, Milano, Linea d'ombra, 1993.
Vent'anni dopo La Storia. *Omaggio a Elsa Morante*, themanummer van *Studi*
   novecenteschi, 47-48 (1994).
Elsa Morante. Etudes réunies par Marie-Hélène Caspar, themanummer van
   Narrativa, 17 (2000).
ANDREINI, Alba, L'isola di Arturo *di Elsa Morante*, in ASOR ROSA, Alberto
   (red.), *Letteratura italiana. Le Opere*, vol. IV: *Il Novecento, 2. La ricerca*
   letteraria, Torino, Einaudi, 1996, pp. 685-712.

BARDINI, Marco, *Morante Elsa. Italiana. Di professione, poeta*, Pisa, Nistri-Lischi, 1999.

BERNABÒ, Graziella, *Come leggere* La Storia *di Elsa Morante*, Milano, Mursia, 1991.

DEBENEDETTI, Giacomo, *L'isola della Morante* [1957], in ID., *Saggi (1922-1966)*, Milano, Mondadori, 1982, pp. 379-386.

FERRONI, Giulio, *Elsa Morante*, in ID., *Storia della letteratura italiana. Il Novecento*, Torino, Einaudi, 1991, pp. 551-561.

GARBOLI, Cesare, *Il gioco segreto. Nove immagini di Elsa Morante*, Milano, Adelphi, 1995.

MORANTE, Marcello, *Maledetta benedetta. Elsa e sua madre*, Milano, Garzanti, 1986

RAVANELLO, Donatella, *Scrittura e follia nei romanzi di Elsa Morante*, Venezia, Marsilio, 1980.

ROSA, Giovanna, *Cattedrali di carta. Elsa Morante romanziere*, Milano, il Saggiatore, 1995.

SCHIFANO, Jean-Noël & NOTARBARTOLO, Tjuna (red.), *Cahiers Elsa Morante*, Napoli, ESI, 1993.

SGORLON, Carlo, *Invito alla lettura di Elsa Morante*, Milano, Mursia, 1972; tweede uitgave 1988.

VENTURI, Gianni, *Elsa Morante*, Firenze, La Nuova Italia, 1977.

WOOD, Sharon, "The Bewitched Mirror. Imagination and Narration in Elsa Morante", in *Modern Language Review*, 86:2 (1991), pp. 310-321.

Voor de revisie van de Nederlandse tekst ben ik Marieke Oderkerk en Pieter de Meijer zeer erkentelijk.

LEONARDO SCIASCIA
(1921-1989)

Pieter DE MEIJER

Leonardo Sciascia werd geboren in 1921 in Racalmuto op Sicilië en overleed in 1989 in Palermo. Hij is opgegroeid in de periode waarin in Italië het fascisme aan de macht was en heeft zijn werk gepubliceerd in de periode waarin de Italiaanse politiek beheerst werd door de christen-democraten maar de communisten de toon aangaven in de cultuur. Waar Sciascia een in alle opzichten bij uitstek geëngageerd schrijver was, kan men zijn werk niet goed lezen zonder het bewustzijn dat het op vele plaatsen een positiebepaling inhoudt tegenover deze politieke en culturele ontwikkelingen.

Nog inniger is de verwevenheid van zijn werk met de cultuur, ook in de antropologische zin van het woord, van zijn geboorte-eiland. Toen Sciascia er opgroeide had die cultuur heel wat archaïsche trekken, zeker in Racalmuto en omgeving, en volgde met vertraging de technische ontwikkelingen van de moderne wereld. Maar vooral op de sociale verhoudingen bleken de moderne ontwikkelingen zoals die overal in Europa sinds de Verlichting en de Franse Revolutie gestalte hadden gekregen weinig vat te hebben. De samenleving van Racalmuto werd beheerst door een kleine sterk feodaal gekleurde bovenlaag van burgers en bestond verder voor het overgrote deel uit arme arbeiders die werkten in de zwavelmijnen. Hoe sterk het feodale element in die samenleving bleef overheersen geeft Sciascia aan in een van zijn aantekeningen in *Nero su nero* (1979). Hij merkt daar op dat volgens de Italiaanse grondwet van 1948 adellijke titels niet meer erkend worden, maar dat hij in Palermo nog dagelijks mensen hoort aanspreken met "prins", "hertog" of "baron". En dat het hier voor Sciascia om meer dan een vernisje gaat blijkt uit het vervolg van de aantekening. Zijn eigen afkeer van de adel verklaart hij namelijk uit de ervaringen van zijn jeugd in Racalmuto, waar de herinnering aan de in 1911 gestorven baron levend was gebleven in verhalen over diens machtsmisbruik en geweld, corruptie en administratieve malversaties.

Tegenover deze werkelijkheid veroverde Sciascia zich van vanaf zijn vroege jeugd een bolwerk van vrijheid in zijn lectuur. Zoon van een vader die na een mislukt emigratieavontuur in de Verenigde Staten op het kantoor van een zwavelmijn werkte en dus tot de kleine burgerij behoorde, buitte Leonardo de gelegenheid uit die de plaatselijke bibliotheek hem bood om diepgaand kennis te maken met veel van wat de Italiaanse literatuur van die tijd en van het verleden te bieden had, maar ook met wat er allemaal in Italiaanse vertaling uit andere literaturen te vinden was. Gaandeweg breidde de lectuur zich uit tot kennisname van teksten in een andere dan de Italiaanse taal, vooral in het Frans. Sciascia haalt veelvuldig herinneringen op aan al die lectuur uit zijn jonge jaren, maar ook zonder die expliciete herinneringen kan de lezer van zijn werk in de talrijke soms terloopse citaten gemakkelijk constateren hoezeer de schrijver kan steunen op de blijvende herinnering aan wat hij ooit tot zich heeft genomen. Als voor de meeste schrijvers geldt dat zij eerst goede lezers geweest zijn, geldt dat voor Sciascia op een heel specifieke manier: zijn lectuur is de adem van zijn schrijven.

Voor zijn schrijverschap is zijn vorming door een zelfstandige grondige verkenning van Italiaanse en Europese literatuur en cultuur van veel meer belang dan de opleiding tot onderwijzer die het hem mogelijk maakte in zijn levensonderhoud te voorzien. Anderzijds legde die formele opleiding ook de basis voor een traditioneel burgerlijk bestaan. Van 1949 tot 1958 was hij onderwijzer, waarna hij tot 1970 nog voor het onderwijs in overheidsdienst werkzaam was. Na 1970 kon hij van het schrijverschap zijn beroep maken. Hij maakte vele reizen, vooral naar zijn geliefde Parijs, waar hij soms lang verbleef, maar de zomers bleef hij voor het merendeel doorbrengen in Racalmuto.

Een geëngageerd schrijver was Sciascia omdat hij in vrijwel al zijn werk, romans en korte verhalen, historische en literaire essays, positie koos in kwesties die de Italiaanse en vooral de Siciliaanse samenleving en politiek bezig hielden. Maar hij beperkte zijn engagement niet tot het schrijven en was enige tijd ook actief in de politiek, zonder zich overigens geheel te binden aan enige politieke partij. Van 1975 tot 1977 was hij lid van de gemeenteraad van Palermo, gekozen als onafhankelijke op de lijst van de Communistische Partij. Deze ervaring betekende een teleurstelling, niet alleen in de plaatselijke politiek, maar ook in het opereren van de communisten in wie hij aanvankelijk nog de meest acceptabele vertegenwoordigers had gezien van redelijkheid en rechtvaardigheid in de Italiaanse politiek. Hij breekt dan ook met de communisten en accepteert een plaats, wederom als onafhankelijke, op de kandidatenlijst van de Radicalen voor de verkiezingen voor de Kamer van Afgevaardigden van 1979. Met de Radicalen voelde hij zich verbonden in het streven naar een modernisering van de samenleving en de politiek in Italië ver van christen-democratie en communisme. Tot 1983 bleef hij lid van de Kamer van Afgevaardigden.

Na 1983 heeft de schrijver zich niet meer in de avonturen van de praktische politiek begeven, maar beperkte hij zich tot kritische interventies in de pers, in het bijzonder over de strijd tegen de mafia en over het functioneren van de rechterlijke macht in Italië, die soms tot felle polemieken leidden. Ofschoon zijn gezondheid te wensen overliet en hij steeds ernstiger ziek werd, ging de stroom van zijn publicaties, essays en verhalen, onverminderd door en bleef hij schrijven, bijna tot de dag van zijn overlijden, 20 november 1989.

Van *Le parocchie di Regalpetra* tot *Il giorno della civetta*

Sciascia's eerste belangrijke publicatie op nationaal niveau was *Le parocchie di Regalpetra* ("De parochies van Regalpetra") dat in 1956 bij de prestigieuze uitgever Laterza verscheen. Delen van het boek waren eerder in tijdschriften verschenen mede dankzij de bemiddeling van Italo Calvino, aan wie Sciascia het verslag van zijn ervaringen als onderwijzer had toegestuurd dat later het hoofdstuk "Schoolkronieken" zou vormen. Ofschoon de auteur expliciet de identificatie van Regalpetra met Racalmuto met de gebruikelijke formules verwerpt, maakt dit hoofdstuk al duidelijk dat een dergelijke identificatie zeker gerechtvaardigd is. In feite is het hele boek een geschiedenis en kroniek van Sciascia's geboortedorp, geschreven vanuit het gezichtspunt van een verlichte auteur. "Ik geloof in de menselijke rede, en in de vrijheid en de rechtvaardigheid die uit de rede voortkomen," luidt de getuigenis in het voorwoord en even verderop lezen we: "Ik heb geprobeerd iets te vertellen over het leven van een dorp waar ik van houd en ik hoop het besef te hebben overgebracht hoe ver dat leven af staat van vrijheid en rechtvaardigheid, dat wil zeggen van de rede."

De taaie weerstand van een in wezen feodale sociale structuur tegen de moderne ontwikkelingen die geïnspireerd zijn door de idealen van de Verlichting wordt op vrijwel elke pagina van *Le parocchie di Regalpetra* zichtbaar. Als beschrijving van de werkelijkheid van het diepe Zuiden kan het boek doen denken aan *Cristo si è fermato ad Eboli* van Carlo Levi dat in 1945 verschenen was, maar het grote verschil is dat Levi een buitenstaander was van de cultuur die hij beschreef, terwijl Sciascia getuigt van een cultuur waaruit hij zelf voortkomt. Want niet alleen zijn ervaringen als onderwijzer, heel veel andere persoonlijke ervaringen krijgen een plaats in zijn kroniek, die zo een voorbeeld wordt van orale geschiedenis *avant la lettre* geconstrueerd uit persoonlijke waarnemingen en herinneringen en uit herinneringen van familieleden en vrienden. En zelfs de vroegere geschiedenis van Regalpetra-Racalmuto, die van de zeventiende eeuw tot het fascisme, wordt wel gereconstrueerd met behulp van documenten, maar blijft toch heel dicht in de buurt van de persoonlijke getuigenissen en herinneringen.

Deze historische dimensie, geplaatst in het kader van een heel persoonlijke omgang met de geschiedenis van Sicilië, zal een constante worden in het werk van Sciascia, en dat geldt ook voor andere thema's in *Le parocchie di Regalpetra*. Zo wordt de lokale politiek op het moment van de overgang van fascisten naar christen-democraten genadeloos geanalyseerd, terwijl de communisten, waar Sciascia zelf dan het dichtst bij staat, er niet veel beter afkomen. Zo wordt ook de mafia beschreven, niet alleen in haar verwevenheid met de politiek, maar ook in haar aanwezigheid in het dagelijks leven, zelfs in dat van de school. En zo krijgt ook de Katholieke Kerk, vooral in haar onwaardige vertegenwoordigers, veel aandacht. Het boek is dus niet alleen van belang in zich zelf, als een scherpzinnig getuigenis, maar ook als een document dat toont hoe de grote thema's van Sciascia's werk hun oorsprong vinden in zijn persoonlijke ervaring en rechtstreeks verbonden zijn met zijn biografie.

Dat geldt ook, en in het bijzonder, voor de gebeurtenis die een centrale plaats heeft in veel van zijn boeken: de misdaad, de moord in al zijn complicaties van schuld en onschuld en in al zijn verbindingen met macht en onmacht en met recht en onrecht. De aandacht van de auteur hiervoor is ongetwijfeld gestimuleerd door de lectuur van talloze Amerikaanse, Engelse en Franse detectives, met name Simenon, maar *Le parocchie di Regalpetra* maakt duidelijk hoe zeer de moord deel heeft uitgemaakt van de dagelijkse en van de historische werkelijkheid van het Siciliaanse dorp waarin Sciascia is opgegroeid.

De eerste stap op de weg naar de fictie zet Sciascia met *Gli zii di Sicilia* ("De ooms van Sicilië"), een bundel van drie verhalen die voor het eerst verschijnt in 1958 en die, uitgebreid met een vierde verhaal, opnieuw verschijnt in 1960. De uitgever was Einaudi, een gegeven dat het vereiste reliëf krijgt als men bedenkt dat Italo Calvino een van de beoordelaars van die uitgever was. En Calvino komt de verdienste toe de kwaliteiten van het werk van de Siciliaanse onderwijzer onmiddellijk herkend te hebben. Maar dat betekende niet dat hij geen reserves had. Calvino vond dat Sciascia zich in deze verhalen iets te voorzichtig aan de oppervlakte hield en de duistere aspecten van de werkelijkheid, ook van zijn eigen persoonlijke werkelijkheid, te weinig tot uiting liet komen. Deze kritiek, waarvan Calvino Sciascia in een tweetal brieven deelgenoot maakte, is des te opmerkelijker omdat Sciascia in de bewustwording van fictieve personages van de vier verhalen ongetwijfeld momenten weergeeft die voor zijn eigen ontwikkelingsgang betekenisvol zijn geweest.

In *La zia d'America* ("De tante uit Amerika") ging het daarbij om de overgang van het fascisme naar de de christen-democratische hegemonie onder directe invloed van Amerika, in *L'Antimonio* over de overgang van een onkritische keuze voor het fascisme in de Spaanse burgeroorlog naar een kritisch loslaten van die keuze, in *La morte di Stalin* om het afstand nemen van de trouw aan de mythen van het stalinistisch communisme en in *Il quarantotto* ("Het jaar 48") om de rol van de feodale adel die zich in de overgang van het regime van de Bourbons op Sicilië naar de Italiaanse eenheid – althans in schijn – bekwaam weet aan te passen aan de nieuwe politieke realiteit. In dit laatste verhaal beschrijft Sciascia een ontwikkeling die ook het thema vormt van de vrijwel gelijktijdig verschenen roman *Il Gattopardo* van Tomasi de Lampedusa, maar terwijl in de roman die ontwikkeling wordt bekeken vanuit een gezichtspunt dat tegelijk binnen de Siciliaanse adel en boven de geschiedenis is gesitueerd, is het gezichtspunt in Sciascia's verhaal dat van een burger die met de blik van een historicus een genadeloos beeld geeft van diezelfde adel.

Het korte verhaal is niet Sciascia's favoriete genre geworden. Hij zal er nog wel een paar schrijven en in 1973 grotendeels bundelen in *De wijnrode zee* (*Il mare colore del vino*), maar het genre gaat toch niet een vaste onderstroom van zijn productie vormen, zoals het dat bijvoorbeeld voor de door hem zo bewonderde Pirandello geweest was. Wat Sciascia's vertelkunst onderscheidt van die van Pirandello, ook weer in de korte verhalen van zijn tweede bundel, is de historische dimensie, de aandacht voor het bijzondere historische geval en de representativiteit daarvan voor een bepaalde periode van de Siciliaanse geschiedenis. Niet het korte maar het lange verhaal, of het nu om fictie of om de historische werkelijkheid gaat, zal het genre worden waarin Sciascia zich het meest thuis voelt, zo zelfs dat ook wat gewoonlijk wordt aangeduid als zijn romans bijna nooit de maat van het lange verhaal te boven gaan.

Dat geldt in ieder geval voor zijn eerste *De dag van de uil* (*Il giorno della civetta*) verschenen in 1961, die in deze uitgave niet meer dan 125 bladzijden beslaat, maar die anderzijds onmiskenbaar tot het genre van de "detective" (in het Italiaans: *giallo*) behoort. Daarmee koos Sciascia voor een genre dat in de toenmalige Italiaanse literaire kritiek niet veel aanzien genoot. Alleen Carlo Emilio Gadda had er met zijn *Quer pasticciaccio brutto de via Merulana* gebruik van gemaakt, maar het tegelijk literair prestige gegeven door zijn zeer persoonlijke stijl, zijn buitengewoon inventieve taalgebruik en zijn spelen met dialecten. Sciascia is echter wars van alle experimenten met taal en stijl en bedient zich integendeel van een heldere taal, waarin zelfs het Siciliaanse dialect alleen maar als lokale bijzonderheid soms een rol speelt, zonder 'af te geven' op de taal van de verteller.

Il giorno della civetta speelt zich grotendeels af op Sicilië en wordt verteld in de derde persoon door een verteller wiens persoonlijkheid doorschemert in de ironie, maar die verder geheel op de achtergrond blijft. Zelfs komen er in het verhaal enkele dialogen voor, die volledig autonoom gepresenteerd worden, zonder inleiding, commentaar of conclusie van de verteller. De lezer moet de sprekende personages identificeren op grond van wat zij zeggen.

Zoals in de gebruikelijke structuur van de detective bestaat het verhaal uit een verstrengeling van twee verhalen: dat van de misdaad en dat van de reconstructie van de misdaad en de identificatie van de dader(s). De misdaad is hier tweeledig: de moord op een aannemer die had geweigerd mee te doen aan het door de mafia gedicteerde spel van getructe aanbestedingen en de moord op een getuige die de dader had zien vluchten. Het proces van de reconstructie wordt geleid door Bellodi, een kapitein van de carabinieri, die afkomstig is uit Parma en zijn taak opvat als het uitvoeren van de wet zonder aanzien des persoons. De reconstructie lukt mede doordat Bellodi gebruik maakt van controle van de geldstromen bij de banken die leiden naar de rekening van degene die de opdrachtgever van de moorden moet zijn, de lokale mafiabaas Maurizio Arena. Maar als harde bewijzen kan Bellodi deze gegevens niet gebruiken, omdat Arena de bescherming geniet van politieke en religieuze machthebbers op Sicilië en vooral in Rome. Het is deze bescherming die Sciascia laat zien in de bijna filmische dialogen zonder verteller en die maakt dat deze detective niet eindigt met de bestraffing van de door Bellodi geïdentificeerde opdrachtgever, uitvoerder en medeplichtigen, en zelfs niet met een rechtszaak. Terug in Parma verneemt Bellodi uit de pers dat het hele onderzoek opnieuw is begonnen, omdat het alibi van zowel de opdrachtgever als de killer intussen onbetwistbaar zijn gebleken. Vervuld van "machteloze woede" komt Bellodi toch tot de conclusie dat hij van Sicilië houdt, dat hij ernaar terug zal keren maar ook dat hij "er zijn nek zal breken."

Ofschoon ook een situatie waarin machthebbers de onderzoeker tegenwerken niet ongebruikelijk is in de 'traditionele' detective, is het toch minder gebruikelijk dat die machthebbers uiteindelijk triomferen. En het is deze wending, waarin Sciascia breekt met de wetten van het genre en zich integendeel conformeert aan een gang van zaken die in het Sicilië en het Italië van toen en van nu allesbehalve ongebruikelijk was. Zijn detective is zo niet minder dan *Le parocchie di Regalpetra* een sociale studie geworden, of om de term te gebruiken van Italo Calvino, die het boek in manuscript las voor de uitgever Einaudi en het zeer positief beoordeelde, een "documentaire".

Door de dubbele aantrekkingskracht van de detective en van het onderwerp mafia, maar ook door de tegelijk eenvoudige en geraffineerde schrijfwijze werd *De dag van de uil* een groot succes zowel bij critici als bij het grote lezerspubliek. Sciascia's naam was er voorgoed mee gevestigd en het succes van het boek bleek blijvend in talloze herdrukken en vertalingen en ook in de verfilming van Damiano Damiani in 1968.

VAN *IL CONSIGLIO D'EGITTO* TOT *TODO MODO*

Vanuit Sciascia's eerste drie belangrijke publicaties, *Le parocchie di Regalpetra, Gli zii di Sicilia* en *Il giorno della civetta* ontwikkelen zich de lijnen van zijn verhalende en essayistische oeuvre. Het verhalende deel daarvan blijft steeds cirkelen rond een intrigerende gebeurtenis, vaak een misdaad, in heden of verleden, en de problematiek van de historische reconstructie daarvan en, al dan niet in verbinding daarmee, de (on)mogelijkheid voor een personage dat gedreven wordt door motieven van zuivere rationaliteit en rechtvaardigheid om zich staande te houden in een wereld die geregeerd wordt door het bedrog van corrupte machthebbers in de staat, de kerk of het bedrijfsleven en mafiosi. Hierbij is het onderscheid tussen waar gebeurd en fictioneel van ondergeschikt belang, in zoverre het er Sciascia ook in fictionele gevallen steeds om te doen is tot een verheldering van de historische situatie te komen. De auteur kwam er tenslotte zelfs toe te verklaren dat de literatuur voor het begrip van de geschiedenis doeltreffender was dan de historiografie.

Ook het onderscheid tussen verhalen en essays vervaagt bij Sciascia, omdat enerzijds het essay een verhaal kan bevatten en anderzijds het verhaal vaak gericht is op het verdedigen van een bepaald gezichtspunt of, vooral, op het ondermijnen van een gangbare interpretatie van een gebeurtenis. Niet toevallig komen betogen van bepaalde personages later soms voor in essays als betogen van de auteur zelf. Dit overigens zonder dat er sprake is van verhalen of romans à *thèse*.

De historische roman *Il Consiglio d'Egitto*, die Sciascia in 1963 publiceerde, bevat tal van de bovengenoemde elementen en is zeker de meest echte roman die de auteur ooit heeft geschreven, al zou men ook die kunnen karakteriseren als de vervlechting van twee relatief zelfstandige lange verhalen. Die verhalen betreffen twee echt gebeurde geschiedenissen en spelen in Palermo in de periode vlak vóór en tijdens de Franse Revolutie. En met beide raakt Sciascia de kern van de sociale problematiek van Sicilië zoals hij die voor Regalpetra/Racalmuto al had verwoord en die hij hier laat zien op een historisch moment. Even had het er immers op geleken dat ook op Sicilië de macht van de feodale adel zou kunnen worden gebroken door het verlicht despotisme van de monarch en dat er zelfs kansen waren voor een verwezenlijking van de idealen van de Franse Revolutie.

Een van de twee verhalen is dat van de advocaat Di Blasi, die sympathiseert met de denkbeelden van de Verlichting en met de hervormingen van bovenaf doorgevoerd door de onderkoning Caracciolo, en die, wanneer het tij daarna in reactionaire zin is gekeerd, een mislukte poging tot het organiseren van een revolutie in Palermo moet bekopen met een veroordeling tot onthoofding. Het andere verhaal is dat van het bedrog gepleegd door de priester Vella die zich beroemt op zijn kennis van het Arabisch en zo, uit wat in werkelijkheid een van de vele levensbeschrijvingen van de profeet Mohammed is, teksten 'vertaalt' die betrekking hebben op het Sicilië van de Noormannen, en die historische steun bieden aan de monarchie in haar strijd tegen de feodale macht van de adel. Vella houdt zijn bedrog geruime tijd vol, maar moet het tenslotte bekennen en belandt zo in de gevangenis precies in de periode waarin Di Blasi wordt veroordeeld. In de gevangenschap ontwikkelt Vella een vorm van solidariteit met Di Blasi die door deze beantwoord wordt met een korte blik van verstandhouding tijdens zijn gang naar het schavot.

De alwetende verteller geeft een ironisch portret van de Palermitaanse adel en clerus die zich in hun bekrompen conservatisme bedreigd voelen, enerzijds door Vella's constructies en anderzijds door de ideeën en de plannen van Di Blasi. Tegelijkertijd vertegenwoordigt die alwetende verteller Sciascia op zijn best zowel ten opzichte van de bedrieger Vella als ten opzichte van de verlichte Di Blasi. De verteller dringt diep door in de sluwe bedriegerijen van Vella, die zelf zijn operaties onder andere rechtvaardigt als een literaire prestatie en als een reactie op het historisch bedrog dat de adel heeft gepleegd met de feodale rechtsstructuur en rechtspleging. Maar de betrokkenheid van de verteller is ongetwijfeld het grootst bij de figuur van Di Blasi, die helder de vermolmde feodale structuur doorziet en zich in zijn oordelen zeer onafhankelijk toont van de hertogen, baronnen en markiezen die hem omgeven. En dat het niet alleen om een intellectuele betrokkenheid gaat bewijzen de bladzijden waarin Di Blasi probeert overeind te blijven tegenover de bij de toenmalige rechtspraak behorende folteringen en in zijn overdenkingen over leven en dood in het zicht van het schavot zijn waardigheid behoudt. Soortgelijke overdenkingen zullen we later aantreffen bij de Vice-commissaris van *Il cavaliere e la morte*, die daarin duidelijk een vertegenwoordiger is van de dan doodzieke auteur. Dat Di Blasi overigens tenslotte ook zijn eigen verlichtingsidealen relativeert is evenzeer representatief voor Sciascia's eigen denken. Bij alle streven naar de verwezenlijking van rechtvaardigheid geleid door de rede blijft de auteur oog houden voor de grenzen of zelfs de onmacht van de rede en voor het religieuze waarin de mens voorbij de rede probeert te komen.

Bij het speuren in de archieven naar materiaal voor *Il Consiglio d'Egitto* was Sciascia gestuit op een figuur uit zijn geboortestad, Diego La Matina, die in de zeventiende eeuw als ketter te maken had gehad met de Inquisitie. Omdat de Inquisitie een van de factoren was geweest die in Sicilië de ontwikkeling van het vrije denken vóór de Verlichting in de weg hadden gestaan, trok het verzet van de ketter La Matina de aandacht van Sciascia, temeer omdat het zich ontwikkeld had tot een wel zeer bijzondere casus: de geketende La Matina, die over een grote lichaamskracht beschikte, had de Inquisiteur die hem verhoorde met zijn ketens gedood. Uiteraard werd La Matina gefolterd, ter dood veroordeeld, maar tot op de brandstapel bleef hij zijn lot met uitdagende waardigheid en trots dragen. Dit spectaculaire geval wordt door Sciascia met steun van talrijke documenten verteld en geanalyseerd in de historische studie (met de lengte van een lang verhaal!) *Morte dell'Inquisitore* die hij in 1964 publiceerde en waaraan hij ook later bleef werken, steeds op zoek naar nog onbekend gebleven documenten. De hypothese die hem daarbij leidde was dat La Matina's ketterij een sociale dimensie had en mede uiting gaf aan de onrust onder de arme boeren van die tijd. Deze hypothese is in de kringen van vakhistorici niet onbetwist gebleven, maar het lijdt geen twijfel dat Sciascia met dit vroege voorbeeld van microgeschiedenis baanbrekend werk heeft verricht en dat deze zuiver historische studie zich laat lezen met dezelfde spanning van een 'gewoon' fictioneel misdaadverhaal. En dat de auteur later de resultaten van zijn historische naspeuringen meestal niet zonder fictionele elementen vorm gaf, komt niet voort uit een streven naar het vermijden van historische zorgvuldigheid maar uit de overtuiging dat ook in het meest zorgvuldige geschiedverhaal elementen een rol spelen die men gewoonlijk als fictioneel identificeert. Zo kon hij tot de hierboven aangehaalde verklaring komen van de superioriteit van de fictie ten opzichte van de geschiedenis.

Na *Morte dell'Inquisitore* publiceerde Sciascia met lange tussenpozen nog een drietal fictionele lange misdaadverhalen: *A ciascuno il suo*

(*Ieder het zijne*) van 1966, *Il contesto* (*De context*) van 1971 en *Todo modo* (*Todo modo. Het gevaar van geestelijke oefeningen*) van 1974.

Daarvan vertelt het eerste weer een mafia-moord op Sicilië, die wordt opgehelderd door een argeloos personage dat zelf aan het slot ook door de mafia wordt geëlimineerd en door de mafiosi en hun mede-plichtigen dan ook als een stommeling ("cretino") wordt bestempeld.

Maar in de andere twee verlaat Sciascia de omgeving van de mafia en kiest voor een abstractere sociale omgeving die alleen nog duide-lijk als Italiaans is te herkennen. In *De context* gaat het om een serie moorden op rechters, die gepleegd worden door een apotheker, Cres, die zich zo wreekt op een onterechte veroordeling wegens poging tot moord op zijn vrouw. Het is de politie-inspecteur Rogas die deze toe-dracht opheldert, maar intussen zijn de autoriteiten en de magistra-tuur al tot de conclusie gekomen dat de serie moorden het werk moe-ten zijn van een buitenparlementaire actiegroep, die uit zou zijn op ondermijning van het gezag van de staat. Dit past goed in het kader van de voorbereidingen voor een staatsgreep die figuren uit het leger, de overheid en magistratuur aan het beramen zijn. De president van het Hoog Gerechtshof, Riches, die ook de leider is van het complot zet aan Rogas zijn absolute opvatting van de staat uiteen, waarin in feite voor een zelfstandige positie van het individu geen plaats is. De politie-inspecteur wordt door deze totalitaire opvatting zo beang-stigd dat hij, wanneer hij oog in oog komt te staan met Cres en het stellige vermoeden heeft dat deze op weg is de president van het Hoog Gerechtshof te gaan vermoorden, geen enkele poging doet deze moord te voorkomen. Maar ook Rogas gaat ten onder. Hij meent op de steun te kunnen rekenen van de leiders van de grootste oppositiepartij, aan wie hij zijn gegevens over de voorbereiding van een staatsgreep ter beschikking wil stellen. Maar deze steun blijft uit en Rogas wordt ver-moord in een museum waar hij een leider van de oppositiepartij ont-moette, die eveneens vermoord wordt. De toedracht van deze twee moorden wordt niet ondubbelzinnig opgehelderd.

In deze roman heeft Sciascia zijn aandacht duidelijk verplaatst van het gewone niveau van de detective naar de politieke context van de misdaad, die nog misdadiger blijkt dan de 'gewone' misdadiger. De vorm van de detective wordt gebruikt als een parodie (de onder-titel van de roman) om de boosaardigheid van de machthebbers aan de kaak te stellen. Niet toevallig meent Rogas zichzelf in de spiegel te zien als hij uiteindelijk Cres ontmoet. Op basis van zijn waarnemingen van het opereren van de mafia op Sicilië is de auteur tot een radicaal kritische houding gekomen tegenover het hele systeem van de politieke macht (de christen-democratische partij die de regeringsmacht heeft maar ook de communistische oppositie) en de rechtspraak in Italië.

De banden tussen de Democrazia Cristiana en de hiërarchie van de Katholieke Kerk waren in het Italië van die jaren bijzonder hecht. En het is dan ook niet verwonderlijk dat Sciascia ook op die banden zijn pijlen richt in de roman *Todo modo,* die zich afspeelt in een katholiek bezinningsoord waar christen-democratische politici één keer per jaar inspiratie komen opdoen bij de priester don Gaetano. Het verhaal wordt in de ik-vorm verteld door een schilder die toevallig in het bezinningsoord is beland en meemaakt hoe tijdens het gezamenlijk bidden van de rozenkrans tweemaal achter elkaar een retraitant vermoord wordt. De politie slaagt er niet in die moorden op te helderen en de schilder kiest voor zichzelf de rol van privé-speurder. In die rol voert hij verschillende gesprekken met don Gaetano en probeert zich te meten met diens fascinerende intellectuele superioriteit. Maar ook don Gaetano wordt vermoord, zonder dat de politie en trouwens ook de argeloze lezer begrijpen welke logica deze gebeurtenissen beheerst. Tegenover de vertegenwoordiger van de justitie, die een vroegere vriend van hem is, verklaart de schilder dat hij zelf de dader is, maar aan zijn bekentenis wordt geen geloof gehecht, zodat hij het oord ongehinderd kan verlaten. Sciascia heeft zo op twee manieren met de regels van het genre gespeeld, zoals alleen een niet-argeloze lezer kan ontdekken: een scherpzinnige criticus heeft aangetoond dat de eerste twee moorden moeten zijn gepleegd door don Gaetano, die daarmee eerder een vertegenwoordiger van de duivel dan van de Heilige Kerk blijkt en dat deze priester inderdaad vermoord moet zijn door de ik-figuur die dat ook bekend heeft en zo op wel heel merkwaardige wijze betrouwbaar blijkt. Maar of de lezer nu argeloos is of niet, hij zal er zich rekenschap van moeten geven dat het Sciascia niet gaat om het verhaal van het oplossen van misdaden, maar om het speuren naar de krachten die tot misdaden en tot vergelding leiden. Krachten die ook aan het werk blijken in instanties en personen die daarvan door hun functies en overtuiging gevrijwaard zouden moeten zijn.

Van L'AFFAIRE MORO tot DE RIDDER EN DE DOOD

In Sciascia's rijke productie van verhalen gebaseerd op ware gebeurtenissen en met behulp van zorgvuldige documentatie gereconstueerd kan men een onderscheid maken tussen de 'gevallen' die de auteur benadert vanuit een zuiver intellectuele nieuwsgierigheid en die waarbij hij persoonlijk diep betrokken is. De eerste categorie blijft hier buiten beschouwing, van de tweede zijn *De verdwijning van Majorana* (*La scomparsa di Majorana*) van 1975 en *De zaak Moro* (*L'affaire Moro*) van 1978 de meest sprekende voorbeelden. In het boek over Majorana behandelt Sciascia het geval van de briljante jonge Siciliaanse fysicus Ettore Majorana, die in jaren dertig behoorde tot de groep van Enrico Fermi en die kort na zijn benoeming tot hoogleraar in Napels in 1938 verdween zonder een spoor achter te laten. Volgens Sciascia's reconstructie zou Majorana tot het inzicht gekomen zijn dat de ontwikkeling van de nucleaire fysica in de toekomst zou kunnen leiden tot de ontwikkeling van een atoombom en zou hij zich daarom uit het onderzoek en uit de wereld hebben teruggetrokken in een klooster. Deze hypothese werd door anderen, die zich met het geval bezig hadden gehouden, o.a. de fysicus Amaldi, krachtig bestreden, vooral omdat in de fysica van 1938 de ontwikkeling van een atoombom nog ver voorbij de horizon zou hebben gelegen. Maar nog afgezien van de verdienste het geval aan de vergetelheid te hebben ontrukt blijft Sciasca's hypothese intrigeren en stimuleren tot nadenken over de verantwoordelijkheid van de wetenschappers in het algemeen en tot nader onderzoek van dit specifieke geval.

In *De zaak Moro* analyseert Sciascia de brieven die de christendemocratische leider Aldo Moro aan zijn partij schreef vanuit de plaats waar zijn tot de Rode Brigades behorende ontvoerders hem gevangen hielden tot ze hem uiteindelijk vermoordden. De ontvoerders probeerden met de Italiaanse staat te onderhandelen over vrijlating, maar de christen-democratische regering en trouwens ook de communistische oppositie waren van oordeel dat met de rode misdadigers niet onderhandeld moest worden. De brieven van Moro aan zijn partijgenoten bepleitten juist met kracht van argumenten wèl onderhandelingen, maar werden door diezelfde partijgenoten tot vervalsingen van de ontvoerders verklaard en niet overeenkomstig de geest van de echte Moro. Sciascia komt tot de conclusie dat de brieven wel degelijk echt zijn en komt tot een genadeloos oordeel over de ontvoerders, maar ook over christen-democraten en communisten die de moord hadden kunnen verhinderen. Dat ook dit boek leidde tot vele polemieken zal geen verwondering wekken.

Een roman die maar gedeeltelijk past in het constante schema dat hier is geschetst, maar die toch een belangrijke plaats in Sciascia's oeuvre inneemt, is *Candido of een droom die begon op Sicilië* (*Candido ovvero un sogno fatto in Sicilia*) van 1977, uit de periode dus van het meest intensieve engagement van de auteur in de praktische politiek. Maar juist voor het aspect waarin de roman wèl in het schema past, namelijk voor zover de hoofdpersoon lijkt op de reeks personages die gedreven worden door motieven van zuivere rationaliteit en rechtvaardigheid (*candido* betekent "zuiver", "onbevangen") tegenover een wereld van boosaardige macht en bedrog, is zijn keus eerder voor het tegendeel van engagement. En al kiest Candido niet zoals de Candide van Voltaire voor het cultiveren van de eigen tuin, maar voor het cultiveren van de eigen zuivere persoonlijkheid, het model van de Franse auteur van de Verlichting is overduidelijk aanwezig. Het is of Sciascia hier een dergelijke keuze consequent heeft willen doordenken met behulp van een nog groter repertoire van literaire en culturele vewijzingen dan hij in zijn andere verhalen aanwendt. Al in de ondertitel is zo een verwijzing te vinden naar een titel van de Franse schrijver Yves Bonnefoy, *Un rêve fait à Mantoue*. Maar ook in de structuur van Candido's vorming is zit een duidelijke toespeling op de rol die de psychoanalyse toen in de Italiaanse cultuur speelde: de kleine Candido verraadt welbewust een geheime transactie van zijn vader, die advocaat is en in reactie daarop zelfmoord pleegt, en als jongeman begint Candido een verhouding met de maîtresse van zijn grootvader. Als raadsman heeft de hoofdpersoon een ex-priester, die de toen gangbare combinatie van psychoanalytische en marxistisch-communistische inzichten vertegenwoordigt, maar ook tegenover deze raadsman blijft de rijpe Candido zijn onafhankelijkheid en onbevangenheid bewaren. Hij verblijft dan in Parijs met zijn geliefde Francesca en verdient zijn brood als arbeider, nadat hij in Sicilië zijn geërfde landgoederen heeft opgegeven. Zo heeft hij de ware vrijheid veroverd en als zijn raadsman hem aan het slot Voltaire als vader aanprijst, reageert Candido met het afwijzen van vaders in het algemeen. Voor de lezer die weet dat Sciascia in het verleden voor zichzelf aan Pirandello een rol van afgewezen en daarna weer aanvaarde vader had toegewezen en dat door een criticus de houding in het leven van Pirandello was gekarakteriseerd als bij uitstek "candido" krijgt de roman zo nog een andere literaire dimensie. In 1988 en 1989 keert Sciascia terug naar het spel met de regels van het genre van de misdaadroman, in respectievelijk *De ridder en de dood* (*Il cavaliere e la morte*) en *Een duidelijke zaak* (*Una storia semplice*). En ook deze twee teksten hebben weer het karakter van een lang verhaal. In beide geschiedenissen wordt de verantwoordelijkheid voor de gepleegde misdaden voor de lezer overduidelijk en laat de offici-ële versie van de politie die verantwoordelijkheid geheel in het duis-ter, een procédé dat we al kennen uit Sciascia's eerdere romans. Nieuw is in het perfect geconcentreerde verhaal van *Een duidelijke zaak* het feit dat de commissaris van politie zelf de misdaad blijkt te hebben gepleegd, en nieuw is in *De ridder en de dood* dat het verhaal verteld wordt vanuit het gezichtspunt van een politiefunctionaris, de Vice, met wie de verteller zich duidelijk identificeert. En in dit geval mogen we de verteller gerust met de auteur identificeren. De in dat jaar al ern-stig door zijn slopende ziekte geteisterde Sciascia schrijft de Vice, die in een zelfde situatie verkeert, gedachten toe over leven en sterven die duidelijk de eigen gedachten zijn van de auteur, die in het algemeen geen toegang geeft tot zijn intieme ervaringen, maar die zich hier op ontroerende wijze bloot geeft.

TOT SLOT

Zoals begrijpelijk is bij een schrijver die ergens verklaart dat hem eigenlijk het pure genot van het schrijven al voldoende is, heeft Scia-scia naast de teksten die hierboven aan de orde zijn gekomen nog veel ander werk geproduceerd: toneelstukken, essays, aantekeningen, columns en andere krantenartikelen, inleidingen bij tentoonstellingen en reisverslagen. En hoewel het bereik van zijn belangstelling zeker niet beperkt is, zijn het toch steeds maar enkele thema's die zijn schrij-ven beheersen, de thema's die we hierboven hebben aangewezen. Het centrale thema is natuurlijk Sicilië in al zijn historische, sociale en anthropologische complexiteit, waarvoor Sciascia graag de term *sicilianità* gebruikt, en direct daarvan afgeleid Italië, voor zover er sprake is van een sicilianisering van het hele schiereiland, een proces

dat de auteur metaforisch aanduidt als het opschuiven van de palm-
boom naar het noorden. Maar in de essayistiek, en in het bijzonder
in *La corda pazza* van 1970 en in de dagboekachtige aantekeningen
van *Nero su nero* van 1979 komt daarnaast ook uitvoerig het thema
aan de orde van de benadering van de werkelijkheid, in het bijzonder
de historische werkelijkheid, door schrijvers van fictie en historici,
vaak Siciliaanse, maar ook Italiaanse, Franse en Spaanse. De namen
van Pirandello en Manzoni, Montaigne en Stendhal, Américo Castro
en Ortega y Gasset nemen in dat thema een dominante positie in,
maar het zou niet moeilijk zijn een lange lijst op te sommen van
andere auteurs met wie Sciascia in het genot van het schrijven dialo-
geert en die in de citaten de adem van zijn schrijven mede bepalen.
En al kan zijn werk niet geplaatst worden op het niveau van de zo-
even genoemde grote namen – hetgeen wellicht te wijten is aan dat
gebrek aan ruimte voor de chaos en het duister waar Calvino op wees
bij *Gli zii di Sicilia* –, het heeft stellig een geheel eigen en authentieke
waarde, en neemt een niet onbelangrijke plaats in in het panorama van
de Europese letterkunde van de tweede helft van de twintigste eeuw.

De erkenning van die waarde is in de Italiaanse kritiek ondanks
alle vooral politieke polemieken onomstreden en blijkt wat het publiek
betreft ook uit de verfilming van zijn belangrijkste romans. Buiten
Italië is het vooral Frankrijk dat zijn werk zeer positief heeft gereci-
pieerd, hetgeen o.a. blijkt uit het feit dat zijn volledige werken in het
Frans zijn vertaald. In de Lage Landen is de receptie echter eerder
lauw geweest. Er zijn aardig wat werken vertaald, maar hoewel de
belangstelling voor die vertalingen de laatste tijd iets lijkt toe te
nemen, speelt het werk van Sciascia in het literaire en culturele debat
geen rol van enige betekenis. Het zou de moeite waard zijn eens uit
te zoeken hoe dat komt. Zo'n onderzoek zou ongetwijfeld rekening
moeten houden met de specifieke Siciliaanse thematiek, die hoezeer
ook in een moderne misdaadroman verpakt, de Nederlandse lezer wellicht weinig aanspreekt. Maar het zou zeker ook stuiten op de beperkingen van ons eigen literaire en culturele debat, waarin het spelen met
citaten van grote auteurs van de wereldliteratuur al gauw wordt afge-
daan als vertoon van ijdelheid.

BIBLIOGRAFIE

Werken van Leonardo Sciascia
Voornaamse werken
Le parocchie di Regalpetra, Roma-Bari, Laterza, 1956; tweede druk vermeerderd met het hoofdstuk "La neve, il Natale", Roma-Bari, Laterza, 1963.
Gli zii di Sicilia, Torino, Einaudi, 1958; tweede druk vermeerderd met het verhaal "L'antimonio", Torino, Einaudi, 1961.
Il giorno della civetta, Torino, Einaudi, 1961. (*De doodmakers*, vert. J.A. Verhaart-Bodderij, Amsterdam-Antwerpen, Wereldbibliotheek, 1968; *De dag van de uil*, vert. Linda Pennings, Amsterdam, Serena Libri, 1997.)
Pirandello e la Sicilia, Caltanissetta-Roma, Salvatore Sciascia, 1961.
*Il Consiglio d'Egitto,*Torino, Einaudi, 1963.
Morte dell'inquisitore, Roma-Bari, Laterza, 1964.
A ciascuno il suo, Torino, Einaudi, 1966; tweede druk vermeerderd met een noot van de auteur, Torino, Einaudi, 1967. (*Ieder het zijne*, vert. Jenny Tuin, Antwerpen, Lotus, 1978.)
La corda pazza. Scrittori e cose della Sicilia, Torino, Einaudi, 1970.
Il contesto. Una parodia, Torino, Einaudi, 1971. (*De context. Een parodie*, vert. Jenny Tuin, Leuven-Tricht, Kritak-Goossens, 1990.)
Il mare colore del vino, Torino, Einaudi, 1973. (*De wijnrode zee*, vert. Jenny Tuin, Antwerpen, Lotus, 1979; tweede druk Tricht, Goossens 1992.)
Todo modo, Torino, Einaudi, 1974. (*Todo modo. Het gevaar van geestelijke oefeningen*, vert. Jenny Tuin, Leuven, Kritak, 1986.)
La scomparsa di Majorana, Torino, Einaudi, 1975. (*De verdwijning van Majorana*, vert. Henny Vlot, Amsterdam, Serena Libri, 1998.)
Candido ovvero un sogno fatto in Sicilia, Torino, Einaudi, 1977. (*Candido of een droom die begon op Sicilië*, vert. Jenny Tuin, Antwerpen, Lotus, 1979.)
L'affaire Moro, Palermo, Sellerio, 1978; tweede druk vermeerderd met *Relazione di minoranza presentata dal deputato Leonardo Sciascia*, Palermo, Sellerio, 1983. (*De zaak Moro*, vert. Jenny Tuin, Antwerpen, Lotus, 1978.)
Nero su nero, Torino, Einaudi, 1979.
Il cavaliere e la morte. Sotie, Milano, Adelphi, 1988. (*De ridder en de dood. Een sotternie*, vert. Frans Denissen en Hilde Rits, Rijswijk, Goossens 1994; tweede druk in *Een duidelijke zaak*, Amsterdam, Serena Libri, 2001.)
Una storia semplice, Milano, Adelphi, 1989. (*Een duidelijke zaak*, vert. Linda Pennings, Amsterdam, Serena Libri, 2001; gepubliceerd samen met een herdruk van *De ridder en de dood*.)

Verzameld werk
Opere (red. Claude Ambroise), Milano, Bompiani ("Classici Bompiani"), 1987-1991, 3 voll.

Interview
La Sicilia come metafora. Intervista di Marcelle Padovani, Milano, Mondadori, 1979.

Bibliografie van Sciascia
FASCIA, Valentina, *La memoria di carta. Bibliografia delle opere di Leonardo Sciascia*, con scritti di Francesco Izzo e Andrea Mori, Milano, Edizioni Otto/Novecento, 1998.
Voor aanvullingen zie Internet, http://www.amicisciascia.it

Werken over Leonardo Sciascia
COLLURA, Matteo, *Il maestro di Regalpetra. Vita di Leonardo Sciascia*, Milano, Longanesi, 1996.
GIUDICE, Gaspare, *Leonardo Sciascia. Lo stemma di Racalmuto*, Napoli, L'ancora del mediterraneo, 1999.
MUSARRA, Franco, "Leonardo Sciascia: de ironie van de gentleman", in *Kreatief*, 29:3/4 (1995), pp. 49-56.
ONOFRI, Massimo, *Storia di Sciascia*, Bari, Laterza, 1994.
ONOFRI, Massimo, *Sciascia*, Torino, Einaudi, 2002; hoort bij de videocassette *Sciascia racconta Sciascia* (red. Pasquale Misuraca & Massimo Onofri; regie Pasquale Misuraca), Einaudi Tascabili e Rai Educational, 2002.
TRAINA, Giuseppe, *Leonardo Sciascia*, Milano, Bruno Mondadori, 1999.

III
HET MODERNE VOORBIJ:
VERHAAL EN REFLECTIE,
PASTICHE EN PARODIE

ITALO CALVINO
(1923-1985)

Ulla Musarra-Schrøder

Italo Calvino werd geboren in 1923 op Cuba, waar zijn vader, een landbouwkundig ingenieur uit San Remo, directeur was van een experimenteel landbouwkundig bedrijf. Zijn moeder, die afkomstig was uit Sardinië, had botanische wetenschappen gestudeerd en was docent geweest aan de Universiteit van Pavia. In 1925 keert het gezin naar San Remo terug, waar de vader benoemd was als directeur van de bekende Stazione Sperimentale di Floricoltura. In de Villa Meridiana, de locatie van het centrum voor bloementeelt, groeide Calvino op in een "tuin vol merkwaardige en exotische planten." Tijdens uitstappen met zijn vader, die "van de wereld alleen planten en alles wat verband hield met planten" zag, raakte Calvino vertrouwd met de Ligurische Alpen. Het gezin was uitgesproken gericht op de natuurwetenschappen (hij vertelt zelf dat zijn beide ooms en twee tantes doctores in de scheikunde waren en dat zijn broer geoloog zou worden). Het was dus helemaal tegen de familietraditie in dat hij voor de literatuur koos. In 1947 studeert hij in Turijn af in de Engelse letterkunde met een thesis over Joseph Conrad en publiceert hij bij de Turijnse uitgeverij Einaudi *Het pad van de spinnennesten* (*Il sentiero dei nidi di ragno*), zijn eerste roman, die geïnspireerd is door zijn ervaringen tijdens het verzet in de bossen van de Ligurische Alpen. Het boek wordt besproken door Cesare Pavese, die Calvino de karakteristieke bijnaam van "eekhoorn van de pen" geeft. Het geheim van de sprookjesachtige sfeer, die de in het algemeen realistisch beschreven gebeurtenissen omgeeft, zit volgens Pavese in het feit dat alles waargenomen wordt vanuit het perspectief van een tienjarige jongen: "Het genie van Calvino, eekhoorn van de pen, is dat hij vanuit de bomen het leven van de partizanen bekijkt als een bosfabel, opzienbarend, rijk geschakeerd, 'anders'." Vanaf 1946 werkt Calvino bij Einaudi, eerst als eenvoudige boekverkoper, later als redacteur. Hij maakt kennis met Cesare Pavese en Elio Vittorini, die allang tot de vaste medewerkers van de uitgeverij behoorden. Tussen de drie gaat een hechte samenwerking van start. De zelfmoord van Pavese in 1950 betekent voor Calvino een persoonlijke tragedie. Vittorini en Calvino zetten daarna de samenwerking voort tot de dood van de eerstgenoemde in 1966. Ze geven samen verschillende reeksen van experimentele literatuur uit en richten in 1959 het tijdschrift *Il Menabò* op, waarin relaties tussen het moderne literaire experiment en de industriële samenleving centraal staan. In 1960 verblijft Calvino zes maanden in de Verenigde Staten. Hij houdt daar een reeks lezingen en maakt kennis met verschillende Amerikaanse schrijvers (zoals o.m. Vladimir Nabokov en John Barth). In 1967 verhuist hij met zijn gezin naar Parijs, waar hij blijft tot 1980. Hij maakt kennis met Roland Barthes en bezoekt diens seminaries aan het Collège de France. Het zijn de jaren van het structuralisme, van de structurele semantiek en de structurele verhaaltheorie. Calvino neemt deel aan de colleges van A.J. Greimas en gaat samenwerken met de groep van OULIPO ("Ouvroir de Littérature Potentielle"), die experimenten doet met het schrijven van literaire teksten op grond van vaste en variabele spel- en combinatieregels. De belangrijkste vertegenwoordigers van de groep zijn Raymond Queneau en Georges Pérec. Na 1980 leeft Calvino in Rome, maar bevindt zich ook gedurende langere perioden in Parijs en in New York. Zijn reizen naar onder meer Japan en Mexico zullen voor zijn later werk van groot belang zijn. Hij overlijdt in Pisa in september 1985 op de vooravond van een reis naar Harvard University, waar hij uitgenodigd was om de Elias Norton Lectures te geven. De lezingen, waarvan er slechts vijf voltooid waren, werden postuum uitgegeven met de titel *Zes memo's voor het volgende millennium.*

Zowel het structuralisme als de *Tel Quel*-beweging en het Franse poststructuralisme, in het bijzonder het werk van Lacan, Derrida en de latere Barthes, hebben grote invloed gehad op Calvino. Niet alleen als literatuurcriticus, maar ook als schrijver, was hij op de hoogte van de meest actuele ontwikkelingen op het gebied van literatuur, kunst, filosofie. Veel van zijn verhalen of romans kunnen worden gezien als teksten die op deze ontwikkelingen inspelen en, humoristisch, speels, ironisch, ermee in dialoog gaan en het literaire of tekstuele experiment op de voorgrond plaatsen. Het werk van Calvino kan echter niet onder de noemer gebracht worden van "literatuur over literatuur". Veel belangrijker dan de literatuur *an sich* is de problematische gerichtheid van de tekst op de wereld, de relatie tussen wat Calvino in een lezing in New York in 1983 "de geschreven en de niet-geschreven wereld" noemt. De diepste ervaring van de schrijver is "het verlangen ergens bezit van te nemen, iets meester te worden, iets dat wij niet kunnen vatten." In *Exactheid*, de derde lezing van de *Zes memo's voor het volgende millennium*, geeft Calvino uitdrukking aan dezelfde ervaring: "Het woord verbindt het zichtbare spoor aan het onzichtbare, aan het afwezige, het gewenste of gevreesde, als een wankele noodbrug over de leegte."

In de literaire kritiek wordt het latere werk van Calvino, hoofdzakelijk de verhalen en romans die na 1970 zijn geschreven, vaak gezien als representatief voor het postmodernisme. Het gaat bij een dergelijke zienswijze niet alleen om de belangrijke rol die ingenomen wordt door de reflecties op de tekst zelf of op andere teksten, de zogenaamde metatekstuele en intertekstuele verwijzingen, een fenomeen dat ook met de metafoor van de "caleidoscopische spiegel" omschreven zou kunnen worden, maar ook om de zojuist genoemde gerichtheid van de tekst op de wereld, een wereld die volgens Calvino steeds complexer, steeds meer ondoordringbaar en steeds minder kenbaar wordt. Een in dit verband regelmatig terugkerend beeld is dat van het labyrint en de daarmee verwante voorstelling van de tekst als uitdrukking van de (misschien vergeefse) poging van de schrijver het labyrint in kaart te brengen om de wereld, of tenminste fragmenten ervan, kenbaar te maken. In het volgende zal ik, na een kort overzicht van het vroege oeuvre van Calvino, op zijn later werk ingaan, en dan vooral op zijn meest 'labyrintische' teksten.

VAN NEOREALISME TOT FANTASTISCH EN "KOSMIKOMISCH" VERHAAL

Calvino was een schrijver die, telkens opnieuw, de verschillende mogelijkheden van het verhaal geëxploiteerd heeft. Hiervan getuigen niet alleen de afzonderlijke boeken, maar ook de uiteenlopende fasen en onderdelen van zijn schrijverschap. In de jaren veertig debuteerde hij, zoals we hebben gezien, met een roman waarin het neorealistische met het sprookjesachtige verenigd werd. In de jaren vijftig sluit hij aan bij het sociaal geëngageerde neorealisme. In drie verhalen of korte romans, *La formica argentina* ("De Argentijnse mier", 1952), *La speculazione edilizia* ("De bouwspeculatie", 1957) en *La nuvola di smog* ("De wolk van smog", 1958), stelt hij bepaalde misstanden van de naoorlogse industriële samenleving aan de kaak. Neorealistisch, maar tegelijk ook modernistisch, is het autobiografisch verhaal *Een dag op het stembureau* (*La giornata di uno scrutatore*) uit 1963, een verhaal waarvan de handeling niet alleen beperkt is tot één dag en één plaats, maar ook gecentreerd is in het bewustzijn van één personage, de jonge man Amerigo die, tijdens de omstreden verkiezingen van 1953, stemmen telt in een gesticht voor zwakzinnigen in de buurt van Turijn, dat voor een dag als stembureau ingericht is. In dezelfde jaren waarin Calvino zijn neorealistische teksten publiceert, schrijft hij ook fantastisch-humoristisch proza, het soort proza dat hem snel internationaal bekend zal maken. Het gaat om drie fantastische romans vol groteske en komische situaties: *De gespleten burggraaf* (*Il visconte dimezzato*) uit 1952, *De baron in de bomen* (*Il barone rampante*) uit 1957, en *De onzichtbare ridder* (*Il cavaliere inesistente*) uit 1959, waarvan de handeling respectievelijk in de renaissance, de verlichting en de middeleeuwen speelt. Het grote experiment uit de jaren zestig zijn *De kosmikomische verhalen* (*Le cosmicomiche*). Hierin vertelt Calvino op zeer onorthodoxe en humoristische wijze over niets minder dan het ontstaan van het universum. Het komische ontstaat onder meer door de bevreemdende combinatie van het fantastische met zeer realistische beschrijvingen van alledaagse situaties, van gegevens uit wetenschappelijke teksten met scènes die aan triviale literatuur, in het bijzonder stripverhalen, ontleend lijken te zijn. De naam van de hoofdpersoon en tegelijk ik-verteller is onuitspreekbaar: Qfwfq. Afhankelijk van het stadium van de ontwikkeling van het universum, waarover verteld wordt, is hij een eencellig weekdier, een vis, reptiel, dinosaurus of alleen maar een partikel in de sterrenmist.

HET VERHAAL ALS LABYRINTOGRAFIE

Uit de tijd van de werkzaamheden bij Einaudi en van de jaren in Parijs dateert een groot aantal literatuurkritische essays. Veel ervan verschenen in het tijdschrift *Il Menabò*, en werden later gebundeld in

Una pietra sopra uit 1980. Calvino stelt in deze opstellen de vraag naar het engagement van de intellectueel en de kunstenaar in de moderne, postindustriële, samenleving. In het essay *De uitdaging aan het labyrint* (1962; een vertaling verscheen in het tijdschrift *De Revisor* in 1991) stelt hij zich de hedendaagse wereld voor als een complex en bijna ondoordringbaar labyrint. Voor de moderne kunstenaar staan twee wegen open, óf die van de "overgave" óf die van de "uitdaging aan het labyrint". Het spreekt vanzelf dat Calvino de voorkeur geeft aan de tweede mogelijkheid. Zijn ideale schrijver zal in staat zijn weerstand te bieden aan de steeds ingewikkelder wordende wereld. Hij zal een poging doen om de chaos in kaart te brengen en ondanks alles proberen een weg er doorheen te zoeken. "Wat wij op dit moment nodig hebben", zegt Calvino, "is de zo gedetailleerd mogelijke plattegrond van het labyrint." De voorstelling van de kunstenaar als cartograaf, als iemand die door het ontwerpen van rationeel gestructureerde labyrinten in staat is om de irrationele labyrintische chaos van de wereld in bedwang te houden, keert terug in het essay *Cybernetica en fantasma's. Aantekeningen over de vertelkunst als combinatieproces* (1967). In navolging van een van zijn vrienden, de Duitse dichter en criticus Hans Magnus Enzensberger, beschrijft Calvino de moderne kunstenaar als iemand die een labyrint bezoekt en die het plan of de structuur ervan gaat reconstrueren om vervolgens de macht van het labyrint te ondermijnen of op te heffen. Om dit te verduidelijken verwijst hij naar een van zijn eigen verhalen, *Il conte di Montecristo* (verschenen in 1963, later opgenomen in de bundel *Ti con zero*), een postmodernistische herschrijving van een situatie uit de bekende roman van Alexandre Dumas.

De voorstelling van de wereld als labyrint verbindt Calvino met een groot aantal andere moderne en postmoderne schrijvers. Denk bijvoorbeeld aan Joyce, Kafka, Benjamin, aan vertegenwoordigers van de Franse *nouveau roman* zoals Alain Robbe-Grillet en Michel Butor, aan Latijns-Amerikaanse schrijvers als Borges en Cortàzar of aan de Amerikaanse schrijver John Barth. De literatuur die het labyrint in kaart wil brengen zal zelf een labyrintische constructie zijn, een rationeel geordend labyrint tegenover de wereld als ongeordende chaos. Calvino heeft veel verhalen geschreven waarin niet alleen het thema of motief van het labyrint centraal staat, maar waarvan ook de opbouw of de structuur min of meer labyrintisch is. Een van de meest labyrintische verhalen is het net geciteerde verhaal *Il conte di Monte-cristo*. De hoofdpersonages zijn twee personages van Dumas, Dantès en Faria, die gevangen zitten in de labyrintische gangen van het kasteel van If. Zij staan toe te kijken terwijl de schrijver Alexandre Dumas druk bezig is met het voltooien van enkele hoofdstukken uit zijn roman. Hij kiest uit een stapel verhaalsequenties, die zijn medewerkers voor hem in elkaar geknutseld hebben. Dumas "selecteert, schrapt, knipt, plakt, voegt ertussen", terwijl de twee personages, Dantès en Faria, die eerst naast de schrijftafel stonden, ons nu ineens vanuit de bladzijden van het boek van Dumas tegemoet treden. Wat hier gebeurt is te vergelijken met de techniek van de "merkwaardige lus" die volgens D.R.Hofstadter (in zijn bekende *Gödel, Escher, Bach*) kenmerkend is voor het grafische werk van M.C. Escher (zie bijvoorbeeld *Waterval*). De ontologische verschillen tussen "beneden" en "boven", "binnen" en "buiten", worden uitgewist. Het effect is een gevoel van ruimtelijke desoriëntatie, van "dit kan eigenlijk niet!": "Dumas is de hoofdstukken over de gevangenschap in het kasteel van If nog aan het afwerken; Faria en ik verweren ons daarbinnen, zwaar van inkt, tussen al die verwarde correcties." De twee gevangenen hebben slechts één gedachte: ontsnappen. Ze gaan op twee totaal verschillende manieren te werk: Faria zoekt in het wilde weg naar het hoofdstuk over de ontsnapping maar vindt het niet; Dantès daarentegen gaat zeer rationeel te werk. Hij kijkt naar de grote stapel weggeselecteerde versies van het hoofdstuk en wacht totdat alleen maar één versie overblijft, de versie die daadwerkelijk – zoals wij het weten uit de roman van Dumas – over de ontsnapping van Dantès bericht en over zijn aankomst op het eilandje Montecristo, waar hij de schat van Faria in bezit zal nemen. Verhaal (de tekst van Dumas) en metatekst (de tekst van Calvino) glijden hier volledig in elkaar over. De slotzin van het verhaal, "Om een boek te schrijven – of een ontsnapping te plannen – is het allereerste wat je moet weten wat je uit kunt sluiten", geeft niet alleen aan schrijvers goede raad, maar ook aan al wie zich in een labyrint bevindt. De zin wijst bovendien vooruit naar de labyrintische verhalen en romans van Calvino uit de jaren zeventig: *De onzichtbare steden* (*Le città invisibili*) uit 1972, *Het kasteel van de kruisende levenspaden* (*Il castello dei destini incrociati*) uit 1973, en *Als op een winternacht een reiziger* (*Se una notte d'inverno un viaggiatore*) uit 1979.

In *De onzichtbare steden* baseert Calvino zich op het beroemde reis-
boek *Il Milione* van de Venetiaanse ontdekkingsreiziger Marco Polo uit
1298. Marco Polo beschrijft, in zijn gesprekken met Kublai Kan, de
keizer der Tartaren, de steden die hij tijdens zijn reizen in het immense
rijk bezocht heeft. Het labyrintische bouwwerk als rationeel gestructureerd plattegrond, als vesting of als gevangenis, zien wij gethematiseerd in veel van de beschrijvingen van de "onzichtbare steden". Bijna
alle steden hebben labyrintische vormen. Ze zijn gebouwd als mozaïeken, netwerken, spinnenwebben, spiegelkamers, concentrische cirkels,
kluwens. Zobeide, bijvoorbeeld, is "een witte stad, mooi in het maanlicht, met straten die om hun eigen as draaien als in een kluwen."
De bewoners hebben de stad gebouwd als een cirkelvormig gesloten
labyrint, om daar het beeld van hun dromen en verlangens op te sluiten. De vrouw uit hun dromen is echter ontsnapt, en zelf blijven ze
opgesloten in het labyrint dat ze om zich heen gebouwd hebben.

De spanning tussen gesloten en open systeem kenmerkt de gehele
compositie van *De onzichtbare steden*. Aan de ene kant een hoge graad
van structurering, die direct zichtbaar is in de inhoudsopgave (Calvino
heeft hier de theorie toegepast van "literatuur als spel en combinatie") en die gezien kan worden als een poging om via de tekst het
niet-structureerbare in bedwang te houden; aan de andere kant de
niet-structureerbare wereld van de "steden", niet alleen die van de Tartaren, maar tegelijk ook die van de hedendaagse wereld, die in haar
veelvuldigheid elke vorm van structurering te boven gaat of daarmee
in tegenspraak is. Dit blijkt duidelijk uit de beschrijving van een reeks
steden, waarin de ideale voorstelling van het geometrisch geordende
labyrint tegenstrijdig is met wat de steden werkelijk zijn. De stad
Eudossia bijvoorbeeld is afgebeeld op een tapijt, dat "bestaat uit sym-
metrisch geordende figuren die hun motieven herhalen langs rechte en
ronde lijnen, met ingeweven punten in schitterende kleuren waarvan
je het wisselende patroon door het gehele weefsel heen kunt volgen."
Maar de "echte" kaart van Eudossia zou er heel anders uitzien: het zou
"een vlek" zijn "die uitloopt zonder vorm, met allemaal zigzagstraten,
huizen die in een stofwolk bovenop elkaar instorten, branden, kreten
in het duister." In dezelfde context kunnen wij ook het verschil begrijpen tussen de methoden waarmee Kublai Kan en Marco Polo kennis
verwerven. Kublai Kan denkt met behulp van de regels van het schaak-
spel zijn rijk te kunnen bezitten, maar komt tot de conclusie dat het

schematisch model uiteindelijk de schatten van het rijk tot een leegte, een "niets" reduceert, Marco ontdekt daarentegen in een leeg "vlakje gepolijst hout" een potentieel oneindige en veelvuldige wereld:

> De hoeveelheid dingen die af te lezen was in een glad en leeg stukje hout overrompelde Kublai; reeds was Polo als vanzelf gaan praten over de ebbenbossen, de vlotten van tronken die de rivieren afkomen, de aanlegplaatsen, de vrouwen achter de vensters...

Het labyrint van de wereld dat door Calvino/Marco Polo getekend wordt, is dus geen muurvaste en gesloten constructie. Er bestaat ergens de mogelijkheid dat het labyrint, in het midden of in de periferie, open zal breken. Deze mogelijkheid van bevrijding is tegelijk die van de "uitdaging aan het labyrint", die nu ook omschreven wordt als een moreel en artistiek utopisch project. Kublai Kan bezit een reusachtige atlas waarin niet alleen bestaande, mogelijke of toekomstige landen en steden worden afgebeeld, maar ook landen en steden uit de traditie van de utopie en de dystopie (van Thomas More's *Utopia* tot Aldous Huxley's *Brave New World* of Oceania uit George Orwell's *1984*). Voor Kublai Kan is er geen uitweg uit het labyrint, dat de vorm heeft van een maalstroom: "Alles is nutteloos als de laatste aanlegplaats slechts de helse stad kan zijn, en daar zuigt de stroom ons toch uiteindelijk naar toe, in een steeds nauwer wordende spiraal." Voor Marco Polo echter zou het mogelijk zijn te midden van de hel een beperkte zone of toestand te vinden, die het tegenovergestelde is van de hel, een beperkte, minimale of, zoals Calvino het in een essay over Charles Fourier uitdrukt, een "stofwolkachtige" utopie:

> De hel van de levenden is niet iets wat zal zijn; als er een is, dan is het de hel die hier al is, de hel die wij dag in dag uit bewonen, die we vormen door onze samenleving. Er zijn twee manieren om er niet onder te lijden. De eerste valt velen makkelijk: de hel aanvaarden en er deel van gaan uitmaken tot je op het punt bent gekomen dat je hem niet meer ziet. De tweede is riskant en vereist ononderbroken aandacht en studie: zoeken en weten te herkennen wie en wat er, te midden van de hel, geen hel is, dat laten voortduren, en er ruimte aan geven.

Deze relatief optimistisch klinkende slotregels van *De onzichtbare steden* contrasteren sterk met de thematiek van *Het kasteel van de kruisende levenspaden*. Het lijkt alsof Calvino met de twee teksten uit 1972 en 1973 twee verschillende antwoorden wil geven op dezelfde vraag, de vraag namelijk naar de uitkomst van de "uitdaging aan het labyrint". In *De onzichtbare steden* lijkt die uitdaging niet helemaal zonder effect. Het kennen en het in leven houden van utopische eilandjes in een hoofdzakelijk chaotische en dystopische wereld behoort tot de morele en artistieke mogelijkheden. In het door en door pessimistische *Kasteel van de kruisende levenspaden* voeren het chaotische, de leegte en het niets de boventoon. Verteltechnisch is dit boek, net als *De onzichtbare steden*, een geheel nieuw experiment. Het belangrijkste verhaalelement wordt gevormd door de figuren op de tarotkaarten, die in de marge van de tekst afgebeeld zijn. Tekst en beeld vullen dus elkaar aan, maar zijn ook vaak, waar ze door de personages van het verhaal verkeerd geïnterpreteerd worden, met elkaar in tegenspraak. De personages zijn tijdens hun tocht door een donker bosgebied bevangen door angst hun spraakvermogen kwijt geraakt. Zij komen terecht in een herberg en gebruiken nu de figuren op tarotkaarten als taalelementen, woorden of zinnen, om hun levensgeschiedenissen te vertellen. Eén voor één leggen ze de kaarten in rijtjes en vierkantjes op de tafel, totdat zich kunstig geordende mozaïeken gevormd hebben, waarin de verschillende levenspaden elkaar doorkruisen. Deze structuur, die verwant is aan het geometrisch geordende labyrint, wordt echter aangetast of ondermijnd vanuit het middelpunt van het mozaïek. In deel één van het boek is de kaart, die in het centrum neergelegd wordt, die van *De Dwaas*. Volgens het personage dat de kaart neergelegd heeft en dat zich dus daarmee identificeert, is de kaart die van "De razende Roeland", de protagonist uit Ludovico Ariosto's heldenepos *Orlando furioso* uit 1516. Nadat zijn geliefde Angelica gevlucht is, verliest Roeland zijn verstand en komt hij terecht in de chaos, in een punt van complete wanorde:

> Met de knuppel als een hengel op zijn schouder, vel over been, in lompen, zonder broek, zijn hoofd vol veren (...) was hij afgedaald naar het chaotische hart der dingen, naar het middelpunt van de tarots en van de wereld, naar het punt waar alle mogelijke orden elkaar kruisen.

Uit het midden van het kaartenmozaïek in deel twee gaapt een opengebleven ruit, die door geen enkele kaart opgevuld kan worden. Tot zijn schrik herkent het personage, dat op dit moment zijn levensgeschiedenis aan het vertellen is, hierin de leegte, het niets:

De kern van de wereld is leeg, het begin van datgene wat het heelal beweegt is de ruimte van het niets, rondom het afwezige wordt datgene geconstrueerd wat is, op de bodem van de *graal* is de *tao*, – en hij wijst de lege rechthoek aan waaromheen de tarots liggen.

Het boek eindigt in een pessimistisch visioen van de ondergang van de wereld. Het personage, dat de laatste, apocalyptisch klinkende, woorden van de tekst uitspreekt, is Macbeth:

> Ik wil *De Zon* [tarotkaart *De Zon*] niet langer in de hemel zien staan, ik verlang ernaar dat de syntaxis van *De Wereld* in stukken valt, dat de kaarten van het spel opnieuw geschud worden, evenals de bladzijden van het boek in-folio en de scherven van de spiegel van de rampspoed.

Die woorden zijn voor een gedeelte die van het personage van Shakespeare: "I begin to be aweary of the sun / and wish the estate of the world were now undone." *Het kasteel van de kruisende levenspaden* is, zoals heel veel verhalen van Calvino, een vuurwerk van citeerkunst of intertekstualiteit.

DE LEZER OP ZOEK IN HET POSTMODERNISTISCHE LABYRINT

In het heldenepos van Ariosto ging de ridder Astolfo op zoek naar het verstand van Roeland – en vindt het op de maan. Zoals bijna is te verwachten, is de eerste maanbewoner die hij ontmoet een dichter. Op de vraag of de maan, in tegenstelling tot de aarde, een zinvolle wereld is, antwoordt de dichter: "Neen, de maan is alleen een woestijn", een dreigende leegte die zich ontvouwt voor en na het dichterlijk woord. "Elk betoog en elk dichtwerk", zegt hij verder, "gaat uit van deze uitgedroogde bol; en iedere reis door wouden veldslagen schatten banketten alkoven brengt ons weer hier terug, in het midden van een lege horizon." De literaire tekst is dus te vergelijken met een brug, die zich over de leegte uitspant, of een bolwerk tegen de leegte. Dit is ook de poststructuralistische visie op literatuur die Calvino uitdrukt in het essay *Werkelijkheidsniveaus in de literatuur* uit 1978: "Misschien is het in het spanningsveld tussen een leegte en een leegte dat de literatuur door vermenigvuldiging de omvang kan vergroten van een werkelijkheid die wat vormen en betekenissen betreft onuitputtelijk lijkt."

Deze visie staat centraal in de roman *Als op een winternacht een reiziger*. De hoofdhandeling is de zoektocht van een lezer naar "Als op een winternacht een reiziger", de nieuwe roman van de schrijver "Italo Calvino". In het eerste hoofdstuk heeft de Lezer (zoals ook wij reële lezers!) deze roman in de boekhandel aangeschaft en begint, zodra hij weer thuis is, de roman te lezen. Hij moet echter snel het lezen onderbreken, omdat zijn exemplaar verkeerd gebonden blijkt te zijn. Telkens keren dezelfde bladzijden terug. Geïrriteerd gaat hij terug naar de boekwinkel om zijn exemplaar te ruilen. Maar het nieuwe exemplaar blijkt een heel ander boek te zijn, vermoedelijk van een Poolse auteur. Als de Lezer voor deze nieuwe roman belangstelling begint te krijgen, moet hij het lezen weer stopzetten. De bedrukte bladzijden worden namelijk telkens met twee witte bladzijden afgewisseld. De roman van de vermoedelijk Poolse schrijver moet nu ingeruild worden voor een derde roman, die weer op zijn beurt onderbroken wordt en vervangen moet worden door een vierde roman, die weer op zijn beurt..., totdat de Lezer tien verschillende romanfragmenten gelezen heeft. Op zijn zoektocht naar de juiste roman ontmoet de Lezer Ludmilla, de Lezeres, die zijn vriendin wordt, en een groot aantal overige lezers, schrijvers, vertalers, vervalsers en beleeft hij verschillende min of meer fantastische avonturen. De handeling van de avonturen van de Lezer en de Lezeres wordt verteld in de twaalf hoofdstukken van de raamvertelling, die van de gelezen romanfragmenten in de tien ingebedde verhalen.

Direct vanaf het begin wordt de tekst beschreven als een middel om de dreigende leegte te bestrijden. De reeks romanfragmenten heeft het begin– en het eindpunt in een leegte; daartussen stapelen zich voorwerpen, personages, handelingen op, met een hoogtepunt in fragment zeven (*In een netwerk van lijnen die elkaar snijden*). In het eerste fragment (met als titel *Als op een winternacht een reiziger*) is de ruimte een leeg station, terwijl het personage een leeg ik is, iemand zonder naam, identiteit en verleden en alleen in het bezit van een lege koffer. In het tweede fragment (*Buiten op het land van Malbork*) wordt de leegte ingevuld door een groot aantal voorwerpen en personages, terwijl in het vierde fragment (*Zonder angst voor wind en duizelingen*) het idee van de tekst als brug over de leegte gethematiseerd wordt. "Misschien is dit verhaal wel een brug over de leegte", vraagt een van de personages zich af. Een hoogtepunt van de opvulling van de leegte hebben wij, zoals reeds gezegd, in de beschrijving van de "spiegelka-mer" van het zevende fragment. Hierna neemt langzamerhand de leegte weer toe. Het verhaal in fragment negen speelt, zoals de titel zegt, "rondom een leeg graf", terwijl in fragment tien (*Welk verhaal wacht daarginds op zijn einde?*) het personage terugschrikt voor de leegte die hij zelf veroorzaakt heeft door het uitwissen van alle over-bodige voorwerpen, gebouwen, personages. Wanneer hij, aan het einde van het verhaal, zijn vriendin uitnodigt om mee te gaan naar een café vol spiegels, zou een nieuw verhaal, een nieuwe tekst, kunnen begin-nen, althans op het niveau van spiegelverhalen of ingebedde verhalen in verhalen.

De techniek van de raamvertelling wordt in deze roman op zeer virtuoze wijze toegepast, een techniek die gebaseerd is op de traditie van de "oneindige inbedding" sinds *Duizend en één nacht*. De poë-tica van de "oneindige inbedding" (het zogenaamde "Droste-effect") wordt verwoord in de brieven van Hermes Marana, vertaler en, zoals zijn naam suggereert, vervalser of schrijver van "apocriefe" of namaak-romans. In een tweede "spiegeltekst" geeft de schrijver Silas Flannery een duidelijk beeld van de techniek, die in de roman zelf toegepast wordt:

> Ik heb een idee gekregen: een roman schrijven die alleen maar bestaat uit openingshoofdstukken van romans. De hoofdpersoon zou een lezer kunnen zijn die doorlopend onderbroken wordt. De lezer schaft de nieuwe roman A aan van de schrijver Z. Maar het is een misdruk, en hij kan niet verder komen dan het begin... Hij gaat terug naar de boek-winkel om het exemplaar te ruilen...

Als op een winternacht een reiziger is een radicaal en virtuoos voor-beeld van een "meta-roman", een roman die hoofdzakelijk gaat over het lezen en het schrijven van romans en die op grond hiervan vaak gezien wordt als exponent van de metafictionele richting binnen het postmodernisme. In de roman van Calvino wordt bovendien het hele literaire bedrijf bij de fictie betrokken: de wereld van uitgeve-rijen, bibliotheken, literatuuronderzoek enzovoort. Naast de speci-fiek meta-fictionele aspecten is *Als op een winternacht een reiziger* ook een roman die intertekstuele verbanden op de voorgrond plaatst. Stijl, thematiek, setting van de verschillende romanfragmenten roe-pen bij de lezer herinneringen op aan bepaalde literaire tradities of aan een of ander bekende schrijver. Ze geven allemaal een vaag en bevreemdend indruk van het *déjà lu.* Zo vinden wij bijvoorbeeld het typisch Franse, Poolse, Frans-Belgische, Russische, Japanse of Zuid-Amerikaanse verhaal samen met verhalen die min of meer ironisch lijken te verwijzen naar schrijvers als Robbe-Grillet, Thomas Mann, Kafka, Simenon, Nabokov, Marquez, Barth. De romanfragmenten zijn, met andere woorden, geschreven zoals Silas Flannery het misschien zou willen doen of zoals Hermes Marana het gedaan zou hebben. In *Als op een winternacht een reiziger* zijn wij beland in de wonder- en spiegelkamer van de moderne of hedendaagse literatuur.

Deze spiegelkamer krijgt concrete gestalte ongeveer in het midden van de roman, in het fragment *In een netwerk van lijnen die elkaar snijden.* Het personage construeert een kamertje vol caleidoscopische spiegels, waarin hij door fragmentarisatie en vermenigvuldiging van zijn eigen persoon zijn ware "ik" zou kunnen verbergen. Het verhaal dat hij schrijft zou ook zo een spiegelkamer moeten zijn, de literaire weergave van een postmoderne wereld, die zich oplost in hoekige, fragmentarische spiegels, in simulacra, die de werkelijke wereld laten verdwijnen. Aan het eind van het verhaal weet het personage niet meer wat "echt" en wat "on-echt" is en verliest hij zich in het spiegellabyrint, waar "een beperkt aantal figuren weerkaatst wordt, ondersteboven gekeerd, vermenigvuldigd" en waar de verwarring dus nog groter is dan in een gewoon labyrint het geval zou zijn. En dit geldt niet alleen voor het fragment *In een netwerk van lijnen die elkaar snijden,* maar voor de hele roman *Als op een winternacht een reiziger,* waar juist het weerkaatsen, het ondersteboven keren en het vermenigvuldigen van figuren (personages, plaatsen, verhalen) tot de voornaamste technieken behoren. Qua compositie of structuur is de roman een postmodernistisch labyrint dat aanleiding kan geven tot zowel plezier en vermaak als verwarring en zelfverlies. Reeds in *De uitdaging aan het labyrint* had Calvino toegegeven dat er in de poging om de weg door het labyrint te vinden altijd sprake is van een "liefde voor labyrinten aan zich" en nu, in *Als op een winternacht een reiziger,* wordt ook de zoektocht van de Lezer en van de Lezeres gestuurd door de aantrekkingskracht van boeken, door het leesplezier of, om met Roland Barthes te spreken – die Calvino op dit punt geïnspireerd heeft – het *plaisir du texte.* Het is dan ook niet verwonderlijk dat beider zoektocht naar de boeken erotische boventonen heeft en dat Calvino ze, in een langgerekte metaforische beschrijving, elkaars lichamen laat lezen net zoals ze ook boeken lezen. Het gevaar in het labyrint te blijven steken wordt echter niet helemaal bezworen. De zoektocht van de Lezer verloopt over een traject dat geschetst zou kunnen worden als een maniëristisch labyrint, een labyrint-type dat veel voorkomt in kastelen, tuinen en parken uit de barok of uit de zeventiende eeuw. Het heeft, volgens Umberto Eco die in het essay *De antiporphyrius* (opgenomen in de bundel *Wat spiegels betreft*) een soort typologie van mogelijke labyrinten opgesteld heeft, de structuur van een boom. Het is een labyrint met een groot aantal doodlopende gangen, waarin je keer op keer tegen een muur oploopt en telkens weer terug moet naar het uitgangspunt. Dit is dus ook wat hier voor de Lezer gebeurt: elke keer terug en elke keer opnieuw moeten beginnen. Wie dit niet lang genoeg volhoudt, blijft op een gegeven moment steken in het labyrint. Dit is ook bijna wat de Lezer overkomt, wanneer hij in het laatste hoofdstuk zich in een bibliotheek begeeft om nog verder naar de juiste titels en romanfragmenten te zoeken. Hij ontmoet hier een groep lezers. Een van de lezers oordeelt over het begin en einde van verhalen. Begin en einde zijn volgens hem alleen maar kunstgrepen van ouderwetse verhalen, zoals sprookjes. Volgens een moderne opvatting verwijzen literaire teksten nooit naar gebeurtenissen als geboorte, huwelijk, dood, maar in het algemeen naar talige concepten als "de continuïteit van het leven" en "de onvermijdelijkheid van de dood". Wij begrijpen goed dat de Lezer het nu voor gezien houdt. Hij onderbreekt zijn jacht op titels, vlucht uit de bibliotheek of uit het labyrint, wat hier op hetzelfde neerkomt, en trouwt met Ludmilla. Ironisch genoeg wordt deze ontsnapping uit het boekenlabyrint direct opgevolgd door een nieuwe leesscène: "Nog even. Ik ben met de laatste regels bezig van *Als op een winternacht een reiziger* van Italo Calvino." Niet de fictie ofwel het sprookje met een *happy end* heeft dus het laatste woord, maar wel de metafictie, de fictie over fictie. Of misschien ook weer niet: want het verhaaltje (zeven regels) van het 'parallelle' lezen van de Lezer en Ludmilla in hun grote tweepersoonsbed bevindt zich niet op de plaats van de raamvertelling, maar op die van de ingebedde verhalen. Het is dus misschien toch een verhaal in het verhaal, een sprookje met een 'echt' begin en een 'echt' einde.

'Zigzaggend' door de wereld

In *De onzichtbare steden* gaf Calvino een eerste antwoord op "de uitdaging aan het labyrint", een antwoord dat in het verlengde lag van de moderne of modernistische overtuiging dat het zoeken naar een hogere zin en betekenis in een wereld van chaos, ondanks alles, niet zonder positief resultaat hoeft te zijn. Door de chaos in kaart te brengen zou een opening, een uitweg, aangeduid kunnen worden. In *Het kasteel van de kruisende levenspaden* bleek dit zoeken zinloos. De labyrintische figuur die door de verschillende levensverhalen gevormd werd, was niet in staat de chaotische waarheid van die verhalen in bedwang te houden. De postmoderne notie van een kloof tussen een kennend subject en een wereld die uiteenvalt en die niet of alleen in fragmenten kenbaar kan zijn, staat hier op de voorgrond. In *Als op een winternacht een reiziger* schijnt het moderne labyrint, als cognitieve, schematisch-rationele structuur, te wijken voor een tekstueel labyrint dat even verwarrend en chaotisch is als de wereld, een postmodernistisch labyrint, dat niet meer zou kunnen dienen om de wereld in kaart te brengen. Dat de Lezer uit het labyrint ontsnapt kan men zien als een kunstgreep, die misschien te maken heeft met het feit dat Calvino, zoals uit enkele van zijn latere verhalen en literatuurkritische essays blijkt, zich steeds meer gaat richten op de relatie tussen de literaire tekst en de waarneembare wereld. In het boek *Palomar* uit 1983 is de aandacht vooral gericht op de visuele relatie met de wereld. De hoofdpersoon, die zijn naam ontleent aan een bekend observatorium in de omgeving van Los Angeles, besteedt zijn tijd aan het in kaart brengen van de verschijnselen van de wereld, de ingewikkelde en steeds veranderende structuur van de golfslag, de grassprieten van het gazon, de sterrenhemel, het kleurrijke landschap van de daken van Rome. Keer op keer moet hij echter toegeven dat het hem nooit zal lukken verder te reiken dan tot de oneindig gevarieerde oppervlakte van de dingen en dat er daarachter geen schema of structuur te ontdekken valt. De orde van de wereld van de verschijnselen of van de moderne samenleving, die van elke tekening en model afwijkt, en die van het menselijk intellect, dat naar een of andere geometrische of muzikale rationaliteit streeft, komen nooit met elkaar overeen:

> enerzijds de vormeloze en zinneloze werkelijkheid (...) van de menselijke
> samenleving, die slechts monsterachtigheden en rampen voortbrengt, en

anderzijds het perfecte model van een sociaal organisme, getekend met scherp getrokken lijnen, rechten, cirkels en ellipsen, parallellogram-vormen, diagrammen met abscissen en ordinaten.

Palomar ziet in dat hij niets meer dan "doorzichtige, diafane model-len" zou kunnen ontwerpen, "fijn als spinnenwebben". Zijn houding is vergelijkbaar met die van het zogenaamde "zwakke denken" (*pensiero debole*), een postmoderne denktrant die door filosofen als Gianni Vattimo, Pier Aldo Rovatti en ten dele ook door Umberto Eco verte-genwoordigd wordt. Het is een denkwijze die, in tegenstelling tot het "sterke denken", van elk metafysisch fundament of legitimatie afziet. In zijn reeds vermelde essay *De antiporphyrius* beschrijft Eco het "zwakke denken" als het zich "op de tast bewegen (…), op grond van gissingen" in een gecompliceerd labyrint dat de structuur heeft van een rizoom of wortelnetwerk, waar bijziendheid of blindheid de enige zienswijze is. Ook het denken en handelen van Palomar gaat niet voort in een "rechte lijn, maar zigzaggend, via weifelingen, ontkenningen, verbeteringen."

Ook in de postume en onvoltooide verhalenbundel over de vijf zin-tuigen, uitgegeven met de titel *Onder de jaguarzon*, problematiseert Calvino de relatie tussen bewustzijn en wereld, tussen (ver)kennend subject en een object dat zich aan dit (ver)kennen lijkt te onttrekken. Stond in *Palomar* vooral het visuele op de voorgrond, dan gaat Cal-vino in de drie voltooide verhalen de overige zintuigen exploiteren: in *De naam, de neus* de reukzin, in *Een koning luistert* het gehoor en in *Onder de jaguarzon* de smaak. Ik beperk me tot het tweede verhaal, dat oorspronkelijk door een artikel van Roland Barthes uit 1977 over het gehoor, *Ecoute*, geïnspireerd was. Een eerste versie ervan was een libretto bestemd voor een opera van Luciano Berio, die in augustus 1984 in Salzburg in première ging. Het hoofdpersonage is een koning die de wereld percipieert via zijn gehoor. Zittend op zijn troon luis-tert hij naar de geluiden van de dreigende revolutie, die uit de ver-trekken van het paleis en uit de stad tot hem doordringen. De ruimte, die hij op deze wijze verkent, is een en al geluid. Het is een labyrin-tische ruimte, waarin de klanken als wegwijzers fungeren: "Het paleis is een klankconstructie die zich nu eens uitzet, dan weer samentrekt, zich samensnoert als een kluwen kettingen. Je kunt er doorheen wan-delen aan de hand van de echo's, door gekraak, geknars, gescheld te lokaliseren, gezucht, geruis, gerommel, geborrel te volgen." Door dit verwarrende akoestische labyrint dringt ineens het gezang van een vrouwenstem. Is het een draad van Ariadne of de lokroep van een Sirene? De koning volgt de echo's van de stem, probeert dan ook zelf te zingen in de wens dat zijn eigen stem zich met die van de vrouw zal kunnen verenigen. Maar tevergeefs. De vrouwenstem verwijdert zich steeds meer, wordt een "gemompel", een "gefluister". Tenslotte verdwijnt ze in een alles overheersende akoestische chaos: "Ergens in een plooi van de aarde, wordt de stad wakker, met geklapper, geha-mer, steeds luider wordend geknars. Nu neemt gegalm, geraas, gedon-der alle ruimte in, absorbeert alle lokroepen, zuchten, snikken..."

De zoektocht door het laatste labyrint van Calvino schijnt zonder uitkomst te zijn. De beloftes van de uitdaging aan het labyrint, die in de "stofwolkachtige" utopieën van *De onzichtbare steden* misschien nog ingelost konden worden, lijken hier niet meer van toepassing. De post-moderne wereld is misschien zo verwarrend geworden dat men niets anders kan dan zich erdoor te laten overweldigen, intrigeren of fasci-neren? Of kan de postmodernistische kunstenaar nog een antwoord geven, de uitdaging eventueel herformuleren? Dit is mogelijkerwijze de positieve implicatie van de vraag die aan het einde van de *Zes memo's voor het volgende millennium* gesteld wordt: zal de kunstenaar, in plaats van over de wereld te spreken om hem aan banden te leggen, misschien, afwachtend, de wereld zelf laten spreken, "het woord (...) geven aan dat wat geen taal bezit: aan de vogel die op de dakgoot neerstrijkt, aan de boom in de lente en de boom in de herfst, aan steen, cement, plastic..." om zich te vereenzelvigen "met de gemeen-schappelijke natuur van alle dingen?"

158   ULLA MUSARRA-SCHRØDER

BEKNOPTE BIBLIOGRAFIE

Werken van Italo Calvino
Romans en verhalen
Il sentiero dei nidi di ragno, Torino, Einaudi, 1947. (*Het pad van de spinnen-
nesten*, vert. Henny Vlot, Amsterdam, Bert Bakker, 1993.)
Ultimo viene il corvo, Torino, Einaudi, 1949. (*En dan komt de raaf*, vert. Els
van der Pluijm, Linda Pennings, Marieke van Laake, Amsterdam, Serena
Libri, 1999.)
Gli amori difficili, Torino, Einaudi, 1958. (*De moeilijke liefdes*, vert. Henny
Vlot, Amsterdam, Bert Bakker, 1989.)
La nuvola di smog e la formica argentina, Torino, Einaudi, 1958.
I nostri antenati, Torino, Einaudi, 1960; bevat *Il visconte dimezzato* (1952),
Il barone rampante (1957) en *Il cavaliere inesistente* (1959). (*Onze voor-
ouders*, vert. Henny Vlot, Amsterdam, Bert Bakker, 1986.)
Marcovaldo ovvero le stagioni in città, Torino, Einaudi, 1963. (*Marcovaldo
ofwel de seizoenen in de stad*, vert. Linda Pennings, Amsterdam, Bert
Bakker, 1992.)
La speculazione edilizia, Torino, Einaudi, 1963.
La giornata di uno scrutatore, Torino, Einaudi, 1963. (*Een dag op het stem-
bureau*, vert. Linda Pennings, Amsterdam, Bert Bakker, 1994.)
Ti con zero, Torino, Einaudi, 1967.
Le cosmicomiche, Torino, Einaudi, 1965. (*Kosmikomische verhalen*, vert. Henny
Vlot, Amsterdam, Bert Bakker, 1983.)
Le città invisibili, Torino, Einaudi, 1972. (*De onzichtbare steden*, vert. Henny
Vlot, Amsterdam, Bert Bakker, 1981.)
Il castello dei destini incrociati, Torino, Einaudi, 1973. (*Het kasteel van de
kruisende levenspaden*, vert. Henny Vlot, Amsterdam, Bert Bakker,
1982.)
Se una notte d'inverno un viaggiatore, Torino, Einaudi 1979. (*Als op een win-
ternacht een reiziger*, vert. Henny Vlot, Amsterdam, Bert Bakker 1982.)
Palomar, Torino, Einaudi 1983 (*Palomar*, vert. Henny Vlot, Amsterdam, Bert
Bakker, 1985.)
Sotto il sole giaguaro, Milano, Garzanti, 1986. (*Onder de jaguarzon*, vert. Yond
Boeke en Patty Krone, Amsterdam, Bert Bakker, 1987.)
La strada di San Giovanni, Milano, Mondadori, 1990. (*De weg naar San Gio-
vanni*, vert. Henny Vlot, Amsterdam, Bert Bakker, 1992.)

Bloemlezing in het Nederlands
De betoverde tuin. De mooiste verhalen, vert. Yond Boeke, Amsterdam, Bert
Bakker, 1998.

Essays

Una pietra sopra, Torino, Einaudi, 1980. (Essays uit de periode 1955-1980; in het Nederlands zijn de volgende essays vertaald: *De uitdaging aan het labyrint* [1962], vert. Mieke Geuzenbroek, in *De Revisor* 18:5 (1991), pp. 22-31; *Aantekeningen over het vertellen als combinatieproces* [1967], vert. Pieter de Meijer, in *Raster*, 4:1 (1970), pp. 17-26; *Werkelijkheidsniveaus in de literatuur* [1978], vert. Yond Boeke, in *Raster*, 18 (1981), pp. 41-56.)

The Written and the Unwritten World, in *New York Review of Books*, XXX, 8, 12.5.1983 (*De geschreven en de ongeschreven wereld*, vert. Leonoor Broeder, in *De Revisor*, 11:1 (1984), pp. 85-91.

Lezioni americane. Sei proposte per il prossimo millennio, Milano, Mondadori, 1988. (*Zes memo's voor het volgende millennium*, vert. Linda Pennings, Amsterdam, Bert Bakker 1991.)

Verzameld werk

Romanzi e racconti (red. Claudio Milanini, Mario Barenghi & Bruno Falcetto), Milano, Mondadori ("Meridiani"), 1991-1994, 3 voll.

Saggi 1945-1985 (red. Mario Barenghi), Milano, Mondadori ("Meridiani"), 1995, 2 voll.

Lettere 1940-1985 (red. Luca Baranelli), Milano, Mondadori ("Meridiani"), 2000.

Werken over Italo Calvino

CANNON, JoAnn *Postmodern Italian Fiction. The Crisis of Reason in Calvino, Eco, Sciascia, Malerba*, London, Ass. University Presses, 1989.

HUME, Kathryn, *Calvino's Fictions. Cogito and Cosmos*, Oxford, Clarendon Press, 1992.

MILANINI, Claudio, *L'utopia discontinua. Saggio su Italo Calvino*, Milano, Mondadori, 1990.

MUSARRA-SCHRØDER, Ulla, *Il labirinto e la rete. Percorsi moderni e postmoderni nell'opera di Italo Calvino*, Roma, Bulzoni, 1996.

PAVESE, Cesare, *Il sentiero dei nidi di ragno*, in ID., *La letteratura americana e altri saggi*, Torino, Einaudi, 1951.

ROELENS, Nathalie, *L'odissea di uno scrittore virtuale. Strategie narrative in Palomar di Italo Calvino*, Firenze, Cesati, 1989.

UMBERTO ECO
(°1932)

Elisabeth TONNARD

Uiteenlopend zijn de onderwerpen waarmee hij zich bezighoudt, van gnostische geschriften tot amusementsparken tot *Casablanca*; gevarieerd zijn de vormen waarin hij zich uit, van krantencolumns tot internetprojecten; talloos zijn de essays en boeken die hij heeft gepubliceerd; een nog langere lijst vormen de vertalingen die van zijn boeken zijn gemaakt. Aan een overzicht van het werk van Umberto Eco waagt dit artikel zich niet. Wat de man zoal doet op een dag, en vooral hóe, leze men tot op de minuut in de column *Hoe deel je je tijd in* (opgenomen in *Op reis met een zalm*, 1995), waarna men waarschijnlijk even rustig moet gaan zitten. Wél wil deze bijdrage een mogelijke weg ontsluiten door Eco's literaire werk, en zij zal daarbij als een detective proberen de sporen te interpreteren die Eco heeft achtergelaten. We zullen zien hoe Eco zélf reflecteert op precies dit soort detectivewerk; de speurders springen in zijn werk uit alle hoeken en gaten tevoorschijn. Net als zíjn detectives overigens, moeten ook wíj ons uiteindelijk realiseren dat onze weg slechts een gissing kan zijn naar de ware aard van het land dat we doorkruisen.

ECO EN DE SEMIOTIEK

Een van de lijnen die we kunnen trekken in Eco's universum, is die van de semiotiek, Eco's voornaamste wetenschappelijke speerpunt. De semiotiek is de wetenschap die zich bezighoudt met tekens en de wijze waarop de mens deze betekenis geeft. Een teken is iets dat begrepen kan worden als een verwijzing naar iets anders. De semiotiek kan zich bezighouden met taalsystemen maar ook met bijvoorbeeld tekens binnen reclame of architectuur. Aan het begin van zijn *Theory of*

Semiotics geeft Eco zelf de volgende charmante definitie: "semiotics is in principle the discipline studying everything which can be used in order to lie. If something cannot be used to lie, conversely it cannot be used to tell the truth: it cannot in fact be used 'to tell' at all".

Eco neemt binnen de semiotiek een gezaghebbende plaats in – zo is hij onder andere hoogleraar semiotiek in Bologna. Eco's semiotische werk is niet slechts een aardig uitstapje naast zijn literaire werk: Eco is eerst en vooral te begrijpen als semioticus en pas daarna als roman-schrijver. Aan het verband tussen beide kan men bij de bestudering van Eco's literaire arbeid niet voorbijgaan. Binnen het literaire werk is de semiotiek bovendien op elke bladzijde aanwezig; Eco's romans han-delen steeds weer over de be-tekenende mens.

DE ONEINDIGE SEMIOSIS

Centraal in Eco's semiotiek is de vraag naar de interpretatie van tekens: hoe betekenen wij tekens? Eco's antwoord ligt in de lijn van de Amerikaanse filosoof C.S. Peirce, die het principe van de "onein-dige semiosis" heeft verwoord. Peirce's stelling is dat als wij een teken (de "representamen") interpreteren, dit teken in onze geest aanzet tot een ander teken (de "interpretant") dat zelf weer een teken (de "repre-sentamen") is dat aanzet tot een ander teken ("interpretant") en zo tot in het oneindige. Een teken staat nooit vast maar is het beginpunt van een semiotisch proces waarin steeds weer nieuwe inferenties moe-ten worden gemaakt. Het teken kan alleen door andere tekens geïn-terpreteerd worden.

Eco heeft aangegeven dat dit proces van oneindige semiosis ruim-telijk moet worden voorgesteld als een netwerk, sinds Deleuze en Guattari ook wel "rizoom" genoemd. Het rizoom is een netwerk dat naar alle kanten open is en geen binnen- of buitenkant heeft. Als we de betekenis van een teken willen geven dan komen er, in een proces van oneindige semiosis, andere tekens aan te pas die zelf ook weer met andere tekens verbonden zijn, waarbij bijvoorbeeld ook het teken kan zitten dat in eerste instantie moest worden geïnterpreteerd. Uit-gaande van één teken kan men zo doordringen tot alle tekens, waar-bij elk teken het centrum kan worden van waaruit het proces start. Vanuit elk knooppunt in het netwerk kan elk ander knooppunt worden bereikt, en de onderlinge relaties tussen deze punten veranderen voortdurend: elk punt is zowel centrum als periferie. Het netwerk is niet tot één orde te herleiden maar vormt een spel van voortdurende metamorfosen. Eco benadrukt wel dat de interpretatie in de praktijk grenzen kent. Die grenzen worden bepaald door de *context* van een teken. De context bepaalt welke interpretaties als hypothese legitiem zijn en maakt dat niet álle mogelijke interpretanten worden opgeroepen, maar alleen de interpretanten die behoren tot het universum van het discours waarop het teken betrekking heeft. Als we de onderdelen van een auto bekijken, betekenen we deze normaalgesproken niet als onderdelen van de Joodse mystiek: de context is duidelijk; het is een auto en we willen rijden (wat er gebeurt wanneer de context wordt losgelaten en de semiosis op hol slaat, toont Eco in *De slinger van Foucault*, waarin genoemde auto wél in mystieke zin wordt begrepen). Van interpretant op interpretant wordt het teken steeds meer bepaald, zodat we ook zonder in de oneindigheid te treden een (tijdelijke, beperkte) betekenis kunnen vaststellen. Eco keert zich expliciet tegen het deconstructionisme van Derrida, die stelt dat we in het interpretatieproces niets anders tegenkomen dan tekens die verwijzen naar tekens die verwijzen naar tekens, enzovoorts, in een oneindige tekstualiteit die nooit zoiets als de 'werkelijkheid' raakt. Het principe van de oneindige semiosis mag volgens Eco niet gebruikt worden ter ondersteuning van een theorie van de interpretatie als wildgroei van betekenis: "er bestaat zoiets als een betekenis van teksten, of er zijn er vele, maar je kunt niet zeggen dat er geen enkele betekenis is, of dat ze allemaal even goed zijn", zo luidt het in het *Naschrift* bij *De naam van de roos*. Van het rizoom zijn zodoende wel plaatselijke beschrijvingen te geven, al is een allesomvattende weergave onmogelijk. Zo'n beschrijving is een tijdelijke vereenvoudiging: we doen even alsof de semiosis eindig is. Dit gebeurt in het besef dat de lokale weergave slechts een gissing kan zijn naar de structuur van het gehele rizoom. De tijdelijke modellen kunnen niet worden overgeheveld naar andere interpretatieve situaties; in het rizoom beweegt men zich door in elke situatie weer opnieuw interpretaties te maken.

Eco neemt hiermee zowel positie tegen de "sterke rede", die betekenis van bovenaf als onbetwistbaar oplegt, als tegen de redeloosheid, die uitspraken over de werkelijkheid en betekenisgeving helemaal niet meer mogelijk acht. Zoals Eco zelf suggereert in de essaybundel *Wat spiegels betreft* (pp. 360-361), zou zijn eigen positie "redelijk" kunnen worden genoemd: een positie die kenmerkend is voor het zogenaamde "zwakke denken" (*il pensiero debole*), een filosofische stroming die, zoals reeds werd opgemerkt (zie o.a. de studies van Ulla Musarra-Schrøder en Stefano Rosso in de bibliografie bij deze bijdrage), veel raakpunten heeft met Eco's werk.

HET ZWAKKE DENKEN

Het "zwakke denken" is een Italiaanse variant binnen het postmoderne discours. De stroming kreeg zijn naam met het verschijnen, in 1983, van *Il pensiero debole*, een verzameling essays onder redactie van Gianni Vattimo en Pier Aldo Rovatti (Eco's bijdrage, *L'antiporfirio*, is in Nederlandse vertaling te vinden in de essaybundel *Wat spiegels betreft*). Het zwakke denken richt zich tegen elke vorm van "sterk" denken. In de theorie wordt het sterke denken afwisselend gedefinieerd in termen als "modern", "metafysisch" of "traditioneel westers" denken. Gemeenschappelijk aan de diverse vormen van sterk denken die zich door de eeuwen heen hebben gemanifesteerd, is het feit dat de werkelijkheid erin onder één specifieke noemer wordt gebracht, of dat er nu een is die zegt dat de wereld volgens vaste ordeningsprincipes functioneert of een die zegt dat de wereld in chaos uiteenblaast. Het sterke denken maakt aanspraak op waarheid, ook als het stelt dat de waarheid nooit bereikt kan worden. Het vertelt een Groot Verhaal of, om de term van de Franse filosoof Jean-François Lyotard te gebruiken, een *métarécit*. In het postmoderne denken zien we dat woord "verhaal" overigens vaak terug; we weten hoe het postmoderne discours stelt dat de (historische) realiteit nooit *direct* te bereiken is, maar alleen door middel van talige constructies en onze interpretatie daarvan. De ware wereld wordt tot fabel, zei Nietzsche; het Zijn verbrokkelt tot interpretatie, schreef Heidegger.

Het zwakke denken zoekt naar manieren om het sterke denken te ontmaskeren zonder daarbij zélf sterk te denken; immers, ontmaskering kan maar al te snel ontaarden in een nieuw Groot Verhaal: het verhaal van de Ontmaskering. Zo geeft Rovatti aan dat de aard van het zwakke denken niet ligt in een nieuw pluralisme. In dat geval zou het zwakke denken alleen in het teken van een negatie van het "ene" staan; het zou leeg zijn – een herhaling van afwezigheid in naam van de ontkenning van het "ene". Rovatti wil het zwakke denken liever beschouwen in termen van het "kleine fragment". Het kleine fragment is, vergelijkbaar met Eco's "lokale weergaven" van het rizoom, geen vaststaand zijn. Het is niet zo dat er een omkering plaatsvindt waarbij het wezenlijke zich nu in de marge in plaats van het centrum concentreert – eerder lost de categorie "wezenlijk" op. De onderlinge verhoudingen tussen groot en klein worden anders dan voorheen; ook de grote logica kan lokaal onderdeel zijn van het netwerk van de kleine fragmenten: de begrippen centrum en periferie, of groot en klein, hebben in feite geen betekenis meer in een oneindig netwerk. Het zwakke denken

> plaatst zich voorlopig tussen de sterke rede van degene die de waarheid zegt en de zelfbespiegelende onmacht van degene die zijn eigen niets contempleert. Vanuit dit midden kan het voor ons functioneren als een wegwijzer.
> (P.A. Rovatti, *Trasformazioni nel corso dell'esperienza*, in *Il pensiero debole*, 1985[3], p. 51.)

In Eco's semiotiek zien we deze positie weerspiegeld in de opvatting dat de oneindige semiosis niet dermate rigide is dat hij niet kan worden stopgezet ten faveure van een tijdelijke betekenisgeving. De tijdelijke betekenisgeving is wegwijzer in de rizomatische werkelijkheid.

DE HERBEZINNING OP HET VERLEDEN

De beweging van groot naar klein raakt de wijze waarop wordt omgegaan met het verleden en de traditie. Hoe gaan we immers om met de *métarécits* die we daarin aantreffen; zien we die als te elimineren misvattingen of als een rijke bron om uit te putten? Eco geeft een antwoord op deze vraag in het *Naschrift* bij *De naam van de roos* en spreekt daarmee in compacte vorm de postmodernistische visie op de geschiedenis uit. Eco betoogt dat het postmodernisme "een manier van handelen" is als reactie op de crisis van de avant-garde, die erop gericht is het verleden te vernietigen:

> (…) er komt een moment dat de avant-garde (de moderne) niet meer verder kan, omdat zij een meta-taal heeft voortgebracht die spreekt over

haar onmogelijke teksten (de conceptuele kunst). Het postmoderne antwoord op het modernisme bestaat eruit te erkennen dat het verleden opgewaardeerd moet worden, aangezien het niet vernietigd kan worden, omdat de vernietiging ervan leidt tot stilte: dit moet ironisch gebeuren, op een niet onschuldige manier.
(U. Eco, *Naschrift* bij *De naam van de roos*, p. 558.)

Eco ziet het postmodernisme dus als een oplossing; als een uitweg uit de impasse van bijvoorbeeld de witte bladzijde in de literatuur. Het postmodernisme weigert de verwerping van het verleden ten gunste van iets nieuws: dit leidt er immers toe dat er op een gegeven moment alleen nog maar aandacht is voor destructie. Evenmin neemt het de traditie klakkeloos over. De postmoderne oplossing bestaat uit een kritische, ironische, verzwakkende, herbezinning op het verleden en dus ook op de grote verhalen die we daarin aantreffen. Het is belangrijk deze positie goed in het oog te houden bij de bestudering van Eco's werk. Als geen ander reflecteert Eco op de grote verhalen van de traditie; als geen ander wekt hij ze opnieuw tot leven – en als geen ander verzwakt hij ze tegelijkertijd in een ironisch spel.

ECO ALS ROMANCIER

Eco is de schrijver van vier omvangrijke, zeer succesvolle romans: *De naam van de roos* (*Il nome della rosa*, 1980), *De slinger van Foucault* (*Il pendolo di Foucault*, 1988), *Het eiland van de vorige dag* (*L'isola del giorno prima*, 1994), en *Baudolino* uit 2000. De secundaire literatuur plaatst hen meestal binnen het postmodernisme[1]. Er zijn ook speurtochten ondernomen naar modernistische trekken, maar deze trekken zijn naar mijn mening onderdeel van de ambiguïteit van het werk – een tweeslachtigheid die nu juist typisch is voor een postmodernisme dat in het teken van een "zwakke" logica staat. Oftewel: het is juister het

---

[1] Voor studies over de postmodernistische literatuur verwijs ik naar Linda HUTCHEON, *A Poetics of Postmodernism. History, Theory, Fiction*, New York-London, Routledge, 1988 en Brian MCHALE, *Constructing Postmodernism*, London-New York, Routledge, 1992. Het werk van Hutcheon lanceert de notie "historiographic metafiction", waarbinnen Eco's werk naar mijn idee zeer goed onder te brengen is. McHale gaat uitgebreid in op Eco's plaats in modernisme dan wel postmodernisme.

werk niet te reduceren tot modernisme. Wel kan men modernistische karakteristieken herkennen, en vervolgens een plaats geven binnen de totale werking van de tekst. De teksten zijn zodanig geconstrueerd dat zij niet vast te pinnen zijn op één bepaald verhaal, een fenomeen dat ik nog zal beschrijven onder de noemer 'paradoxale parodie'.

Het is ondoenlijk in dit artikel een beeld te schetsen van de rijke inhoud van Eco's romans. De teksten zijn zozeer complexe werelden op zich, vol met handelingen, verhaallijnen, personages – en vooral: andere teksten –, dat elke verhandeling in het niet valt bij de ervaring van de lezer die de romans zelf ter hand neemt. Ik zal mij beperken tot het aangeven van enkele centrale kenmerken van de eerste drie romans. Wij zullen zien hoe deze naar hun uiterlijk 'grote' verhalen alles in zich hebben om 'klein' te blijven.

DE OORSPRONG VAN DE TEKST

Eco's romans verhalen uitgebreid van hun eigen ingewikkelde opzet. In *De naam van de roos* worden we geconfronteerd met het relaas van de bejaarde benedictijner monnik Adson van Melk, die verslag doet van de "verbazingwekkende en verschrikkelijke gebeurtenissen" (p. 24) waarvan hij eind 1327 in een Italiaanse abdij als jonge novice getuige was. Het verhaal van Adson is "natuurlijk, een manuscript" (p. 5) dat door Eco aan de vergetelheid is ontrukt. In Eco's onderonsje met de lezer vooraf vallen de ironische toon en de overdreven 'bewijsvoering' omtrent het gevonden manuscript op. Het wijst ons erop dat Eco een parodie voert op het bekende procedé van de manuscriptfictie. Kan er nog sprake zijn van originaliteit bij een "Italiaanse vertaling van een obscure neogotische Franse versie van een zeventiende-eeuwse Latijnse editie van een tegen het eind van de veertiende eeuw door een Duitse monnik in het Latijn geschreven werk" (p. 10)? *De slinger van Foucault* toont een soortgelijke structuur. Het verhaal draait om het Plan dat Casaubon, Belbo en Diotallevi, medewerkers op een uitgeverij, ontwerpen en waaraan ze uiteindelijk ten onder zullen gaan. Casaubon is de verteller van het verhaal. Hij vertelt het zichzelf wanneer hij na allerlei belevenissen is gestrand in het huis van Belbo. Op grond van Belbo's computerfiles en papieren reconstrueert Casaubon Belbo's leven en zet hij zijn eigen herinneringen op een rij.

Toch is er niet één vast punt van waaruit verteld wordt, maken we op
uit Casaubons woorden:

> Ik ben nu hier (...) om de geschiedenis op te tekenen die ik, vervuld
> van angstige verontrusting – en in de hoop dat het niet waar was – twee
> avonden geleden in de periscoop reconstrueerde; de geschiedenis die ik
> twee dagen daarvoor in de flat van Belbo had gelezen en waarvan ik,
> deels zonder dat ik me daarvan bewust was, de afgelopen twaalf jaar,
> tussen de whisky bij Pilade en het stof bij uitgeverij Garamond, een
> onderdeel was geweest. (p. 50)

Eco's romans presenteren zich als vertellingen van vertellingen van
vertellingen. De oorsprong van de teksten lijkt zich daarbij steeds verder terug te trekken, tot in een sterrennevel van oorsprongen. Belbo's
vertelling, waarop Casaubon zich baseert, blijkt bijvoorbeeld zelf weer
een "krankzinnige collage" (p. 507) te zijn van "citaten, plagiaat en
geleende fragmenten" (p. 507).

Deze karakteristiek sluit aan bij de inzichten uit het vorige hoofdstuk. De realiteit wordt nooit direct bereikt, maar altijd door middel
van talige constructies en onze interpretatie daarvan. Een tekst kan dan
ook geen originele, directe weergave zijn van een nog niet gesemioti-
seerde werkelijkheid; ze is altijd een herschrijving van andere teksten.
Die teksten zijn op hun beurt weer herschrijvingen – enzovoorts, tot
in het oneindige.

We zullen dit punt wat verder uitwerken voor *De naam van de roos*,
dat in hoge mate een "geschiedenis van boeken" (p. 11) is, een verza-
melplaats van teksten: ingebed zijn onder andere middeleeuwse teksten, religieuze teksten, teksten óver de middeleeuwen, literaire teksten
uit onze tijd en Eco's eigen theoretische discours. De roman zet dit
ook zelf in de verf; wanneer Adson op een gegeven moment door de
bibliotheek (en niet voor niets speelt deze in de roman zo'n belangrijke rol) van de abdij dwaalt en lukraak fragmenten uit de boeken
leest, constateert hij ontzet dat deze fragmenten hem sterk doen denken aan zijn eigen ervaringen:

> een gevoel van onrust kwam over me toen ik op die perkamenten mijn
> doolgangen zag weergegeven, terwijl de overtuiging in mij post vatte
> dat elk van die boeken in een geheimzinnige spotlach mijn geschiede-
> nis van dat ogenblik vertelde. "De te fabula narratur," zei ik bij mezelf,
> en vroeg me af of die bladzijden niet reeds de geschiedenis bevatten van
> de toekomstige lotgevallen die mij wachtten. (p. 254)

Hier wordt een metafictionele uitspraak gedaan over de aard van de roman; het personage ontdekt in een moment van visionaire helderheid dat zijn geschiedenis reeds in andere teksten is verteld, dat de tekst waarin hij is vervat bestaat uit andere teksten. Wanneer Adson decennia na de beschreven gebeurtenissen terugkeert naar de plaats van handeling, treft hij daar vele tekstfragmenten die de brand die de bibliotheek verwoestte, hebben overleefd. Deze toevallige verzameling "disiecta membra van de bibliotheek" (p. 520) zal de grondslag vormen waarop Adson zijn verhaal baseert; een fundament van snippers die veel weg hebben van de kleine fragmenten die we bij Rovatti troffen.

Adson stelt dat zijn tekst "geen andere dingen vertelt en herhaalt dan die welke deze fragmenten me hebben ingegeven." (p. 521) Door zich "te verstouten er een plan uit op te maken" (p. 17) probeert hij de tekens na te laten waaraan later anderen betekenis kunnen geven. Maar mét dat hij de losse fragmenten omsmeedt tot een verhaal, heeft hij een nieuwe ordening gecreëerd, iets waarvan hij zelf schrikt (p. 262). Adson heeft niet louter 1:1 herhaald wat de fragmenten hem hebben ingegeven; hij heeft ze ook als palimpsest gebruikt. Anders dan de bibliothecaris Jorge die achter gesloten deuren zijn teksten blind (letterlijk) bewaakt, heeft hij veranderingen aangebracht in de bestaande orde en met de sporen uit het verleden een nieuwe wereld geschapen. Dit zegt ook iets over de schrijver die Eco is. Eco keert zich net als Adson tot een bibliotheek aan tekstfragmenten. Maar deze sporen uit het verleden worden niet kritiekloos overgenomen. We zagen het al bij Eco's definitie van de postmoderne oplossing: de traditie wordt op een ironische, niet-onschuldige manier herwerkt. We hebben in Eco's parodie op de manuscriptfictie reeds een voorbeeld daarvan behandeld.

DE ZOEKTOCHT NAAR HET VASTE PUNT

Adson verzamelt dus niet alleen, maar reconstrueert, legt verbanden en geeft betekenis. We kunnen stellen dat op deze manier eigenlijk alle personages, ook de personages die niet als vertellers fungeren, bewogen worden door het verlangen een ordening aan te brengen in de complexe wereld die zij om zich heen aantreffen.

In *De slinger van Foucault* parodiëren Casaubon, Belbo en Diotallevi het hermetische denken van de "diabolici", een verzameling geëxalteerde figuren die allerlei occulte wetenschappen beoefenen en op zoek zijn naar een Geheim dat ten gronslag ligt aan de wereldgeschiedenis. De drie gaan zelf een Plan ontwerpen, door willekeurige gegevens met elkaar te verbinden en elk denkbaar verschijnsel te zien als mededeling over een Geheim. Op een gegeven moment is deze denktrant geen parodie meer, maar wordt zij tweede natuur: "alle drie raakten we langzaam aan het doorzicht kwijt dat ons het soortgelijke van het identieke, en de metafoor van de dingen zelf doet onderscheiden." (p. 478) In het hermetische discours, door Eco geanalyseerd in *De grenzen van de interpretatie*, worden objecten niet op grond van hun identiteit gedefinieerd maar op grond van hun overeenkomst met iets anders (de auto wordt niet als auto gezien maar als iets anders). De interpretatie loopt door tot in het oneindige omdat alles altijd weer naar iets anders verwijst. Casaubon realiseert zich: "als je verbanden wilt vinden vind je die altijd, overal en in alles, de wereld explodeert in een netwerk, in een draaikolk van verwantschappen en alles verwijst naar alles, alles verklaart alles..." (p. 474)

Het Plan dat zij al doende construeren draait om de zoektocht naar "de Umbilicus Telluris, het Centrum van de Wereld." (p. 462) Degene die dit punt bezit, beheerst de tellurische stromen op de hele planeet en kan "continenten doen splijten, eilanden in de diepte doen zinken (...), wouden en bergen doen verrijzen..." (p. 463), kortom de aarde letterlijk herschrijven. De hele geschiedenis wordt herlezen in het teken van dit Geheim; alle verschijnselen in de werkelijkheid worden opnieuw be-tekend. Ze hebben nu zelfs "een goede reden voor de Tweede Wereldoorlog gevonden." (p. 539) Alhoewel het Plan niets uitsluit en zich tot in het oneindige kan uitbreiden, is het niet centrifugaal. Er is immers een punt, een centrum (letterlijk als de Umbilicus Telluris), waarin alle verschijnselen samenkomen: "Als er een Plan is is alles erin betrokken. Of het is allesomvattend of het verklaart niets." (p. 414) Een zelfde combinatie van het opknopen van een oneindig aantal verschijnselen aan één punt, ligt ten grondslag aan Belbo's interesse in de slinger van Foucault. De slinger vertelt dat terwijl de aarde draait, er één vast punt is in het universum; namelijk het punt in de ruimte boven de plek waar het touw van de slinger vastzit. Belbo ervaart het als "een manier om God te hervinden" (p. 243) voor mensen die niet geloven. Belbo realiseert zich dat deze god wel een zeer beperkte waarheid verkondigt, dat de slinger slechts de illusie geeft van een vast punt:

> "Ziet u Casaubon, ook de Slinger is een valse profeet. U kijkt ernaar, gelooft dat het het enige vaste punt in de kosmos is, maar als u hem losmaakt van het gewelf van het Conservatoire en hem ophangt in een bordeel doet hij het net zo goed. (...) Ieder punt in het universum is een vast punt, als je de Slinger er maar ophangt."
> "Is God op iedere plek?"
> "In zekere zin wel. Daarom houdt de Slinger me bezig. Hij belooft me het oneindige, maar laat mij de verantwoordelijkheid te beslissen waar ik dat hebben wil. Dus kun je er niet mee volstaan de Slinger te aanbidden op de plek waar hij hangt; je moet opnieuw een beslissing nemen en het beste punt zoeken. (...) Ik weet het niet, misschien zijn we altijd op zoek naar het juiste punt, misschien is het vlak bij ons, maar herkennen we het niet, en zou je er om het te herkennen in moeten geloven..." (pp. 244-245)

Belbo is dus op zoek naar een plek om zijn Slinger op te hangen in een wereld waarin alle mogelijkheden om nog in een bepaald *métarécit* te geloven verspeeld zijn.

Op een vergelijkbare manier probeert Roberto de La Grive betekenis te geven aan zijn lot in *Het eiland van de vorige dag*. Het boek presenteert zich als de reconstructie van de brieven van Roberto, door een verteller wiens identiteit niet onthuld wordt. Roberto schrijft de brieven in 1643 aan zijn "Dame" wanneer hij na een schipbreuk is aangespoeld op een ander schip: de *Daphne*. Het schip ligt voor anker in een baai bij een eiland in de Stille Zuidzee; de bemanning is afwezig. Roberto probeert betekenis te geven aan zijn stranding op de *Daphne*, hij probeert "te gissen naar de geheime boodschap die daarin besloten lag." (p. 48) Hij doet dat door "het verleden te beschouwen als weergave van het heden" (p. 48); door te zoeken naar "verbanden, redenen, voorbodes van zijn noodlot." (p. 54) Tegelijkertijd is ook de verteller op zoek naar een vast principe; de sleutel tot Roberto's brieven; de overkoepelende metafoor waarmee al het geschrevene te begrijpen zal zijn. Vanuit zíjn begrip van de brieven schrijft hij het verhaal, waarbij hij aangeeft dat hij aanwijzingen moet stelen "als een spion" (p. 25) en zijn fantasie af en toe de vrije loop moet laten. De tekst is eerder hypothese dan waarheid, geeft de verteller zelf voortdurend aan. Hij blijft

ELISABETH TONNARD

172

het bestaan van de brieven noemen maar zwakt de mogelijkheid van hun bestaan en kenbaarheid tegelijkertijd af, totdat ze op het eind niets meer zijn dan een voorwendsel om een verhaal te vertellen. In *De slinger van Foucault* is de verzwakking – iets implicieter – aanwezig in de overdrevenheid van het gegeven dat Casaubon zichzelf dit kolossale verhaal zou hebben verteld gedurende de luttele uren dat hij in Belbo's huis zit te wachten tot de diabolici hem zullen vinden.

Roberto gaat een heel systeem van analogieën creëren, precies volgens de gekunstelde retorica van zijn tijd waarbij het vooral belangrijk is een vernuftige kunstgreep te ontwerpen "die een wonderbaarlijke overeenkomst tussen twee voorwerpen lijkt uit te drukken, los van al onze overtuigingen, zodat door dit sierlijke geestesspel elke verwijzing naar het wezen der dingen als vanzelf verloren gaat." (p. 121) Net als in *De slinger van Foucault* kan ook in dit discours weer alles naar alles verwijzen; Roberto springt van analogie naar analogie zonder zich met de werkelijke aard van de dingen bezig te houden. Is zijn Dame al een beeld dat een reële vrouw vervangen heeft, nu wordt ook het eiland dat hij vanaf de *Daphne* kan zien maar niet bereiken een beeld van de Dame, een Eiland met een hoofdletter. De *Daphne* wordt vervolgens een teken voor het Eiland en de Dame omdat ook zij, in haar moeilijk te doorgronden structuur, onbereikbaar is. Roberto transformeert het schip tot een "Geheugentheater" (p. 105). Hij ziet elk onderdeel als een teken voor een gebeurtenis uit zijn verre of nabije verleden; het raakpunt met de werkelijkheid raakt volledig verloren. Het is veelbetekenend dat er iets mis is met Roberto's ogen; hij kan het zonlicht maar met moeite verdragen. De conditie van zijn ogen lijkt kenmerkend voor zijn hele gesteldheid. Hij beziet de wereld niet in een scherp licht maar kijkt door een raster dat hij zelf heeft gecreëerd.

Roberto meent zijn vaste punt op een gegeven moment gevonden te hebben in de meridiaan die voor het Eiland langs loopt. De excentrieke jezuïet Pater Caspar Wanderdrossel, de "Ander" op het schip, een levendige invocatie van Athanasius Kircher, heeft Roberto uitgelegd dat deze lijn de dag van vandaag scheidt van de dag van gisteren. Deze tijdgrens is natuurlijk een menselijke constructie, met de status van een metafoor, niet alleen omdat Caspar er een wel erg schimmige wetenschappelijke praktijk op na houdt, of omdat de verteller even later het verhaal op amusante wijze ontkracht (pp. 251-252), maar vooral omdat het systeem van lengtegraden nu eenmaal überhaupt een menselijke conventie is, zoals al onze indelingen van tijd en ruimte. Men zou deze "Slinger" in wezen ook op iedere andere plek kunnen ophangen; het vaste punt is overal en nergens. Roberto ziet de structuur echter voor een realiteit aan en meent dat het Eiland zich daardoor ook werkelijk in het verleden bevindt. Het bereiken van het Eiland "dat er gisteren geweest was" (p. 299), wordt voor hem "iets dat zijn leven voor eeuwig zin zou geven." (p. 298)

In *De naam van de roos* gaat de franciscaner monnik William van Baskerville met behulp van Adson weliswaar voorzichtiger te werk om de moorden die in de abdij plaatsvinden op te lossen, maar ook hij blijkt af te gaan op (de verkeerde) constructie in plaats van de realiteit. Hij denkt dat de moorden het patroon volgen van de zeven bazuinen in de Apocalyps, maar zij blijken door toeval binnen dit toch al breed invulbare kader te passen. Williams constructie heeft echter tot gevolg de moordenaar zelf óók in het patroon begint te geloven en zijn daden gaat beschouwen als onderdeel van een goddelijk plan. De detective heeft de moordenaar gevonden, maar door middel van een verkeerd, pas later tot realiteit geworden schema. Niet de werkelijkheid, of de tekens waren fout, maar de gecreëerde structuur, de betekenis die aan de tekens gegeven werd.

EEN KLEINE WAARHEID

Eco's personages komen er op een gegeven moment achter dat het systeem dat zij hebben opgesteld geen 1:1 overeenkomst met de werkelijkheid vertoont. De werkelijkheid heeft *an sich* geen betekenis. Het vaste punt blijkt een illusie; het centrum is overal. "Voorwaarde voor het bestaan van een spiegel van de wereld is dat de wereld een vorm heeft." (*De naam van de roos*, p. 128) Er kan geen allesomvattende weergave van de werkelijkheid worden gegeven. Adson, die eerst de wereld nog kon zien als een boek "waarin elk schepsel is als een boek en een spiegel van het leven en van de dood, waarin de nederigste roos tot een kanttekening wordt van onze aardse pelgrimsreis" (p. 293), beseft nu dat "stat rosa pristina nomine, nomina nuda tenemus", "De roos van weleer bestaat als naam, naakte namen houden we over." (p. 522) De tekens van de werkelijkheid hebben geen a priori betekenis – wij scheppen onze symbolen zelf; zij zijn geen realiteit maar slechts namen.

Maar dat is nog niet het eindpunt. In het besef dat de structuren die zij creëren niet de enig mogelijke werkelijkheid weergeven, kunnen de personages wel nog beperkte, tijdelijke, 'zwakke' structuren als werktuigen gebruiken. Wanneer William inziet dat de moorden gepleegd zijn om andere redenen dan hij dacht, beseft hij hoe de structuren die wij ontwerpen ons weliswaar ergens brengen, maar dat wij ze daarna moeten weggooien omdat zij "van zin verstoken" (p. 513) zijn. "De enige waarheden die dienstig zijn, zijn werktuigen die men na gebruik weggooit." (p. 513) Door op een redelijke manier tijdelijke modellen op te stellen is het toch mogelijk een stukje van het rizoom een beetje beter te bekijken.

Casaubon constateert in zijn recapitulatie dat er nooit een Geheim was behalve een leeg geheim. Achter het spel met gelijkenissen zit niets echts, het is een "oneindige ui" (p. 633) die steeds verder kan worden afgepeld en waarvan het centrum overal is en de omtrek nergens. Toch gelooft Casaubon niet dat het "zijn" leeg is, dat het alleen bestaat op grond "van de illusie van hen die op zoek zijn naar het geheim ervan." (p. 635) Hij raakt ervan overtuigd dat Belbo zich vóór dat hij aan zijn gruwelijk einde kwam, moet hebben gerealiseerd dat er "hoe breekbaar het zijn ook is, hoe oneindig en doelloos ons zoeken naar het waarom van de wereld ook is, iets bestaat dat meer betekenis heeft dan de rest." (p. 635) De legitimatie voor zijn mening vindt Casaubon in wat hij noemt de Sleuteltekst tussen Belbo's papieren. De tekst gaat over het moment waarop Belbo als kind de trompet mocht blazen tijdens een begrafenis van oorlogsslachtoffers. Als Belbo blaast, staat alles stil en heeft hij het gevoel dat hij "een draad afwond die de zon in toom hield." (p. 644) Wat hij door zijn adem deed zijn, is volgens Casaubons interpretatie op dat moment het "enige Vaste Punt dat het universum ooit had gehad." (p. 645) Dat moment "was geen teken geweest, geen symptoom, toespeling, figuur, signatuur of raadsel: het was wat het was en stond nergens anders voor, het moment waarop verwijzing niet meer bestaat, en de balans in evenwicht is." (pp. 645-646) Casaubons zoeken naar de 'Sleuteltekst' en zijn ordening van het verhaal in de overkoepelende metafoor van de sefirot-boom uit de kabbala, zijn natuurlijk ook pogingen om ordening aan te brengen in chaos. Met name de sefirot-boom is net als het Plan een 'sterk' model dat het oneindige wil onderbrengen, en uiteindelijk ook terugbrengen, in het Ene. Casaubon beschouwt het structurerende proces van het vertellen als analoog aan de poging van de kabbalisten de "natuurlijke vorm" terug te vinden om uit de "gruwelijke verwarring" (p. 226) te raken. Het helpt hem inderdaad om de dood van Belbo en het moment met de trompet in termen van de sefirot-boom en dus van het 'sterke' discours te beschrijven. Juist door de gebeurtenissen op deze manier te interpreteren, komt hij tot het inzicht dat er geen Plan is. We zagen al dat de postmoderne 'oplossing' bestaat uit een kritische en aandachtige herbezinning op het verleden en de 'vaste punten' die daarin gesteld werden. Deze reflectie haalt de vaste punten weer even terug, maar toont vooral hoe zwak ze eigenlijk altijd al waren. Het sterke denken wordt verzwakt door de radicalisering van zijn eigen tendensen.

DE PARADOXALE PARODIE

En toch schiet de tekst ons weer uit handen. De structuur van de sefirot-boom en dus van het hermetische discours – waarmee we nu toch definitief dachten te hebben afgerekend – *blijven in de tekst aanwezig*! Het boek is verdeeld in tien delen die elk de naam van een van de sefirot dragen. Vervolgens is het ook nog eens onderverdeeld in honderdtwintig hoofdstukken, een belangrijk getal in het hermetische denken en in het Plan. Goed – dit kunnen we misschien nog verklaren als onderdeel van Casaubons ordeningsstrategie. Maar wat ons definitief de das omdoet, is dat de sefirot-boom als motto voor in het boek is afgedrukt, en de volgende uitspraak helemaal achterin: "De uitgever acht het opportuun de lezer in kennis te stellen van het feit dat na de nacht van 23 juni 1984, op een verder onbekend tijdstip, de periscoop uit het Conservatoire des Arts et Métiers is verwijderd en dat het Vrijheidsbeeld achter in het koor is geplaatst." Het citaat refereert aan een episode in het verhaal en zet ons – net als de sefirot-boom – weer op het spoor van de complottheorie. Deze elementen zijn niet te verklaren vanuit Casaubon, die immers niet de schrijver van het boek is (zoals expliciet duidelijk wordt op de laatste bladzijde van het verhaal). Het boek gaat verder dan het verhaal. De parodie wordt zodoende paradoxaal: het is niet eenduidig of de parodie werkelijk alleen de parodie is. In de parodie is natuurlijk altijd juist dát aanwezig wat tegelijkertijd uitgedaagd wordt. Bij Eco echter wordt het geparodieerde niet slechts uitgedaagd, het speelt een actievere rol, als bouwsteen van de tekst.

In *Het eiland van de vorige dag* bleek het sterke denken vertegenwoordigd in het construeren van een de werkelijkheid uitsluitend netwerk van analogieën. Juist het construeren van verbeeldingen blijkt echter Roberto's redding te zijn. Hij verbeeldt zich dat zijn Dame gestrand moet zijn op een rots voor de andere kust van het Eiland, en besluit de wereld van zijn eigen verhaal binnen te stappen om haar te redden. Zodoende creëert hij een illusie die zin geeft aan zijn onvermijdelijke dood – maar dit keer in het volledige besef dat de Dame zijn personage is. Als hij weg zwemt van het schip heeft hij een "nu o zo scherpe blik" (p. 480). Was hij eerst slechtziend doordat hij zijn eigen fictie in plaats stelde van de werkelijkheid, nu heeft hij een scherp besef van de tijdelijkheid en beperktheid van zijn wereld in de oneindigheid van werelden. Tegelijk blijft hij toch trouw aan zíjn vaste punt en heeft hij zich net als Belbo gerealiseerd dat er "hoe oneindig en doelloos ons zoeken naar het waarom van de wereld ook is, iets bestaat dat meer betekenis heeft dan de rest." Een van Roberto's fixaties is de "Oranjekleurige Duif" die volgens Pater Caspar op het Eiland leeft en die Roberto transformeert "in het gulden merg, in de steen der wijzen, in het einde der einden." (p. 342) De verteller eindigt zijn verhaal:

> Voordat het lot, en het water, zich over hem zouden ontfermen, zou ik willen dat hij, af en toe rustend om op adem te komen, zijn ogen van de Daphne, die hij groette, naar het Eiland liet dwalen. Daarginds, boven de door de boomtoppen getekende lijn, zou hij met zijn nu o zo scherpe blik een pijl naar de zon hebben moeten zien schieten: de Oranjekleurige Duif. (p. 480)

Het paradoxale is dat de Duif, het beeld dat Roberto heeft geconstrueerd en waarover het boek reeds een ironische "Verklaring van de Duif" gaf waarin duidelijk werd dat aan deze Duif alle mogelijke betekenissen kunnen worden gegeven, zelfs de meest tegenstrijdige, en dat dit overvolle topos zodoende in wezen leeg is, nu opeens wordt overgeheveld naar de van Roberto onafhankelijke werkelijkheid. Dat lijkt tegenstrijdig met de boodschap dat Roberto teveel verzon; het wordt haast een legitimatie van Roberto's metaforenpraat. Bovendien wordt de

Duif geplaatst op de traditioneel meest belangrijke positie in de tekst: het einde waarnaar elke lezer toe leest: ons wordt gevraagd nu ontroerd te zijn door deze Duif, om zelf even te geloven in de metafoor. William construeerde een apocalyptisch schema ter verklaring van de misdaden, maar het schema bleek geen van hem onafhankelijke realiteit te zijn. Ook daar blijft echter de orde die geparodieerd wordt, aanwezig in de tekst. Nadat aan het licht is gekomen dat het apocalyptische schema illusoir is, komt het eigenlijk pas écht tot leven in de scène waarin de abdij ten onder gaat aan de allesverwoestende brand, een heuse *Apocalypse Now*. En de structuur van de Apocalyps komt vaker terug. De handelingen in de abdij nemen zeven dagen in beslag; een structuur die Adson gebruikt om zijn tekst in te delen en die we kunnen interpreteren als een verwijzing naar de *Openbaring* van Johannes waarin het getal zeven als basis voor de structuur dient. De algemene stemming in de abdij is er een van crisis, van het nakende einde der tijden. De opschriften in de vertrekken van de bibliotheek zijn regels uit de *Apocalyps*. In beide teksten komen visioenen en allusies voor. Adson ziet zichzelf als een soort Johannes die geroepen is om als een medium de mededelingen van God over de zin van de geschiedenis neer te schrijven. We zien dat het idee van een orde die zich buiten de personages om ontwikkelt, door de achterdeur weer naar binnen sluipt. We moeten niet denken dat Eco op deze manier heeft willen beweren dat er werkelijk zo'n schema ten grondslag ligt aan de geschiedenis van de wereld. Zijn parodie is paradoxaal: het is een niet-eenduidig spel dat zich afspeelt op het niveau van de tekst. De personages, en ook wij, kunnen Eco's taaluiting in het kwadraat niet reduceren tot één verhaal. De mogelijke wereld verspringt in vermenigvuldigingen van zichzelf zodra wij haar onder controle denken te hebben. De tekst blijft een oneindige bibliotheek van mogelijkheden waarin wij ronddwalen zonder vaste richtlijn. Net als de personages kunnen wij slechts beperkte constructies maken. Er is geen vast punt om onze Slinger op te hangen; zelfs de uiteindelijke bevindingen van de personages en van de lezer met betrekking tot de kleine waarheden worden nooit de plaats van een nieuw centrum. De mogelijke wereld van de tekst blijft verschieten, blijft klein. Eco's verontrustende ironie leidt niet tot een draad van Ariadne waarmee we het rizoom van de tekst kunnen lezen. De romans doen ons belanden in een draaikolk van mogelijkheden en verhalen.

178 ELISABETH TONNARD

BEKNOPTE BIBLIOGRAFIE

Werken van Umberto Eco
Romans
Il nome della rosa, Milano, Bompiani, 1980. (*De naam van de roos*, vert.
Jenny Tuin & Pietha de Voogd, Amsterdam, Bert Bakker, 1980;
1993[32].)
Postille a Il nome della rosa, Milano, Bompiani, 1983. (*Naschrift*, vert. Henny
Vlot, Amsterdam, Bert Bakker, 1984; later opgenomen in *De naam van
de roos*.)
Il pendolo di Foucault, Milano, Bompiani, 1988. (*De slinger van Foucault*,
vert. Yond Boeke & Patty Krone, Amsterdam, Bert Bakker, 1989;
1995[10].)
L'isola del giorno prima, Milano, Bompiani, 1994. (*Het eiland van de vorige
dag*, vert. Yond Boeke & Patty Krone, Amsterdam, Bert Bakker, 1995.)
Baudolino, Milano, Bompiani, 2000. (*Baudolino*, vert. Yond Boeke & Patty
Krone, Amsterdam, Bert Bakker, 2001.)

Parodieën
Diario minimo, Milano, Bompiani, 1963. (Keuze: *Ondersteboven*, vert. Yond
Boeke & Patty Krone, Amsterdam, Bert Bakker, 1992.)
Secondo diario minimo, Milano, Bompiani, 1992. (*Omgekeerde* wereld, vert.
Yond Boeke & Patty Krone, Amsterdam, Bert Bakker, 1993; herdruk
Op reis met een zalm, Amsterdam, Ooievaar Pockets, 1995.)
Plato in de bananenbar. Parodieën en travestieën, vert. Yond Boeke, Patty
Krone & Henny Vlot, Amsterdam, Ooievaar pockets, 1996. (Bevat een
keuze uit *Diario minimo, Apocalittici e integrati* en *Il superuomo di
massa*.)

Essays
Opera aperta, Milano, Bompiani, 1962.
Apocalittici e integrati, Milano, Bompiani, 1964.
Il costume di casa, Milano, Bompiani, 1973.
Trattato di semiotica generale, Milano, Bompiani, 1975; *A Theory of Semio-
tics*, Bloomington, Indiana University Press, 1976.
Dalla periferia dell'impero, Milano, Bompiani, 1977.
Il superuomo di massa, Milano, Bompiani, 1978. (Gedeeltelijk vertaald in
De structuur van de slechte smaak, vert. Henny Vlot, Amsterdam, Bert
Bakker, 1988.)
La poetiche di Joyce, Milano, Bompiani, 1979. (*De poëtica van Joyce*, vert.
Yond Boeke & Patty Krone, Amsterdam, Bert Bakker, 1990.)

Lector in fabula, Milano, Bompiani, 1979; *The Role of the Reader*, Bloomington, Indiana University Press, 1979. (*Lector in fabula*, vert. Yond Boeke & Patty Krone, Amsterdam, Bert Bakker, 1989.)

Sette anni di desiderio, Milano, Bompiani, 1983.

Semiotica e filosofia del linguaggio, Torino, Einaudi, 1984; *Semiotics and the Philosophy of Language*, Bloomington, Indiana University Press, 1984.

Sugli specchi e altri saggi, Milano, Bompiani, 1985. (*Wat spiegels betreft*, vert. Aafke van der Maade & Fons Visser, Amsterdam, Bert Bakker, 1991.)

Arte e bellezza nell'estetica medievale, Milano, Bompiani, 1987. (*Kunst en schoonheid in de Middeleeuwen*, vert. Frans Denissen & Carlo Depreytere, Amsterdam, Bert Bakker, 1989.)

I limiti dell'interpretazione, Milano, Bompiani, 1990; *The Limits of Interpretation*, Bloomington, Indiana University Press, 1990. (*De grenzen van de interpretatie*, vert. Yond Boeke & Patty Krone, Amsterdam, Bert Bakker, 1993.)

Sei passeggiate nei bischi narrativi, Milano, Bompiani, 1994; *Six Walks through Fictional Woods*, Cambridge, Mass.-London, Harvard University Press, 1994. (*Zes wandelingen door fictieve bossen*, vert. Ronald Jonkers, Amsterdam Bert Bakker, 1994.)

La ricerca della lingua perfetta nella cultura europea, Roma-Bari, Laterza, 1994. (*Europa en de volmaakte taal*, vert. Yond Boeke & Patty Krone, Amsterdam, Agon, 1995.)

Kant e l'ornitorinco, Milano, Bompiani, 1997. (*Kant en het vogelbekdier*, vert. Minne de Boer, Amsterdam, Bert Bakker, 2001.)

Cinque scritti morali, Milano, Bompiani, 1997. (*Vijf morele dilemma's*, vert Yond Boeke & Patty Krone, Amsterdam, Bert Bakker, 1998.)

Essaybundels in het Nederlands

De alledaagse onwerkelijkheid, vert. Frans Denissen, Gerda Plas, Annie van Rest & Mimi van Rhijn, Amsterdam, Bert Bakker, 1985. (Bevat een keuze uit *Il costume di casa*, *Dalla periferia dell'impero* en *Sette anni di desiderio*.)

De structuur van de slechte smaak, vert. Henny Vlot, Amsterdam, Bert Bakker, 1988. (Bevat een keuze uit *Apocalittici e integrati* en *Il superuomo di massa*.)

Werken over Umberto Eco

Swinging Foucault's Pendulum, themanummer *Modern Language Notes*, 107 (1992), pp. 819-904.

Themanummer over *De naam van de roos*, in *Substance*, 47 (1985).

180   ELISABETH TONNARD

CANNON, JoAnn, *Postmodern Italian Fiction. The Crisis of Reason in Calvino, Eco, Sciascia, Malerba*, Rutherford-London, Fairleigh Dickinson University Press – Associated University Press, 1989.

MUSARRA, Franco et. al. (red.), *Eco in fabula. Umberto Eco in the Humanities*, Proceedings of the International Conference (Leuven, 24-27 February 1999), Leuven-Firenze, Leuven University Press-Franco Cesati Editore, 2002.

MUSARRA-SCHRØDER, Ulla, "Van Rede naar redelijkheid. 'Il pensiero debole' in het werk van Italo Calvino en Umberto Eco", in *Yang*, 156 (1992), pp. 99-110.

PARKINSON ZAMORA, Lois, "Eco's pendulum", in *Semiotica*, 91 (1992), pp. 149-159.

PETITOT, Jean (red.), *Au nom du sens. Autour de l'oeuvre d'Umberto Eco*, Colloque de Cerisy, Paris, Grasset, 2000.

ROSSO, Stefano, "Postmodern Italy: Notes on the 'Crisis of Reason', 'Weak Thought', and *The Name of the Rose*", in CALINESCU, Matei & FOKKEMA, Douwe (red.), *Exploring Postmodernism*, Amsterdam [etc.], John Benjamins, 1987, pp. 79-92.

TONNARD, Elisabeth, "Umberto Eco's *Il pendolo di Foucault*; het herschrijven van de geschiedenis", in *Incontri*, 13:1 (1998), pp. 15-28.

VAN DEN BOSSCHE, Bart, "Et in encyclopaedia ego. De romans van Umberto Eco", in *Kreatief*, 29:3-4 (1995), pp. 79-95.

CLAUDIO MAGRIS
(°1939)

Natalie Dupré

Claudio Magris werd in 1939 te Triëst geboren en studeerde Germaanse talen aan de Universiteit van Turijn. Zijn licentiaatsverhandeling werd meteen ook zijn eerste boek: *Il mito asburgico nella letteratura austriaca moderna* ("De Habsburgse mythe in de moderne Oostenrijkse letterkunde", 1963). Met dit werk leerde Magris Italië de *Mitteleuropaïsche* cultuur kennen en profileerde hij zich van meet af aan als cultureel bemiddelaar. Sinds 1967 schrijft hij ook artikels en recensies in de *Corriere della Sera*, zowat het belangrijkste Italiaanse dagblad. Een aantal van deze journalistieke stukjes werd gebundeld in *Dietro le parole* ("Achter de woorden", 1978) en *Itaca e oltre* ("Itaca en verder", 1982). Bovendien heeft Magris heel wat literair-kritische essays op zijn naam: *Lontano da dove. Joseph Roth e la tradizione ebraico-orientale* ("Ver van waar. Joseph Roth en de ostjudische traditie", 1971), *Trieste. Un'identità di frontiera* ("Triëst. Een grensidentiteit"), *L'anello di Clarisse. Grande stile e nichilismo nella letteratura moderna* ("De ring van Clarisse. Grote stijl en nihilisme in de moderne letterkunde", 1984) en een aantal zelfstandige essays over o.a. Hoffmann, Ibsen, Svevo, Musil, Hesse, en Borges. Magris verwierf echter vooral bekendheid met zijn verhalend proza, dat ook in het Nederlands vertaald werd. Deze bijdrage wil dan ook vooral het narratieve luik van zijn werk belichten. Hierbij zal vooral aandacht gaan naar de bijzondere literaire mengvorm die de afzonderlijke narratieve werken met elkaar verbindt, evenals naar het belang van Magris als grensauteur.

TRIËST

Triëst is een voorbeeld van etnische heterogeniteit waarbinnen de verschillende cultuurgemeenschappen zijn blijven voortbestaan en

– weliswaar in bepaalde gevallen – een reëel contact hebben behouden. Eeuwenlang is Triëst immers het kruispunt geweest van een aantal belangrijke culturen waaronder de Germaanse, de Romaanse, de Slavische en de joodse. Het is precies deze overvloed aan culturele spanningen die de existentiële en artistieke complexiteit van 'grensauteurs' als Claudio Magris determineert. In het werk van deze auteurs verliest het grensconcept zijn strikt geografische betekenis om een metaforische dimensie aan te nemen en zowel het leven als de literaire creatie van de auteurs te bepalen. In *Trieste. Un'identità di frontiera* maakt Magris op zijn beurt een grondige historische en literair-kritische analyse van het moderne Triëst en haar grensliteratuur.

Het moderne Triëst zoals wij het nu kennen, bestaat nog niet zo lang. Het kosmopolitische karakter van de stad manifesteerde zich pas nadat Karel VI Triëst in 1719 het statuut van vrijhaven verleende. De economische voorrechten die aan dat statuut verbonden waren, brachten een niet aflatende immigratiestroom op gang. De Italianen, Slovenen, Kroaten, joden, Hongaren en Grieken die om economische redenen hun toevlucht zochten in de Habsburgse grensstad, boden evenwel weinig of geen weerstand aan het Italiaanse karakter van Triëst. De stad had haar eenheid gevonden in de Italiaanse cultuur die als gemeenschappelijke noemer moest fungeren voor haar disparate bevolking. Zelfs James Joyce – die jarenlang in Triëst verbleef – sprak het Triëstse dialect. Met de Slavische gemeenschap die zich aan de rand van de stad en in het Triëstse hinterland gevestigd had, bleven diepgaande contacten echter uit. De tegenstelling tussen de Italiaanse stad en het Slavische platteland, dat zich tot elke prijs wilde verstedelijken, leek onoverbrugbaar. De socio-economische en culturele achterstand die de Slavische bevolkingsgroep had opgelopen, leverde haar uiteindelijk een perifere en ondergeschikte rol binnen het Triëstse stadsleven op. In de loop van de negentiende en de twintigste eeuw versterkte deze spanning bovendien zowel het Slavische nationalisme als (paradoxaal genoeg) het Italiaanse irredentisme. Als een reactie op de zogenaamde "Slavische dreiging" verspreidde de beweging voor aansluiting bij Italië zich tot in liberale middens, ondanks de economische belangen die op het spel stonden. De spanning tussen de economische belangen van de stad enerzijds en haar culturele identiteit anderzijds tekende zich aan het begin van de twintigste eeuw af als een permanent conflict dat duidelijke sporen achtergelaten heeft in de Triëstse cultuur en literatuur.

DE TRIËSTSE LITERATUUR

"Triëst heeft geen culturele tradities," zei Scipio Slataper (1888-1915), één van de eerste exponenten van wat nu de bloeiperiode van de Triëstse literatuur genoemd wordt. Tot op het einde van de negentiende eeuw bestond het Triëstse literaire systeem uit een aantal periferieën, in hoofdzaak een Italiaanse en een Duitse, die er elk een epigonale literaire productie op na hielden. Het ging om werken die elk verband met de concrete Triëstse situatie misten. De auteurs in kwestie legden zich toe op het realistisch schetsen van het lokale wel en wee, zonder veel gevoel voor – of verlangen naar – nieuwe horizonten.

De zogenaamde bloeiperiode die hierop volgde is verbonden met enkele grote namen rond de eeuwwisseling zoals Svevo, Saba en Slataper. Het gaat om een zeer beperkt aantal in verhouding tot het enorme aantal auteurs dat in die jaren actief was in Triëst. Wat deze drie schrijvers gemeen hebben, is hun zin voor introspectie en hun streven naar nieuwe discursieve vormen. Triëst was in de eerste plaats een economische spil binnen het Habsburgse Rijk. De heterogeniteit van haar bevolking, die het resultaat was van eeuwenlange conflicten en kruisingen, vormde een basis voor latent aanwezige contradicties die de gemeenschappelijke handelsmissie van de burgerij moest zien te verzoenen. Bij gebrek aan een eigen culturele traditie stelde die Oostenrijkse burgerij – die echter in het Italiaans schreef – zich open voor de toenmalige Europese cultuur. Deze cultuur introduceerden ze op hun beurt in Italië en zo leverden ze in hun zoektocht naar een eigen Triëstse culturele identiteit een substantiële bijdrage tot de vernieuwing van de Italiaanse cultuur.

De generatie jonge Triëstse intellectuelen die naar Firenze trok, voelde zich in de eerste plaats aangetrokken tot toenmalige Florentijnse avant-garde-tijdschriften als *Leonardo*, *Lacerba* en *La Voce*, die net als deze Triëstse jongeren reeds vóór de Eerste Wereldoorlog op culturele vernieuwing uit waren. De Florentijnse mythe stond in de ogen van deze Triëstse intellectuelen echter niet alleen voor de aantrekkingskracht die uitging van Firenze als wieg van de Italiaanse cultuur en in het bijzonder van de Renaissance-cultuur. De Triëstse intellectuelen die Firenze opzochten waren tevens op zoek naar de Italiaanse taal die als fundament voor hun eigen Triëstse cultuur moest fungeren. Deze groep– met als boeg-beeld Scipio Slataper – legde de grondslagen van de Triëstse cultuur *in en door* de overdracht van de Duitstalige en de Scandinavische cul-tuur (Schopenhauer, Nietzsche, Freud, Hebbel, Weininger, Ibsen, Strindberg, enz.) die in Italië tot dan toe onbekend gebleven was. Deze cultuur hadden ze zich eigen gemaakt dankzij hun kennis van de Duitse taal en hun verblijven in Wenen en Praag en aan de Duitse universiteiten. In hun vernieuwings- en funderingsdrang verwierpen ze in samenspraak met hun Florentijnse avant-garde-collega's zowel de academische modellen van de Italiaanse literatuur als de canon van de Duitse traditie. In zijn toespraak *Ai giovani intelligenti d'Ita-lia* riep Slataper op te schrijven "maar alleen om duidelijkheid te scheppen in onszelf (...) en niet om te publiceren." De Europese cul-tuur die zij als model beoogden was niet de classicistische, maar de analytische cultuur en literatuur, die precies met het conflict tussen leven en waarden, tussen leven en voorstelling begaan was en een alomvattende crisis van taal, cultuur, maatschappij en kennis dia-gnosticeerde. Deze Europese invalshoek zou in de jaren dertig een nieuwe mythe doen ontstaan: de mythe van het Europese Triëst. *Triëst* zou samenvallen met *Europees* en de Triëstse literatuur zou worden beschouwd als een polemische vlucht weg van de fascistische, eng-nationale culturele autarchie.

De nieuwe Triëstse literatuur – in tegenstelling tot de epigonale negentiende-eeuwse productie – ontstaat precies vanuit de directe erva-ring van de Triëstse grenssituatie. Zonder evenwel te vervallen in een intellectualistisch misprijzen van het burgerlijke en commerciële gedachtegoed dat de stad sinds eeuwen bijeenhield, stelt deze litera-tuur zich kritisch op tegenover de totaalheerschappij van een aantal maatschappelijke normen en waarden en tracht recht te doen aan het *geheel* van Triëstse tegenstellingen. Deze gevoeligheid voor de com-plexiteit van de Triëstse situatie en het verlangen naar een authentie-kere vorm van eenheid hebben geleid tot de ontwikkeling van een analytische cultuur die Triëst tot een van de voorlopers gemaakt heeft

van de twintigste-eeuwse omwenteling in de literatuur. De nakende
teloorgang van de unitaire negentiende-eeuwse samenleving en de
daarmee gepaard gaande cultuurcrisis hadden in de Triëstse realiteit
een existentiële voedingsbodem gevonden.

ITALO SVEVO

De burgerlijke traditie van Triëst als economische pijler van het
Habsburgse Rijk wordt door de nieuwe generatie schrijvers – die de
Italiaanse cultuur aanhingen – als ambigu beleefd. Het burgerlijke
gedachtegoed wilde volgens hen samenvallen met het leven in al zijn
dimensies en zich profileren als een globale vorm van zich verhouden
tot de wereld. Deze gelijkstelling en vermenging van burgerlijke waarden en leven – een literair thema van Europees gehalte – wordt binnen de Triëstse context bij uitstek gethematiseerd door Italo Svevo,
alias Ettore Schmitz. Als handelaar – en dus ten volle participerend aan
het Oostenrijkse economische leven en het burgerlijke bestaan dat
daaraan verbonden was – zal hij zich in zijn schrijven richten op de
Italiaanse taal en cultuur. Het is trouwens de intense beleving van zijn
eigen burgerlijk bestaan die hem gemaakt heeft tot een van de belangrijkste maatschappijcritici van het begin van de twintigste eeuw. Svevo
beleeft de almacht en de overwinning van deze burgerlijke maatschappij als onontkoombaar én onoverkomelijk en is van oordeel dat
de voor hem onweerstaanbare literaire weerstand geen redding zal
brengen. Zijn toevlucht tot de Italiaanse taal en tot een imaginaire
dimensie heeft hem echter paradoxaal genoeg de kritische ruimte
geboden om deze ervaring terug te dringen. Svevo weigert het burgerlijke gedachtegoed als een afdoende synthese of verzoening te
beschouwen voor de contradicties en de waardeconflicten die zijn
omgeving bepalen, en dit zonder evenwel te denken dat hij zelf de
wonde zou kunnen helen. Vooral in zijn latere werk (vanaf *Bekentenissen van Zeno*) zal zijn zin voor analyse het halen op elke vorm van
globale aanspraak op het leven. Het onbehagen van de maatschappij,
aldus Svevo, kan enkel overwonnen worden als men het zich eigen
maakt en ermee samenvalt. De onmogelijkheid greep te krijgen op
het leven – en dit geldt eveneens voor de voorstelling van dat leven
en dus ook voor literatuur – vertaalt zich ook in angst voor het leven.

In deze optiek fungeert literatuur als een ruimte die zich onttrekt aan de greep van het leven op het subject. De angst dan weer voor de teloorgang van de diversiteit van het leven vinden we terug in Svevo's personages, die er alles voor over hebben om het moment van de definitieve scheiding van subject en leven uit te stellen. Magris merkt hierbij het volgende op:

> Deze kunst van het uitstellen en het verdagen is een typisch Habsburgse verdedigingstechniek, een *fortwursteln* – een politieke techniek die erin bestaat maar aan te modderen door zoveel mogelijk elke vorm van keuze uit te stellen – dat een existentiële stijl geworden is. Oostenrijk, dat eigenlijk slechts een voorlopig compromis van tegengestelde tendensen en een precair samenleven van contrasten was, had haar overleven sinds de vorige eeuw te danken aan de kunst die er in bestond deze staat van voorlopigheid alsmaar te verlengen en elke belangrijke keuze te ontwijken die dat evenwicht in gevaar kon brengen, of zou kunnen leiden tot het verdwijnen van heel wat van haar essentiële en tegengestelde componenten ten voordele van een eendimensionale richting.
> (*Trieste. Un'identità di frontiera*, pp. 85-86.)

Dit uitstellen en ontwijken wil tevens weerstand bieden aan het gevaar dat syntheses inhouden en worstelt voor het behoud van al wat dreigt op te gaan in voorstellingen en paradoxaal genoeg in de vluchtigheid van het leven zelf. Twijfel en onzekerheid fungeren in Svevo als tijd-ruimte van het verlangen dat behouden wil worden, het verlangen naar diversiteit.

Ook na de ontbinding van het Habsburgse Rijk – en zelfs tot na de Tweede Wereldoorlog – zou Triëst haar topografie met koloniale coördinaten behouden. Het centrum van de stad bleef in handen van de Italiaanse – zo niet italofiele – burgerij, terwijl de Slavische bevolkingsgroep, die zich als overwegend ruraal, katholiek en nationalistisch aftekende, in de buitenwijken huisde. Met deze laatste groep onderhielden noch de Italiaanse noch de joodse burgerij contacten. We stellen dan ook vast dat geen enkel van Svevo's personages contacten heeft of legt met de Slavische gemeenschap van de stad. En wanneer Slataper in de roman *Mijn Karstgebergte* (*Il mio Carso*) een voor die tijd revolutionaire bres poogt te slaan in de muur die de Slavische bevolking van de Triëstse burgerij scheidt, zal dit uiteindelijk met een sisser aflopen.

SCIPIO SLATAPER

Bij Svevo staat de Triëstse burgerij, die hij analyseert in haar dagelijkse bestaan, symbool voor de ondergang van de hele Europese maatschappelijke orde. Slataper daarentegen, die eerder politiek geïnspireerde thema's naar voren schuift, stelt zich toekomstgerichter op en wil de variëteit aan Triëstse tegenstellingen zelf tot grondslag maken van een nieuwe Triëstse cultuur. Slataper – aanvankelijk uitgesproken anti-irredentistisch – creëert een voor die tijd opmerkelijke opening naar de Slavische gemeenschap. Slataper wil van de Triëstse smeltkroes van culturen de grondslag maken van een nieuwe cultuur. We moeten echter vaststellen dat in *Mijn Karstgebergte* de Slavische cultuur verschijnt onder de vorm van een uitgesproken vitalistische voorstelling van een Slavische boer. Slatapers constructie blijkt een onhoudbare fictie en brokkelt af ten voordele van een duidelijker en hiërarchisch organisatieprincipe. Zijn funderingsdrang zal dan ook zijn uiteindelijke vorm vinden in een onverholen overgave aan de Italiaanse cultuurmythe die als gemeenschappelijke noemer en hanteerbaar ordeningsprincipe aan de basis komt te staan van een concreet cultureel en politiek project. De voorstelling van de Slavische boer toont echter eveneens aan hoe de levensdrang gedoemd is weg te kwijnen in zijn eigen voorstelling en hoe het verlangen naar de oprichting van een nieuwe cultuur paradoxaal genoeg leidt tot het achter zich laten van het leven ten voordele van het vooropgestelde doel. De spanning tussen levensdrang en morele verantwoordelijkheid gaat voor Slataper – overtuigd als hij was van het (zelf)destructieve karakter van de maatschappij – per definitie op in de dood. Met hierbij als cynische eindnoot dat hij in 1915 om het leven kwam op de Podgora, de plaats waar hij als vrijwilliger ingelijfd was in het Italiaanse leger.

De annexatie van Triëst bij Italië na de Eerste Wereldoorlog leidt tot een zware economische crisis. De ontgoocheling in het Italiaanse politieke en economische beleid maakt een bruusk einde aan het irredentistische elan dat het vooroorlogse Triëst verenigd had. De crisis bracht de spanningen, gebreken en onverzoenbare verschillen binnen het burgerlijk bestaan en gedachtegoed aan de oppervlakte. De illusie van eenheid wordt doorbroken en moet wijken voor de centrifugale krachten van een aantal op zichzelf staande bevolkingsgroepen die met aandrang en overtuiging hun autonomie verkondigden. Die drang naar diversiteit verschilt grondig van wat Slataper ooit beoogde. Hij wilde immers de authentieke Triëstse cultuur gronden in het *geheel* van haar verschillen en contradicties.

TWEE MYTHES: *TRIESTINITÀ* EN *MITTELEUROPA*

Na de TweedeWereldoorlog ontstaat in Triëst een literatuur die zich toelegt op het canoniseren van de vooroorlogse Triëstse literaire productie. Het wordt als het ware een Triëstse literatuur in het kwadraat. Voortbouwend op die traditie van grote schrijvers wil de naoorlogse generatie de zogenaamde *triestinità* of "triëstiniteit" tot culturele identiteit verheffen. Die identiteit is echter gebaseerd op een ondefinieerbaar verschil dat in de eerste plaats uitdrukking geeft aan het verlangen naar een grensoverschrijdende levenspraxis en cultuur. Terwijl Svevo en Slataper uitgingen van de concrete ervaring van hun grensstad, baseert deze nieuwe generatie zich op de ervaring van de vorige generatie en op de daarmee verbonden literaire mythe. In dit kader is vooral de ontdekking van de Oostenrijkse *cultuur* (versus *economie*) belangrijk. Tijdens de jaren zeventig en tachtig distantieert Triëst zich ten dele van de Italiaanse cultuur en moet de Italiaanse mythe wijken voor een nieuwe mythe, namelijk de Midden-Europese. Deze nieuwe cultuurmythe zal vervolgens een centrale rol spelen in de meer recente Triëstse pogingen tot zelfdefiniëring.

CLAUDIO MAGRIS EN GRENSLITERATUUR

In het werk van Claudio Magris houden sommige grenzen hardnekkig stand. Andere daarentegen worden haarfijn gedeconstrueerd en ontmaskerd als imaginaire en zelfs illusoire afbakeningen en definities. Deze laatste blijven bestaan als zovele verhalen die het moderne Ik maakt en die dat Ik op zijn beurt uitmaken. Ruimtelijke grenzen moeten immers worden beschouwd als bijzondere gevallen van algemenere, niet per se ruimtelijke entiteiten.

Grenzen liggen aan de basis van de sociale dimensie van het Ik. Ze bakenen het Ik af van zijn omgeving en onderscheiden het van het Andere. Maar grenzen veronderstellen ook hun eigen onmogelijkheid, d.w.z. de onmogelijkheid van een definitie of een omschrijving in termen van essenties en zo ook de onmogelijkheid van het "individuele", en dit ondanks de onweerstaanbare drang naar subjectiviteit van het moderne Ik.

DONAU

Donau (*Danubio*, 1986), Magris' bekendste werk, is niet zozeer een boek *over* Oost- en Centraal-Europa (*Mitteleuropa*), dan wel een staaltje moderne schriftuur dat niet alleen de definitiedrang thematiseert, maar tevens zelf tracht om te gaan met het verlangen te bestaan als uniek verhaal en perspectief op de reeds bestaande verhalen waar het naar verwijst. Daarom is de problematiek van de grens een uitstekende sleutel om het oeuvre van Magris te analyseren, evenals de hedendaagse Triëstse literatuur in het algemeen. Het grensgegeven bepaalt immers de voorstellingsmodaliteiten zelf van het discours en dus het bestaan van de tekst als dusdanig: de voorstelling van wat het Ik deels of helemaal als vreemd ervaart, of in het geval van Magris, wat hem altijd al eigen was en dat plotseling achter het IJzeren Gordijn verdwijnt. De concrete grenservaring is bepalend voor de wijze waarop het discours zelf grenzen (in ruime zin) genereert en hierover reflecteert.

Het draagvlak van grensliteratuur is precies het spanningsveld tussen de drang tot zelfbeschrijving en afbakening en de onmogelijkheid hiervan, tussen de behoefte zich als subjectieve eenheid te poneren en het alternatief zich over te geven aan de omringende veelheid die als oncontroleerbaar of onweerstaanbaar ervaren kan worden. Betekenis toekennen wil zeggen: rangschikken, definiëren, scheiden, verschillen aanbrengen, grenzen en limieten vastleggen. Grensliteratuur als dusdanig thematiseert dus tevens de onmogelijkheid van een coherente en definitieve zelfomschrijving en de onherroepelijke afstand tussen de orde van de idee en de concrete werkelijkheid.

In het proza van Magris, en in het bijzonder in *Donau* en *Microcosmi*, is er een dynamiek werkzaam tussen de verschillende discursieve genres (literaire en andere niet strikt-literaire). Magris schrijft zich in in de Duitstalige traditie die het essayistische in de roman binnenhaalde en deze mengvorm canoniseerde. Deze traditie gaat terug tot

Goethe en zijn *Wilhelm Meisters Lehrjare* en werd verdergezet door onder meer Thomas Mann en Robert Musil. Bovendien verwijst het gebruik van deze mengvorm bij Magris naar de theorie van het essayisme zoals die door Musil in *Der Mann ohne Eigenschaften* uiteengezet wordt. Deze concrete intertekstuele verwijzing is van fundamenteel belang in het hele oeuvre van Magris en laat toe de discursieve ruimte tussen essay en roman te definiëren.

De dynamiek tussen de narratieve en essayistische component van de tekst beweegt zich op verschillende niveaus. Enerzijds bevat *Donau* min of meer uitgebreide passages die gedachten van algemene aard ontwikkelen. Anderzijds moet het essayistische ook in cognitieve en existentiële zin begrepen worden. Het essayistische binnen de roman heeft dan betrekking op een welbepaalde houding tegenover de werkelijkheid en de tekst zelf. De dynamiek tussen de narratieve en de essayistische component, evenals het dominerende aandeel van de essayistische ten aanzien van de narratieve gedeeltes, mag niet worden beschouwd als slechts een in vraag stellen van de roman als literair genre. Het essayistische overwicht is teken van een meer algemene crisis die niet louter literair, maar cognitief en existentieel blijkt te zijn. Deze crisis stelt op haar beurt de grondslagen en de technieken van het vertellen in vraag en ontwricht het narratieve verlangen van de Ik-verteller.

In navolging van Musil stelt Magris tegenover de negatieve ervaring van de werkelijkheid, tegenover zijn gevoel van leegte en nietigheid een mogelijkheidszin (cfr. de *Möglichkeitssinn* van Musil). Het gaat hier om een cognitieve en existentiële houding tegenover de werkelijkheid die statisch noch reducerend werkt. Het essayisme van Magris heeft oog voor beweging, voor de veranderlijkheid van de werkelijkheid waar het naar verwijst. Magris wil afzonderlijke en contrasterende aspecten van de werkelijkheid samenbrengen en er de verbanden van aanduiden. Door de relaties bloot te leggen tussen enerzijds het bijzondere, en anderzijds de processen en (on)regelmatigheden die het unieke van het bijzondere onderscheiden, overstijgt de essayist zijn eigen subjectiviteit. Hij treedt in dialoog met het andere, met wat nooit samenvallen zal met zichzelf. Zonder een beroep te doen op dit andere zou hij immers ophouden te bestaan. De rol van de schrijver en de intellectueel bestaat er voor Magris niet in nieuwe denkbeeldige werelden te scheppen, noch *microcosmi* in het leven te roepen door beperkingen op te leggen aan bestaande werelden. Als essayist spreidt Magris de onherleidbare veelheid van de bestaande werkelijkheid ten toon om die vervolgens te overstijgen in de zoektocht naar zijn *mogelijke* betekenissen.

Hoewel de essayistische en de narratieve gedeelten formeel duidelijk onderscheiden zijn, zijn de essayistische gedeelten van het werk stevig verankerd in de vertelling (het verhaal van de reis). De gedachten en de uitweidingen van de Ik-verteller worden gegenereerd vanuit een aantal visuele impressies en andere zintuiglijke waarnemingen, en bijgevolg vanuit een concrete en unieke vertelsituatie die voortdurend verandert tijdens de reis. Zo verwordt het narratieve kader van de ideële reis tot een principe van dislocatie in tijd en ruimte. Op deze dislocatie zullen het essay (als discursieve vorm) en het essayisme (als cognitieve en existentiële houding) proberen in te spelen. De discursieve beweeglijkheid (het voortdurend wisselen van perspectief) ondermijnt het statische karakter van de (over)heersende discursieve vormen en formaties en werpt zo een ander licht op de personages, de momenten en de ruimtes die de Ik-verteller opzoekt. Hier dragen ook de ruimtelijke metaforen in *Donau* toe bij. Deze differentiëren en vermenigvuldigen de levensruimte van de literaire personages en intellectuelen, evenals die van de Ik-verteller zelf.

Fragmentatie neemt in *Donau* de vorm aan van een gespleten vertelstandpunt en wil de uitdrukking zijn van een verlangen naar eenheid en totaliteit dat bedolven werd onder het puin van de West-Europese moderniteit. Het essayisme van Magris ziet zo het licht in het verlangen de afstand te overbruggen die het Ik scheidt van wat zijn menselijke beperktheid overstijgt. Ondanks het besef van het absolute karakter van deze grens en het ontbreken van vaststaande en gegeven betekenissen en zin, geeft het essayisme vorm aan de poging om deze epistemische onmogelijkheid dan maar te compenseren. Het geloof in de mogelijkheid om zin te geven aan de werkelijkheid door haar betekenis toe te kennen, geeft bestaansrecht aan een wereld die er anders – net zoals het Ik – niet zou zijn. Magris volhardt in zijn mogelijkheidszin niettegenstaande het feit dat het Andere maar niet wil samenvallen met wat het Ik erin projecteert, namelijk zichzelf. Het gevoel van nostalgie naar wat Magris het "echte leven" noemt – en dus de aanwezigheid van een gemis – geeft *in extremis* vorm en gestalte aan een bestaan dat, hoewel het als leeg ervaren wordt, zich zijn conflicten en zijn ethische dimensie niet laat ontnemen. Het essayisme beweegt zich op de grens tussen wetenschap (het objectieve denken) en leven (en kunst) die het zonder de orde van het objectieve moeten doen: de grens tussen mentale orde en existentiële ambivalentie. Deze contradictorische polen werken binnen deze mengvorm op elkaar in, een mengvorm die dankzij haar discursieve souplesse en semantische veelzijdigheid de wereld ordent en voorstelt zonder haar te herleiden tot heldere concepten. In *Donau* verbindt de drang om eigen grenzen te overstijgen zich met het gevoel van onttovering omwille van de onherleidbare afstand tussen de voltooidheid van de idee en de concrete menselijke verworvenheden. Zo stelt de Ik-verteller aan de monding van de Donau in de Zwarte Zee vast dat een duidelijke grens tussen de wateren van de rivier en de metaforisch zwaar geladen zee ontbreekt. De zoektocht naar een helder en duidelijk onderscheiden fundament gaat op in een "Cimmerische oernevel" en doet de Ik-verteller "verdwalen in een einde dat ook een terugkeer naar het begin is" (*Donau*, p. 365), in het onbegrensde dat elke vorm van identiteit als dusdanig voorafgaat. De reis naar de monding van de Donau dreigt een vruchteloze achtervolging van een niet te achterhalen ultieme oorsprong te worden en zo in het niets op te gaan. Dit veroorzaakt a.h.w. een *opstopping* in de reflectie van de verteller die aanvankelijk schijnbaar ironisch opgelost wordt door een ietwat laconieke opmerking: "Houdt alles hier dus op? Na drieduizend kilometer film sta je op en ga je even de zaal uit, op zoek naar iemand die popcorn verkoopt, en in je verstrooidheid neem je een nooduitgang, aan de achterkant." (p. 404) Door het stromende water zal de vraag naar de enige echte, authentieke plaats waar de rivier uitmondt in de zee, zich oplossen in een aanroeping die de ultieme weerstand tegen het gevoel van leegte verwoordt: het verlangen naar en hoop op rust in de aanvaarding van de dood. De slotzin van *Donau* luidt: "Maak, Heer, dat mijn dood – luidt een regel van Marin – mag zijn als het uitstromen van een rivier in de grote zee."

MICROCOSMI

"Elke reis is in de eerste plaats een terugkeer," stelt Magris in *Microcosmi* (1997). Het cyclische karakter van deze reis (en van het bestaan in het algemeen) is explicieter dan in *Donau*. Binnen de tot op zekere hoogte lineaire structuur van *Donau* (van bron tot monding) doet de auteur plaatsen aan die hem vertrouwd zijn omdat hij ze als germanist bezocht. Eens voorbij de Oostenrijks-Hongaarse grens worden die echter alsmaar onbekender: de verteller begrijpt en spreekt de taal niet meer. *Microcosmi* voert de lezer in zekere zin weer door Centraal-Europa, maar in dit werk is er geenszins sprake van een lineaire, geplande en effectief gemaakte reis. In *Microcosmi* volgt Magris een parcours langsheen de extreme uiteinden, periferieën en personages van datzelfde *Mitteleuropa*, grensgebieden waarmee de auteur wel vertrouwd is en waar hij bijzonder aan gehecht is omdat hij er studeerde, werkte, vakanties doorbracht of vrienden voor het leven maakte (en dit geldt tevens voor de setting van Magris' theaterteksten, *Stadelmann* en *La mostra* ("De tentoonstelling").

Microcosmi zoekt details en bijzonderheden op en laat elke vorm van eenheid achter zich. Het boek wemelt van de perifere eigennamen en wil de zoektocht naar een oorspronkelijke eenheid aanklagen. De "microcosmi" zijn namelijk wat overblijft nadat het geloof in de mogelijkheid van een Totaliteit verloren gegaan is. Tegelijkertijd zijn deze minimale en afgelegen plaatsen het beeld van de auteur zelf. De identiteit die zo tot stand komt, is gefragmenteerd, precies zoals de ruimte waarin de Ik-verteller zich beweegt. De veelheid aan perspectieven in *Microcosmi* vindt haar oorsprong in de discursieve beweeglijkheid waarmee Magris de minimale ruimtes belicht.

CLAUDIO MAGRIS ALS CRITICUS EN WETENSCHAPPER

Naast een intertekstuele functie heeft de verwijzing naar het oeuvre van Musil en de beweeglijkheid van het vertoog ook een welbepaalde discursieve functie binnen het proza van Magris. De auteur doorkruist niet alleen verschillende cultuurgebieden, maar is tevens thuis in een aantal uiteenlopende disciplines. Deze interdiscursieve functie van de literaire tekst sluit, net zoals in het geval van Musil, nauw aan bij de veelzijdige biografie van Magris. Zowel Musil als Magris genoten een uiteenlopende vorming, waarop een al even gevarieerd beroepsleven volgde.

Magris is niet alleen prozaschrijver maar ook wetenschapper en criticus. Hij startte zijn academische carrière aan de Universiteit van

Turijn en is tot op de dag van vandaag verbonden aan de Universiteit van zijn geboortestad Triëst waar hij moderne en hedendaagse Oostenrijkse letterkunde doceert. Toch steekt ook binnen zijn literair-kritisch oeuvre zijn verteldrang steeds weer de kop op. Literaire kritiek en verhaalkunst vinden elkaar in een mengvorm die het midden houdt tussen essay en verhalend proza en voor Magris – zelf een verwoed lezer – worden andere auteurs op hun beurt personages. Dit laatste geldt ook voor Magris zelf, wat zijn literair-kritisch werk in een zekere zin ook autobiografisch maakt. Maar niettegenstaande Magris' interesse voor de tragiek van de moderne mens kan hij geenszins een tragisch criticus genoemd worden. Tegenover de nostalgie naar de verloren Totaliteit stelt Magris zijn zin voor epiek die de moderne fragmentatie in een compacte vorm voorstelt en laat bestaan. En het is dan ook voor dit samengaan van utopie en onttovering (cfr. *Utopia e disincanto*, "Utopie en onttovering", 1999) dat hem in 2001 de Erasmusprijs uitgereikt werd.

B<small>EKNOPTE</small> BIBLIOGRAFIE

Werken van Claudio Magris
Il mito absburgico nella letteratura austriaca moderna, Torino, Einaudi, 1963.
Lontano da dove. Joseph Roth e la tradizione ebraico-orientale, Torino, Einaudi, 1971.
Dietro le parole, Milano, Garzanti, 1978.
Itaca e oltre, Milano, Garzanti, 1982.
& A<small>RA</small>, Angelo, *Trieste. Un'identità di frontiera*, Torino, Einaudi, 1982; 2e uitgave 1987.
L'anello di Clarisse, Torino, Einaudi, 1984.
Illazioni su una sciabola, Milano-Bari, Cariplo-Laterza, 1984. (*Veronderstellingen aangaande een sabel*, vert. Anton Haakman, Amsterdam, Bert Bakker, 1991.)
Quale totalità, Napoli, Guida, 1985.
Danubio, Milano, Garzanti, 1986. (*Donau. Een ontdekkingsreis door de beschaving van Midden-Europa en de crisis van onze tijd*, vert. Anton Haakman, Amsterdam, Prometheus, 1988; 1997³.)
Stadelmann, Milano, Garzanti, 1988.
Un altro mare, Milano, Garzanti, 1991. (*Een andere zee*, vert. Anton Haakman, Amsterdam, Bert Bakker, 1992.)
Il conde, Genova, Il Melangolo, 1993. (*De conde*, vert. Anton Haakman, Amsterdam, Aalders & Knuttel Uitgevers, 1992.)
Le voci, Roma, Edizioni dell'Elefante, 1994.
Microcosmi, Milano, Garzanti, 1997. (*Microcosmi*, vert. Anton Haakman, Amsterdam, Bert Bakker, 1998.)
Utopia e disincanto, Milano, Garzanti, 1999.
La mostra, Milano, Garzanti, 2001.
In 2001, naar aanleiding van de toekenning aan Claudio Magris van de Erasmusprijs, verscheen in het Nederlands de bloemlezing *Langs grenzen. Essays, fragmenten en verhalen*, vert. Anton Haakman, Amsterdam, Bert Bakker, 2001. De bundel bevat voornamelijk reeds eerder vertaalde essays, plus enkele opstellen uit de recente bundel *Utopia e disincanto*.

Werken over Claudio Magris
Over Triëstse literatuur in het algemeen:
D<small>UPRÉ</small>, Natalie, "'Triëstiniteit'. Over grens, identiteit en chaos", in *Jaarboek voor Literatuurwetenschap*, 1 (2000), pp. 146-157.
Les mystères de Trieste, themanummer van *Critique. Revue générale des publications françaises et étrangères*, 435-436 (1983).

Over Claudio Magris:

DE MOOR, Piet, "Wie geen ironie inbouwt, verliest", in *De Groene Amsterdammer*, 3 november 2001.

PELLEGRINI, Ernestina, *Epica sull'acqua. L'opera letteraria di Claudio Magris*, Bergamo, Moretti & Vitali, 1997.

POLEZZI, Loredana, "Different Journeys along the River. Claudio Magris's *Danubio* and Its Translation", in *Modern Language Review*, 93:3 (1998), pp. 678-694.

VERSCHRAEGEN, Gert, "De toekomst aan het verleden teruggeven" [over *Microcosmi*], in *Streven*, 66:3 (1999), pp. 244-249.

ANTONIO TABUCCHI
(°1943)

Monica JANSEN

Wie is Antonio Tabucchi? We zouden dit als een indiscrete vraag kunnen beschouwen en haar daarom onbeantwoord laten. Tabucchi is namelijk een van die schrijvers die zich achter zijn geschriften wenst te verbergen, die de ambitie koestert in literatuur te veranderen. Het volgende citaat van de Mexicaanse dichter Octavio Paz is hem zeer geliefd: "Los poetas no tienen biografia. Su obra es su biografia," oftewel dichters hebben geen biografie, hun werk is hun biografie (het citaat is afkomstig uit Paz' essay over Fernando Pessoa, en wordt door Tabucchi o.a. aangehaald in de proloog van zijn verhalenbundel *Donna di Porto Pim*). Inmiddels is Tabucchi echter een van de bekendste hedendaagse schrijvers van Italië, en dit niet alleen dankzij de kwaliteit van zijn literaire werk, maar ook wegens zijn werkzaamheden als lusitanist en vertaler, als literair criticus en journalist die de polemiek niet schuwt. (In deze laatste functie heeft Tabucchi o.a. in 1999 een reportage gepubliceerd over de toestand van de Roma-zigeuners in Florence (*Gli zingari e il Rinascimento – Vivere da Rom a Firenze*), een situatie die hij als symptomatisch beschouwt voor de groeiende intolerantie tegenover minderheden.)

Antonio Tabucchi werd in 1943 geboren te Vecchiano, bij Pisa. Naast het schrijven van fictie doceert hij Portugese literatuur aan de Universiteit van Siena. Hoe zijn liefde voor Portugal en de dichter Fernando Pessoa in het bijzonder is ontstaan, is een verhaal dat hij graag vertelt. Het gebeurde allemaal in 1964 in Parijs toen de student Tabucchi de terugreis aanvaardde naar Italië en in een boekenstalletje bij het Gare de Lyon een bundeltje gedichten kocht van ene Álvaro de Campos, *Bureau de tabac* (*Tabacaria*). Hij raakte zo gefascineerd door deze fictieve auteur, een 'heteroniem' van de dichter Pessoa, dat hij twee jaar later naar het salazaristische Portugal reisde, waar hij behalve zijn toekomstige vrouw (Maria José de Lancastre) enkele literaire dissidenten zou ontmoeten (o.a. José Cardoso Pires en Alexandre O'Neill) die goede vrienden werden. Sindsdien zijn de Portugese literatuur en geografie in veel van Tabucchi's werken terug te vinden, als intertekst (Pessoa is niet alleen bron maar ook personage), als decor (de steden Lissabon en Porto, maar ook de Azoren, Goa en Macau), en zelfs als de taal van affectie en herinnering die hem in 1991 een van zijn romans, *Requiem. Uma halucinação*, heeft gedicteerd.

Tabucchi debuteert in 1975 met de korte roman *Piazza d'Italia*, en publiceert daarna enkele verhalenbundels (*Il gioco del rovescio, Donna di Porto Pim, Piccoli equivoci senza importanza, I volatili del Beato Angelico, L'angelo nero, Sogni di sogni*) en korte romans (*Notturno indiano, Il filo dell'orizzonte, Requiem*). Zijn eerste echte roman, *Sostiene Pereira*, uit 1994, is met vele prijzen bekroond (Premio Viareggio-Repaci, Premio Campiello, Premio Scanno, Premio dei Lettori, Prix Européen Jean Monnet) en werd verfilmd door Roberto Faenza met Marcello Mastroianni in de hoofdrol.

Tabucchi, die net als Mallarmé de droom van de ideale roman koestert die de hele wereld kan bevatten, is zich ervan bewust dat een dergelijk project altijd onvoltooid zal blijven, zich alleen zal verwezenlijken als *work in progress*:

> Als ik er ooit in zou slagen om een buitenhuis te bouwen, dan zou dit ongetwijfeld uit heterogeen materiaal bestaan, een collage van vele vormen. Het zou een roman zijn die ook uit theater bestond, uit verhalen en dialogen en verschillende soorten proza. Kortom, een weinig elegant en zeer warrig omhulsel, net als de wereld waarin ik leef.
> (*Il monolocale del racconto*, in *Alfabeta*, 84 (1986), p. XII.)

Tabucchi's voorkeur voor een eclectische literatuur is ook te verbinden met zijn wens uitsluitend met zijn geschriften geïdentificeerd te worden en niet met een groep of stroming met een specifieke herkenbare stijl. Het is geen tijd meer voor manifesten, zegt Tabucchi tegen zijn critici. Zo'n uitspraak past bij een auteur die al gauw door de kritiek wordt ingelijfd bij de zogenaamde *giovani narratori*, een groep die in 1985 vorm krijgt met de eerste hevige debatten in de dagbladen, en een goed exportproduct blijkt te zijn op de Frankfurter Buchmesse van dat jaar. Niet meer de voor een select lezerspubliek bestemde hyperliteraire experimenten van de neo-avant-garde uit de jaren zestig, maar terug naar het plezier van vertellen en communiceren, naar een plot, personages, een leesbare stijl en chronologische opbouw. De 'jonge schrijver' schrijft niet meer in naam van iets groters, van een groepspoëtica of ideologie, maar is op zijn eigen lees- en levenservaring aangewezen, zonder daarbij te kunnen varen op het kompas van meesters of scholen. Tabucchi zegt over deze omwenteling in een interview:

> Het romangenre kon niet langer doorgaan met de schema's die het Italiaanse neorealisme oplegde en juist tegen het neorealisme kwam de neo-avant-garde, volgens mij met alle redenen daarvoor, in verweer. Er zijn en er waren echter andere romanvormen die een uitweg, een vorm van continuering konden bieden.
> (P. Caglianone & M. Cassini (red.), *Conversazione con Antonio Tabucchi*, 1995, p. 24.)

Tabucchi's wens zich te identificeren met de literatuur die hij leest en schrijft, kortom met een wereld van teksten, wekt de indruk dat hij, in de naam van metafictie, de scheiding tussen werkelijkheid en fictie op wil heffen. Dit heeft meerdere critici ertoe gebracht hem ook te beschouwen als een exponent van het postmodernisme. Volgens sommigen zou Tabucchi zelfs een van de weinige hedendaagse Italiaanse auteurs zijn die niet beledigd is als hij "postmodern" genoemd wordt (zoals Remo Ceserani opmerkt in zijn in 1998 verschenen *Raccontare il postmoderno*, p. 201). Tabucchi zelf zet hier echter zijn kanttekeningen bij. Voor hem betekent postmodernisme niet alleen het literaire spel met vormen, genres en citaten. Dit spel heeft voor hem de betekenis van een nieuwe literaire houding die niet meer een keuze wil maken voor de literatuur of voor het leven, die de tegenstelling 'of/of' van de avant-garde wil vervangen met de paradox 'en/ook' van het postmodernisme.

Het gaat er Tabucchi niet zozeer om de wereld in tekst te vertalen, maar om de tegenstelling tussen leven en schrijven te problematiseren en deze voor te stellen als een paradox. Tabucchi's proza vormt een bewogen zoektocht naar het punt waar extremen elkaar raken of waar verschillen ontstaan. Het gaat over de moeilijke verhouding tussen het leven dat stroomt in zijn chaotische en oneindige veelvuldigheid, en de noodzaak deze vast te leggen in een begrijpelijke ordening; over de verhouding tussen taal en dingen, tussen fantasie of droom en werkelijkheid, tussen leugen en waarheid, tussen verleden en heden. In zijn poging een keuze te herzien die door de progressieve avant-gardes is geformuleerd, óf leven óf schrijven, schuilt tevens de sociale dimensie van Tabucchi's preoccupatie met de paradox van de 'ware fictie'.

MISVERSTANDEN EN OMKERINGEN

De paradox waar Tabucchi zich mee meet is die van de Griekse denker Epimenides. Deze suggestie komt van een personage, de Indiase teosoof Xavier Janata Monroy, die zich in een fictieve brief aan de schrijver Tabucchi als volgt uitdrukt:

> U herinnert zich misschien de paradox van Epimenides die min of meer als volgt luidt: DE ZIN DIE VOLGT IS ONWAAR. DE ZIN DIE VOORAF GAAT IS WAAR. Zoals u opgemerkt zult hebben zijn de twee zinshelften elkaars spiegel. (...) Inderdaad kan deze bewering tegelijkertijd waar en onwaar zijn.
> (*La frase che segue è falsa. La frase che precede è vera*, in *I volatili del Beato Angelico*, p. 52.)

Het is dankzij de eigenschappen van deze paradox dat de grenzen tussen tegenstellingen in elkaar overvloeien. Het is juist deze vloeibaarheid van de dingen die Tabucchi in zijn proza wil vatten. Hij tracht het geschreven woord zo helder maar ook zo veelstemmig te maken, dat de dingen niet eenduidig vast komen te liggen, maar de onduidelijke contouren van het leven behouden. Zijn verhalen zijn dan ook open structuren die de lezer uitnodigen om verder te gaan dan een sluitende verklaring. Om deze poëtica van het vloeibare te bereiken, bedient Tabucchi zich van een aantal stijlmiddelen.

Het werk van Tabucchi is vol van citaten en intertekstuele verwijzingen afkomstig uit de literatuur, ook populaire genres zoals de detective en de fantastische literatuur, reis- en avonturenboeken, uit theater, cinema, uit klassieke en populaire muziek, uit de fotografie en de beeldende kunsten. Het zijn allemaal voorbeelden, spiegels of varianten die de raadselachtige veelzijdigheid van onze dagelijkse werkelijkheid versterken.

Vaak brengen deze citaten misverstanden ("equivoci") teweeg omdat het gelijke stemmen ("voci uguali") zijn die echter in elke nieuwe context andere betekenissen krijgen. In de *Nota* die vooraf gaat aan de verhalenbundel *Kleine onbelangrijke misverstanden* (*Piccoli equivoci senza importanza*), legt Tabucchi uit waarom hij zich aangetrokken voelt tot dingen buiten hun plaats:

> In de barok hield men van misverstanden. Calderón en anderen met hem verhieven het misverstand tot metafoor voor de wereld. (...) Ook ik heb het over misverstanden, maar ik geloof niet dat ik van ze houd; ik heb een beetje de neiging om ze te vergáren. Vormen van onbegrip, onzekerheid, te laat inzicht, zinloze spijt, herinneringen die misschien bedriegen, domme vergissingen die niet meer goed te maken zijn: dingen die buiten de orde vallen, oefenen een onweerstaanbare aantrekkingskracht op me uit, bijna als was het een roeping, een armzalig stigma waar niets verhevens aan is. De wetenschap dat het om een wederzijdse aantrekkingskracht gaat, is niet erg troostrijk. Troost zou ik kunnen vinden in de overtuiging dat het bestaan op zichzelf een misverstand is en dat het ieder van ons ruim bedeelt met misverstanden, maar ik geloof dat dit een, misschien aanmatigend, axioma is dat niet veel verschilt van de barokke metafoor.
>
> (*Kleine onbelangrijke misverstanden*, p. 7.)

Een even geraffineerde stijlfiguur is die van het omkeerspel of *Gioco del rovescio*, zoals de titel van een andere verhalenbundel van Tabucchi luidt, een "oude slechte gewoonte" van de auteur om de dingen van de andere kant te bekijken waardoor iets wat eerst 'zo' was het daarna ook op een andere manier is. Het omkeerspel is van oorsprong een kinderspel uit Buenos Aires[1] en misschien kan Maria do Carmo, de hoofdpersoon van het gelijknamige verhaal, de spelregels uitleggen:

> Het spel bestond hieruit (...), we gingen in een kring staan, vier of vijf kinderen, we telden af, en degene die aan de beurt was ging in het midden staan, koos zomaar iemand uit en riep een woord naar hem, om het eender welk, bijvoorbeeld *mariposa*, en deze moest dat dan zo snel mogelijk omgekeerd uitspreken, zonder na te denken, want de ander telde een twee drie vier vijf, en bij vijf had hij gewonnen, maar als jij op tijd

---

[1] Hier is de aanwezigheid voelbaar van een andere geliefde auteur van Tabucchi, de Argentijn Jorge Luis Borges. Bovendien is Tabucchi's omkeerspel ook verwant met het Argentijnse slang *lunfardo*, tevens bekend onder de naam *vesrre*, een omkering van *revés* dat in *al revés* "andersom" betekent.

asopiram wist te zeggen, dan was jij de koning van het spel, ging je midden in de kring staan en riep je jouw woord naar wie je maar wilde. (*Il gioco del rovescio*, p. 14.)

De ontdekking dat de onvoorspelbare omstandigheden van het leven op een kinderspel lijken kan de auteur echter niet gerust stellen. Hij schrijft in het voorwoord: "Het was een ontdekking die mij geschokt heeft."

Het samenvloeien van tegengestelde waarden betekent in feite de onmogelijkheid om conclusies te trekken. Uiteindelijk is alles hetzelfde. Je zou hieruit kunnen concluderen dat Tabucchi sceptisch of pessimistisch tegenover het leven staat, zoals de Indiase teosoof Janata Monroy van mening is in een van zijn fictieve brieven aan de auteur.

Laten we echter, alvorens de Indiase teosoof gelijk te geven, voortgaan op onze zoektocht door het universum van Tabucchi. De auteur wil in zijn werk niet alleen de paradox tussen chaos en orde, tussen waar en onwaar expliciet maken, hij wil ook zichtbaar maken wat die paradox in beweging zet. De motor die de auteur gebruikt om de paradox te activeren is zijn bekwaamheid in het stellen van vragen, een "voorrecht van schepsels die de Natuur niet tot voltooiing heeft gebracht." (*Nota* in *I volatili del Beato Angelico*, p. 10) Tabucchi's personages zijn onvoltooide wezens op zoek naar hun bestaansreden. Het zijn ogenschijnlijk doodgewone burgers die onder hun grijze pak een revolutionaire onrust verbergen omdat het leven hun rust verstoort en zij het leven verstoren. Behept met een grote bewegingsvrijheid in een fictieve ruimte die zich van India tot Zuid-Amerika uitstrekt, en met de wens – overmoedig soms? – om het verband te vinden dat de dingen die hen omringen zin geeft, ondernemen ze hun reis naar een elders dat zich buiten de paradox bevindt. Maar het einde van de paradox is als de lijn van de horizon: een meetkundige plaats die zich verplaatst wanneer wij ons verplaatsen en uiteindelijk bevinden alle personages zich bij toeval op een ongewilde plek met het besef dat dus het toeval hun levens leidt. Laten we een van deze personages volgen, Spino, de hoofdpersoon van *De lijn van de horizon* (*Il filo dell'orizzonte*).

De korte roman *De lijn van de horizon* uit 1986 vertelt het verhaal van Spino, die onder zijn eenvoudige kostuum van verpleger in een lijkenhuis een bewogen innerlijk leven verbergt, bereid om de zin van de dingen te achterhalen, zoals zijn naam al zegt, want – zo suggereert Tabucchi – deze kan worden gelezen als een afkorting van Spinoza: "Men zal naar voren kunnen brengen dat het een afkorting is van Spinoza, een filosoof van wie ik houd, dat zal ik niet ontkennen; maar deze naam heeft beslist nog andere betekenissen."

Op een nacht brengt een ambulance een jonge anonieme dode naar het lijkenhuis. Spino is zeer geboeid door deze dode en begint een persoonlijk onderzoek om diens identiteit te achterhalen. Voor Spino heeft het zoeken naar de identiteit van "Nobodi", oftewel de "bandiet zonder naam", niet het doel van politiespeurwerk maar is eerder een existentiële noodzaak. Zijn morele overtuiging zegt hem dat je de mensen niet in het niets kunt laten sterven, "dat is alsof iemand twee-maal sterft." (p. 51) Geconfronteerd met de dood voelt hij de behoefte om een betekenis te geven aan zijn eigen bestaan en hij probeert dat terug te vinden in het verleden van een ander. Het is dus geen toeval dat de zoektocht van Spino zich juist op de hoeken van de stad richt waar het verleden bewaard is gebleven. De stad blijft ook anoniem maar met haar kabelbanen en huizen die op bergen zijn gebouwd doet ze denken aan Genua. De bezoeken die Spino aflegt voegen echter bijna niets toe aan de informatie die de politie hem verstrekt heeft en bij de laatste afspraken met de mogelijke getuigen komt niemand opdagen, teken dat het onderzoek als externe handeling steeds meer intern geworden is, enkel in de gedachten van Spino bestaat.

Op dit punt aangekomen, beseft Spino dat noch de ander, noch het verleden van een ander hem in staat zullen stellen om het ware ver-band te doorgronden tussen hem en de dingen, omdat zowel de ander als het verleden enkel dankzij hem bestaan. En toch moet je op zoek gaan in je omgeving om jezelf te vinden. Op een gegeven moment zegt Spino tegen een ander personage:

> En jij? (…) Wie ben jíj voor jezelf? Als je dit op een zekere dag zou wil-len begrijpen, weet je dat je dan rond zou moeten gaan op zoek naar jezelf? Dat je tot een reconstructie van jezelf zou moeten komen, in oude laden snuffelen, andermans getuigenissen zien in te winnen, de sporen die je her en der hebt achtergelaten en bent kwijtgeraakt? Alles is duister, je moet op de tast verder. (p. 80)

De dringende vragen van Spino blijven onbeantwoord, sterker nog, aan het einde van het boek begeeft Spino zich om middernacht naar zijn laatste afspraak in een loods in de haven waar hem de waarheid onthuld zou moeten worden. "Ik ben het", zegt Spino, "ik ben gekomen", maar hij krijgt geen antwoord. De onthutsende ontdekking van Spino in een ondoordringbaar duister aangekomen te zijn is echter niet louter negatief maar brengt ook enkele positieve uitkomsten met zich mee.

Wanneer Spino ontdekt dat hij de enige is in die donkere loods, begint hij in eerste instantie te lachen, eerst zachtjes en dan hard. Met andere woorden, Spino verwerft de kunst van de autoironie die kan dienen om de wisselvalligheid van het lot te relativeren. Voorts leert Spino de dingen, die zonder betekenis blijven, te waarderen als op zichzelf staande details. De roman is inderdaad bezaaid met details. De plekken die Spino bezoekt en de personen die hij ontmoet zijn met uiterste precisie beschreven, met een uitgesproken plezier in de observatie, ook al helpt deze niet om het leven te doorgronden. In het boek hebben alle straten en pleinen een naam, enkel het algemene kader om ze in te plaatsen ontbreekt. In een interview met *NRC Handelsblad*, verschenen in oktober 1988, verklaarde Tabucchi: "Ik houd zo van details, bestaat het leven niet uit details? Het geheel ontglipt ons, dus het minste wat we kunnen doen is de details geven."

De onmogelijkheid om uit een paradoxale werkelijkheid te treden betreft niet alleen de personages, maar ook de auteur zelf en heeft tevens consequenties voor de lezer. De schrijver vertrekt met het voornemen de werkelijkheid te vertellen zoals die is, maar hij eindigt als een vervalser van de waarheid, als een leugenaar die de lezer bedriegt.

Bewust van deze bedrieglijkheid, zegt Tabucchi in een van zijn verhalen: "Het is merkwaardig hoe romans erin slagen schuldcomplexen te veroorzaken." (*Storia di una storia che non c'è*, in *I volatili del Beato Angelico*, p. 59) En hij geeft schuldbewust toe: "tot deze conclusie gekomen zou het, daar ben ik me van bewust, een gezonde en coherente beslissing zijn om op te houden met schrijven." (*Il monolocale del racconto*, in *Alfabeta*, 84 (1986), p. XII) Zijn slechte geweten doet hem echter niet besluiten om het spel te breken, maar stimuleert hem om verhalen te schrijven over berouw en schuldgevoelens.

Een voorbeeld hiervan is de korte roman *Requiem* waarin, zoals de titel al aangeeft, de verteller en hoofdpersoon rust probeert te schenken aan de zielen van de doden die door zijn onrust en verbeelding weer tot leven zijn gewekt. In een snikheet Lissabon, op een zondagmorgen midden in de zomer, heeft de verteller een afspraak met de geest van Fernando Pessoa, een Portugese dichter die reeds lange tijd zijn fictie en die van zijn auteur, Tabucchi, bewoont. De ontdekking een leugenaar te zijn dankt Tabucchi inderdaad aan deze modernistische dichter die zijn beroemde gedicht *Autopsychografie* als volgt begint: "De dichter wendt slechts voor. / Hij veinst zo door en door / dat hij zelfs voorwendt pijn te zijn / zijn werkelijk gevoelde pijn." (vert. August Willemsen) Wegens een misverstand (een veel voorkomend verschijnsel in het proza van Tabucchi) is de hoofdpersoon al om twaalf uur 's middags op de plaats van bestemming in plaats van om twaalf uur 's nachts. Dit stelt hem in de gelegenheid de dag door te brengen met het bezoeken van enkele personen en plekken uit zijn verleden die hem het meest gekweld hebben en die hem het meest dierbaar zijn. Hieronder bevindt zich ook een bezoek aan een schilderij van Hiëronymus Bosch, *De Verzoeking van de Heilige Antonius*, dat in het Museu de Arte Antiga hangt. Als de hoofdpersoon de zaal binnengaat om het schilderij te bekijken, vindt hij daar een schilder die enkele uitvergrote details aan het kopiëren is voor een miljardair uit Texas. Ze beginnen over zijn werk te praten en de Kopiist vertelt hem dat dit schilderij oorspronkelijk een thaumaturgische werking had en wonderen verrichtte bij mensen met huidziekten. Het hart van de hoofdpersoon klopt hevig en hij begint te zweten, want het virus waar de Kopiist hem over spreekt, antoniusvuur, komt hem zeer bekend voor:

> Vertel me dan eens over dat virus, zei ik, wat weet u van dat virus? Het is een zeer vreemd virus, zei de Kopiist, naar het schijnt zijn we allemaal dragers van larven van dat virus, maar het wordt pas manifest wanneer het immuunsysteem van het lichaam verzwakt is, dan slaat het in alle hevigheid toe, daarna wordt het sluimerend en slaat het opnieuw toe, het is cyclisch, ik zal u eens wat vertellen, volgens mij is herpes een beetje als een slecht geweten, het sluimert in ons en op een mooie dag ontwaakt het en valt het ons aan, en vervolgens wordt het weer sluimerend omdat het ons lukt ons slechte geweten te sussen, maar het blijft altijd in ons aanwezig, er valt niets te doen tegen een slecht geweten. (p. 79)

Tabucchi's personages lijken allemaal besmet met het schuldvirus en hetzelfde virus produceert ook de fictie waarin ze zich noodgedwongen bevinden. De verteller van *Requiem* zegt ergens dat hij in dit "hallucinerende" Lissabon terecht is gekomen – niet voor niets luidt de ondertitel van de roman "Een hallucinatie" – waar hij doden en levenden op hetzelfde niveau kan ontmoeten, dankzij zijn "Onderbewustzijn", dat ook een virus is net als het schuldbewustzijn.

Vertellen is dus in Tabucchi's visie een ziekte die je krijgt als je er vatbaar voor bent en de enige medicijn ertegen is verhalen vertellen. Vertellen wordt zo een existentiële noodzaak. In *Requiem* komen we ook een Verhalenverkoper tegen, een mislukte schrijver die verhaalt van zijn pech bij verschillende uitgevers die hem niet wilden publiceren omdat hij niet de mode van de dag, die van het Amerikaanse minimalisme, volgt. Hij kan echter zijn weelderige verbeelding niet bedwingen en daarom verkoopt hij zijn verhalen aan de voorbijgangers: "wanneer mijn fantasie op drift raakt kan ik bijna niet leven, ik begin te zweten, ik voel me slecht, ik word onrustig, ik word raar, ik kan alleen maar aan mijn verhalen denken, voor iets anders is geen ruimte meer." (p. 110)

Angst en onrust blijven Tabucchi's personages achtervolgen en wat ze tot hun beschikking hebben is een fictie zonder zekerheden en vol twijfels, sterker nog, een dubbele fictie die tegelijkertijd waar en onwaar is. Zo gaan ook zij, die doen denken aan de personages op zoek naar een auteur van Pirandello, zelf ficties creëren om zich te kunnen bevrijden van die droom vol vragen en zonder antwoorden waarin ze gevangen zitten. Aan het einde van *Requiem* ontmoeten de verteller en zijn Invité, Pessoa, elkaar in een postmodern restaurant waar *nouvelle cuisine*-gerechten met literaire namen geserveerd worden. In deze eclectische omgeving verwijt de hoofdpersoon de modernistische dichter dat de avant-gardisten het evenwicht tussen leven en kunst verstoord hebben en dus in zekere mate verantwoordelijk zijn voor de postmoderne mix van stijlen die breekt met de traditie door haar op speelse wijze te hergebruiken. Het is waar dat modernisten als Pessoa de moed hebben gehad alle zekerheden om te zetten in hypotheses. De ik-verteller zegt dan ook tegen zijn Invité dat hij hem nodig heeft gehad om zijn angsten te verwoorden, maar hem nu wenst te verlaten: "ziet u, ik ben van mezelf al erg rusteloos, uw rusteloosheid gevoegd bij die van mij veroorzaakt doodsangst. Ik geef de voorkeur aan doodsangst boven schijnvreugde, beweerde hij, van die twee geef ik aan doodsangst de voorkeur." (p. 119)

De twee spreken over dubbele fictie als sublieme vorm van waarheid. Terwijl Pessoa beweert dat hij enkel via de "ware fictie" kan voelen, beschuldigt de ik-verteller hem ervan een dubbele leugen te verkondigen en de werkelijkheid dubbel te ontkennen. Als Pessoa vraagt of hij dan niet tevreden is met de dag die hij beleefd heeft, moet de hoofdpersoon toegeven dat hij zich rustiger, lichter, opgelucht voelt, een conclusie die herinnert aan het verhaal van Spino die, als hij de lijn van de horizon in het donker ziet verdwijnen, overvallen wordt door een grote vermoeidheid, die echter kalm en vredig is.

Eigenlijk ontdekt de hoofdpersoon van *Requiem* dat fictie niet alleen bevolkt wordt door doden, geesten, en angsten, oftewel door immateriële zaken, maar ook door werkelijke personen, ontmoetingsruimtes als restaurants en cafés, en niet te vergeten voedsel, zware traditionele Portugese gerechten die lichaam en geest voeden. Bij Tabucchi wordt de droomdimensie immers nooit gescheiden van de realistische.

Op onze tocht door de "ware fictie" van Tabucchi ontdekken we dat deze gaandeweg steeds meer een "fictieve waarheid" geworden is. Aan welke kant bevindt de literatuur zich eigenlijk, aan die van het immateriële van dromen en twijfels, of aan die van het materiële van voedsel en zekerheden? Misschien kan de Portugese journalist Pereira, een fijnzinnig heerschap en gulzig liefhebber van omeletten met kruiden en citroenkwast, ons helpen om te begrijpen of de literatuur het leven dient dan wel het leven de literatuur.

In *Pereira verklaart. Een getuigenis (Sostiene Pereira. Una testimonianza)* nemen we kennis van de getuigenis van de journalist Pereira, waarin gebeurtenissen worden verhaald die plaatsvonden in de hete augustusmaand van 1938. We zijn weer in Lissabon, deze keer tijdens het fascistische regime van Salazar, wanneer in Spanje de burgeroorlog woedt en in Italië en Duitsland dictators de dienst uitmaken. Het bewind van Salazar, dat gegrond is op wetten en zekerheden die buiten discussie staan, lijkt ook de stijl van het verhaal te dicteren, aangezien de hoofdpersoon zijn geschiedenis niet privé in de eerste persoon vertelt, maar zijn bevindingen publiekelijk 'verklaard' worden in de derde persoon. In de roman lees je vaak zinnen als "Pereira verklaart dat het hij met hem in contact is gekomen op een zomerdag", "Pereira verklaart dat het weer die middag omsloeg", "Pereira verklaart dat hij niet weet waarom hij dit zei", en ga zo maar door.

Pereira is overigens geen onbekende voor de lezers van Tabucchi. Hij deelt namelijk veel eigenschappen met andere personages van Tabucchi, waaronder Spino en de hoofdpersoon van *Requiem*: hij is veertig, vol berouw en schuldgevoelens, voelt zich onweerstaanbaar aangetrokken tot zijn verleden, denkt vaak aan de dood. Het is dan ook geen toeval dat hij in de *Rua da Saudade* woont. Pereira is een 'nostalgicus' die aan *Saudade* lijdt, dat heimwee naar wat we wilden dat er geweest was, naar wat had kunnen zijn maar nooit zo was. Het is een categorie van de ziel die enkel Portugezen kunnen voelen omdat ze dat onvertaalbare woord hebben om te zeggen dat ze eraan lijden. Tabucchi heeft dit gevoel ook beschreven in een kort verhaal waarin hij de plekken beschrijft die Lissabon te bieden heeft voor een nobele zelfmoord:

> De gemeente van Lissabon heeft altijd openbare bankjes geplaatst op uit-gelezen plekken in de stad: havenpieren, belvédères, tuinen waarvan-daan je de zee kan zien. Er zitten veel mensen. Ze zwijgen en kijken in de verte. Wat doen ze? Ze beoefenen de *Saudade*. Probeer ze maar na te doen. Het is natuurlijk niet de makkelijkste weg, je hebt niet meteen resultaat, soms moet je ook vele jaren kunnen wachten. Maar de dood, zoals bekend, bestaat ook hieruit.
>
> (*Ultimo invito*, in *I volatili del Beato Angelico*, pp. 82-83.)

Deze weg had Pereira ongetwijfeld ook bewandeld als hij niet de jonge antifascistische revolutionair Monteiro Rossi had ontmoet die hem leert met de toekomst om te gaan. Pereira, die redacteur is van de culturele pagina van de *Lisboa*, een politiek onafhankelijke krant met katholieke voorkeur, neemt Monteiro Rossi aan om overlijdens-berichten op te stellen voor schrijvers die mogelijk binnenkort komen te sterven. Wat Monteiro Rossi schrijft, met behulp van zijn mooie vriendin Marta, is echter niet publicabel want zijn necrologieën betref-fen revolutionaire auteurs, zoals de Spaanse dichter García Lorca, die openlijk het regime van Franco ter discussie stelt. Pereira voelt sym-pathie voor de jongeman, in wie hij zichzelf herkent als student in Coimbra, en hij raakt op zijn eigen manier steeds meer betrokken bij de strijd van de opstandelingen. In hem rijpt het idee van literatuur als boodschap in de fles. Pereira begint verhalen te vertalen voor zijn krant die voor de goede verstaander een gecodeerde boodschap bevat-ten met kritiek op de dictatuur. Deze vorm van verzet kan hij goed rijmen met zijn liefde voor Franse katholieke schrijvers zoals Daudet en Bernanos. De politieke situatie wordt echter onhoudbaar wanneer Monteiro Rossi in Pereira's huis komt schuilen voor de geheime politie, die hem helaas vindt en doodmartelt. Met een list weet Pereira het bericht van zijn dood in de *Lisboa* te plaatsen en vlucht daarna naar het buitenland: "Hij moest zich maar liever haasten, nog even en de *Lisboa* kwam uit, hij had geen tijd te verliezen, verklaart Pereira." (p. 207)

Pereira lijkt er dus in geslaagd te zijn om de grens te passeren en daarmee het rijk van de dubbele fictie achter zich te laten waar een zin tegelijkertijd waar en onwaar kan zijn. Ook zijn verhaal is echter voor meerdere interpretaties vatbaar en heeft zeker geen gesloten einde. Toch lijkt Tabucchi een manier gevonden te hebben om zijn fictie in dienst van de waarheid te stellen zonder daarmee zijn existentiële twijfels te vervangen door zekerheden, en zonder in de val van de avant-gardes, in *Pereira verklaart* gepersonifieerd door Monteiro Rossi en Marta, te trappen die de grens tussen fictie en werkelijkheid wilden slechten door direct in het leven in te grijpen. In *La gastrite de Platon*, een literair pamflet waarin Tabucchi in discussie treedt met Umberto Eco over de rol van de intellectueel, zegt hij hierover het volgende: literatuur is altijd een intellectuele daad omdat de functie van de creatieve intellectueel niet zozeer bestaat uit het 'scheppen' van een crisis in de logische orde, maar uit het *in crisis brengen*. Met andere woorden, literatuur is de bacil, het virus dat de gastritis van Plato veroorzaakt.

Hiervan getuigt ook *Het verloren hoofd van Damasceno Monteiro* (*La testa perduta di Damasceno Monteiro*), een detective uit 1997 waarin het verhaal wordt verteld van een dode zonder hoofd die gevonden wordt in een bosje in de periferie van Porto door de zigeuner Manolo aan wie het boek is opgedragen. De roman is ook opgedragen aan rechter Antonio Cassese, tot 1997 voorzitter van het Joegoslavië-tribunaal in Den Haag, die Tabucchi bekend heeft gemaakt met de Grote Juridische Norm van rechtsfilosoof Hans Kelsen, een 'absolute norm' die als basis moest dienen voor een onpartijdige neutrale justitie, maar die uiteindelijk de holocaust heeft gelegitimeerd.

Een van de opvallendste personages in deze roman is de uiterst corpulente advocaat Fernando de Mello Sequeira, die Loton wordt genoemd omdat hij op de Amerikaanse acteur Laughton lijkt, een bizarre aristocraat en anarchist die geobsedeerd is door Kelsens theorieën over de *Grundnorm* die hij definieert als een zuiver metafysische hypothese. Ondanks zijn ideaal van perfectie toont hij hoe een creatieve intellectueel niet zozeer een crisis in de praktijk oplost – zijn optreden in de rechtszaal is een mislukking –, maar er in ieder geval in slaagt vragen op te roepen door alternatieve wegen te bewandelen, verwant aan die van de paradox en het omkeerspel. Zonder verder in details te treden zij hier opgemerkt dat het misdrijf dat door Tabucchi beschreven wordt na publicatie van de roman bekend is door de ware schuldige, sergeant Fernando Santos, die in het boek de "Groene Krekel" ("Grillo Verde") wordt genoemd. Dit gebeurde in de zomer van 1997 en in Italiaanse kranten verschenen toen koppen als: "De killer-agent bekent. Tabucchi had het al geschreven", "De politieman van Tabucchi krijgt berouw", of zelfs "Wanneer een schrijver de werkelijkheid verzint". Nu kunnen we met zekerheid vaststellen dat de fictie, ook wanneer zij onwaar is, soms echter dan de waarheid kan worden!

Of zijn we nu te overmoedig geworden? Slaagde Tabucchi er met *Het verloren hoofd van Damasceno Monteiro* op miraculeuze wijze in de werkelijkheid te doen gehoorzamen aan de logica van de fictie, in *Si sta facendo sempre più tardi* ("Het wordt steeds later", 2001) laat hij er geen twijfel over bestaan dat er tussen de normaliteit van lineaire tijd en exacte wetenschappen en de wispelturigheid van verlangens, dromen en herinneringen geen enkel raakvlak bestaat. Om deze desillusie te verwoorden kiest hij voor het traject van de briefroman, een genre waarvan hij alle conventies gericht op eenheid tussen boodschapper en ontvanger welbewust ontwricht.

"La lettera è un equivoco messaggero" ("De brief is een dubbelzinnige boodschapper") laat de auteur de lezer weten in een postscriptum waarvan hij zijn fictie vergezeld doet gaan. Iedereen heeft wel eens een brief verstuurd zonder er bij na te denken "een ruimte binnen te gaan die werkelijk is voor ons maar onwerkelijk voor de anderen, en waarvan bovendien de bewuste brief de eerlijkste vervalser is, omdat ze de illusie schept de afstand tot de verre persoon te kunnen overschrijden" (p. 224). Bovendien zijn de zeventien liefdesbrieven van mannen aan afwezige vrouwen en één laatste persoonlijke standaardbrief van een vrouwenagentschap gericht aan voornoemde "Geachte heren", misschien wel nooit verzonden. Tabucchi zegt namelijk zich in het bijzonder te interesseren voor 'die' brief die we allemaal gedacht hebben te willen schrijven, die aan ons knaagt als een koppige houtworm, maar die ongeschreven is gebleven.

De narratieve ruimte die Tabucchi zich op deze wijze construeert, een schemergebied tussen werkelijkheid en fictie dat puur hypothetisch zou kunnen zijn, een ongeschreven blauwdruk van ons bestaan, zowel onbereikbaar voor de zender als voor de ontvanger, lijkt nog het meest op de ondergrondse rivier ("fiume carsico") zonder oevers die beschreven wordt in de brief met de titel *Il fiume*. Deze rivier zijn we al eerder tegengekomen in de bundel *Kleine onbelangrijke misverstanden*, en wel in *Anywhere out of the world*, een verhaal dat begint met een zin die in bijna alle brieven terugkeert als een refrein, of eerder als een litanie: "Hoe gaan de dingen. En wat leidt ze: niets."

Is in de eerdere verhalen van Tabucchi dit "niets" aanleiding om eindeloos te meanderen op zoek naar een logisch verband, een oever, nu wordt het niets ontmaskerd – een andere brief is getiteld *La maschera è stanca* ("Het masker is moe") – als het enige wat er is:

> Geloof me, er zijn geen oevers, er is alleen de rivier, eerst wisten we het niet, maar er is alleen de rivier, ik zou het je toe willen roepen: pas op, want er is alleen de rivier! Nu weet ik het, hoe idioot waren we, we hielden ons zoveel met de oever bezig en alleen de rivier was er. Maar het is te laat, heeft het nog zin het je te zeggen? (p. 37)

Kunnen de vrouwen aan wie de brieven gericht zijn de op drift geraakte mannen weer op de kant trekken? Hebben zij uiteindelijk de touwtjes in handen, of heeft de trouweloze Theseus er voor gezorgd dat ook zij de weg in het labyrint verloren? De slotregels van de brief die het vrouwenagentschap, de drie schikgodinnen, tot de herenschare richt, beloven niet veel goeds voor het mannelijke geslacht:

> De tijd die we tot onze beschikking hebben komt helaas aan een einde. Clotho en Lachesis hebben hun taak volbracht, en nu ben ik [Atropus] aan de beurt. Wilt u zo goed zijn het mij te vergeven, maar op dit moment, dat ik meet met een andere zandloper dan die van u, is voor u allen hetzelfde jaar, dezelfde maand, dezelfde dag, hetzelfde uur aangebroken waarop de draad wordt doorgeknipt. En dit is de taak, die ik, heren, niet zonder plezier, geloof mij, moet uitvoeren. Nu. Meteen. Onmiddellijk. (p. 220)

Één man onttrekt zich echter aan dit lot, en dat is de auteur Tabucchi die in zijn postscriptum suggereert dat juist deze brief beschouwd kan worden als door hemzelf geschreven: "Want het lijkt me juist tijdig je personages tot zwijgen te brengen, nadat je het geduld hebt gehad naar hun jammerverhalen te luisteren. Het is een manier om te zeggen dat de hun toegestane tijd voorbij is en dat ze ons niet meer mogen kwellen met hun aanwezigheid. Weg, weg." (p. 228) Op deze manier garandeert hij de lezer dat hij in ieder geval aan het woord zal blijven als verhalenverteller, ook als zijn verbeelding geen fundamenten kan bieden en de schipbreukelingen die zich tot hem wenden zich tevreden zullen moeten stellen met de stem van een "manke muze".

BEKNOPTE BIBLIOGRAFIE

Werken van Antonio Tabucchi
Piazza d'Italia, Milano, Bompiani, 1975; 2e uitgave Milano, Feltrinelli, 1993.
Il piccolo naviglio, Milano, Bompiani, 1978.
Il gioco del rovescio, Milano, Il Saggiatore, 1981; 2e vermeerderde uitgave, Milano, Feltrinelli, 1988.
Donna di Porto Pim, Palermo, Sellerio, 1983.
Notturno indiano, Palermo, Sellerio, 1984. (*Indiase nocturne*, vert. Pietha de Voogd, Amsterdam, Contact, 1988.)
Piccoli equivoci senza importanza, Milano, Feltrinelli, 1985. (*Kleine onbelangrijke misverstanden*, vert. Anthonie Kee, Amsterdam, Contact, 1987.)
Il filo dell'orizzonte, Milano, Feltrinelli, 1986. (*De lijn van de horizon*, vert. Anthonie Kee, Amsterdam, Contact, 1988.)
I volatili del Beato Angelico, Palermo, Sellerio, 1987.
I dialoghi mancati, Milano, Feltrinelli, 1988.
Un baule pieno di gente. Scritti su Fernando Pessoa, Milano, Feltrinelli, 1990.
L'angelo nero, Milano, Feltrinelli, 1991.
Sogni di sogni, Palermo, Sellerio, 1992.
Requiem. Uma alucinação, Lisboa, Quetzal, 1991; *Requiem. Un'allucinazione*, Milano, Feltrinelli, 1992. (*Requiem. Een hallucinatie*, vert. Piet Janssen, Baarn, De Prom, 1994.)
Gli ultimi tre giorni di Fernando Pessoa, Palermo, Sellerio, 1994.
Sostiene Pereira. Una testimonianza, Milano, Feltrinelli, 1994. (*Pereira verklaart. Een getuigenis*, vert. Anthonie Kee, Amsterdam, De Bezige Bij, 1995.)
La testa perduta di Damasceno Monteiro, Milano, Feltrinelli, 1997. (*Het verloren hoofd van Damasceno Monteiro*, vert. Anthonie Kee, Amsterdam, De Bezige Bij, 1998.)
Marconi, se ben mi ricordo, Roma, RAI Radiotelevisione Italiana, 1997.
La nostalgie, l'automobile et l'infini. Lectures de Pessoa, Paris, Seuil, 1998.
La gastrite de Platon, Paris, Mille et une nuits, 1997; *La gastrite di Platone*, Palermo, Sellerio, 1999.
Gli Zingari e il Rinascimento. Vivere da Rom a Firenze, Milano, Feltrinelli, 1999.
Si sta facendo sempre più tardi. Romanzo in forma di lettere, Milano, Feltrinelli, 2001.

Teksten over Antonio Tabucchi

BERDEN, Anton & JANSEN, Monica, "Anywhere out of the world? Lissabon door de ogen van Antonio Tabucchi", in WILLEMSEN, August & VAN DEN BOOGERT, Marcel (red.), *O Lissabon, mijn thuis*, Amsterdam, Bas Lubberhuizen, 1995, pp. 204-213.

FERRARO, Bruno & PRUNSTER, Nicole (red.), *Antonio Tabucchi. A Collection of Essays*, themanummer van *Spunti e Ricerche*, 12 (1997).

FRANCESE, Joseph, *Narrating Postmodern Time and Space*, Albany, State University of New York Press, 1997.

LEPSCHY, Anna Laura, "Splinters of Existence", in BARAŃSKI, Zygmunt & PERTILE, Lino (red.), *The New Italian Novel*, Edinburgh, Edinburgh University Press, 1993, pp. 200-218.

ROELENS, Nathalie & LANSLOTS, Inge (red.), *Piccole finzioni con importanza. Valori della narrativa italiana contemporanea*, Ravenna, Longo, 1993. (Bevat de volgende bijdragen over Tabucchi: André Sempoux, "Introduzione alla seduta con Antonio Tabucchi" (pp. 111-112); Walter Geerts, "*Il filo dell'orizzonte* di Antonio Tabucchi" (pp. 113-124); Giovanni Palmieri, "Per una volatile leggerezza: il 'lato manco' di Antonio Tabucchi" (pp. 125-36); Monica Jansen, "Tabucchi: molteplicità e rovescio" (pp. 137-146); "Dibattito con Antonio Tabucchi" (pp. 147-166).)

VANVOLSEM, Serge, MUSARRA, Franco & VAN DEN BOSSCHE, Bart (red.), *I tempi del rinnovamento / Gli spazi della diversità*, Roma-Leuven, Bulzoni-Leuven University Press, 1995, 2 voll. (Bevat de volgende essays over Tabucchi: Ernesto Livorni, "Trompe-l'oeil in *Notturno indiano* di Antonio Tabucchi" (vol. I, pp. 431-453); Monica Jansen, "*Requiem*: una mediazione fra 'vera finzione' e 'verità pratica'" (vol. I, pp. 421-429); André Sempoux, "Il tessuto narrativo in Antonio Tabucchi" (vol. I, pp. 501-513); "Incontro con Antonio Tabucchi" (vol. II, pp. 651-668).)

Interviews met Antonio Tabucchi

BORSARI, Andrea, "Cos'è una vita se non viene raccontata?", in *Italienisch*, 2 (1991), pp. 2-25.

CAGLIANONE, Paola & CASSINI, Marco (red.), *Conversazione con Antonio Tabucchi. Dove va il romanzo?*, Roma, Omicron, 1995.

DREHMANNS, Peter, "Een schrijver op doortocht. Een vraaggesprek met Antonio Tabucchi", in *Incontri*, 5:1 (1990), pp. 28-34.

IV
ANDERE STEMMEN,
STEMMEN VAN DE ANDER:
DIVERSITEIT EN DISSIDENTIE

PIER PAOLO PASOLINI
(1922-1975)

Monique JACQMAIN

Pasolini was van alle Italiaanse schrijvers uit de twintigste eeuw waarschijnlijk de veelzijdigste – niet zozeer qua inhoud, want dat is eerder Italo Calvino geweest – maar qua aantal beoefende genres. Hij schreef gedichten, romans, toneelstukken, essays, had columns in verschillende dag- en weekbladen, stelde bloemlezingen van poëzie samen, maakte vertalingen uit het Latijn en het Grieks. Bovendien is hij zowat de enige Italiaanse schrijver die ooit met groot succes van medium veranderde: in 1961 stapte hij van de literatuur op de film over. Buiten Italië kennen velen hem zelfs uitsluitend als filmregisseur. In eigen land beschouwde de doorsnee-lezer hem lange tijd enkel als de auteur van de romans *Ragazzi di vita* (1955) en *Una vita violenta* (1959), die bij hun verschijning veel stof deden opwaaien. Ze spelen zich af in de sloppenwijken aan de rand van Rome, en behandelen uitvoerig het leven van boefjes en jonge mannelijke prostituees, de *ragazzi di vita*, die deze sloppenwijken in de eerste jaren na de Tweede Wereldoorlog bevolkten. De term is later een soortnaam geworden, wat op zich al een aanwijzing is voor de weerklank die het gelijknamige boek vond. Zowel de beschreven situaties als de ruwe taal deden een storm van protest ontstaan. Er kwam een proces van wegens "pornografische inhoud", waarbij beroemde schrijvers als Gadda en Ungaretti Pasolini ter hulp snelden. Zijn hele verdere leven werd een aaneenschakeling van liefst drieëndertig processen wegens afwisselend obsceniteit en heiligschennis, en een enkele keer zelfs een gewapende overval op een benzinepomphouder! Pasolini was in de jaren zestig en zeventig een publieke figuur, en alles wat met hem te maken had baadde – terecht of onterecht – in een sfeer van schandaal. Ook zijn ostentatieve homoseksualiteit en zijn controversiële standpunten op politiek vlak zorgden vaak voor heibel. Noch zijn vijanden

noch de modale filmfan vermoedden meestal dat er in deze hemelbe-
stormer een filoloog en een elegisch dichter schuilden.

Een gewogen bestaan

Als zoon van een beroepsofficier woonde Pasolini tijdens zijn kinderjaren in zes verschillende garnizoenssteden uit Noord-Italië.
In 1942 studeerde hij aan de Universiteit van Bologna in de Letteren
af met een scriptie over de dichter Giovanni Pascoli, al had hij liever
een scriptie gemaakt onder leiding van de kunsthistoricus Roberto
Longhi. Hij had een bloedhekel aan de "traditionele universitaire
research, die enkel stoelt op zuivere retoriek en op eruditie. Welk
belang kunnen die duizenden minder geslaagde en vergeten verzen
van Tasso hebben in de ogen van iemand die, zoals ik, Cézanne aan-
bidt, Ungaretti sterk aanvoelt, zich in Freud verdiept?" De onwillige
student ging zich op sportvelden afreageren: hij blonk uit in basket-
bal, en vooral in voetbal.

Pasolini's moeder was een Friulaanse onderwijzeres. Deels uit geld-
gebrek en deels wegens de oorlogsomstandigheden bracht het gezin
de vakanties in haar geboortedorp Casarsa door. Daar was het dat Pier
Paolo zijn eerste creatieve stappen zette. Hij stichtte een literaire kring,
waarvan de leden Friulaanse dialecten bestudeerden en zelf proza en
poëzie in het Friulaans schreven. Hij gaf een bundel poëzie uit, *Poesie
a Casarsa,* die weinig weerklank vond, waarschijnlijk omdat de taal te
veel van het Standaarditaliaans afweek. Ook begon hij twee korte
romans in dit Standaarditaliaans te schrijven, die pas na zijn dood zouden worden gepubliceerd. In 1944 stierf zijn enige broer in bijzonder
tragische omstandigheden. Hij was op negentienjarige leeftijd bij het
verzet gegaan, werd echter niet door Duitsers vermoord, maar door
leden van een rivaliserende groep met communistische sympathieën.
Dit was voor het gezin Pasolini een zwaar trauma, en het mag dan
ook verwonderlijk heten dat de jonge Pier Paolo zich vlak na de oorlog bij de Italiaanse Communistische Partij aansloot – dit was de eerste van de vele paradoxen uit zijn leven. Hij werd echter spoedig uit
de partij gezet, nadat hij op een dorpsfeest op heterdaad was betrapt
met minderjarige jongens. Het schandaal was des te groter omdat hij
net aan een carrière als leraar was begonnen; samen met zijn moeder

vluchtte hij naar Rome, waar hij de rest van zijn leven zou wonen. In het begin leefden beiden in bittere armoede: de vroegere onderwijzeres ging als poetsvrouw werken, de zoon leefde van schnabbels: hij schreef recensies en artikels voor literaire tijdschriften, publiceerde twee poëziebloemlezingen, *Poesia dialettale del Novecento* en *Canzoniere italiano*. Minder bekend is het feit dat hij toen al contacten had met de wereld van de film: hij trad enkele keren als figurant op, hielp later de cineasten Mauro Bolognini en Mario Soldati bij het schrijven van scenario's. De levensomstandigheden van moeder en zoon verbeterden enigszins toen Pier Paolo in een volksbuurt aan de rand van Rome een baan kreeg als leraar. In de school waar hij iets meer dan een jaar lesgaf maakte hij kennis met de jongens uit het subproletariaat die model zouden staan voor talrijke personages uit zijn boeken en films. De doorbraak kwam er met het succes van de roman *Ragazzi di vita* (*Jongens uit het leven*). De Milanese uitgeverij Garzanti bood hem op dat ogenblik een contract aan dat hem in staat stelde voortaan van zijn pen te leven. Nu kon zijn moeder ophouden met werken.

De vader van Pier Paolo kwam zich bij zijn vrouw en zoon voegen. Zijn leven lang heeft Pasolini een sterke moederbinding gehad, en een complexe, uiterst moeizame relatie met zijn vader. Die was van adellijke afkomst, had in zijn jeugd het familievermogen verbrast en was uit geldnood bij het leger gegaan. Het was een gokker en een alcoholist, die aan het einde van de oorlog als een verbitterd man uit krijgsgevangenschap was teruggekomen, en die leed onder de onverschilligheid van zijn vrouw. Hij was erg trots op de literaire successen van zijn zoon, maakte knipselmappen over hem, ging regelmatig voor hem opzoekingen doen in bibliotheken; maar anderzijds viel hij regelmatig ten prooi aan gewelddadige buien van jaloezie en kon hij de geaardheid van Pier Paolo niet accepteren. Het hoeft dan ook geen verwondering te wekken dat een karaktergestoorde vaderfiguur prominent in het oeuvre van die zoon aanwezig is, zowel in de romans, tot het postume *Petrolio* toe, als in de films, met uiteraard als hoogtepunt *Edipo re* – de term "oedipuscomplex" lijkt wel speciaal voor Pier Paolo Pasolini te zijn uitgevonden.

Nu hij ongestoord kon schrijven, brak er voor Pasolini een uiterst vruchtbare periode aan: hij publiceerde zijn tweede succesroman, *Una vita violenta* (*Meedogenloos bestaan*), een paar essaybundels, en veel poëzie, ditmaal in het Standaarditaliaans. Verder vertaalde hij

Aeschylus' *Orestiade* en de *Miles gloriosus* van Plautus. Na de *Dialogen van Plato* tijdens een lange ziekte te hebben gelezen schreef hij, hierdoor geïnspireerd, halverwege de jaren zestig zes toneelstukken. Eén ervan, *Calderon*, beschouwde hij als volledig afgewerkt, de overige vijf bleef hij tot vlak voor zijn dood bijschaven.

Meedogenloos bestaan speelt zich evenals *Jongens uit het leven* in de Romeinse bidonvilles af, en gaat alweer over de lotgevallen van jonge delinquenten. Structureel beschouwd is er echter een verschil: waar de eerste roman uit losse episodes rond een centrale figuur was opgebouwd, is er in de tweede een verhaallijn aanwezig. Tommaso, de hoofdpersoon, komt na een reeks diefstallen in de gevangenis terecht; bij zijn vrijlating blijkt dat zijn familie niet langer in een barak woont, maar een sociale woning kreeg toegewezen. Buiten zichzelf van vreugde beslist hij zijn leven te beteren: hij sluit zich aan bij de Democrazia Cristiana, zoekt en vindt werk, neemt zich voor met zijn meisje te trouwen. Bij de keuring voor de legerdienst blijkt echter dat hij tuberculose heeft. In het sanatorium waar hij wordt opgenomen breekt een revolte tegen wantoestanden uit, onder leiding van een paar overtuigde communisten. Hij neemt actief deel aan de opstand; eenmaal ontslagen neemt hij een lidkaart van de Communistische Partij, want "de rode vlag is voor misdeelden de enige hoop op een betere toekomst." Even later redt hij het leven van een oud vrouwtje dat bij een overstroming in de bidonvilles dreigt te verdrinken, stort weer in en sterft aan tuberculose.

In zijn meest geslaagde poëziebundels, *L'usignolo della Chiesa Cattolica* ("De nachtegaal van de Katholieke Kerk"), *La religione del mio tempo*, en vooral *Le ceneri di Gramsci* ("De as van Gramsci"), trekt Pasolini deze politieke lijn resoluut door. Zijn gedichten zijn duidelijk marxistisch geïnspireerd, hoofdthema is de strijd tegen elke vorm van onderdukking. De taal is bewust eenvoudig gehouden, om een maximum aan lezers te bereiken en de politieke boodschap beter te laten doordringen. Eigenaardig genoeg gebruikt hij anderzijds meestal een moeilijk, in onbruik geraakt metrum, het *verso martelliano* dat uit twee zevenlettergrepige regels bestaat en vroeger door Goldoni en Carducci was gehanteerd, maar Pasolini gebruikt het met zulk brio dat het de onaandachtige lezer niet eens opvalt. Ook het grootste deel van zijn toneelstukken zijn in *versi martelliani* geschreven.

De jaren zestig waren die van de verre buitenlandse reizen, naar het Midden-Oosten, Afrika, Indië. In de sloppenwijken van Bombay en Calcutta vond Pasolini dezelfde "prehistorische, heidense" wereld die hij in zijn twee succesromans had beschreven. De niet-Europese beschavingen waarmee hij toen in contact kwam brachten hem in vervoering, en zouden heel wat inspiratie opleveren bij zijn activiteiten als filmregisseur. Met het succes en het geld kwamen er nu ook contacten met bekende schrijvers als Alberto Moravia, Elsa Morante, Carlo Emilio Gadda, Giorgio Bassani, Sandro Penna, contacten waaruit hechte vriendschappen ontstonden. Ook buiten de literaire kringen doken er in zijn omgeving personen op die in het licht van de schijnwerpers leefden: Maria Callas, aan wie hij later de – niet gezongen – hoofdrol zou aanbieden van de film *Medea,* kunstcritici, filmrecensenten, de Italiaanse zangeres en actrice Laura Betti.

Inmiddels was Pasolini in Italië tot een soort cultfiguur uitgegroeid. Iedereen wist dat hij in de contramine was, en nooit werd een contestant meer gecontesteerd dan hij. Hij bleef communist, maar een onorthodoxe communist die het bijna nooit eens was met de richtlijnen van de partij. In mei 1968 was het hek helemaal van de dam: tijdens de studentenrevolte koos hij partij voor de politieagenten die in Rome de Faculteit Architectuur belegerden waarin de studenten zich hadden verschanst: deze onderbetaalde agenten waren kinderen van meestal uit het zuiden afkomstige proletariërs, de studenten daarentegen verwende *figli di papà.*

Op het einde van de jaren vijftig valt Pasolini ten prooi aan een *writer's block.* Hij wijt dit aan het feit dat het in wezen onschuldige, preindustriële Italië dat hij vroeger heeft beschreven op sterven na dood is. Televisie en consumptiedrang rukken op, corruptie tiert welig, het zo bejubelde *miracolo economico* doet de grenzen tussen de standen vervagen. Hij trekt daar de conclusie uit dat de literatuur niet langer een geschikt middel is om zijn politieke en morele boodschap uit te dragen. Hij neemt dan ook de beslissing in de toekomst vooral de film als spreekbuis te gebruiken. Film spreekt in zijn ogen "de taal van de waarheid", want film is aanschouwelijk. Niet iedereen leest boeken, maar iedereen houdt van verhalen die in een beeldrijke taal op het scherm worden gebracht. Film moet volgens Pasolini in de toekomst de rol overnemen die, tijdens de Middeleeuwen, fresco's en gebrandschilderd glas voor analfabete kerkgangers hadden vervuld, met andere woorden, dit moderne medium moet uitgroeien tot een nieuw soort armenbijbel.

Zijn eerste drie films, *Accattone* (1961), *Mamma Roma* (1962) en de episode *La ricotta* uit de collectieve film *Rogopag* (1963) liggen nog in het verlengde van zijn romans. Pittig detail: de allereerste opnamen van *Accattone* had Pasolini aan Federico Fellini laten zien. De beroemde cineast vond ze niet geslaagd, maar durfde het niet aan zijn vriend te zeggen! De drie films gaan respectievelijk over een dief, een prostituee, en een armoelijder die in een bijbelse film de Goede Moordenaar uitbeeldt. Uitgehongerd als hij is, vreet de figurant in *La ricotta* de inhoud van zijn lunchpakket te snel op, en sterft aan een indigestie van ricottakaas terwijl hij aan het kruis hangt. Dit zorgde prompt voor een proces wegens "smaad aan de godsdienst"... Daarna gooide Pasolini het over een heel andere boeg. Deels om de kritiek te ontzenuwen verfilmde hij nu het evangelie volgens Mattheus (*Il vangelo secondo Matteo,* 1964), waarbij alle dialogen letterlijk uit de tekst van dit evangelie waren overgenomen en zijn eigen inbreng zich beperkte tot de keuze van de locaties en van de acteurs. Na een prospectiereis in Israël en Jordanië had Pasolini geoordeeld dat de bijbelse sfeer in die landen zoek was; om de juiste sfeer op te roepen draaide hij de film in de woestenij rond het Zuid-Italiaanse stadje Matera, waarvan een deel van de inwoners nog in grotten leefden. Er is destijds nogal wat te doen geweest over een autobus die in de verte duidelijk in beeld reed; maar Pasolini weigerde deze shot uit de film te knippen, omdat hij vond dat zo'n detail het tijdloze aspect van het evangelie benadrukte. Voor de Christusfiguur week hij bewust van de traditionele iconografie af: de toeschouwers kregen geen rossige, uitgemergelde, droevige man te zien, maar een donkerharige jongeling met vurige ogen, die geen zeemzoete uitspraken doet maar donderpreken afsteekt.

De volgende films kunnen in twee categorieën worden ondergebracht: enerzijds die waarin Pasolini grote mythes en beroemde verhalen uit de wereldliteratuur navertelt, anderzijds de filosofisch en sociologisch geïnspireerde films waarin hij persoonlijke theorieën uiteenzet. Tot de eerste categorie behoren *Edipo re* (1967), *Medea* (1970), en wat hij zelf de *Trilogia della vita* noemde: *Decameron* (1971), *I racconti di Canterbury,* naar Chaucers gelijknamige raamvertelling (1972), en *Il fiore delle Mille e una notte* (1974). Tot de tweede categorie behoren, naast een paar minder belangrijke films, *Uccellacci e uccellini* (1966), *Teorema* (1968), *Porcile* (1969), en Pasolini's zwanenzang *Salò o le 120 giornate di Sodoma* (1975). Zelfs in de gevallen waarin het verhaal bekend is weet Pasolini een groot aantal persoonlijke toetsen aan te brengen, al was het maar door zijn keuze van het decor: het zuiden van Marokko in *Edipo re,* de sprookjesachtige Jemenitische stad Shibam in *Il fiore delle Mille e una notte.* Tevens vallen de overdadige, barokke kostuums en dito sieraden en haartooi van de hoofdpersonages op. Bij de verfilming van literaire meesterwerken van lange adem moeten er natuurlijk keuzes worden gemaakt, en bepaalde accenten gelegd. Zijn *Trilogia della vita* vatte Pasolini op als een ode aan een soort heidense levensvreugde, waarvan seks de drijvende kracht uitmaakt. Het is geen toeval dat zijn toenmalige vaste vriend, Ninetto Davoli, in deze drie films een belangrijke rol kreeg toebedeeld: deze complexloze, vrolijke, vrijwel analfabete volksjongen vormde zowel in het leven als in de film de tegenpool van de eeuwig tobbende, gecompliceerde intellectueel die Pasolini was. De schrijver zag in hem een incarnatie van de primitieve, 'voorhistorische' samenleving die hij eerst in de Romeinse sloppenwijken en later in de getto's van de Derde Wereld had gadegeslagen, en die hij mateloos bewonderde omwille van haar vitaliteit.

In de films met een origineel scenario wordt de westerse maatschappij op de korrel genomen, en ook hier blijkt seks de enig mogelijke uitkomst te bieden. *Uccellacci e uccellini* is een fabel over een mislukking, waarbij twee zwervers de wereld intrekken, op zoek naar voedsel, zowel in de concrete betekenis van het woord (Ninetto Davoli) als in de figuurlijke (de komiek Totò). Door hun tegengestelde levenshouding vormen zij een variant op het duo Don Quichotte/ Sancho Panza (dus toch weer een literaire reminiscentie!). Een sprekende kraai (variant op de sprekende krekel uit *Pinocchio?*) begeleidt hen op hun weg, levert onophoudelijk commentaar, geeft ongevraagd goede raad. Uiteindelijk werkt dit zo op de zenuwen van de twee zwervers dat ze de zedenpreker doden en opeten. De kraai is een *alter ego* van Pasolini, die hier spottend de machteloosheid van de intellectuelen constateert wanneer zij de wereldverbeteraar willen uithangen.

Teorema, oorspronkelijk als een toneelstuk geconcipieerd en later inderdaad op de planken gebracht, zet een stap verder in de ontleding van de teloorgang van de maatschappij. Een gezin van rijke industriëlen, vader, moeder, zoon en dochter, leeft in onvrede met zichzelf tot er een mysterieuze gast in de huiselijke kring opduikt. De man zegt geen woord, maar straalt liefde uit, en begrip voor ieders problemen. Hij bedrijft achtereenvolgens de liefde met alle leden van het gezin, inclusief de meid, waarna iedereen een totaal andere levensweg inslaat: zo geeft de vader zijn fabriek aan zijn arbeiders weg en doet een symbolische striptease in het station van Milaan, en krijgt de meid mystieke neigingen. *Porcile* bestaat uit drie episodes, waarvan Pasolini er later één herwerkte tot een toneelstuk. Ook in deze film is het de liefde die de chronisch ontevreden, chronisch ongelukkige westerse bourgeois en intellectueel moet redden, maar het gaat hier niet langer over menselijke liefde maar over – al dan niet metaforische – seksuele omgang met varkens. Het reeds in *Uccellacci en uccellini* latent aanwezig kannibalisme is een thema dat hier verder wordt uitgewerkt, en dat al even dubbelzinnig is: het 'opeten' van je medemens heeft de functie van een heilzaam assimileren, 'verteren' van diens levenswijsheid. In *Salò o le 120 giornate di Sodoma* gooit Pasolini alle remmen los: ten tijde van de laatste stuiptrekking van het fascisme in Italië, in het door Hitler gewild republiekje aan het Gardameer, observeren vier mannen en vier vrouwen vanuit een villa alle martelscènes die de SS aan verzetslieden laten ondergaan: het fysiek geweld neemt daarbij extreme vormen aan, gaande van verkrachting van zowel mannen als vrouwen tot coprofagie. Een wanhoopskreet vanwege een cineast die duidelijk geen uitweg meer zag.

Pasolini werkte af en toe met beroepsacteurs, zoals Anna Magnani of Totò, maar selecteerde meestal onbekenden, omwille van hun markante 'kop' – een erfenis van het Italiaans neorealisme. Bovendien aarzelde hij niet om aan vrienden en familieleden een rolletje aan te bieden: zo is in *La ricotta* de Madonna aan de voet van het kruis Pasolini's eigen moeder, wie hij tijdens de opnamen ongenadig de dood van haar jongste zoon in herinnering bracht. Zelf vertolkte hij de rollen van de hogepriester in *Edipo re*, van Giotto in de *Decameron* en van Geoffrey Chaucer in *I racconti di Canterbury.*

Een ander opvallend aspect van zijn films zijn de talrijke picturale referenties. Pasolini had aan de universiteit eigenlijk kunstgeschiedenis willen studeren: in zijn films vinden wij beelden die duidelijk verwijzen naar meesterwerken van schilders uit de Renaissance, zoals Pontormo, Piero della Francesca, Rosso Fiorentino In *Mamma Roma* wordt het lijk van een in de gevangenis gestorven jongeman afgebeeld vanuit dezelfde onconventionele hoek (met de voeten op de voorgrond) en met precies dezelfde lichtinval als Andrea Mantegna's beroemde dode Christus. Filmische referenties ontbreken evenmin: zo is het slotbeeld van *Uccellacci e uccellini,* waarin Ninetto en Totò, langs achter gezien, vol hoop een onzekere toekomst tegemoet lopen, duidelijk een knipoogje naar Charlie Chaplin

In de jaren zeventig maakte Pasolini opnieuw een existentiële crisis door, die ditmaal veel verder ging dan een *writer's block.* Zijn laatste poëziebundel, *Trasumanar e organizar,* werd bij zijn verschijning in 1971 door de critici bijna doodgezwegen; bovendien verkocht de bundel bijzonder slecht, wat tot een breuk tussen de schrijver en zijn uitgever Livio Garzanti leidde – Pasolini's laatste boeken zouden in Turijn bij Einaudi worden gepubliceerd. Hij voelde zich steeds meer ontgoocheld door het marxistische ideeëngoed waar hij vroeger zo'n vurig voorstander was van geweest, voerde hierover polemieken met de lezers van het dagblad *Corriere della Sera,* schreef vlammende artikels tegen de machthebbers van het ogenblik. Hij lanceerde met succes het sarcastisch neologisme *il Palazzo,* waarmee hij het overheidsapparaat bedoelde. Hij voelde zich eenzaam en onbegrepen. "De Italianen zijn veranderd", zuchtte hij. Na zijn overlijden vond men in zijn studeerkamer een laconiek briefje, waarop hij met potlood "De wereld wil mij niet meer en weet het niet" had neergekrabbeld... Ook in zijn privéleven ging het niet goed. Ninetto Davoli had hem voor een vrouw verlaten, trouwde, werd een burgermannetje. Op zijn vijftigste was Pasolini erg bang om oud te worden; dit ging zover dat hij zich steeds jeugdiger en opvallender ging kleden, zijn haar verfde, krampachtig bleef voetballen.

Op 2 november 1975 werd de schrijver vermoord, in tot op vandaag niet helemaal opgehelderde omstandigheden. Zijn deerlijk toegetakelde lijk werd in de buurt van Ostia op een stuk braakland gevonden. Spoedig volgde er een arrestatie. De verdachte was een *ragazzo di vita* die de schrijver de vorige avond had ingehuurd en die hem in een woedeuitbarsting zou hebben neergeslagen. Daarna zou de dader in Pasolini's auto gesprongen zijn en een paar keer achter elkaar over het lichaam van zijn zieltogend slachtoffer zijn gereden. Hoewel de jongen vrij snel bekentenissen aflegde bleken er tal van hiaten en onverklaarbare details in zijn verhaal te zitten, wat bijna onmiddellijk de hypothese van een collectieve moord om politieke redenen deed ontstaan. Een andere theorie wil dat het om een soort zelfmoord ging, waarbij een depressieve Pasolini de prostituee met opzet had vemederd en uitgedaagd, met de bedoeling hem tot agressie te dwingen.

PASOLINI POSTUUM: PROZA EN TONEEL

Pasolini had zo'n markante persoonlijkheid, en zijn gewelddadige dood had zo'n diepe indruk gemaakt, dat er heel wat van zijn oeuvre postuum kon verschijnen. De twee korte, autobiografische romans *Amado mio* en *Atti impuri* (vertaald als *Daden van onkuisheid*), waaraan hij tijdens zijn jeugd in Casarsa was beginnen werken, zijn bijzonder gaaf. Ze ademen een sfeer van vakantie op het platteland uit, compleet met baden in de rivier en volksbals op zondag, die soms doet denken aan romans van Pavese. Pasolini schildert een inmiddels vergane wereld van knusse avonden in de stal, met vrouwen die spinnen en ouderen die vertellen. Het is ook een wereld van extreme armoede, waarin sigaretten nog per stuk worden gekocht, waarin het zomers toerisme na de Tweede Wereldoorlog slechts aarzelend op gang komt, waar er vlak naast het strand nog mijnenvelden liggen.

Ook zijn verzameld toneelwerk werd nu uitgegeven, samen met het pamflet *Manifesto per un nuovo teatro* uit 1968. Hierin keert Pasolini zich tegen wat hij smalend het burgerlijk "teatro della chiacchiera" noemt, het theater van het oeverloos gezwets, waarmee hij onder meer de stukken van Tsjechov, Ionesco, of de "vreselijke" Albee bedoelt, in regies van beroemdheden als Visconti, Strehler, Zeffirelli. Hij eist dat dames die in een nertsmantel gehuld naar dergelijke voorstellingen komen kijken voortaan dertigmaal de prijs van het entreebiljet zouden betalen! Hij trekt ook ten strijde, in iets minder scherpe bewoordingen, tegen het "teatro del gesto o dell'urlo", wat ongeveer neerkomt op geëngageerd toneel. Hij heeft waardering voor het baanbrekend werk van Grotowski, Artaud, het Living Theatre, en in eigen land voor Carmelo Bene en tot op zekere hoogte Dario Fo, maar verwijt dit soort theater dat het de bourgeoismentaliteit met al te agressieve methodes bestrijdt. Het ideaal dat hij zelf nastreeft is het "teatro di parola", waarbij de doelgroep een publiek van linkse progressieven is. Hij spiegelt zich aan het voorbeeld van de Griekse tragedie: bedoeling is niet het publiek te amuseren of te choqueren maar het te onderrichten, de actie is tot een minimum herleid, en vooral, de echte personages zijn ideeën, geen mensen. Zoals bij de oude Grieken moet theater zowel een religieuze als een politieke rite zijn, de toeschouwers horen meer te luisteren dan te kijken. In de praktijk komt dit neer op een uiterst cerebraal theater; van de zes stukken die Pasolini schreef zijn waarschijnlijk enkel *Calderon* en *Porcile* geschikt om te worden opgevoerd. De overige vier stukken zijn m.i. eerder als leesvoer te beschouwen, al zijn er zowel in Italië als in het buitenland pogingen ondernomen om ze op de planken neer te zetten. In deze stukken vinden wij bekende thema's van de auteur terug, zoals de strijd machthebbers versus individu, normaliteit versus het 'anders zijn' van joden, negers, homoseksuelen. Ook poneert Pasolini nogmaals dat de enige vorm van liefde de lichamelijke is, en dat deze volstaat om iemand gelukkig te maken. *Bestia da stile,* zijn laatste stuk, eindigt met een polemische dialoog tussen het Kapitaal en de Revolutie, die qua structuur herinneringen oproept aan een topos uit de laatmiddeleeuwse literatuur, namelijk de twist tussen een engel en een duivel om de ziel van een dode.

Het laatste werk dat postuum verscheen is de onvoltooide roman *Petrolio (Olie),* waaraan Pasolini tijdens de laatste jaren van zijn leven werkte en die in zijn ogen "de aanzet tot een testament" betekende. Van de voorziene tweeduizend bladzijden waren er op het ogenblik van zijn overlijden een zeshonderdtal uitgeschreven, veel andere waren nog blanco, op de titel van het hoofdstuk na. De gepubliceerde tekst krioelt van vraagtekens, lacunes, dubbelvormen, zodat zich onvermijdelijk de vraag stelt of het ethisch verantwoord was een zo overduidelijk onafgewerkt boek uit te geven, of de schrijver hieraan al dan niet zijn fiat zou gegeven hebben. Hoe dan ook, voor literatuurhistorici is *Olie* een kostbaar document, een summa waarin zowel obsessies als de bronnen van Pasolini's geschriften overvloedig aan bod komen. Zelf noemde hij het boek soms een gedicht, en zijn voornaamste doel was "een vorm te construeren", zoals hij in een brief aan Moravia uitlegde. De taal wil die van het essay zijn, echt verhalende delen zijn eerder zeldzaam. Ondanks talrijke uitweidingen, waarin o.m. zowel de binnenlandse actualiteit (o.a. de geheimzinnige dood van de linkse uitgever Feltrinelli) als de buitenlandse (o.a. de moord op Kennedy) wordt becommentarieerd, is de handeling even schematisch als in Pasolini's toneelstukken. De leidraad is de splitsing van een in de olie-sector werkzame bedrijfsleider Carlo in een brave Carlo 1 en een mis-dadige Carlo 2, ook wel Karl genaamd. Beide personages leiden hun eigen leven maar zijn soms verwisselbaar; één van beide Carlo's (het is niet duidelijk welke) verandert op een bepaald ogenblik in een vrouw, daarna weer in een man. Uiteindelijk laat hij zich castreren, en zijn enig levensdoel wordt nu carrière maken, want de Kerk en het communisme, de idealen uit zijn jeugd, beantwoordden uiteindelijk niet aan zijn verwachtingen.

In *Olie* valt onder meer de enorme belezenheid van de auteur op. Hij citeert uitdrukkelijk een paar van zijn bronnen wanneer hij een lijst boeken opsomt die hij zogenaamd op de vlooienmarkt heeft gekocht; de meest opvallende zijn werken van Dostojewski, vooral diens *Demonen,* romans van Gadda en Sterne. Een hoofdstuk over standbeelden in een tuin, die deugden symboliseren, gaat dan weer terug op middeleeuwse allegorieën; in een ander hoofdstuk vindt de lezer tal van verwijzingen naar de *Divina Commedia,* zoals onderverde-lingen in *bolge* en *gironi.* Niet uitdrukkelijk vermeld, maar wel degelijk aanwezig in het hoofdthema, de splitsing van het hoofdpersonage, zijn de romans *De gespleten burggraaf (Il visconte dimezzato)* van Italo Calvino en *Hij en ik (Io e lui)* van Alberto Moravia. Wél vermeld zijn het bekende Ego en Es van Freud. Een zakenreis van de brave Carlo 1 biedt Pasolini de gelegenheid gloedvolle beschrijvingen ten beste te geven van Afrikaanse en oosterse landschappen die hij tijdens zijn eigen reizen heeft gezien. Ook zijn ervaringen als filmregisseur wor-den in het verhaal verweven: zo volgt in het lange hoofdstuk *Il Merda* Carlo 1 de lotgevallen van het gelijknamige personage vanop een regis-seursstoel, in een soort lange *travelling.*

Inhoudelijk is het boek ongelijk: naast eindeloze beschrijvingen van gore, vluchtige paringen in desolate voorstedelijke landschappen vindt de lezer er ook fijnzinnige analyses in van de sfeer die heerst in een gezin uit de hogere bourgeoisie, of van de intriges aan de top van een machtige oliemaatschappij. Bovendien besteedt de auteur een paar prachtige hoofdstukken aan de beschrijving van een mooi maar angstaanjagend *waste land* in de Povlakte, waaruit na een bom-aanslag alle menselijke aanwezigheid is verdwenen. Zijn oeuvre was tot dusverre bloedserieus, in *Olie* duikt nu geheel onverwachts humor op. De invloed van Sterne's *Tristram Shandy is* al meteen merkbaar: op de eerste bladzijde staat slechts een reeks gedachtestrepen, op de tweede de droge mededeling "Deze roman heeft geen begin"! Geheel persoonlijk is daarentegen de ironische schildering van mondaine kringen in Rome, waarin invloedrijke dames als mecenas van aankomende schrijvers fungeren en obligate party's geven. Onder de sleutelfiguren uit hun 'hofhouding' zal de aandachtige lezer Moravia herkennen, en een Pasolini die de show probeert te stelen en zich te opzichtig kleedt... Onder alle spot en zelfspot is er nochtans onderhuids een drang naar zelfvernietiging merkbaar. Beide Carlo's, de goede en de slechte, dromen ervan de liefde te bedrijven met twintig mannen, niet meer en niet minder, waarna iedereen wordt afgeslacht. Dit scheen te preluderen op de gewelddadige dood van de auteur... Het parallellisme met de film *Salò o le 120 giornate di Sodoma* is soms frappant.

PASOLINI'S TAALSTRIJD: DIALECT EN STANDAARDTAAL

Nu de echo's van de vele schandalen uit zijn leven en werken zijn verstomd blijft de grootste verdienste van Pier Paolo Pasolini, als schrijver, het stilistische experiment dat hij uitvoerde in *Jongens uit het leven* en *Meedogenloos bestaan*. Geen van beide boeken is van het begin tot het einde in Standaarditaliaans geschreven; de auteur vermengde er de standaardtaal in met het *romanesco*, het dialect van Rome. Deze romans zijn dermate moeilijk om lezen dat Pasolini het nodig vond aan het einde van ieder boek een glossarium in te lassen! Zijn betrachting had zowel politieke als literaire gronden: Mussolini had het gebruik van dialect in literaire werken verboden, want naar zijn mening zou dit aan de buitenwereld de indruk geven van een vermeende minderwaardigheid van het Italiaanse volk. Onzin, natuurlijk, want naast literatuur in de standaardtaal heeft er in Italië, zoals in de meeste Europese landen, altijd dialectliteratuur bestaan, ook op hoog niveau; zo zijn de meeste blijspelen van Goldoni in het Venetiaans geschreven. Daarnaast waren en zijn er ook mengvormen. Renzo en Lucia, de hoofdpersonages uit *De verloofden* (*I Promessi Sposi*), zouden in het echte leven ongetwijfeld een Lombardisch dialect hebben gesproken, maar in Manzoni's roman drukken ze zich in de standaardtaal uit: dit heet dan "een assimilatie naar boven toe". Dichter bij ons zijn hiervan voorbeelden te vinden in de Siciliaanse romans van onder meer Sciascia en Vittorini. Omgekeerd gebeurt het ook dat een schrijver, die zich in het echte leven van de standaardtaal bedient, in de ik-vorm schrijft en zich dan in een of ander dialect uitdrukt. Dergelijke gevallen van "assimilatie naar beneden toe" vinden wij in de twintigste eeuw bv. bij romanciers als Beppe Fenoglio en Alberto Moravia. Daarbuiten zijn er door de eeuwen heen prozawerken geschreven waarin er geen assimilatie te vinden is, wel nevenschikking. De auteur, en personages die in het echte leven Standaarditaliaans spreken doen dit eveneens in het boek, personages uit de lagere volksklassen spreken daarentegen meestal dialect. De functie van dit dialect is dan voornamelijk emotioneel: het moet hetzij komisch en zelfs karikaturaal overkomen, hetzij vertederend.

De originaliteit van Pasolini bestaat hierin dat hij de standaardtaal en het *romanesco* door elkaar heeft gebruikt in de verhalende gedeelten. Dit heeft hij zeer bewust gedaan, en hij heeft herhaaldelijk uitgelegd wie zijn leermeesters waren: op het literaire vlak Auerbach en diens ideeën over *Mimesis,* alsook Gianfianco Contini als verdediger van de meertalige traditie in de Italiaanse literatuur, en op het politieke vlak Antonio Gramsci, die in zijn geschriften herhaaldelijk de wens had uitgedrukt dat er een "letteratura nazional-popolare" zou ontstaan. Voor hij zich aan het schrijven zette trok Pasolini met een bandopnemer naar de plaatsen waar de jongens uit het leven samentroepten, vroeg honderduit over de door hen gebruikte woorden, metaforen, zinswendingen, en noteerde alles zorgvuldig in een schrift, waarna hij deze gegevens in zijn romans verwerkte. Dit procédé noemde hij "operazione magnetofono". Hij constateerde dat zijn modellen over een weliswaar kleurrijke, maar uiterst beperkte woordenschat beschikten, die onvoldoende was om uiteenlopende emoties uit te drukken; uitdrukkingen als *fijo de mignotta* ("hoerenjong") of *va 'a mori ammazzato!* ("val dood!") waren polyvalent: meestal drukten ze woede uit, maar in bepaalde contexten ook tevredenheid, angst, verbazing, schaamte, bewondering, medeleven. In de gevallen waarin de schrijver de directe rede aanwendt ("'Val dood!', riep hij enthousiast") vergen dergelijke uitdrukkingen telkens weer commentaar om de tonaliteit van een zin juist weer te geven; anderzijds oordeelde hij terecht dat een systematisch gebruik van de indirecte rede ("Hij riep woedend dat de andere wat hem betreft kon doodvallen") bij de lezers als eentonig en log zou overkomen. Hij opteerde dus voor wat in het Italiaans *stile indiretto libero* en in het Duits *erlebte Rede* heet. Het procédé bestaat erin dat de romancier in de verhalende gedeelten af en toe de taal van zijn personages gebruikt, niet de zijne. De twee niveaus wisselen soms in één enkele zin af. Zo drukt hij zijn sympathie voor de personages uit, m.a.w. zijn "affectieve mimesis".

In de praktijk vertoont de door Pasolini gebruikte methode nogal wat zwakheden: onderzoek van zijn glossaria heeft aangetoond dat zijn zogenaamde "operazione magnetofono" niet altijd betrouwbaar is. De schrijver bleek heel wat termen te hebben ontleend aan de grote Romeinse dialectdichter Giuseppe Gioachino Belli, die in de eerste decennia van de negentiende eeuw schreef. Na de Tweede Wereldoorlog waren ze al lang in onbruik geraakt! Bovendien was de bevolking van de sloppenwijken aan de rand van Rome heterogeen; de meeste inwoners waren uit het verpauperde zuiden afkomstig en drukten zich in werkelijkheid in het dialect van hun geboortestreek uit. Ook zuiver inhoudelijk heeft Pasolini steken laten vallen: de *ragazzi di vita* worden door hem als ongecultiveerde bruten voorgesteld. Hoe valt dan te verklaren dat zij zich met de regelmaat van een klok citaten uit de Bijbel of de *Divina Commedia* laten ontvallen, of opmerkingen maken zoals "Jij bent nog erger dan Attila"? Hier is duidelijk de schrijver aan het woord, niet het personage.

Veel critici hebben Pasolini ook verweten dat hij de Romeinse sloppenwijken als een estheet heeft bekeken, of als een filoloog. Anderen hebben hem dan weer van goedkoop naturalisme beticht. Geen van deze beschuldigingen is terecht, want heel wat bladzijden getuigen van een sterk inlevingsvermogen vanwege de schrijver. De "mengeling van stijlen" die hij voorstond had vooral een expressionistische functie: je kan bezwaarlijk over naturalisme praten als hij straathonden die op het punt staan elkaar naar de keel te vliegen in plat *romanesco* laat schelden. De door Pasolini fel bewonderde Belli liet destijds in zijn vlijmscherpe sonnetten Gregorius XVI *romanesco* spreken, hoewel deze paus uit het Noord-Italiaanse stadje Belluno afkomstig was...

Pasolini's stilistische experiment is vaak vergeleken met de "meertaligheid" van zijn tijdgenoot en vriend Carlo Emilio Gadda, maar diens uitgangspunt was totaal verschillend. Gadda gebruikte in zijn romans sporadisch het dialect van Rome, maar vatte dit gebruik niet als een soort literaire en ideologische kruistocht op. Telkens als hij een personage *romanesco* liet spreken wees dit op antipathie van de schrijver ten opzichte van dit personage, terwijl het bij Pasolini juist om een uiting van mededogen ging. Bovendien vertoont Gadda's palet een veel grotere verscheidenheid: in zijn romans vindt de lezer soms op één enkele bladzijde naast Standaarditaliaans vier verschillende dialecten, en bovendien Latijn en Grieks, pastiches van fascistisch taalgebruik, vaktechnische woordenschat van de burgerlijke ingenieur die Gadda was. Eerder moet in dit verband gewezen worden op het grote voorbeeld van Giovanni Verga, een schrijver die in de tweede helft van de negentiende eeuw in de verhalende gedeelten van zijn romans op een subtiele wijze het Siciliaans van boeren en vissers had ingelast

Het vermengen van Standaarditaliaans en een of ander dialect vond vrijwel onmiddellijk navolging bij andere romanschrijvers. Lucio Mastronardi (afkomstig uit het Lombardische stadje Vigevano), Luigi Meneghello (uit de buurt van Verona), de Siciliaan Giuseppe Bonaviri en een paar anderen publiceerden rond 1960 succesboeken waarin zij dezelfde formule toepasten. Soms compleet met glossaria aan het einde van het boek (Mastronardi), soms met lange uitweidingen over de kenmerken van het gebruikte dialect, wat het werk een documentair aspect verleende (Meneghello). Bij Bonaviri en Meneghello zijn er ook inhoudelijke parallellismen: hun boeken gaan over de lotgevallen van jeugdbendes – die iets onschuldiger uitvallen dan de Romeinse *ragazzi di vita*. Mastronardi daarentegen gaat een eigen weg: hij beschrijft op een sarcastische wijze hoe de opgang van de grootindustrie in een armoedig provinciestadje de levenspatronen van de bevolking grondig verstoort. Ook Pasolini's excessen vinden soms navolging: de onontwikkelde Siciliaanse boeren van Bonaviri citeren verzen uit Ariosto's *Orlando furioso,* en zelfs filosofen uit de Griekse Oudheid: ze zeggen niet "alles gaat voorbij", maar "παντα ρει", zoals Heraclitus!

Pasolini was oorspronkelijk van plan geweest een trilogie te schrijven over de Romeinse sloppenwijken. Het vervolg op de romans *Jongens uit het leven* en *Meedogenloos bestaan* zou *Il Rio della Grana* ("De Rivier van de Poen") heten, maar het boek is er nooit gekomen. In zijn nalatenschap is er zelfs geen klad van teruggevonden. Dit had alles te maken met de *writer's block* die Pasolini op het einde van de jaren vijftig doormaakte. De overweldigende opmars van radio en

vooral televisie, plus het feit dat verplicht onderwijs nu alle volksklassen bereikte, had in zijn ogen tot gevolg dat de Italiaanse dialecten begonnen af te slijten en dus niet langer als levensecht konden
worden beschouwd. Bovendien besefte hij eindelijk dat zijn stok-
paardje, de "mengeling van stijlen", de lectuur van zijn romans bijzonder moeilijk maakt. Het *romanesco* verdween totaal uit zijn laatste
werken. Het Friulaans uit zijn jeugd dook nog éénmaal op: in zijn
laatste toneelstuk, *Bestia da stile,* gebruikt een moederfiguur het in
een emotionele monoloog. Ook Pasolini's navolgers bonden nu in.
In 1954, een jaar voor *Ragazzi di vita,* had de Milanese kunsthistoricus Giovanni Testori *Il dio di Roserio* gepubliceerd, een roman over het
milieu van beroepswielrenners. Er kwam veel dialect in voor, en vloe-
ken, en krachttermen. Nauwelijks vier jaar later herschreef hij het
boek in Standaarditaliaans. Uit deze tweede versie was behalve het
Milanees ook alle ruwe taal verdwenen! Het feit was symptomatisch
voor de doodsstrijd van het soort literatuur waarmee Pasolini en zijn
epigonen succes hadden geboekt. Moravia concludeerde wijselijk:
"Als de roman uitsluitend een taalprobleem wordt, betekent dit dat de
roman een crisis doormaakt."

Beknopte bibliografie

Werken van Pier Paolo Pasolini
Poëzie in het Friulaans
Poesie a Casarsa, Bologna, Libreria antiquaria Mario Landi, 1942.
La meglio gioventù, Firenze, Sansoni, 1954; herwerkte uitgave *La nuova gioventù. Poesie friulane*, Torino Einaudi, 1975.

Poëzie in het Italiaans
L'usignolo della Chiesa Cattolica, Milano, Longanesi, 1958.
Le ceneri di Gramsci, Milano, Garzanti, 1960. (Keuze: *De as van Gramsci*, vert. Karel van Eerd, Amsterdam, Meulenhoff, 1989.)
La religione del mio tempo, Milano, Garzanti, 1961. (Keuze: *De as van Gramsci*, vert. Karel van Eerd, Amsterdam, Meulenhoff, 1989.)
Poesia in forma di rosa, Milano, Garzanti, 1964. (Keuze: *In de vorm van een roos*, vert. Karel van Eerd, Amsterdam, Meulenhoff, 1987.)
Trasumanar e organizzar, Milano, Garzanti, 1971. (Keuze: *In de vorm van een roos*, vert. Karel van Eerd, Amsterdam, Meulenhoff, 1987.)

Bloemlezingen van poëzie
Poesia dialettale del Novecento, Parma, Guanda, 1952. (I.s.m. Mario dell'Arco.)
Canzoniere italiano, Bologna, Guanda, 1955.
La poesia popolare italiana, Milano, Garzanti, 1960.

Proza
Ragazzi di vita, Milano, Garzanti, 1955. (*Jongens uit het leven*, vert. Henny Vlot, Amsterdam, Meulenhoff, 1992.)
Una vita violenta, Milano, Garzanti, 1959. (*Een felbewogen leven*, vert. Jenny Witstijn, Baarn, De Boekerij, 1960; *Meedogenloos bestaan*, vert. Graziella Rais, Amsterdam, Meulenhoff, 1992.)
Il sogno di una cosa, Milano, Garzanti, 1962.
Alì dagli occhi azzurri, Milano, Garzanti, 1965. (Vertaling van het verhaal *Notte sull'Es: Een nacht op de tram*, vert. Henny Vlot, Amsterdam, Meulenhoff, 1995.)
Teorema, Milano, Garzanti, 1968. (*Theorema*, vert. Yvonne Scholten, Utrecht, Bruna, 1976.)
La Divina Mimesis, Torino, Einaudi, 1975.
Amado mio. Atti impuri, Milano, Garzanti, 1982. (*Daden van onkuisheid. Amado mio*, vert. Marguerite Seton & Thomas Graftdijk, Amsterdam, De Arbeiderspers 1984.)

Petrolio, Torino, Einaudi, 1992. (*Olie*, vert. Henny Vlot, Amsterdam, Meulenhoff, 1995.)

Toneel
Orestiade, Urbino, Edizioni urbinate, 1960. (Naar Aeschylus.)
Il Vantone, Milano, Garzanti, 1963. (Naar *Miles gloriosus* van Plautus.)
Calderòn, Milano, Garzanti, 1973.
I Turcs tal Friùl (red. Luigi Ciceri), Edizioni Rivista *Forum Julii*, 1976, 2; tweede uitgave (red. Andreina Nicoloso Ciceri), Società Filologica Friulana, 1995.
Teatro, Milano, Garzanti, 1977-79, 2 voll. (Bevat *Calderòn*, *Affabulazione*, *Pilade*, *Porcile*, *Orgia* en *Bestia da stile*.) (*De koningsmoord [Affabulazione] & Orgie*, vert. Dolf Verspoor, Amsterdam, Meulenhoff, 1986.)

Essays, recensies, reisproza
Passione e ideologia, Milano, Garzanti, 1960.
Empirismo eretico, Milano, Garzanti, 1972.
Scritti corsari, Milano, Garzanti, 1975.
L'odore dell'India, Milano, Longanesi, 1962. (*De geur van India*, vert. Patty Krone, Houten, Wereldvenster, 1991.)
Lettere luterane, Torino, Einaudi, 1976. (Bevat bijdragen gepubliceerd in *Corriere della Sera* en *Il Mondo*.)
Le belle bandiere. Dialoghi 1960-65, Roma, Editori Riuniti, 1977. (Briefwisseling met lezers van het weekblad *Vie nuove*.)
Descrizioni di descrizioni, Torino, Einaudi, 1979. (Recensies verschenen in het weekblad *Tempo* van 1972 tot 1974.)
Il caos, Roma, Editori Riuniti, 1979. (Rubriek in het weekblad *Tempo*, van 1968 tot 1970.)

Films
Accattone, 1961.
Mamma Roma, 1962.
La ricotta, 1963. (Episode uit de film *Rogopag*.)
Il vangelo secondo Matteo, 1964.
Comizi d'amore, 1964. (Sociologische enquête met Pasolini als interviewer.)
Uccellacci e uccellini, 1966.
La terra vista dalla luna, 1966. (Episode uit de film *Le streghe*.)
Che cosa sono le nuvole, 1967. (Episode uit de film *Capriccio all'italiana*.)
Edipo re, 1967.
La sequenza del fiore di carta, 1968. (Episode uit de film *Amore e rabbia*.)
Teorema, 1968.

Porcile, 1969.
Medea, 1970.
Decameron, 1971.
I racconti di Canterbury, 1972.
Il fiore delle Mille e una notte, 1974.
Salò o le 120 giornate di Sodoma, 1975.

Verzameld werk
Lettere, Torino, Einaudi, 1986-1988, 2 voll.
Romanzi e racconti (red. Walter Siti & Silvia De Laude), Milano, Mondadori ("Meridiani"), 1998, 2 voll.
Saggi sulla letteratura e sull'arte (red. Walter Siti & Silvia De Laude), Milano, Mondadori ("Meridiani"), 1999, 2 voll.
Saggi sulla politica e sulla società (red. Walter Siti & Silvia De Laude), Milano, Mondadori ("Meridiani"), 1999.
Teatro (red. Walter Siti), Milano, Mondadori ("Meridiani"), 2001.
Per il cinema (red. Walter Siti), Milano, Mondadori ("Meridiani"), 2001, 2 voll.
Tutte le poesie (red. Walter Siti), Milano, Mondadori ("Meridiani"), 2003, 2 voll.

Werken over Pier Paolo Pasolini
CHIESA, Mario, *Il dialetto da lingua della realtà a lingua della poesia. Da Porta e Belli a Pasolini*, Torino, Paravia, 1978.
DUFLOT, Jean, *Entretiens avec Pasolini*, Paris, Editions Pierre Belfond, 1970.
DULLAERT, Leo, *Tegenlicht op Pasolini*, Amsterdam, De Woelrat, 1984.
GERARD, Fabien S., *Pasolini ou le mythe de la barbarie*, Bruxelles, Université Libre de Bruxelles, 1982.
JACQMAIN, Monique, "Appunti sui glossari pasoliniani", in *Linguistica Antverpiensia*, IV (1970), pp. 109-154.
JACQMAIN, Monique, "Le discours indirect libre comme moyen expressif chez Pasolini", in *Linguistica Antverpiensia*, V (1971), pp. 77-136.
JACQMAIN, Monique, "Place de Pier Paolo Pasolini dans la littérature dialectale italienne", in *Revue belge de Philologie et d'histoire/Belgisch tijdschrift voor filologie en geschiedenis*, LI (1973), pp. 605-623.
MACIOCCHI, Maria Antonietta, *Pasolini*, Paris, Grasset, 1980.
RINALDI, Rinaldo, *Pier Paolo Pasolini*, Milano, Mursia, 1982.
SICILIANO, Enzo, *Vita di Pasolini*, Firenze, Giunti, 1995.

DARIO FO
(°1926)

Philiep BOSSIER

Le théâtre, c'est une espèce d'activisme
pour dire qu'un seul être humain est quelque chose d'immense.
(Peter Sellars, *Conférence*, Arles, 1994)

Toen in oktober 1997 bekend werd dat de Zweedse Academie als laureaat voor de Nobelprijs Literatuur Dario Fo had gekozen, was de verrassing compleet. Kon dat eigenlijk wel: een dergelijk sujet, een storend *enfant terrible*, een politiek radicaal, een nar, een clown,... een acteur?

In de literaire wereld gingen veel stemmen van protest op. Gejuich en bewondering in de theaterwereld. In Italië wist men niet welke kant uit. Het was wel de zesde Nobelprijs voor Italië (de vorige laureaten waren Giosuè Carducci (1906), Grazia Deledda (1926), Luigi Pirandello (1934), Salvatore Quasimodo (1959) en Eugenio Montale (1975)), dus moest er toch op de gepaste manier gereageerd worden. Maar Dario Fo... Het Vaticaan wist met zijn woede geen blijf. Hautain gesnuif bij andere auteurs, eeuwig genomineerden weliswaar, die vonden dat zij wél echte schrijvers waren. Zo liet de al heel dikwijls genomineerde dichter Mario Luzi via de pers weten dat de toekenning van de Nobelprijs aan Dario Fo een vergissing was. Politiek Rome had het over de eer voor de natie, maar een groot onbehagen was voelbaar en de woorden klonken hol. Dario Fo had weer toegeslagen. Hoe het ook zij, met de nominatie van Fo werd het traditionele literatuurbeeld van officiële zijde gewijzigd, en dan nog vanuit zijn hoogste academische orgaan, de Nobelprijs. Voor het eerst werd aan de officiële norm getild. Dank zij de nominatie van Fo zijn in feite een heleboel correcties doorgevoerd: erkenning (of rehabilitatie) van orale literatuur als volwaardige literatuur; erkenning van theater als meer dan geschreven dramatekst; erkenning dat teksten niet louter op zichzelf bestaan maar op verschillende manieren hun publiek kunnen bereiken (via de acteur bijvoorbeeld); erkenning van dubbel auteurschap (Fo's levenspartner en medebeheerder van zijn oeuvre, Franca Rame, werd officieel in de prijsuitreiking vermeld). Bovendien heeft de Nobelprijs 1997 aangetoond dat literatuur nog altijd voor opschudding kan zorgen en, meer ten gronde, dat de definitie van wat literatuur eigenlijk is, in feite niet vastligt.

VAN VOLKSVERTELLERS TOT OPERA

De Zweedse Academie huldigt expliciet de auteur-acteur die "de macht hekelt en de waardigheid van de vernederden in ere herstelt." Fo heeft inderdaad een indrukwekkend oeuvre neergeschreven waar de thema's als macht en waardigheid centraal staan. Hoe is dit oeuvre ontstaan en welke hoofdlijnen zijn erin herkenbaar?

Dario Fo werd geboren in San Giano, een stadje aan het Lago Maggiore vlakbij de Zwitserse grens. Zijn vader was spoorwegarbeider en zijn moeder werkte op het land. Na zijn (stopgezette) kunstopleiding in 1945 aan de Milanese Brera-academie en zijn (eveneens onderbroken) architectuurstudie aan het Politecnico van dezelfde stad, werkt hij een tijd lang voor de dienst radiouitzendingen van de Rai waar hij bekendheid krijgt als acteerstem achter luisterverhalen. De eerste bundel monologen krijgt als titel *Poer Nano* ("Arme drommel", 1952). Zijn uniek verteltalent opent meteen de poort op een bijna vijftigjarige carrière in de podiumkunsten en de literatuur. Fo zal erin slagen op een unieke manier tradities van orale literatuur met een ver doorgedreven politiek engagement in eigenzinnge teksten te gieten. Zijn geschreven oeuvre omvat intussen meer dan zeventig komedies, drama's, kluchten, vertellingen, grotesken, bewerkingen, scenario's voor zijn eigen one-man-shows, maar ook dialogen en monologen, "teksten over vrouwen" waarvan Franca Rame de mede-auteur is. Dit is nog maar het topje van de ijsberg: als acteur produceerde hij een ontelbare reeks voorstellingen (meer dan vijfduizend!) in binnen- en buitenland en als eerste Italiaanse regisseur signeerde hij in opdracht van de Comédie-Française (1990) twee produkties van Molière, *Le médecin volant* en *Le malade imaginaire*. Bovendien verzorgde hij, op uitnodiging van de Nederlandse Opera, de regie van een Rossini-cyclus met *Il barbiere di Siviglia* (1986-87, hernomen in 1988-89) en *L'Italiana in Algeri* (co-productie met het Festival van Pesaro in 1995, reprise 2000). Fo is in de hele wereld vertaald (zij het iedere keer met grondige aanpassingen aan de doelcultuur) en dat maakt van hem ook een van de meest gespeelde toneelschrijvers aller tijden.

Hoe vat te krijgen op dit oeuvre? Voor wie er de biografie van Dario Fo op naslaat zijn de volgende feiten pertinent voor de betekenis van zijn werk: de definitieve invloed, al in het vroegste stadium van het schrijverschap, van de volkse vertellers, de zogenaamde *fabulatori* uit de geboortestreek; de studie ruimtelijke vormgeving en decorontwerp in Milaan; de ontmoeting met Franca Rame in 1951 (ze huwen in 1954) en, via haar familie, met de traditie van rondtrekkende theaterkunstenaars; de kennismaking met de technieken van music-hall en marionettenspel; de eerste satirische revue, in een trio met Parenti en Durano; de enorme populariteit in 1963 van het door Fo en Rame samengestelde tv-programma *Canzonissima*, tot aan de politieke censurering en opschorting ervan na zeven maanden uitzending; de ervaring met de massamedia als machtsinstrument; de aanranding van Franca Rame door neofascisten in 1973; de kortstondige arrestatie van Fo in 1973 na een voorstelling over de machtsgreep in Chili; de RAI-productie van *Mistero Buffo* in 1975, tournee in de Chinese Volksrepubliek; in 1986 verleent Ronald Reagan na twintig jaar weigering een VS-visum aan Fo-Rame; tournée in de VS, in 1988-89 vindt Rame's Italiaanse tournee van de Rai-productie *Parti femminili* ("Vrouwelijke delen") plaats; uitnodiging tot deelname Expo 92 in Sevilla; en tenslotte de Nobelprijs Literatuur in 1997.

Enkele duidelijke breuklijnen zijn herkenbaar in het oeuvre van Fo en die worden door de meeste critici gebruikt om het werk van de auteur in periodes in te delen. De eerste breuk komt er in 1967: voor die datum werkt de schrijver voor het traditionele repertoiretoneel in het klassieke schouwburgcircuit; nadien verlaat het theaterduo het commerciële theater en speelt enkel nog in alternatieve, sociaal sterk 'getekende' ruimtes (volkshuizen, fabrieken, bezette gebouwen, afgedankte industrieterreinen, op campussen tijdens universitaire sit-ins). De tweede breuk ontstaat in 1970 met de opzegging van de samenwerking met de PCI, de toen heel machtige communistische partij, en haar culturele lobby, de ARCI. Deze dubbele ommekeer werd eigenlijk al voorafgegaan door het (gedwongen) afscheid van alle televisieoptredens na een ophefmakende 'tv-banning' in 1963, een censuur die er kwam op verzoek van officiële instanties nadat de satirische samenstelling van het RAI-programma *Canzonissima* politiek te direct werd bevonden. Deze voor tv-land Italië hoogst symbolische breuk van bijna vijftien jaar zal duren tot aan de definitieve terugkeer van Fo en Rame op het scherm in 1977. De hele carrière van Fo en Rame is doorspekt met momenten van censuur en politieke weerstand, ook meer recent nog met producties als *Lo zen et l'arte di scopare* ("Zen en de kunst van het neuken", 1995).

Deze data, die men makkelijk in verband kan brengen met de breedmaatschappelijke evolutie, dienen ook als mijlpalen in de evolutie van het werk. Niet toevallig situeert zich de eerste buitenlandse tournee van Fo in 1967 (Denemarken, Odin Teatret). Ook *Mistero Buffo*, zijn meest bekende totaalspektakel, onstaat in 1969. Na de gebeurtenissen van mei 68 stichten Fo en Rame opeenvolgende theatercollectieven: Associazione Nuova Scena (1968) en La Comune (1970). Deze collectieve gezelschappen staan trouwens in voor de tekstuitgaven, die sedert 1974 gebundeld werden in Fo's verzameld werk, uitgegeven door Einaudi (intussen dertien volumes).

De gevolgen van de opeenvolgende breuken zijn uiteraard vooral in de teksten zelf terug te vinden en wel in de keuze van welbepaalde genres en tekstvormen. De criticus Ferdinando Taviani stelt hierbij half ironisch de vraag of het hierbij gaat om "literaire gevolgen van politieke keuzes" dan wel om "politieke gevolgen van literaire keuzes." Volgens de Britse Fo-specialist David Hirst (*Dario Fo and Franca Rame*, pp. 12-13) is het oeuvre in drie delen opgesplitst: de bij Einaudi gepubliceerde teksten, die als 'definitief' beschouwd kunnen worden; de Comune-uitgaven waar dan weer de documentatie en de illustraties centraal staan; het politiek theater in eigen beheer (ondergebracht in de uitgaven van de "Compagni senza censura") waar de tekst veeleer het verslag is van een collectieve productie, met als logische 'echo' de verschillende geregistreerde publiekstussenkomsten en het slotcommentaar van de auteur(s).

Wat zijn nu de meest representatieve teksten van Fo? Het duidelijkste standpunt hierover wordt door Hirst geformuleerd. Hirst stelt een onderscheid voor tussen de politieke farce en de dramatische monoloog. In beide gevallen gaat het om de twee dramatische subgenres waarin Fo een duidelijke vernieuwing heeft gebracht.

Representatief voor het eerste type zijn *De toevallige dood van een anarchist* (*La morte accidentale di un anarchico*, 1970), *Betalen? Nee* (*Non si paga, non si paga*, 1974) en *Claxons, trompetten en fluitconcerten* (*Clacson, trombette e pernacchie*, 1981). Het wereldberoemde *De toevallige dood van een anarchist* brengt het verhaal ten tonele van de 'anarchist' Giuseppe Pinelli die, samen met een balletdanser, gearresteerd en berecht werd naar aanleiding van de Italiaanse golf van terreuraanslagen (1969-1980), en met name voor hun vermeende aandeel bij de bomaanslag op een bank op de Milanese Piazza Fontana. Volgens de officiële politieversie kwam Pinelli tijdens de ondervragingen om het leven doordat hij... uit het venster was gevallen. Dank zij dit stuk wordt in de publieke opinie sedertdien het voorwendsel van 'toevallige defenestratie' meteen geassocieerd met onverantwoord politieoptreden bij harde ondervragingen. *Betalen? Nee* is een stuk over burgerlijke ongehoorzaamheid, gecombineerd met aanklachten tegen honger, en *Claxons, trompetten en fluitconcerten* handelt over de imaginaire kidnapping van Fiat-baas Agnelli met een duidelijke verwijzing naar het meest tragische dieptepunt (1978) in de naoorlogse Italiaanse politiek, de ontvoering van en moord op voormalig premier Aldo Moro door de extreem linkse Rode Brigades. Fo had al eerder met het ontvoeringsthema gewerkt, naar aanleiding van *Il Fanfani rapito* ("Fanfani ontvoerd"), waarin opnieuw een politiek kopstuk half schertsend, half ernstig, belachelijk wordt gemaakt.

Tot de belangrijkste voorbeelden van de dramatische monoloog à la Fo kunnen *Mistero Buffo* (1969) en *Verhalen van de Tijger* (*Storia della Tigre e altre storie*, 1979) gerekend worden. De titel van dit laatste stuk alludeert op de Chinese zegswijze "de tijger bezitten" die betekent "doorgaan met vechten, niet opgeven". Fo brengt er een herlezing van bijbelapocriefen, Jezus-mirakels en de mythen rond Daedalus en Icarus. Maar het absolute meesterwerk van Fo is zonder twijfel *Mistero Buffo*. De titel ("Kluchtig Mysteriespel", maar de titel wordt nooit vertaald) verwijst rechtstreeks naar een werk van de Sovjetrussische auteur Majakovskij, *Misteriy a-buff*, dat hier als prototype van 'strijdend schrijven' wordt gebruikt. In *Mistero Buffo* passeren een hele galerij figuren de revue, die allemaal door het spel van één acteur opgeroepen worden. Via het procédé van de nevengeschikte tableaus verschijnen allerlei volkse figuren ten tonele tegen de achtergrond van de Passie van Christus, terwijl het geheel af en toe wordt onderbroken door (ook literair-historisch) commentaar (later ook dia's). De meest beroemde tableaus zijn: *De moord op de onschuldige kinderen*; *De boeven aan het kruis*; *De wederopstanding van Lazarus* en *Paus Bonifatius VIII*. Kenmerkend voor het stuk is het structureel samengaan van profane en sacrale elementen (een procédé dat al vroeger in de films van Pasolini was uitgeprobeerd).

Een vraag die zich opdringt is of er in Fo's werk vanaf een bepaald moment (namelijk vanaf het begin van het het co-auteurschap met *Tutti casa, letto e chiesa* uit 1978 (vertaald als *Volwassen orgasme ontsnapt uit Amerikaans circus*) een stijlverandering optreedt. Door het signeren van beide auteurs ontstaat volgens David Hirst een "a juxtaposition of performing styles". We krijgen een evolutie van alle schakeringen van het komische, waarbij Fo garant staat voor de exuberantie in de stijl, dankzij een combinatie van circusnummers en sociale satire. Naast deze specifieke humor vindt men, bij de mannelijke helft van het duo, de techniek van de literaire herschepping van reeds bestaande fabels, mythes en volksverhalen. Hiertegenover staat de literaire inbreng van Franca Rame in korte, krachtige theaterteksten rond meer actuele kwesties. Bij Franca Rame straalt van de tekst een grote emotionele intensiteit uit. De rol van de vrouw wordt er verwoord in termen van maatschappelijke wreedheid en verdrukking. Bijzonder treffend worden Rame's teksten door Hirst "lamento's" genoemd. Een derde verschil ligt in de meer poëticale opstelling tegenover de traditionele tekstlineariteit: Fo opteert voor de combinatie van deelteksten die door middel van expliciete acteurtussenkomsten aan elkaar worden geweven; bij Rame wordt de lineariteit gerecupereerd en gaat de auteur meer inspelen op de directe tragische kracht van het woord. Ondanks de verschillende lichtinvallen, zijn de teksten van beide auteurs-levenspartners op een sterke gemeenschappelijke basis terug te brengen: het geloof in de 'reinigingskracht' van het dramatische dubbelregister, de lach en de tragedie.

DARIO FO: GEEN UITZONDERING IN DE ITALIAANSE CONTEXT

In de context van de Italiaanse dramaliteratuur is Dario Fo geen uitzondering. Integendeel, hij is op het eind van de twintigste eeuw misschien het meest representatieve voorbeeld van een theatercultuur die al van oudsher een verbinding tot stand brengt tussen het schrijven van teksten en het op scène brengen. Het is inderdaad opvallend hoe een uitgesproken 'theatraal' land als Italië vooral recent relatief weinig toneelschrijvers heeft voortgebracht. Dit terwijl het land algemeen bekend staat als de Europese bakermat van tal van theatergenres: het humanistisch drama, de commedia dell'arte, de pastorale opvoering, de opera. Er dient wel meteen bij vermeld dat de uitzonderingen hierop bijna altijd een grote bijdrage hebben geleverd tot de vernieuwing van de Europese letterkunde: men denke maar aan Luigi Pirandello (1867-1936, Nobelprijs 1934), Ugo Betti (1892-1953), Eduardo De Filippo (1900-1984) en Eduardo Sanguineti (°1930).

Dat er relatief weinig toneelauteurs zijn neemt echter niet weg dat er een uiterst rijke regietraditie bestaat, en dit dan vooral in de twintigste eeuw. Een auteur van wereldformaat als Pirandello niet te na gesproken, genieten uitnemende regisseurs als Luchino Visconti, Giorgio Strehler, Eugenio Barba, Carmelo Bene en Luca Ronconi in het Europese theater duidelijk meer bekendheid dan de toneelauteurs. Zij worden ook dikwijls als model geciteerd. Het is mede te danken aan de modelfunctie van Strehlers regiewerk dat zijn Piccolo Teatro uit Milaan, – in het verlengde van Brechts Berliner Ensemble –, decennialang een Europees instituut van theatervernieuwing is geweest en meteen een verplichte leerschool voor al wie uit het buitenland kwam. (Dit geldt bijvoorbeeld voor twee toonaangevende regisseurs op de hedendaagse, internationale scène als de Belg Gilbert Deflo en de Duits-Zwitser Luc Bondy, huidig intendant van de Wiener Festwochen).

Volgens Hirst (*Dario Fo and Franca Rame*, pp. 21-22) maakt Fo precies deel uit van wat hij, in tegenstelling tot de "authors" de Italiaanse "dramatists" noemt; en hij preciseert: "he is a part of a distinctively Italian theater, which has always had a pronouncedly non-literary basis." De traditie waarin Ferdinando Taviani Fo plaatst is die van de "attore-drammaturgo-mercante" (acteur-toneelschrijver-handelaar), drie instanties in een persoon verenigd, een nieuw fenomeen dat met de doorbraak van de zestiende-eeuwse beroepsgezelschappen samenvalt. De tendens om Dario Fo als (voorlopig) eindpunt van een lange spiraal doorheen de Europese theatergeschiedenis te zien, is precies wat het meest opvalt in de (eerder zeldzame) pogingen tot situering van zijn oeuvre (in dit verband merkt Chiara Valentini in *La storia di Dario Fo* op dat "Fo overbekend is door allerlei nieuwsberichten en fait-divers maar heel weinig door de literaire kritiek"). Symptomatisch zijn titels van overzichtswerken als die van Franca Angelini (*Il teatro del Novecento da Pirandello a Fo*, "Theater uit de twintigste eeuw van Pirandello tot Fo") of van Christopher Cairns (*The Commedia dell'Arte from the Renaissance to Dario Fo*). Het lijkt wel of Fo gedoemd is om altijd wel ergens het eindpunt van te zijn. Of misschien toont zijn oeuvre precies de uiterste grens van de dramatekst of van de literatuur als cultureel subsysteem?

De door Alberto Asor Rosa samengestelde essaybundel *Letteratura italiana del Novecento. Bilancio di un secolo*, waarin de "balans van een eeuw literatuur" gemaakt wordt, biedt enkele interessante perspectieven van waaruit je de tweede Nobelprijs voor Italiaans theater kunt analyseren. Dario Fo wordt er geciteerd als het zoveelste *caso* of "probleemgeval" in de Italiaanse literatuur. In een boeiend artikel over de positie van de kritiek in het literaire bestel, vermeldt Roberto Antonelli meteen een fundamenteel aspect van het oeuvre van Fo: het hand in hand gaan van "poëtisch expressionisme" en "kritisch expressionisme": "De Nobelprijs voor Dario Fo betekent in feite de erkenning, nu de eeuw ten einde loopt, van een ruime beweging waarin tekstproduktie en literaire kritiek, lichaamsgebaar en lichaam, dikwijls onafscheidelijk zijn geweest en elkaar wederzijds hebben beïnvloed." (pp. 81-82) In dezelfde bundel heeft Claudio Meldolesi het over de stroming van "barokke herinterpretaties" (p. 554) van klassieke teksten voor het alternatieve theatercircuit, een stroming na mei '68, waarin de *Orlando furioso* van Ronconi-Sanguineti, samen met Fo's *Mistero Buffo*, beide uit 1969, het hoogtepunt vormen. In een artikel van Vicentini over de evolutie van theatertaal, komen we uiteindelijk bij de code die de associatie van de drie groten, – Pirandello, Eduardo [De Filippo] en Fo – bijna evident doet lijken: de keuze voor het dialect of, beter nog, de afwijking van de standaardtaal. Claudio Vicentini wijst hierbij op een belangrijk verschil tussen Eduardo De Filippo en Fo, gezien de laatste noch kiest voor de landstaal, noch voor één bepaalde streektaal. Typerend voor Fo is "de bijdrage van het dialect aan de constructie van een polycentrisch opgevatte taal" (p. 253), een origineel taalbouwwerk eigenlijk waar zijn beroemde *grammelot* het fundament van is (cfr. infra).

Een van de meest grondige vergelijkingen tussen Eduardo De Filippo en Fo vindt men in de analyse van de "twintigste-eeuwse drama-canon" door Ferdinando Taviani. Volgens Taviani is Eduardo "de eerste acteur-toneelschrijver die ook als acteur een *klassieker* werd" en hij voegt er de volgende aardige definitie aan toe: "klassiek in de eigenlijke betekenis van het woord als zijnde een werk dat zonder enige beperking aanspreekbaar is, een werk dat levendig blijft in de tijdeloze tijd van de Traditie." (p. 125) Hetzelfde kan ook van het stel Fo-Rame worden gezegd. Ook bij hen vind je de overstijging van de traditionele grenzen tussen 'hoge' en 'lage' genres. Niet toevalling traden zowel Eduardo als Fo toe tot het pantheon van de letterkunde via de publicatie van hun verzameld werk bij de prestigieuze Turijnse uitgever Einaudi. En evenmin toevallig was dat juist Fo (toen nochtans ook al beschouwd als een vulgair provocateur!) de plechtige rouwrede in de chique salons van de Senaat mocht uitspreken bij het overlijden, in 1984, van de vijfentwintig jaar oudere auteur – en intussen ook eresenator – Eduardo De Filippo. Fo's laudatio ging over taal: de heldere bewegingstaal van de grote auteur tegenover het obscure taalgebruik van machthebbers... en artsen.

DE ZANDSTORM-METHODE

Hoe staat het met de analyse van het werk van Fo? Chiara Valentini had al eerder opgemerkt dat de auteur meer wordt vermeld dan echt geïnterpreteerd. De volgende kenmerken bepalen in elk geval de dramaturgische keuzen van Fo.

1. "Fo writes for the moment", zoals David Hirst het stelt: het historische moment is de ankerplaats van al zijn stukken, maar tegelijkertijd ook de bestaansreden van hun creatie. Bij Fo wordt de theatertekst radicaal opgevat als 'container' van directe referenties naar de actualiteit.

2. Het meest kenmerkende dramaturgische element is volgens Ferdinando Taviani de creatie van een eigen scenisch genre (waar de prestaties van de acteur Fo mee samenvallen): de auteur gebruikt vooreerst als basis een element uit de traditie van de farse; op die ondergrond ontstaat, via improvisatie, een nieuwe tekstlaag, waaraan tenslotte een historische referent wordt toegevoegd, die meestal wordt

opgeroepen via een banaal fait divers. Op die manier mondt het citeren van een oude traditie uit in een directe aanklacht, en dit binnen een herkenbare sociale en politieke context. De komische code van de clown of van de stomme film is het bindende stijlelement tussen de verschillende fasen van de tekstgenese.

3. Typerend voor de breuk met het burgerlijk theater is de keuze voor een open tekstualiteit. In plaats van het lineaire drama van veel van zijn tijdgenoten krijgen bij Fo de tekst én de voorstelling een uiterst flexibel, bijna rekbaar patroon mee, zodat toevoegingen, weglatingen en transformaties de kern van het verhaal niet wegcijferen maar integendeel iedere keer weer op een andere manier belichten.

4. Transformatie is inderdaad een kernwoord omdat bij Fo via deze techniek een brug wordt geslagen tussen traditie en moderniteit. Een voorbeeld hiervan is de steeds opnieuw karikaturale 'invulling' van het personage van Bonifatius VIII in *Mistero Buffo*: vertrekkend vanuit de eerste (middeleeuwse) tekening van deze paus als een – ook door Dante veroordeelde – sadist, belicht de acteur ook hedendaagse pausfiguren (Paulus VI, Johannes Paulus I) om tenslotte te belanden bij zijn ultieme incarnatie in het personage van "papa Wojtyla". Deze reeks transformaties van een initieel beeld heeft als effect dat uiteindelijk de komisch-cynische aanklacht tegen 'dé' paus als machtsinstelling visueel heel breed wordt uitgetekend.

5. Indien de stelling klopt dat vernieuwing in de Italiaanse literatuur altijd te maken heeft met de zogenaamde *questione della lingua* of "kwestie van de taal", dan is de dramaturgie van Fo hiervan een bevestiging. Zijn uitvinding van het zogenaamde *grammelot*-taaltje is niet alleen een keerpunt in zijn oeuvre maar ook de sleutel tot het telkens opnieuw inlassen van zijn eigen teksten in andere culturen, zonder dat hierbij vertaling in de strikte zin van het woord nodig is. *Grammelot*[1] is een taalproduct, dat gebaseerd is op de onomatopee, de stemverandering en de acrobatische bewegingstechniek, een taal die als een soort muziek op scène wordt gebruikt. Via klanken, halve woorden, ritme-veranderingen, wisselend tempo, accentuering, gezichtsuitdrukkingen en handenspel slaagt Fo er op meesterlijke wijze in een bestaande taal op te roepen (het Frans, het Spaans, het Duits,…) zonder dat die taal zelf gebruikt wordt. Het is evocatie, imitatie en vooral louter via het klankbeeld oproepen van associaties en herkenningseffecten bij de toeschouwer. Als linguïstisch antimodel tegenover het

literaire Italiaans is dit grappige taalbrouwsel ook een combinatie van Noord-Italiaanse dialecten (Venetiaans, Lombardisch en Bergamasks). Fo zelf beweert dat het *grammelot* een rechtstreekse erfgenaam is van kindertaal maar ook van de taal van de volkse armoezaaier, de *zanni*, het prototype van de latere Harlekijn. De taal van Fo is de taal van de honger.

Het geheel van deze dramaturgische technieken staat, volgens de meeste critici, borg voor een uniek theatermoment waarin de toeschouwer overweldigd wordt en de werkelijkheid helemaal anders gaat zien: men spreekt dan ook over de "zandstorm-methode" van Fo.

KUNST IS ALTIJD POLITIEK

Het meest besproken aspect van Fo's oeuvre is de band tussen theater en politiek. Politiek is voor Fo heel dikwijls zowel begin- als eindpunt van de artistieke produktielijn. Het is de eigenlijke sleutel tot zijn gehele werk maar ook tot zijn werkmethode en zijn relatie tot het publiek. Het is ook via dezelfde politieke impact dat zijn teksten een internationaal succes kennen en dat ze, in al hun structurele 'rekbaarheid', aan onderling sterk verschillende scènes worden aangepast.

Ook al gaat het hier om een duidelijk origineel aspect van Fo's dramaturgie, toch is de link met enkele grote modellen uit de wereldliteratuur, en met het politieke theater in het bijzonder, vlug gemaakt. Je kan gerust stellen dat Fo's keuze om van de politieke dimensie van de theatertekst de basis voor het volledige creatieve proces te maken, grosso modo teruggaat op twee Europese grootmeesters: de Duitse auteur Brecht en de Italiaanse filosoof Gramsci.

Dat het theater van Dario Fo niet denkbaar is zonder het voorbeeld van Bertolt Brecht (1898-1965) of Erwin Piscator (1893-1966) wordt zowel door de auteur zelf als door zijn exegeten bevestigd. Hirst

---

[1] Het neologisme *grammelot* heeft ongetwijfeld zijn herkomst in het Franse woord *grommeler*. Grappig is dat juist dit woord, althans volgens de gezaghebbende *Robert historique de la langue française* (ed. 1992, Vol.1, p. 923), dan weer als oorsprong het Middelnederlandse woord "grommen" zou hebben.

(1989) ziet in het werk van Fo één grote illustratie van de betekenis die het "episch theater" op de meest cruciale momenten van de Europese geschiedenis onmiskenbaar heeft gehad en nog altijd heeft. Dezelfde invalshoek wordt ook in een monografie van Olivier Ortolani toegepast. Het is trouwens opvallend hoe sterk een systematische opsomming van de hoofdkenmerken van episch theater aansluit bij de voorstellingen van Fo. Het volstaat bijvoorbeeld er de *Dictionnaire du théâtre* (1980) van Patrice Pavis op na te slaan (een standaardwerk voor wie zich opvoeringsanalyse bezighoudt) om de epische functie bij Fo te begrijpen. Naar Brechtiaans model stelt Pavis "episch" tegenover "dramatisch" (pp. 129-133). Beide dimenses beantwoorden aan een aantal esthetische criteria. Op de epische scène wordt de gebeurtenis uit het verleden 'gereconstrueerd' door de vertelact zelf, in tegenstelling tot de dramatische scène waar de geschiedenis voor onze ogen verloopt, in een haast onmiddellijke, onaangekondigde "aanwezigheid van het verleden". Episch theater toont en wil de toeschouwer niet per se doen herbeleven. Bovendien wil het een totaalvisie brengen, in tegenstelling tot de verankering in geïsoleerde crisismomenten of passioneel vertoon van het "dramatische" toneel. Ook het vertelperspectief is radicaal verschillend: rechtstreekse vertelling met gebruik van voornaamwoorden "ik" en "jij" (dramatisch) tegenover een kritische vertelafstand vis-à-vis een personage dat als duidelijk ficftief verschijnt (episch). In het episch theater zijn verteller en toeschouwer niet gebonden aan (of gefascineerd door) wat op de scène gebeurt maar behouden ze hun respectieve vrijheid en spontaneïteit, die dan weer op hun beurt in beweging of commentaar hun uitdrukking kunnen vinden. Duidelijk herkenbaar in Fo's oeuvre zijn ten slotte de volgende vier materiële voorwaarden voor een theater dat zich rechtstreeks op Brecht beroept: 1) de scène is als theaterpodium duidelijk herkenbaar en moffelt haar eigen materialiteit niet weg; 2) de voorstelling berust op een fragmentaire, niet-lineaire structuur van los aaneengelaste momenten die onderbroken worden door commentaar en interactie met het publiek (dikwijls wordt hier de vergelijking gemaakt met de montage van filmbeelden volgens een draaiboek); 3) de acteertechniek is geen continuüm maar een voortdurend verspringen naar verschillende stijlen, zodat de personages die worden opgeroepen bij wijze van spreken voortdurend zelf verschijnen en verdwijnen zonder dat ze de tijd krijgen autonoom op het publiek in te werken; 4) de toeschouwer blijft

ontspannen – maar verwonderd – het gebeuren volgen en gaat zich
meer en meer vragen stellen bij de schijnbaar voorgoed vastgelegde
waarden of waarheden die de maatschappij ons voortovert.

Een tweede model zijn de geschriften van Antonio Gramsci (1891-
1937), Italiaanse filosoof, mede-oprichter van de Italiaanse Communistische Partij en slachtoffer van het fascistisch regime van Mussolini.
Fo laat zich inspireren door Gramsci's visie op de geschiedenis en,
hiermee verbonden, diens visie op het belang van de historische ont-
voogding van de systematisch verdrongen cultuur in de maatschappij
van morgen. Met zijn visie op theater als bevrijdingsinstrument maar
ook als communicatieproces dat steeds opnieuw geactualiseerd dient
te worden, beantwoordt Fo volledig aan Gramsci's ideaal van de
"praxis". Door zich met name te laten inspireren door de breed huma-
nistische teksten van de Italiaanse filosoof, kon Fo bovendien
ontsnappen aan het al te strakke schema van sociaal realisme, waaraan elke kunstuitdrukking volgens het orthodox-communistische
boekje hoorde te beantwoorden.

Fo zou echter Fo niet zijn mocht hij van zijn modellen enkel
gebruik maken om vanuit de combinatie van beide perspectieven tot
een nieuwe synthese te komen, tot een moderne variant met een aangepaste functie in een vrij soepel en eigenzinnig theatermodel. In die
zin zet hij ook in zijn relatie tot theorie en ideologie zijn eigen
methode van herlezen, verwerken en in een creatieve vorm gieten op
een consequente wijze door. Typerend voor Fo is in elk geval het taal-
element en het acteertalent die centraal komen te staan: samen bevor-
deren ze niet alleen de communicatiekracht van zijn teksten, maar ze
zorgen ook voor de nodige frisheid, waardoor zijn voorstellingen
nooit hoogdravend of steriel worden, maar integendeel een lichte
speelsheid volhouden die juist zelden bij episch-politiek theater voorkomt.

Het is misschien juist door die keuze in eerste instantie voor het
theater als spel en als ontmoeting dat we bij Fo relatief weinig geschreven sporen terugvinden van de resultaten van dit politiek theater.
Termen als dialectisch en episch, rede en actie, bewustzijn en senti-
ment worden niet in een systematische verhandeling gegoten zoals bij
zijn voorgangers. We vinden dan ook geen pendant van Brechts
Novum Organum (1948). Geen tekst van het kaliber van Artauds

Théâtre et son double van tien jaar vòòr Brechts traktaat, waarin een pleidooi voor "het theater van de wreedheid" werd geformuleerd. Ook geen antwoord op *The Empty Space*, het baanbrekende theater-essay van de andere grote Europese regisseur uit de tweede helft van de twintigste eeuw, Peter Brook (Londen, 1925). Het is typerend voor Fo dat zijn voorlopig enig belangwekkend essay *Manuale minimo dell'attore* ("Beknopt handboek voor de acteur", 1987) de vorm aan-neemt van losse aantekeningen bij een reeks seminaries voor acteurs in opleiding. Niettemin is het een tekst die in de kritiek sterk onder-gewaardeerd wordt (de tekst is overigens nog niet in het Nederlands vertaald, wel in het Frans en het Engels).

MASTER-CLASS VAN EEN MEESTER-CLOWN

Manuale minimo dell'attore bevindt zich, athans chronologisch, half-weg in het oeuvre van Dario Fo, tussen de eerste delen van de uitgave van Fo's toneel bij Einaudi en de meer recente teksten voor vrouwen en literaire herwerkingen, op basis van historische acteurs als Ruz-zante en Totò. Het handboek verschijnt onder het alziend redac-teursoog van Franca Rame en bevat, kriskras door elkaar gegooid, alle mogelijke reflecties en commentaar op eigen werk, op de eigen 'methode' maar ook op de hele acteurstraditie van vòòr het beroeps-theater, de bakermat van de ondertussen (commercieel) verdorven archaïsche toneelvormen. Met zijn indeling in zes *Giornate* (dagen) bevat het boek wellicht niet toevallig een knipoog naar de libertijnse Renaissance-leerschool in obscene fabels, de beruchte *Ragionamenti* of *Sei Giornate* van toneelauteur en meester-pornograaf Aretino (1492-1556). De rijke theaterlessen van Fo verlopen dialectisch tussen her-opfrissing van klassieke theatergenres en nieuwe lectuur die de mees-ter eraan geeft. Eenzelfde dialectiek ontstaat door het aanhalen van enkele vaste wetten van het acteursmetier (masker, beweging, stem, publiekscontact, de concentratie op het 'nu') samen met hun integra-tie in de herkenbare Fo-methode, waarin ritme, stembuigingen en klankrijkdom de acteerstijl bepalen. Dialectiek ook in de manier waarop Fo verwijst naar de verschillende 'open' vormen van theater maken, vormen en stijlen die nog volop herontdekt en bevrijd kun-nen worden van het stof van de beperkende en dikwijls censurerende

academische lectuur[2]: mime en pantomime in het klassieke Grieken-
land, de middeleeuwse jongleurs, Hamlet en de hofnar, de anonieme
passiespelen, oud-Chinese orale literatuur, Indische volksvertellers,
improvisatietechnieken bij de *Berliner*.

Ondanks zijn schijnbaar chaotische structuur en onrechtlijnige
opstelling herken je in Fo's essay een rode draad: het onderzoek naar
de archaïsche vormen van de commedia dell'arte. Het gaat hierbij om
de vroegste vertolkingen van zelfbewuste acteurs die hun toneelkunst
gebruiken om veranderingen in de maatschappij aan te tonen of
teweeg te brengen. In feite laat Fo hierbij de Middeleeuwen opnieuw
naadloos overlopen in de Renaissance. Hij spreekt wat onkritisch in
termen van "voorlopers" van de commedia dell'arte en laat het complexe Renaissance-fenomeen van de eerste professionele gezelschappen starten bij Angelo Beolco (beter bekend onder zijn artiestennaam
Ruzzante), wellicht de laatste vertegenwoordiger van de toen uitdei-
nende traditie van eenmanskunstenaars op toneel. Opvallend is dat Fo
hierbij rechtstreeks aansluiting zoekt bij de hausse van commedia del-
l'arte-studies aan de Italiaanse universiteiten begin de jaren zeventig.
En hier schuilt meteen een reeks paradoxen en misschien zwakheden
van de auteur (zoals Tony Mitchell aangeeft in *Dario Fo. People's Court
Jester*, pp. 11-12). Vooreerst neemt hij een dubbelzinnige houding aan
tegenover (academisch) onderzoek: hij veroordeelt dit eerst als te reducerend, en zelfs historisch onjuist, om het tenslotte achteraf bijna letterlijk over te nemen en als argument voor zijn eigen acteermethode
te gebruiken; diezelfde dubbelzinnigheid vind je verder terug in historische interpretatie van de commedia dell'arte: de ene keer gaat het
in zijn bespreking om een sterk codegebonden genre in de Italiaanse
zestiende eeuw maar al vlug krijgt de term dan weer de dimensie toe-
gemeten van tijdeloos, onsterfelijk improvisatietheater dat volgens Fo
nog altijd bestaat. In die zin zijn deze seminaries met en voor studenten tegelijkertijd origineel en clichébevestigend, correct en onjuist,
demythologiserend en mythevormend.

---

[2] Een schoolvoorbeeld is de 'correctie' die Fo afdwingt inzake de juiste interpretatie van één van de eerste literaire prototeksten in de Italiaanse volkstaal van de hand
van Ciullo (alias Cielo, volgens de academische versie) D'Alcamo. De originele, *slang*-
naam van de auteur (*Ciullo* of "lulletje") wordt volgens Fo namelijk weggemoffeld
onder een kuise, steriele lectuur van het manuscript (*Cielo* of "hemel").

Een andere paradox van Fo's essay ligt in de schijnbare tegenstelling tussen enerzijds de functie van het boek als 'archief' van miskende toneelgenres en anderzijds zijn niet-lineaire, duidelijk moderne vormgeving. Het verslag van de praktijklessen of werkcolleges heeft dus kennelijk evenveel ouderwetse als moderne trekjes. Hierdoor komt deze *Manuale* eigenlijk vrij ironisch over: de acteur-auteur ontwijkt duidelijk het *sérieux* van een theoretisch boekwerk maar wil zich niettemin ook meten met de groten van het vak en met name met Denis Diderot, meteen dé auteur van een van de prototypes van de theoretische verhandeling over de dramatische kunst, *Paradoxe sur le comédien* (1773-74). In zijn "Voorwoord" is de positie van de auteur meteen duidelijk: opnieuw draait hij de traditie om: hij zal een anti-boek schrijven; en hij preciseert: "ik had er eerst aan gedacht mijn opstel de titel te geven *L'antiparadosso dell'attore*." Maar Fo gaat nog verder dan de anti-Diderot-opstelling. Een gelijkaardige weerstand tegenover de gevestigde waarden herken je in ook de anti-Stanislavski teneur van het handboek. Fo verzet zich met name tegen het stanislavskiaans principe van de identificatie tussen acteur en personage(s). Bovendien verwerpt hij het beginsel – bedoeld om het natuurlijke karakter van het spel te verhogen – volgens hetwelk de acteur moet handelen "alsof het publiek per toeval aanwezig is". Samenvattend kan je dus stellen dat Fo opnieuw een eigen originele weg bewandelt, een soort 'derde weg': geen identificatie acteur/rol, maar ook geen *third-person-acting* à la Brecht; de keuze valt opnieuw op het ideaalmodel van de *jongleur*, de 'primitieve' volksacteur, de speelman van de oudste traditie. Dit ideaalbeeld symboliseert namelijk de mogelijkheid tot occasionele identificatie maar met voldoende afstand om als acteur gewild 'uit de rol' te stappen. Het *model* is dus de jongleur en de *norm* die erachter schuil gaat is die van de hoge graad aan 'soepelheid', iedere keer weer aangepast aan de 'situatie' of het gedeelde moment met het publiek. Of nog vollediger: het abstracte model is de Italiaanse *giullare*, een voorbeeld van een soepele rol is die van *Arlecchino* (Harlekijn) en de ideale historische vertolking hiervan is die van Ruzzante en zijn navolgers in de commedia dell'arte.

Het is precies deze visie en deze herinterpretatie van een model uit het verleden die Fo in conflict zal brengen met dat andere *enfant terrible* uit de Italiaanse jaren zestig en zeventig, Pier Paolo Pasolini. Pasolini heeft van meet af aan de zienswijze van Fo veroordeeld.

Met name de manier waarop Fo omspringt met dialecten vond
– juist bij een van de pioniers van de herwaardering van de dialecten – geen genade. Ook hun visie op de functie van theater lag ver
uit elkaar (zie o.a. Pasolini's *Manifesto per un nuovo teatro*, in 1968
gepubliceerd in het tijdschrift *Nouvi Argomenti*), ook al hadden beide
toneelschrijvers dezelfde 'vijand', namelijk het kleinburgerlijk theater
of het "teatro delle chiacchiere" ("theater van het geklets"), zoals Pasolini's bondgenoot in de strijd, Alberto Moravia, het noemde. Toch
ging ook Pasolini op zoek naar een nieuwe weg voor het theater en
ook hij sprak hierbij het verleden aan. Bij hem gaat het echter om
een regelrechte terugkeer naar de oorspronkelijke functie van toneel-
opvoeringen in de Atheense democratie, waarbij het "teatro della
parola" ("het theater van het woord") eerherstel krijgt. Een terugkeer naar het oude ritueel dus, naar de sacrale ruimte waarin de hele
vrije gemeenschap in hoofdzaak bijeenkomt om te luisteren, niet
alleen om te kijken.

Van Pig Brother tot Big Brother

Een belangrijke vraag, bij wijze van besluit, is de vraag naar de betekenis van de teksten en de voorstellingswijze van Dario Fo in onze
maatschappij. Heeft de auteur nog evenveel te bieden als vroeger? Is de
uitgesproken keuze voor militantisme nog actueel? Bestaat er geen
gevaar voor verstarring? Gaat Fo niet gauw vervelen? Het wonderlijke
van de zaak is precies dat het volstaat om een keer Fo rechtstreeks
mee te maken of zelfs maar op video bezig te zien, om van het tegenovergestelde overtuigd te raken. Er straalt van de man op scène een
ongelooflijke kracht en energie uit. Als acteur is hij onweerstaanbaar.
Ook vele Fo-sceptici kunnen niet anders dan al vlug door de meester
meegesleept worden, ook al haken juist zij misschien ook vlug weer
af. En wellicht is dit ook de keerzijde van de medaille: het oeuvre van
Fo valt eigenlijk met zijn persoon samen. Hij is de incarnatie van zijn
eigen ideale acteur. Veel van zijn teksten staan of vallen met wat hij
ermee gedaan heeft of nog altijd doet.
    En wat met de teksten, een verzameling van meer dan zeventig in
woorden omgezette kreten van protest of opstoten van energiek verzet? Ongetwijfeld zijn er maar weinig die nog tot het vaste repertoire

van de toekomst zullen behoren. Niettemin zijn enkele van zijn titels hoe dan ook klassiekers geworden. *Mistero Buffo*, met zijn nooit vertaalde titel, behoort tot de wereldliteratuur. Ook *De toevallige dood van een anarchist* en, meer recent, zijn *Dagboek van Eva en andere teksten voor vrouwen* zijn niet meer van de internationale podia weg te denken. Niet toevallig gebruikt Jan Fabre, toch een van de boegbeelden van de vernieuwingsgolf van de jaren tachtig en negentig, een tekst van Dario Fo (*Ik, Ulrike, schreeuw het uit...* opgenomen in *Dagboek van Eva en andere teksten voor vrouwen*, pp. 91-98) als uitgangspunt voor zijn theaterwerkstuk *As Long as the World Needs a Warrior's Soul* (2000).

Wellicht ligt hierin uiteindelijk de kracht van Fo. Eerst en vooral blijft hij een bron van inspiratie. Ten tweede is juist het principe van de door Fo gehanteerde open tekstvorm een succesvol middel om de vertaling in of aanpassing aan een nieuwe doelcultuur te vergemakkelijken en te bestendigen. De lotsgeschiedenis van *Mistero Buffo* in de westerse dramaliteratuur is een schoolvoorbeeld van hoe de oorspronkelijke tekst in feite maar de aanzet is geweest voor een nagenoeg autonome reeks 'vertalingen' naar nieuwe en steeds weer andere politieke en culturele situaties. In het geval van Dario Fo gaat het dus om literatuur waarbij de tekst zowel functioneert als katalysator voor zichzelf vernieuwende (politieke) inhouden en betekenissen maar ook evengoed als 'opslagplaats' of 'ankerpunt' voor alle vroegere betekenissen uit de traditie. (Niet toevallig noemt Luc Van den Dries in zijn bijdrage in *Een theatergeschiedenis der Nederlanden* de première van *Mistero Buffo* in de Brusselse Muntschouwburg (1972) als rechtstreekse aanleiding tot de "ontgrenzing van het Vlaams-Nederlands theatergebied".) Het is dus vooral dank zij deze dubbele functie dat veel Fo-teksten niet alleen overleven maar in feite ook nog aan actualiteit winnen. Je zou kunnen zeggen dat het natuurlijke verouderingseffect al van meet af aan uit de tekststructuur is geweerd. Vanuit literatuurwetenschappelijk standpunt gaat het bijgevolg om een verzameling teksten die onlosmakelijk verbonden blijven met hun eigen tekstgenese én met de actieve rol die acteur en toeschouwer hierin spelen. Dat blijkt ook uit de manier waarop Dario Fo bekendheid kreeg in het buitenland. Ook in Vlaanderen hangt die bekendheid samen met de historische producties van bijvoorbeeld de Internationale Nieuwe Scène. Later is het via de meesterlijke vertolkingen van

Jan Decleir in *Verhalen van de tijger* en *Obscene fabels* dat de theatrale betekenis van Fo's teksten ten volle werd onderstreept.

Misschien ligt de ultieme verklaring van Fo's actualiteit in de rol van de literatuur als waakvlam in het maatschappelijk bestel. Dat de literatuur deze vitale functie heeft en dat de kunst, waar de literatuur uiteindelijk deel van uitmaakt, een onmisbare maar uiterst kwetsbare kritische rol vervult, werd door Fo in zijn *Nobel Lecture 1997* op een uitzonderlijke wijze aangetoond (Fo 1998). De laureaat neemt in zijn toespraak geen blad voor de mond. Hij wijst op het gevaar van onwetendheid onder de jongeren, en van hun gebrekkig inzicht in de wereld waarin ze zelf leven, op het gevaar van het bewustzijn dat in slaap wordt gewiegd. Tussen twee oneliners door klaagt hij de schending van de mensenrechten in Turkije aan; hij begrijpt niet waarom niet meer gewaarschuwd wordt tegen genetische manipalutie: zijn we de kinderen van Frankenstein en hebben we binnenkort allemaal een *pig brother*? Fo zou als geen ander het gevaar van "Big Brother" kunnen laten zien en vooral het spook van het proto-fascisme dat erachter schuilt: de andere als lustobject, de bevrediging van de kleine burger, de uitstalling en commercialisering van het lichaam, en meer nog de uitverkoop van de mens als persoon die, via de schijn-wet van "het volk beslist", letterlijk geëlimineerd wordt. Niets zo actueel dus als: "Young people easily succumb to the bombardment of gratuitous banalities and obscenities that each day is served to them by the mass media." (*Nobel Prize Lecture*, p. 5) Dat Dario Fo geen uitgespeelde oude clown is maar een auteur van wereldformaat die zijn eigen tijd analyseert, bewijst de volgende stelling (*Nobel Prize Lecture*, p. 7):

> Our task as intellectuals, as persons who mount the pulpit or the stage, and who, most important, address young people, is not just to teach them method, like how to use one's arms, how to control one's breathing, how to use the stomach, the voice, the falsetto, the contraccampo. It's not enough to teach a technique or a style: we have to show them what is happening around us. They have to be able to tell their own story. A theater, a literature, an artistic expression that does not speak for its own time has no relevance.

BEKNOPTE BIBLIOGRAFIE

Werken van Dario Fo
Le commedie di Dario Fo, Torino, Einaudi, 1974-2000, 13 voll.
Teatro politico di Dario Fo. *Compagni senza censura*, Milano, Mazzotta, 1970-1973, 2 voll.
Il teatro di Dario Fo, Milano, F.R. La Comune, 1980-1984, 2 voll. (1980: *Storia della tigre e altre storie*; 1984: *Fabulazzo osceno*.)
Mistero Buffo (red. Franca Rame), uitgave met 2 videocassettes, 2e uitgave 1997.
Manuale minimo dell'attore (red. Franca Rame), Torino, Einaudi, 1987; 2e uitgave 1997.
Dario Fo: dialogo provocatorio sul comico, il tragico, la follia e la ragione (red. Luigi Allegri), Bari, Laterza, 1990.
Johan Padan a la descoverta de le Americhe, Firenze, Giunti, 1991.
Totò. Manuale dell'attore comico, Torino, Aleph, 1991.
Fabulazzo, Milano, Kaos, 1991.
"La beffa più grande. Intervista a Dario Fo", in VALENTINI, Chiara, *La storia di Dario Fo*, Milano, Feltrinelli, 1997, pp. 183-192
"Contro Jogulatores Obloquentes", Nobel Lecture 1997, in *World Literature Today*, 1998. (Zie: http//www.nobel.se)

Werken van Dario Fo in Nederlandse vertaling
Volwassen orgasme ontsnapt uit Amerikaans circus, vert. Caroline van Gastel & Filip van Luchene, Amsterdam, International Theatre & Film Books, 1982.
Toneel, vert. Esther van Vlijmen, Amsterdam, International Theatre & Film Books, 1989.
Obscene Fabels. De tijger en andere verhalen, vert. Filip van Luchene, Antwerpen, Nioba, 1990.
Dagboek van Eva en andere teksten voor vrouwen, vert. Frans Roth, Amsterdam-Leuven, IT & FB – Kritak, 1997.
De ontdekking van Amerika door Johan Padan, vert. Filip van Luchene, Amsterdam, De Geus, 1998.

Programma's
Programmabrochure Mistero Buffo, productie De Nieuwe Scene (L. Verstraete & W. Vandevelde), regie Arturo Corso, Frans Masereelfonds, 1973
Programmabrochure L'Italiana in Algeri (Gioacchino Rossini), Amsterdam, De Nederlandse Opera, 1995 (herneming 2000), regie Dario Fo.

Programmabrochure Il Barbiere di Siviglia (Gioacchino Rossini), Amsterdam, De Nederlandse Opera, 2000, regie Dario Fo.
Programme / Cahier pédagogique n° 39 Faut pas payer! (Dario Fo), production Bruxelles, Théâtre National, mise en scène Lorent Wanson, 1999.

Werken over Dario Fo

ANGELINI, Franca, *Il teatro del Novecento da Pirandello a Fo*, Roma-Bari, Laterza, 1976.
ANTONELLI, Roberto, *La doppia curiosità della critica moderna*, in ASOR ROSA, Alberto (red.), *Letteratura italiana del Novecento. Bilancio di un secolo*, Torino, Einaudi, 2000, pp. 65-86.
BEHAN, Tom, *Dario Fo. Revolutionary Theatre*, New York, Pluto, 2000.
BOSSIER, Philiep, "De subversieve lach van Dario Fo", in *Kreatief*, 29:3-4 (1995), [themanummer *Hedendaagse Italiaanse literatuur*], pp. 153-163.
COWAN, Suzanne, *Theatre Checklist. Dario Fo, bibliography, biography, playography*, London, TQ Publications, 1978.
DE MARTINIS, Marco, *Al limite del teatro. Utopie, progetti, aporie nella ricerca teatrale degli anni sessanta e settanta*, Firenze, La Casa Usher, 1983.
DE PASQUALE, Elena, *Il segreto del giullare. La dimensione teatrale di Dario Fo*, Napoli, Liguori, 1999.
EMERY, Ed, "Dario Fo's *Trumpets & Raspberries* and the Tradition of Commedia", in CAIRNS, Christopher (red.), *The Commedia dell'Arte from the Renaissance to Dario Fo*, New York, Mellen, 1989, pp. 330-334.
FARRELL, Joseph, "Dario Fo: Zanni and Giullare", in CAIRNS, Christopher (red.), *The Commedia dell'Arte from the Renaissance to Dario Fo*, New York, Mellen, 1989, pp. 315-328.
HIRST, David, *Tragicomedy*, London, Methuen, 1984.
—, *Dario Fo and Franca Rame*, New York, St. Martin's Press, 1989.
HOOD, Stuart, "Open Texts: Some Problems in the editing and translating of Dario Fo", in CAIRNS, Christopher (red.), *The Commedia dell'Arte from the Renaissance to Dario Fo*, New York, Mellen, 1989, pp. 336-352.
MELCHINGER, Siegfried, *Theater der Gegenwart*, Frankfurt/M-Hamburg, Fischer, 1956.
—, *Geschichte des politischen Theaters*, Hannover, Friedrich, 1971
MELDOLESI, Claudio, *Su un comico in rivolta. Dario Fo, il bufalo e il bambino*, Roma, Bulzoni, 1978.
—, *Fondamenti del teatro italiano. La generazione dei registi*, Firenze, Sansoni, 1994.
—, "Sguardi teatrali al secolo dei Giganti, nato con la prima guerra mondiale", in ASOR ROSA, Alberto (red.), *Letteratura italiana del Novecento. Bilancio di un secolo*, Torino, Einaudi, 2000, pp. 547-571.

MILNER DAVIS, Jessica, *Farce*, London, Methuen,1978.

MITCHELL, Tony, *Dario Fo. People's Court Jester*, London, Methuen, 1984.

ORTOLANI, Olivier, *Dario Fo. Theater und Politik*, Berlin, Basis, 1985.

PAVIS, Patrice, *Dictionnaire du théâtre*, Paris, Editions Sociales, 1980.

PUPPA, Paolo, *Il teatro di Dario Fo. Dalla scena alla piazza*, Venezia, Marsilio, 1978.

RAES, Koen, "Zien is weten. De wereld als porno in beeld gebracht", in *De Morgen*, 25 november 2000, p. 31.

SCUDERI, Antonio, *Dario Fo and Popular Performance*, Ottawa, Legas, 1998.

TAVIANI, Ferdinando, *Uomini di scena, uomini di libro. Introduzione alla letteratura teatrale italiana del Novecento*, Bologna, Il Mulino, 1995

VALENTINI, Chiara, *La storia di Dario Fo*, Milano, Feltrinelli, 1987; herziene uitgave 1997. (De meest volledige biografie met onstaansgeschiedenis van alle werken; de tweede uitgave bevat een exclusief interview met de auteur.)

VAN DEN DRIES, LUC, *Het politieke theater heeft je hart nodig*, Antwerpen, 82.

--, "16 november 1972: Première van *Mistero Buffo* in de Munt. Ontgrenzing van het Vlaams-Nederlands theatergebied", in *Een theatergeschiedenis der Nederlanden*, Amsterdam, Amsterdam University Press, 1996, pp. 768-775

VICENTINI, Claudio, "Pirandello. La lingua e il dialetto della scena", in ASOR ROSA, Alberto (red.), *Letteratura italiana del Novecento. Bilancio di un secolo*, Torino, Einaudi, 2000, pp. 225-244.

Video

Le théâtre européen: Dario Fo, speciale uitzending van *Comedia*, Arte, 17 december 1997. (Inclusief: *Le médecin volant*, comédie en un acte de Molière, mise en scène par Dario Fo, enregistrée à la Comédie-Française, 1992.)

Dario Fo & Franca Rame: een gecensureerd echtpaar, Tros, september 2000.

DACIA MARAINI
(°1936)

Marie-José Heijkant

Militant feministe en veelzijdig schrijfster

Dacia Maraini vestigde haar reputatie als schrijfster in de zestiger en zeventiger jaren, toen het feminisme ook in Italië een nieuwe impuls kreeg onder invloed van de studenten- en arbeidersbeweging. Vrouwen namen in groten getale deel aan de protestdemonstraties, maar waren ontevreden over de blindheid van het marxisme voor de emotionele, seksuele en economische uitbuiting van vrouwen door mannen. Hun misnoegen had tevens betrekking op de psychoanalytische theorieën die het mannelijke als norm, het vrouwelijke als afwijking (Ander) beschouwen en het bestaan van de vrouw als sprekend subject ontkennen. Zij zetten autonome collectieven en praatgroepenbewegingen op met het doel globaal inzicht te krijgen in de asymmetrie van de geslachten en de arbeidsdeling naar sekse in de patriarchale samenleving. Overeenkomstig de slogan "het persoonlijke is politiek" wilde men afrekenen met de scheiding tussen de privé-sfeer van het gezin en het gevoelsleven en de openbare sfeer van de productie en de rationaliteit. Van meet af aan hebben de feministen zich ingezet voor een politieke èn culturele revolutie. Literatuur met een vrouwenstem zou de mechanismen van mannenoverheersing en vrouwenonderdrukking moeten blootleggen en een vrouwelijke seksuele identiteit realiseren. Aangezien de taal van de emoties en het lichaam al door mannen is gestructureerd op een manier waarin vrouwen zich met hun ervaringswereld niet herkennen, is stilte het uitgangspunt.

Dacia Maraini geldt als één van de meest prominente culturele feministen. Zij werd geboren in Florence in 1936. Haar moeder Topazia Alliata behoorde tot een adellijk, Siciliaans geslacht. Haar vader Fosco Maraini was etnograaf en vertrok in 1938 met zijn gezin naar Japan ten behoeve van een onderzoeksproject. Als fel tegenstander van het fascisme werd hij met zijn vrouw en drie dochters in 1943 door de Japanse autoriteiten gearresteerd en weggevoerd naar een concentratiekamp. Het was een nare tijd van honger en angst voor bombardementen en aardbevingen. In 1946 keerde het gezin terug naar Italië en leefde een tijdje onder erbarmelijke omstandigheden in de vervallen, barokke villa van Topazia's familie te Bagheria. Over deze periode schreef Dacia Maraini later het autobiografische *Bagheria*, waarin ze op zoek gaat naar haar wortels. Van 1947 tot 1950 bezocht zij het Collegio Santissima Annunziata in Florence, waarna ze naar Sicilië terugkeerde om haar studie te voltooien. Na de scheiding van haar ouders ging zij bij haar vader in Rome wonen, waar zij in liteaire kringen verkeerde en de schrijvers Alberto Moravia, Pier Paolo Pasolini, Giorgio Manganelli, Goffredo Parise en Enzo Siciliano leerde kennen. Na een kortstondig huwelijk met Lucio Pozzi begon zij een verhouding met Alberto Moravia, die zou duren tot 1978.

Dacia Maraini maakte haar debuut in 1962 met de roman *De vakantie* (*La vacanza*). In een interview uit 1994, verschenen in het tijdschrift *Forum Italicum*, verklaart zij een sterke voorkeur te hebben voor de psychologische roman, waarin een wereld van gevoelens en emoties wordt geschetst die in historisch – niet biologisch – opzicht toebehoort aan de vrouwelijke soort: "het is een lange bezinning op het tijdsverloop, verbonden met de gebeurtenissen van een familie, een typisch vrouwelijke ervaring." Met haar eerste dichtbundel *Crudeltà all'aria aperta* (1966) keerde zij in herinnering terug naar haar jeugdjaren in Japan, Bagheria en Rome. Als dichteres bouwt ze haar woorden zorgvuldig op met het vakmanschap van een "metselaar". Heel anders ervaart ze de "dionysische intensiteit" van het toneelschrijven, waarbij het lijkt alsof ze "een put graaft in de donkere buik van de aarde" (Maraini gebruikt deze uitdrukking in het voorwoord bij *Viaggiando con passo di volpe*, p. 13). Haar eerste toneelstuk *La famiglia normale* werd in 1967 opgevoerd in Rome en vormt een parodie op de hoeksteen van de burgerlijke samenleving. Maraini voelde zich nauw betrokken bij de tweede golf van de vrouwenbeweging. In 1969 sloot zij zich aan bij de groepering Rivolta Femminile, die zich afzette tegen het masculiene model en de specificiteit van het vrouwelijke accentueerde. In 1973 zette zij de Associazione La Maddalena op poten, een feministische organisatie met een florerend theater en cultureel centrum. Zij voerde campagne voor de legalisatie van abortus, nam deel aan de bezetting van het "Casa della donna" in Rome en hield lezingen op congressen over de negatieve invloed van de katholieke opvoeding op de beleving van de vrouwelijke seksualiteit en het moederschap en over de slavernij van huishoudelijk werk. Er verschenen verschillende artikelen van haar hand over hete hangijzers als abortus, prostitutie en seksueel misbruik, thans gebundeld in *La bionda, la bruna e l'asino*.

VROUWELIJKE ROMANFIGUREN: DE STILTE VOORBIJ

Dacia Maraini behoort net als Gabriella Magrini, Armanda Guiducci, Carla Cerati en Giuliana Ferri tot de generatie schrijfsters die aan de wieg stonden van de feministische roman. Kenmerkend voor dit genre zijn volgens Anna Nozzoli de voorliefde voor de structuren van de briefroman, het dagboek en de autobiografie, waarin de distantie tussen schrijfster en personage wordt verkleind door het gebruik van de ik-verteller en het vrouwelijk perspectief. Gemeenplaatsen in het leven van de vrouwelijke romanfiguren zijn de repressieve opvoeding, de ondergeschikte huwelijksrelatie, de nadruk op het moederschap, de marginale deelname aan het arbeidsproces en seksueel geweld. Opstandig stellen zij de stereotype rolverdeling ter discussie, ageren tegen de uitsluiting van vrouwen uit het publieke domein en weigeren de koesterende functie, die hen dwingt hun eigen verlangens opzij te zetten voor de noden van man en kinderen. De van oudsher tot de persoonlijke levenssfeer behorende thematieken van moederschap, abortus en huishouden worden in verband gebracht met het sociaal-politieke systeem en de machtsverhoudingen tussen mannen en vrouwen. De nieuwe vrouwbeelden krijgen gestalte in een realistische stijl zonder opsmuk en de antiretorische taal van de dagelijkse omgang en de orale traditie (zie voor dit alles Anna Nozzoli's studie *Tabù e coscienza. La condizione femminile nella letteratura italiana del Novecento*, Firenze, La Nuova Italia, 1978, pp. 147-170).

Dacia Maraini gebruikt steeds weer andere vertelprocédés om het bewustwordingsproces te schetsen van gewone en buitengewone vrouwen uit allerlei milieus en van alle leeftijden. Haar eerste verhalen zijn naturalistisch wat de karakter- en plotontwikkeling betreft, maar het vrouwelijk standpunt en de vrouwelijke ik-verteller die zichzelf bewust als tweederangsschepsel ervaart zijn voorbode van de feministische roman. In *De vakantie* verliest de elfjarige verteller Anna, opgegroeid onder het strenge regime van seksuele repressie en religieuze dwang van de nonnen, haar kinderlijke onschuld tijdens een zomervakantie aan zee in 1943. Nieuwsgierig op zoek naar de liefde ontdekt ze slechts de verkrampte lustgevoelens van machomannen: "De opwinding en de stuiptrekkingen aan de ene kant, aan de andere kant de passieve en onbewogen naaktheid." (*De vakantie*, 1992, p. 61) Het geeft haar uiteindelijk een leeg gevoel van vervreemding.

De hoofdpersoon van *Jaren van onbehagen* (*L'età del malessere*) functioneert eveneens als passief object van begeerte. Om te ontsnappen aan een naargeestig, kleinburgerlijk milieu heeft de zeventienjarige Enrica een ongelijkwaardige verhouding met de student Cesare, die met een ander is verloofd. Enrica laat zich zwijgend door hem en andere mannen emotioneel en seksueel misbruiken. Pas na de pijnlijke ervaring van een clandestiene abortus ontwaakt ze uit haar lethargie en breekt zij met haar egoïstische minnaar.

A memoria wordt gekenmerkt door de experimentele stijl van de *nouveau roman*. De zakelijke blik à la Robbe-Grillet domineert in de dagboekfragmenten van de instinctieve Maria, wier sociale geheugen, nodig om rationeel te functioneren in de maatschappij, is geblokkeerd. Het valse bewustzijn van Maria komt tot uitdrukking in de repetitieve cirkelgesprekken met haar echtgenoot, van wie zij is vervreemd. Tevergeefs zoekt zij naar authenticiteit in erotische avontuurtjes met op straat of in de kroeg opgepikte jonge mannen. Vanwege haar autodestructieve aard en ontwrichte bestaan is Maria, ondanks haar seksuele vrijmoedigheid, geen positieve heldin.

Herinneringen van een dievegge (*Memorie di una ladra*) is een picareske roman met een vrouwelijke protagonist. Als drager van avontuur is de picara een interessant type voor feministen. Vanuit de gevangenis vertelt de vijfenvijftigjarige dievegge Teresa in de afgebeten spreektaal van de onderklasse hoe zij zich staande wist te houden in het boeven- en hoerenmilieu, nadat ze op jonge leeftijd was weggelopen van een gewelddadige echtgenoot, vader van haar kind. Subject is zij in haar niet te stuiten levenslust. De bedriegster is zelf meermaals bedrogen in de liefde, want mannen plegen misbruik te maken van haar onbaatzuchtigheid. In gevangenschap leeft zij samen met moordenaressen, van wie de gruwelijke delicten afbreuk doen aan de mythe van de zachtaardigheid van de vrouw. Maatschappijkritisch is de beschrijving van de grimmige vrouwengevangenissen. Zij vormen een smet op het blazoen van het Italiaanse rechtssysteem, dat uit is op vergelding en straf en niet op rehabilitatie.

Dagboek van een vrouw (*Donna in guerra*) is de typische huisvrouwenroman, waarover Nozzoli spreekt. In haar dagboek doet de vijfentwintigjarige Giovanna (Vannina), onderwijzeres en getrouwd met de paternalistische Giacinto, verslag van haar opstand tegen de rol van onderdanige en vlijtige echtgenote teneinde een volledig mens te worden. Tijdens een vakantie aan zee maakt zij kennis met een groep extremistische jongeren, waaronder de links-radicale feministe Suna. Polarisatie tussen de seksen kenmerkt de samenleving van het Zuid-Italiaanse dorpje. Mannen huldigen het standpunt dat vrouwen van nature inferieure wezens zijn, gehoorzaam, opofferingsgezind en masochistisch. Van Suna leert Giovanna dat deze geslachtskenmerken geen biologische vanzelfsprekendheid zijn, maar het resultaat van culturele conditionering. Zij komt in verzet tegen haar eigen uitbuiting en krijgt oog voor die van anderen zoals de dubbel belaste Napolitaanse thuiswerksters. Ook op seksueel gebied is er sprake van een bevrijding, omdat Giovanna bij een jonge minnaar het genot ervaart dat zij in haar huwelijksrelatie mist. Wanneer Giacinto haar met geweld zwanger maakt in de overtuiging dat het moederschap haar wel zal domesticeren, besluit Giovanna om abortus te laten plegen en haar echtgenoot te verlaten. Bijzonder is het feit dat Giovanna in haar dagboek nauwgezet de seksistische, fallocratische mannenpraat registreert en laat contrasteren met het fantasierijke, erotische gebabbel van haar vriendinnen.

Brieven aan een vriendin (*Lettere a Marina*) behandelt het in de internationale vrouwenliteratuur zeer populaire thema van de lesbische liefde. Bianca, biseksueel en gescheiden na een miskraam, probeert tevergeefs in een badplaats aan zee een roman te voltooien. Tegelijkertijd schrijft zij brieven aan Marina, voor wier verstikkende liefde ze is weggevlucht. In deze briefroman keert zij terug naar haar vrouwelijke wortels en ontdekt zij de affiniteit met haar moeder, zus en vriendinnen, draagsters van een 'andere cultuur'. Bianca definieert haar liefde in termen van een symbiotische moeder-dochterrelatie. Marina verweet haar, dat zij het zichtbare mannelijke lid prefereert boven het onzichtbare vrouwelijke geslachtsorgaan. Bianca relateert haar diepgewortelde angst voor hetzelfde geslacht als het hare aan het strenge verbod op incest met de moeder volgens de patriarchale wet, die wil dat vrouwen als ruilobject circuleren. Marina wilde haar liefde als dochter van de moeder en niet van de vader. Bianca's erotische belangstelling voor de vrouwelijke sekse komt evenwel voort uit de verhouding met haar vader, die zij zozeer adoreerde dat zij in de huid van zijn minnaressen had willen kruipen. Aan het eind van het verhaal weerspiegelt het *waste land*-motief – de zee is verontreinigd, het land verdord – Bianca's innerlijke vertwijfeling en met de onverstuurde brieven vertrekt zij naar Ustica, onbereikbaar voor haar ex-geliefde.

De trein naar Helsinki (*Il treno per Helsinki*) speelt zich af in de niet-viriele kring van de hippies, fel gekant tegen oorlog, privé-bezit en huwelijk. De toneelschrijfster Armida beleeft opnieuw in haar herinnering de reis, die zij 15 jaar eerder na een miskraam en echtscheiding maakte met haar minnaar Miele en andere vredesactivisten om deel te nemen aan een internationaal festival voor socialistische jongeren. In Helsinki wordt Armida zich bewust van de beperkingen van de communistische heilstaat en de negatieve effecten van de seksuele revolutie, aangezien het lichaam van de vrouw nog meer wordt verdinglijkt. De radicale feministe Asia bekritiseert haar slaafse houding ten opzichte van de libertijnse Miele, die zijns ondanks bij de wereld van de vaders hoort. Teruggekeerd van de reis maakt Armida een einde aan haar dwepende liefde, waarin zij zichzelf kwijtraakt: "De ellende is dat als hij niet van me houdt ik niet van mezelf houd. Als hij me niet begeert vind ik mezelf waardeloos. Als hij niet naar me toe komt verdwijn ik." (p. 98) De anti-hiërarchische denkbeelden van de hippies, die met elkaar verbonden zijn via een keten van onbeantwoorde liefdes, hebben hun weerslag op het nevenschikkend taalgebruik en de vloeiende simultane stijl van deze dagboekachtige herinneringsroman.

In de journalistieke roman *Isolina* reconstrueert Maraini aan de hand van krantenartikelen en procesverslagen de ware toedracht van de brute moord op Isolina Canuti in het militaristische Verona van 1900. Het arme kind was zwanger geraakt van legerofficier Trivulzio en had geweigerd om abortus te laten plegen. Tijdens een bacchanaal hadden enkele dronken militairen een vork in de baarmoeder van Isolina gestoken, waardoor de vrucht was afgedreven en het meisje was gestorven. Haar in stukken gesneden lichaam was in een vuilniszak in de rivier gegooid. Om het leger niet in opspraak te brengen had de verdachte Trivulzio geweigerd over het delict te spreken, terwijl zijn advocaten het slachtoffer hadden afgeschilderd als een hoer. Het onderzoek naar de moord was gestaakt, toen het een politieke kwestie dreigde te worden in de strijd van de socialisten tegen het militaire apparaat. Maraini zet vraagtekens bij het valse, misogyne beeld van Isolina door de overgeleverde documenten te onderwerpen aan een deconstructivistische analyse. Met behulp van interviews, foto's, tekeningen en topografie volgt zij de sporen van de ware Isolina en maakt ze haar schandelijke uitsluiting ongedaan.

Een stille passie (*La lunga vita di Marianna Ucría*) is gesitueerd in het achttiende-eeuwse Sicilië en verhaalt de levensloop van een adellijke, doofstomme voorouder van Maraini. Marianna is als klein kind verkracht door haar oom Pietro, maar weet dit feit lang te verdringen uit haar geest. Sindsdien lijdt zij aan een (metaforisch) stilzwijgen. Om de familie-eer te redden wordt zij op dertienjarige leeftijd door haar vader uitgehuwelijkt aan haar verkrachter. Gehoorzaam onderwerpt Marianna zich aan haar huwelijkse plichten: de ruwe geslachtsgemeenschap met haar liefdeloze man, het baren en de opvoeding van een flink aantal kinderen. Haar handicap biedt haar het voorrecht om zich af te zonderen in de bibliotheek, waar zij literaire en filosofische boeken leest. Zij neemt deel aan de symbolische orde door middel van het geschreven woord en eigent zich zo een creatief instrument toe, dat vrouwen eeuwenlang is ontzegd. De dood van Pietro, de herinnering aan de traumatische verkrachting en het onthutsende besef van het verraad van haar vader bevrijden haar voorgoed van het juk van mannelijke overheersing. Met subversieve daadkracht beheert zij het familielandgoed in contrast met het lakse *otium* van de adel, dat het ontstaan van de maffia in de hand werkt. Zij vergooit zich aan de jonge knecht Saro die haar lichamelijk en emotioneel bevredigt en sluit een intellectuele vriendschap met de magistraat Don Camalèo. Wanneer de kritiek op haar onconventionele levenswijze aanzwelt, verlaat Marianna huis en haard om vrij rond te zwerven te land en over zee. In deze elegante historische roman, geschreven in de trant van Lampedusa's historische roman *De tijgerkat* (*Il Gattopardo*), wordt de distantie van de alwetende verteller gecompenseerd door de verbaasde blik van de hoofdpersoon, haar verfijnde tastzin, tedere gebaren, stille emoties en gedachten-lezen, die de introverte stijl bepalen.

In de misdaadroman *Stemmen* (*Voci*) krijgt de ik-verteller Michela, werkzaam bij een commercieel radiostation, de opdracht een programma te maken over de sterk toegenomen criminaliteit tegen vrouwen. Toevallig wordt haar jonge buurvrouw Angela op gruwelijke wijze vermoord. Michela gaat met haar bandrecorder op pad om mogelijke verdachten en informanten te ondervragen. Zo helpt zij commissaris van politie Adele Sòfia om de moordenaar te vinden, de stiefvader van Angela die haar jarenlang als kind heeft misbruikt. Hoofdpersoon is de journaliste en niet de rechercheur, zodat het 'wie deed het' minder belangrijk is dan het 'waarom'. Ten behoeve van haar radioprogramma legt Michela een bestand aan van gegevens en foto's van op beestachtige wijze verkrachte en vermoorde meisjes en vrouwen. De oorzaak van de mannelijke gewelddadigheid blijft haar een raadsel: "Wat is er in de weekheid van een vrouwenlichaam, dat de razernij van een mannenhand uitlokt?" (p. 78)

De briefroman *Dolce per sé* gaat zowel over een liefde die uitdooft als over de intieme band tussen een volwassene en een kind, de vijftigjarige afzender Vera en de zesjarige geadresseerde Flavia. Flavia is het nichtje van Vera's minnaar Edoardo, een getalenteerd violist, en afkomstig uit een zeer hechte muzikantenfamilie, die zijn verhouding met de twintig jaar oudere, excentrieke schrijfster afkeurt. Vera schetst de contouren van haar lovestory binnen de context van de genealogie en geschiedenis van Flavia's familie. Het citaat in de titel, afkomstig uit Leopardi's *Ricordanze*, verwijst naar de dierbare herinneringen, die de steeds groter wordende afstand tot de geliefde moeten overbruggen. In Maraini's laatste roman zijn mild begrip voor de complexiteit van menselijke relaties en besef van de onderlinge afhankelijkheid en continuïteit der geslachten in de plaats gekomen van de woede over de strijd tussen de seksen, resulterend in solipsistische afzondering.

Het schoolmeisje, de secretaresse in spe, de huisvrouw, de dievegge, de onderwijzeres, de schrijfster, de adellijke dame en de journaliste verschillen van elkaar qua klasse, status en persoonlijke ervaringen. Wat hen echter bindt is vrouwelijkheid. In het ontwikkelingsproces van onderwerping aan de heerszuchtige mannelijkheid naar zelfontdekking en zelfbevrijding vertonen Maraini's heldinnen opvallende overeenkomsten. Financiële onafhankelijkheid vormt de basis van hun emancipatie, maar biedt geen garantie voor emotionele zelfstandigheid.

Alleen Enrica verwacht alle heil van arbeidsparticipatie en hoopt met haar secretaressediploma op zak een nieuw leven te kunnen beginnen. De maatschappelijk ingebedde gezinsstructuur, die dienstbaarheid van vrouwen eist, speelt een belangrijke rol bij de ontwikkeling van de geslachtsidentiteit. Het is in de oedipale situatie dat het meisje de oorspronkelijke band met haar (gecastreerde) moeder opgeeft om zich aan haar (fallische) vader te hechten, waarbij ze zich inbeeldt (passief) object van zijn verlangen te zijn. Maraini's heldinnen zijn één in hun vaderadoratie en hun problematische relatie met de moederfiguur, afwezig of verstikkend of negatief vanwege haar minderwaardigheid. Ofschoon Bianca haar moeder verbindt met positieve begrippen als verantwoordelijkheid, saamhorigheid en continuïteit, identificeert ook zij zich liever met haar vader die staat voor avontuur, reis en sensualiteit. Minnaars en echtgenoten behoren evenals de vader tot het type van de overspelige, onweerstaanbare Don Juan, met wie de hoofdpersonen een *double bind*-relatie onderhouden. Zij verlaten uiteindelijk het imaginaire stadium door af te zien van het verlangen om alles voor de man te zijn. Uit het gemis ontstaat het autonome verlangen van het sprekend subject, dat weerstand formuleert tegen de sociale ongelijkheid en onderwaardering van het vrouwelijke. Radicaalfeministische vriendinnen met een sterke hang naar separatisme zijn vaak de aanstichtsters van het rolconflict. De heldinnen geven de voorkeur aan het ideaal van vrijheid, gesymboliseerd door zwemmen, vliegen en reizen, boven gelijkheid, ook al impliceert dit scheiding en verlies. Dat zij niet de volgende stap zetten naar het stadium van onderlinge afhankelijkheid zou te maken kunnen hebben met hun negatieve moeder-dochterrelatie, die daar een voorwaarde voor is. Naast het instituut huwelijk wordt ook de bestemming van het moederschap gedemystificeerd. Moederschap mislukt ten gevolge van een traumatische miskraam (Bianca, Armida, Vera) of abortus (Enrica, Giovanna, Isolina). Vrouwen lijden onder het moederschap, omdat zij geen zeggenschap hebben over het lot van hun zoons en dochters, opgevreten worden door hun veeleisende kinderen of hun carrière moeten opgeven. Positief gewaardeerd moederschap wordt beleefd op afstand (Teresa) of blijft steken in de imaginaire orde (Marianna met haar jongste zoon, die niet praat). De romanfiguren vinden allemaal een intens moederlijke bevrediging in het bereiden van voedsel voor anderen.

Maraini spreekt vrijmoedig en zonder schaamte over de seksuele gevoelens van vrouwen, met name over masturbatie. Dat haar heldinnen zich hun autonome erotiek niet laten afpakken, is in overeenstemming met de feministische ideeën van Rivolta Femminile, dat fel protesteerde tegen Freud's opvatting dat het kleine meisje het (actieve) genot van de clitoris op moet geven voor het (passieve) genot van de vagina, wil zij een volwassen vrouw worden. Vreugdevolle heteroseks beleven zij alleen met jonge mannen, als seksualiteit geen exponent is van bezitsdrang of machtswellust en is losgekoppeld van de voortplanting. Lesbianisme biedt het voordeel zichzelf in de ander tegen te komen, maar gaat gepaard met hysterische aarzelingen tussen het vrouwelijke en het mannelijke. Seksueel geweld in de vorm van aanranding, verkrachting, incest en opgedrongen prostitutie loopt als een rode draad door de biografie van vrouwen. Het brengt het machtsverschil tot uitdrukking in het lichamelijke.

Autobiografische elementen maken de lezer erop attent dat de ervaringen van de hoofdpersonen een gemeenschappelijke herkomst hebben in de auteur: de vader-dochterrelatie, de miskraam (thema van het essay *Un clandestino a bordo*), de echtscheiding, de dood van een zus, het niet kunnen spreken na een traumatische ervaring (het Japanse concentratiekamp), het schrijverschap. De personages zijn ook intellectueel ondernemend: zij lezen literaire, filosofische en historische geschriften, kijken naar schilderijen en luisteren naar muziek. Door intertekstuele verwijzingen polemiseert de schrijfster met het patriarchale vertoog zoals bijvoorbeeld de ideeën over vrouwelijke homoseksualiteit van Charlotte Wolff en zoekt zij aansluiting bij 'verwante' cultuurteksten als de gedichten van Sappho en Emily Dickinson en David Hume's opvattingen over het primaat van de hartstocht.

Maraini blinkt uit in het realistische discours, dat volgens Annie Romein-Verschoors reeds uit 1935 daterende studie *Vrouwenspiegel* van nature bij vrouwen past en in de Nederlandstalige literatuur een lange traditie kent met schrijfsters als Johanna van Woude, Jo de Wit, Marianne Philips, Lucienne Stassaert en Lidy van Marissing. De romanfiguren worden geplaatst in een historische context en hun individuele ontwikkeling gaat gepaard met het ontwaken van een politiek-sociaal bewustzijn. Zij voelen zich solidair met andere vertrapten in de fallocratische cultuur, mens èn dier. Hun positie als nietdeelhebbend aan de macht maakt vrouwen uitermate geschikt om het politieke systeem kritisch te ondervragen. De radicaal-feministe Chantal noemt in *Brieven aan een vriendin* het spreken over vrouwen in de taal van mannen een miserabele contradictie. Schrijfster Bianca verdedigt zich door op te merken dat zij geen andere taal kent. In hun discussie sijpelen de opvattingen door van de feministen Hélène Cixous, Luce Irigaray en Julia Kristeva, die het fallogocentrische vertoog ter discussie stellen en een *écriture féminine* voorstaan, gebaseerd op de specificiteit van het vrouwelijke libido, het niet-lineaire, vloeiende, veelvormige of het voortalige. De invloed van deze eigen praktijk van schrijven van vrouwen is aanwezig in Maraini's romans. In *La bionda, la bruna e l'asino* (XIV) stelt zij dat schrijven gebeurt met het lichaam, dat een geslacht heeft, dat een atavistische herinnering bewaart aan een lange geschiedenis van onderdrukking en uitsluiting. De structuren van de briefroman, de herinneringsroman en het dagboek stellen haar in staat het verhaal te vertellen op een fragmentarische, associatieve manier. Een vrouwelijke schrijfstijl ontstaat door de weergave van dromen en lichaamstaal, het gebruik van vloeiende beelden, de deconstructie van bestaande mythen, en door vrouwelijke subjecten te laten spreken over typisch vrouwelijke, altijd verzwegen thema's als huishoudelijke arbeid, menstruatie, abortus en miskraam:

> Ik kleedde me aan en maakte het huis schoon. Ik ruimde de koffer op en haalde de spullen voor het vissen eruit: duikerpakken, geweren, harpoenen, messen, duikbrillen, snorkels, zwemvliezen, en een rooster om de vis te grillen. Toen ik dat gedaan had was het twaalf uur. Ik moest nog gevulde paprika's klaarmaken. Sla wassen. Mijn benen deden zeer, en ik had een stekende pijn in mijn rug. Ik liet me in de tuin in een ligstoel vallen, met mijn hoofd in de schaduw, mijn benen in de zon. Zo viel ik in slaap. Ik droomde dat een mol een tunnel groef in mijn buik. Ik werd wakker met pijn, een indringende, doffe pijn. Mijn dijen waren nat en warm. Ik stak een hand onder mijn rok. Toen ik hem terugtrok zat er bloed aan.
> (*Dagboek van een vrouw*, 1988, p. 7.)

> Ik duwde met mijn voeten tegen twee ijzeren steunen. Maar het kind kwam er niet uit. Probeer het nog eens en nog eens! Maar ik had helemaal geen weeën. Ik kon hem er niet uitpersen. En ik nam de verloskamer te lang in beslag. De dokter probeerde met zijn handen de baarmoedermond op te rekken. Een felle stekende pijn schoot door me heen. Ik viel flauw (...). Op het moment dat ik besloot te sterven heb ik me

laten gaan de baarmoeder ontspande zich en liet toe dat eerst het hoofd naar buiten gleed en daarna de schouders en daarna het bovenlijf van een prachtig jongetje met wijd opengesperde blauwe dode ogen. Het bloed stroomde kolkend naar buiten zich een weg banend tussen de wanden van murw vlees. Een waterval van rivier. Nu liep ik gevaar alleen te sterven, beroofd van mijn kind en leeggebloed.
(*Brieven aan een vriendin*, pp. 15-16.)

REBELSE VROUWEN VOOR HET VOETLICHT

Maraini schreef tientallen toneelstukken, die ze vaak zelf regisseerde. Aanvankelijk werden zij opgevoerd in de kleine theaters van Centocelle, Il Politecnico en La Maddalena, later ook elders in Italië en in het buitenland, ook in Nederland en België. Belangrijkste inspiratiebronnen zijn Shakespeare, Goldoni, Pirandello, Brecht, Ionesco, Osborne, Tennessee Williams, Eugene O'Neill en het Japanse noh-theater. In tegenstelling tot Dario Fo en Franca Rama die in hun didactische volkstoneel ruim baan gaven aan improvisaties, hield Maraini vast aan de autoriteit van het geschreven woord. Haar experimentele en geëngageerde dramateksten worden gekenmerkt door tragikomische of absurdistische situaties, veel informatieve taalhandelingen en een surrealistische sfeer. De vervreemdingstechnieken van het toneel in het toneel, de interactie met de toeschouwers en het optreden van een zanger of verteller verstoren nogal eens de werkelijkheidsillusie. De emoties en gebaren van de personages, die soms karikaturale namen dragen (Crocifissa, Sifilide, Fede, Mangiagalline), zijn komisch uitvergroot en hun obsessies en neurosen nemen groteske vormen aan. Scabreuze scènes, schunnig taalgebruik en blasfemische toespelingen hebben Maraini geduchte kritiek opgeleverd. Net zoals in haar romans speelt zij met de vermenging van allerlei genres en codes, dagboeken, autobiografieën, gedichten, operalibretto's, muziek, krantenartikelen, beeldende beschrijvingen van schilderijen, sculpturen en foto's. De inspiratie van de *écriture féminine* is zichtbaar in de verdubbeling van de personages, de deconstructie van het patriarchale vertoog, de invlechting van dromen en fantasieën, lichamelijke ervaringen (zoals abortus) die vrouwen met elkaar delen.

De dramaturge Maraini wil het woord geven aan wie monddood is gemaakt: aan zieken, gekken en gevangenen of aan marginale 'andere' vrouwen, prostituees, lesbiennes, nonnen en heksen. De dramateksten verraden allemaal de conflictueuze man-vrouwverhouding, ook al gaan zij over diverse onderwerpen als schizofrenie, antipsychiatrie, bureaucratie, boerenopstand, klassenstrijd, vampirisme, de relatie tussen beul en slachtoffer of die tussen meester en slaaf. Een politiek-feministisch stuk is *Il manifesto,* waarin de picara Anna het seksistische discours van het establishment perverteert en het manifest van de geëmancipeerde vrouw dicteert. In *Zena* mimen en karikaturiseren de historische heks Zena en de eigentijdse verkrachte Zena het duivelse en verleidelijke gedrag, waarvan de rechters hen ten onrechte beschuldigen – in feite doen zij wat Luce Irigaray *mimésis* noemt: een rol imiteren om hem omver te werpen. Het privé-leed van de bourgeoisie komt tot uiting in *La famiglia normale,* waarin een verlamde, dreinende vader, zijn nihilistische, inerte zoon en serviele, rancuneuze dochter al ruziënd tevergeefs, bij ontstentenis van de moeder, hunkeren naar de geborgenheid van het ideale gezin. In *Fede o Della perversione matrimoniale* is het huwelijk een ware hel voor man èn vrouw, hij is een levende dode vanwege het carrière maken, zij is moe van het sloven, de mechanische seks en de miskramen. Twee theaterstukken gaan over de veroveringsdwang en doodsdrift van Don Juan, die steeds weer een nieuwe vrouwtjesprooi najaagt (*Don Juan* en *Giovanni Tenorio*). Vrouwen zetten mannen die uit valse loyaliteit niet kunnen kiezen tussen echtgenote en minnares op hilarische wijze voor het blok in *Il geco* ("De gekko") en *Celia Carli, ornitologa.* Een terugkerend thema is de prostitutie, welke mannen in staat stelt een huichelachtig onderscheid te maken tussen verdorven hoeren die ze met elkaar delen en nette vrouwen/moeders die ze als hun exclusieve eigendom beschouwen. In *Dialoog van een prostituee met een van haar klanten (Dialogo di una prostituta con un suo cliente)* zijn de rollen in het peeskamertje rigoureus omgedraaid. De kleinburgerlijke hoerenloper is naakt en wordt tot seksobject gereduceerd, de intelligente prostituee houdt haar kleren aan en beschikt over zijn lichaam. Klant en hoer zijn allebei gefrustreerd, omdat de commerciële transactie gevoelens van liefde uitsluit. In plaats van zich te schamen over haar beroep noemt de hoer het een politieke keuze, gemaakt in het besef dat de meeste vrouwen hun lichaam verkopen in ruil voor bescherming en financiële zekerheid:

(Klant): "Maar waarom werk je niet gewoon zoals iedereen? Je zou bijvoorbeeld typiste kunnen worden, zoals mijn verloofde. Moet ik een baan voor je zoeken?" (Hoer): "De hoer van een bedrijf, nee, dank je." "Of je zou verkoopster kunnen worden." "De hoer van een groot-warenhuis." "Voor jou kan een vrouw niets anders zijn dan een hoer." "Eindelijk! Een vrouw kan alleen maar kiezen wáár ze zich wil prostitueren. Publiek of privé. Thuis of op het werk. Begrepen?"

Naast de klagende prototypes van een traditioneel vrouwenbestaan binnenshuis (*Due donne di provincia, Mela*) worden ook alternatieven aangedragen. In veel toneelstukken treden exceptionele vrouwen uit het verleden voor het voetlicht die uit het benauwde keurslijf van de conventies braken om een politieke, creatieve of religieuze daad te stellen: Catharina van Siena (mystica), Veronica Franca (courtisane en dichteres uit de Renaissance), Isabella di Morra (edelvrouwe en dichteres uit de Renaissance), Sor Juana Inés de la Cruz (Mexicaanse non en dichteres uit de Contra-reformatie), Charlotte Corday (moordenares van Marat), Eleonora Fonseca Pimentel (Jacobijnse opstandelinge tijdens de Napolitaanse Revolutie in 1799) en Camille Claudel (beeldhouwster, leerlinge van Rodin). *I sogni di Clitennestra* is een herschrijving van Aeschylus' *Oresteia* over het conflict tussen de rechten van de vader en de moeder, verplaatst naar een Siciliaans emigrantenmilieu in de textielstad Prato. Wanneer de industrieel Agamemnon in ruil voor een lening hun jonge kind Ifigeneia uithuwelijkt, aldus haar dood in het kraambed veroorzakend, rebelleert Clytaemnestra tegen haar onmacht als echtgenote en moeder met kinderlijk exhibitionisme en obsceen gedrag, tot grote woede van haar andere dochter en vaderskind Electra. Zij wordt opgesloten in een inrichting, waar de vrouwelijke psychiater Athena probeert haar de mannelijke ideeën over vrouwelijk gedrag en seksualiteit op te leggen. Maraini's bekendste stuk *Maria Stuart* gaat over vrouwen en macht in een door mannen gedomineerde wereld. De gevangengenomen katholieke koningin van Schotland deelt met haar tegenspeelster Elizabeth van Engeland het paradoxale lot van de vrouw die haar vrouwelijkheid ontkent om een mannelijke politieke rol te spelen, doch op haar vrouw-zijn wordt afgerekend:

(Elizabeth): "Wanneer mogen we de bruiloft verwachten, vorstin? wanneer de zwangerschap?... alsof ik zo'n dikke witte zeug ben zoals je ze op onze boerenerven vindt... als ze steriel is, dan kelen we haar... en ik die jaren en jaren over de boeken en schriften gebogen heb gezeten... ik heb Latijn, Grieks, Frans, Spaans en Italiaans geleerd... honderd geleerden hebben hun kennis binnen het bereik van mijn hoofd gebracht... en ik heb mijn geheugen ontwikkeld gelijk een vogel met wijde vleugels... ik heb geleerd de sterren te observeren, heb me de wetten van natuurkunde en astronomie eigen gemaakt... ik heb wiskunde en muziek gestudeerd... al het geld dat jullie hebben uitgegeven om mij op te voeden, inconsequente lieden... het kapitaal besteed om van mij een koningin te maken... dat alles zouden jullie nu zomaar weggooien voor een koningshoofdje dat niet eens de kroon kan torsen, zo teer en zwak is het." (p. 46)

De conflicten monden meestal uit in een revolte van de vrouwelijke personages, met alle catastrofale gevolgen van dien: zij worden opgesloten in de gevangenis of het gekkenhuis, blootgesteld aan elektroshocks, verbrand, onthoofd, verstikt, doodgeschoten of neergestoken. Aan de tragische nederlaag van de heldin kunnen de positieve beelden van zuster- en moederschap en de hartstochtelijke oproep tot solidariteit onder vrouwen ternauwernood tegenwicht bieden.

DE POËZIE VAN EEN GETERGDE LEEUWIN

Maraini's eerste dichtbundel *Crudeltà all'aria aperta* ("Wreedheid in open lucht") heeft als thema de narcistische haat-liefde verhouding van de ik-figuur met haar charmante, sportieve en intellectuele vader tot wie zij zich richt in lange monologen. Zij dwingt hem samen met haar terug te gaan naar vroeger om de oorzaak van haar niet-zijn te leren kennen. Hij was haar enige liefdesobject, "zoet vlees van mijn vlees", tot aan de pubertijd, toen hij zich uit valse schaamte van haar afkeerde. Het verlies voelt nog steeds als een verminking. Eenvoudige metaforen verbeelden de kinderlijke verbondenheid met de wereld, "de rups in zijde, de erwt in de peul", en het gespleten-zijn, "de gebroken schaal van het beschermende ei." Groot is haar frustratie, als ze beseft dat de slaafse onderwerping aan de projecties van haar vader ten koste ging van de ontwikkeling van haar eigen identiteit. In het negatieve beeld van haar moeder, wier "zoete niet-bestaan" en "puurheid zonder geschiedenis" gevoelens van afkeer en pijn opwekten, ziet zij haar eigen lot weerspiegeld. De exotische natuur van Sicilië wordt geassocieerd met het echte ik, de cultuur (kamers, steden, mensen) met het onechte zelf. Het frequent gebruik van anakoloet en ellips in de prozagedichten geeft de onmogelijkheid weer van het inschrijven van het vrouwelijk subject: "Mijn geheugengebrek is een weigering / van de geschiedenis. Ik verlies mezelf en herinner me / niet hoe of wanneer ik mezelf ben kwijtgeraakt."

Donne mie ("Vrouwen van me") is een seksueel-politiek pamflet tegen de eeuwenlange onderdrukking en verachting van de vrouw. Maraini wil spreken als een te lang schaap gebleven leeuwin. De inhoud acht zij belangrijker dan de vorm, verbonden immers met macht die vrouwen ontberen. In het gelijknamige gedicht roept zij haar seksegenoten op om vereend ten strijde te trekken tegen het schijnbeeld van vrouwelijkheid dat mannen èn vrouwen in stand houden. Zij wil hen leren lief te hebben zonder zichzelf als idool te zien. Vijand is de moeder die de dochter onderwerpt aan de 'wet van de vader' en medeplichtig is aan haar narcisme en masochisme. In het gedicht *L'arte d'amare* confronteert Maraini een chronologische reeks van dogmatische vrouwbeelden, het gehoorzame meisje, de kuise maagd, de timide bruid, de dienstbare moeder en het waardeloze oudje, met de tegendraadse opdracht om zichzelf te zijn, initiatief te tonen in de liefde en geslachtsgemeenschap (ook op latere leeftijd), het lichaam niet als koopwaar aan te bieden, geen slavin te zijn van man en kinderen. Genuanceerder zijn de gedichten in *Mangiami pure* ("Eet me maar op"). Een mystieke liefde bindt zusters-heksen in de oorlog tegen het andere geslacht, maar vrouwen kunnen elkaar (want zichzelf) ook haten. Er is sprake van verlangen naar intimiteit met de man, vader, zoon of minnaar. In het gedicht *Demetra ritrovata* wordt de authentiek vrouwelijke stem van de moeder ontdekt, afkomstig uit een pre-rationeel bestaan.

Dimenticato di dimenticare ("Vergeten te vergeten") heeft als belangrijkste thema het tekort in de liefde met zwaarmoedige onderwerpen als de ongelijkheid van de hartstocht, de afwezigheid van de geliefde, de gestolen intimiteit van de driehoeksverhouding, het doodgeboren kind. Erotische lichamelijkheid is dominant aanwezig. Wrang is de conclusie: "Als men door te veel te beminnen / uiteindelijk / helemaal niet meer bemint / zeg ik dat / liefde bittere fictie is." In de laatste bundels *Viaggiando con passo di volpe* ("Reizend in vossenpas") en *Se amando troppo* ("Als men door teveel lief te hebben") is er sprake van verzoening tussen de seksen, die allebei onderworpen zijn aan de vernietigende kracht van de tijd. Motieven als de androgynie, de dodelijke minnaar-vampier en het kannibalisme vragen om een intertekstuele leescode. Maraini's stijl wordt door Giuseppe Zagarrio getypeerd als "barok maniëristisch". Haar poëzie, in de vorm van balladen, liedjes en vrije verzen, is door het gebruik van de autonome metafoor nu eens concreet dan weer raadselachtig. Het taalgebruik glijdt heen en weer tussen realistisch-agressief en sprookjesachtig-mythisch.

DE ONTVANGST DOOR DE LITERAIRE KRITIEK

Wie op zoek gaat naar secundaire literatuur over Dacia Maraini wacht de schrale oogst van een handjevol artikelen. Een boeiende feministische analyse van het hele oeuvre biedt Grazia Sumeli Weinbergs *Invito alla lettura di Dacia Maraini*, een helder overzicht vindt men ook in de studie *Dacia Maraini* van Augustus Pallotta. In de narratieve teksten zien zij een duidelijke overgang van existentiële vervreemding, het "degree zero of being a women" (Weinberg), culminerend in de absolute negativiteit van Maria, naar zelfbewustzijn en sociaal engagement. *Een stille passie* beschouwen zij als een meesterwerk in thematisch en stilistisch opzicht. JoAnn Cannon is enthousiast over de manier waarop Maraini in deze *Bildungsroman* breekt met de traditie van dit narratieve genre door het zwaartepunt te leggen bij de volwassenheid van de heldin, wanneer de lotsbestemming van de vrouw onwrikbaar vast lijkt te liggen, en het levensverhaal te besluiten met een verrassend open einde. Fascinerende resultaten leveren de feministische leesstrategieën op. Giuseppina Santagostino toont met behulp van het "mythisch revisionisme" van Adriana Cavarero aan op welke manier in het verhaal over Marianna nieuwe opvattingen ontstaan over taal, vrouwelijke subjectiviteit en schrift dankzij de revisie van de onderliggende mythes van Demeter/Kore, Philomela/Penelope en Antigone. Simona Wright beargumenteert dat de representatie van de doofstomme en schrijvende heldin de diepe kloof tussen de lichaamstaal en de taal van logos, veroorzaakt door de historische uitsluiting van vrouwen uit de culturele praxis, zichtbaar maakt en probeert te dichten. Weinberg baseert zich op Julia Kristeva om aan te geven dat Marianna de overstap maakt van prehistorie (onbewust overleven) naar historie (zelfbewustzijn) dankzij de negativiteit van haar gebrek, waardoor zij lezen en schrijven ontdekt als bron van genot en kennis. Wat betreft de roman *Brieven aan een vriendin* brengt Pauline Dagnino de gesloten cirkel van de brieven, waarbinnen de symbiotische moeder-dochterrelatie plaatsvindt, in verband met wat Kristeva *chora* noemt, alles bevattende wat door de cultuur is verdrongen. Volgens Lynn Masland is een belangrijke eigenschap van het *parler-femme* van Irigaray aanwezig in Bianca's brieven, namelijk de overheersende aanwezigheid van vloeiende beelden van melk, bloed, urine, zwemmen, zee, dromen en magie. Dat de lezer in *Dagboek van een vrouw* actief betrokken raakt bij het sekse/gender-debat middels de verschillende perspectieven in de dialogen, betoogt Anthony Tamburri. Tony Mitchell bespreekt zowel het politieke theater van de barricades als de meer complexe dramateksten van Maraini. Kenmerkend voor haar vrouwelijk schrijven acht hij de tactiek om de historische en economische analyse van de plaats van de vrouw in de maatschappij af te wisselen met de psychologische en ethische aandacht voor het thema van verleiding en seksualiteit. Daniela Cavallero's feministische lezing van de structurele vormveranderingen van de plot in Maraini's *Oresteia* leidt tot de conclusie dat deze een andere visie op de posities van de vrouwelijke personages tot stand brengen. Weinbergs *close reading* van *Crudeltà all'aria aperta* onthult hoe de reis in de herinnering het ontstaan van het valse bewustzijn van het ik blootlegt. Giuseppe Zagarrio tenslotte plaatst Maraini's bundels *Donne mie* en *Mangiami pure* in het kader van de geëngageerde poëzie van de zeventiger jaren, die werd gekenmerkt door een koortsachtig en onstuimig verlangen naar politieke verandering. Hij beschouwt "liefde" uit "rancune" als de psychologische bron, die Maraini deed grijpen naar het wapen van het poëtische woord om strijd te voeren tegen de man en de mythe van de vrouw met de intentie vrouwen uit hun slachtofferschap te bevrijden, opdat zij als zusters en heksen zouden triomferen.

BEKNOPTE BIBLIOGRAFIE

Werken van Dacia Maraini
Romans
La vacanza, Milano, Lerici, 1962 en 1998. (*De vakantie,* vert. Jenny Tuin,
    Amsterdam, Moussalt, 1962; Amsterdam, Contact, 1992.)
L'età del malessere, Torino, Einaudi, 1963. (*Jaren van onbehagen,* vert. Jeanne
    van Roggen & Ernst Valkhoff, Amsterdam, Meulenhof, 1963.)
A memoria, Milano, Bompiani, 1967.
Memorie di una ladra, Milano, Bompiani, 1972. (*Teresa de dievegge,* vert.
    Mascha van Peype, Amsterdam, Meulenhoff, 1975; *Herinneringen van
    een dievegge,* vert. Mascha van Peype, Amsterdam, Contact, 1987.)
Donna in guerra, Torino, Einaudi, 1975. (*Dagboek van een vrouw,* vert. Tineke
    van Dijk, Amsterdam, Contact, 1988.)
Lettere a Marina, Milano, Bompiani, 1981. (*Brieven aan een vriendin,* vert.
    Pietha de Voogd, Amsterdam, Contact, 1990; Amsterdam, Pandora,
    1994.)
Il treno per Helsinki, Torino, Einaudi, 1984. (*De trein naar Helsinki,* vert.
    Pietha de Voogd, Amsterdam, Contact, 1986.)
Isolina. La donna tagliata a pezzi, Milano, Mondadori, 1985. (*Isolina. Een
    geschiedenis,* vert. Marjolein Bemelmans, Amsterdam, Dekker, 1987.)
La lunga vita di Mariannia Ucrìa, Milano, Rizzoli, 1990. (*Een stille passie,*
    vert. Etta Maris, Amsterdam, Contact, 1991.)
Voci, Milano, Rizzoli, 1994. (*Stemmen,* vert. Etta Maris, Amsterdam, Con-
    tact, 1995.)
Dolce per sé, Milano, Rizzoli, 1997.

Verhalen
Mio marito, Milano, Bompiani, 1968; 2e, vermeerderde uitgave 1974.
Bagheria, Milano, Rizzoli, 1993.
Buio, Milano, Rizzoli, 1999.

Toneel
Il ricatto a teatro e altre commedie, Torino, Einaudi, 1970.
Viva l'Italia, Torino, Einaudi, 1973.
La donna perfetta – Il cuore di una vergine, Torino, Einaudi, 1975.
Don Juan, Torino, Einaudi, 1976.
Dialogo di una prostituta con un suo cliente, Padova, Mastrogiacomo-Images,
    1978 (*Dialoog van een prostituee met haar klant,* vert. Piet Piryns, Leu-
    ven, Infodok, 1981; *Dialoog van een prostituee met een van haar klan-
    ten,* vert. Lilian Verhaak, Utrecht, Piek Theatergroep, 1983.)

I sogni di Clitennestra e altre commedie, Milano, Fabbri-Bompiani, 1981. (Bevat *Maria Stuarda*, vertaald als *Maria Stuart*. *De geschiedenis van twee koninginnen*, vert. Jenny Tuin, Amsterdam, International Theater Bookshop, Publiekstheater, 1982.)
Lezioni d'amore e altre commedie, Milano, Bompiani, 1982.
Stravaganza, Roma, Sercangeli, 1987.
Delitto, Cosenza, Marco, 1990.
L'uomo tattuato, Napoli, Guida, 1990.
Erzbeth Báthory. Il geco. Norma '44, Roma, Editori & Associati, 1991.
Veronica, meretrice e scrittora, Milano, Bompiani, 1992.
La casa tra due palme, Salerno, Sottotraccia, 1995.
Fare teatro 1966-2000, Milano, Rizzoli, 2000.

Poëzie
Crudeltà all'aria aperta, Milano, Feltrinelli, 1966.
Donne mie, Torino, Einaudi, 1974.
Mangiami pure, Torino, Einaudi, 1978.
Dimenticato di dimenticare, Torino, Einaudi, 1982.
Viaggiando con passo di volpe. Poesie 1983-1991, Milano, Rizzoli, 1991.
Se amando troppo. Poesie 1966-1998, Milano, Rizzoli, 1998.

Essays
La bionda, la bruna e l'asino, Milano, Rizzoli, 1987.
Un clandestino a bordo, Milano, Rizzoli, 1996.

Werken over Dacia Maraini
CANNON, JoAnn, "Rewriting the Female Destiny. Dacia Maraini's *La lunga vita di Marianna Ucrìa*", in *Symposium*, 49:2 (1995), pp. 136-146.
CAVALLERO, Daniela, "*I sogni di Clitennestra*. The *Oresteia* According to Dacia Maraini", in *Italica*, 72:3 (1995), pp. 340-355.
DAGNINO, Pauline, "Fra madre e marito. The Mother/Daughter Relationship in Dacia Maraini's *Lettere a Marina*", in CICCIONI, Mirna & PRUNSTER, Nicole (red.), *Visions and Revisions. Women in Italian Culture*, Providence, Berg, 1993, pp. 183-198.
HEIJKANT, Marie-José, "Il femminile nei romanzi di Dacia Maraini", in VANVOLSEM, Serge et al. (red.), *Gli spazi della diversità*, Atti del Convegno Internazionale su Rinnovamento del codice narrativo in Italia dal 1945 al 1992 (Leuven, 1993), Roma, Bulzoni Editore, 1995, vol. II, pp. 103-121.
MASLAND, Lynn, "In Her Own Voice. An Irigarayan Exploration of Women's Discourse in *Caro Michele* (Natalia Ginzburg) and *Lettere a Marina*

(Dacia Maraini), in *Canadian Review of Comparative Literature*, 21:3 (1994), pp. 331-340.

MITCHELL, Tony, "'Scrittura femminile'. Writing the Female in the Plays of Dacia Maraini", in *Theatre journal*, 42 (1990), pp. 332-349.

PALLOTTA, Augustus, "Dacia Maraini: From Alienation to Feminism", in *World Literature Today*, 58:3 (1984), pp. 359-362.

—, "Dacia Maraini", in ID., *Italian Novelists Since World War II, 1965-1995*, Detroit, Gale Research, 1995, pp. 189-200.

SANTAGOSTINO, Giuseppina, "*La lunga vita di Marianna Ucrìa*: tessere la memoria sotto lo sguardo delle chimere", in *Italica*, 73:3 (1996), pp. 410-428.

SUMELI WEINBERG, Grazia, "All'ombra del padre: la poesia di Dacia Maraini in *Crudeltà all'aria aperta*", in *Italica*, 67:4 (1990), pp. 453-465.

—, *Invito alla lettura di Dacia Maraini*, Pretoria, University of South Africa, 1993.

—, "La forza della negatività: la dialettica del soggetto parlante nella *Lunga vita di Marianna Ucría* di Dacia Maraini", in *Otto-Novecento*, 19:3-4 (1995), pp. 177-186.

TAMBURRI, Anthony, "Dacia Maraini's *Donna in guerra*: Victory or defeat?", in ARICÒ, Santo L. (red.), *Contemporary Women Writers in Italy. A Modern Renaissance*, Amherst, University of Massachusetts Press, 1990, pp. 138-151.

WRIGHT, Simona, "Dacia Maraini: Charting the Female Experience in the Quest Plot: *Marianna Ucría*", in *Italian Quarterly*, 133-134 (1997), pp. 59-70.

ZAGARRIO, Giuseppe, "Dacia Maraini ovvero dell'*amore* e del *rancore*", in ID., *Febbre, furore, fiele. Repertorio della poesia italiana contemporanea, 1970-1980*, Milano, Mursia, 1983, pp. 403-405.

GIOVANE NARRATIVA:
VERHALEND PROZA VAN 1980 TOT 2000

Inge LANSLOTS

Met de term *giovane narrativa* ("jong proza") tracht men de literaire productie van grofweg de laatste twintig jaar te duiden. De term werd in de loop van de jaren tachtig gelanceerd en gaf de indruk dat het een nieuwe beweging met een welomschreven programma betrof. De "jonge schrijvers" leken zo de leegte, het literaire vacuüm dat was ontstaan na de Gruppo 63, te komen opvullen. Immers, de avant-gardebeweging die haar naam ontleent aan het jaar waarin die werd opgericht, was een vroege dood gestorven: het experimentalisme dat exponenten zoals Eduardo Sanguineti en Nanni Balestrini aanhingen, had geen weerklank gevonden. De werken die eind jaren zestig en zeventig uitkwamen, waren – met uitzondering van die van Italo Calvino – dan ook weinig vernieuwend noch experimenteel. Bovendien was men vooral in de jaren zeventig erg bedrijvig op het vlak van essayistisch proza dat de eerder magere literaire productie overschaduwde.

Al snel bleek dat de *giovane narrativa* geen nieuwe beweging inluidde. De "jonge schrijvers" reageerden trouwens zelf al snel op de groepsnaam die hen – zo poneerden ze in 1986 op een meeting van het tijdschrift *L'Espresso* – abusievelijk was opgekleefd door pers en uitgevers. Waren de meesten onder hen – zo tussen de 35 en 45 jaar oud – bij hun debuut de jeugdige leeftijd al niet voorbij? Dit laconieke leeftijdsargument typeert hun onverschilligheid tegenover elke vorm van groepsverband, eigen aan de tijdsgeest. Men kon hooguit een aantal gemeenschappelijke kenmerken onderscheiden, voornamelijk op stilistisch vlak. Tot hun verbazing stelden de auteurs wel vast dat ze werkzaam waren in dezelfde beroepssectoren (pers, universiteit, uitgeverijen, publiciteit en ontspanning).

Maar met hun statement was de discussie niet afgesloten. In de daaropvolgende jaren dook de term geregeld weer op om telkenmale de laatste lichting auteurs voor te stellen. Door het continue hergebruik is de *giovane narrativa* verworden tot een paraplubegrip dat geen enkele lading meer dekt. Het maakt nu integraal deel uit van het promotiejargon van uitgeverijen. Opmerkelijk is dat ook recensenten en critici zich van deze term blijven bedienen, eventueel in de variante *la nuova narrativa*. Een afdoend alternatief is blijkbaar niet voorhanden.

PALOMARS ZONEN

Maar keren we terug naar het begin van de jaren tachtig wanneer er plots nieuwe namen opduiken onder de auspiciën van niemand minder dan Italo Calvino, die hen in de hoedanigheid van redacteur bij de uitgeverij Einaudi een duw in de rug geeft. Zo debuteert Andrea De Carlo (°1952, Milaan) in 1981 met *Treno di panna* (*Roomtrein*), een onopgesmukt, afstandelijk portret van de filmwereld in Los Angeles. Giovanni Marimeri, een fotograaf met vage regisseursambities, dringt via een achterpoort de wereld van filmvedetten binnen. Deze setting is geen toeval: voor hij zich op het schrijven toelegde, werkte De Carlo als scenarist samen met Antonioni en Fellini. Film zal trouwens als een rode draad doorheen zijn werk lopen. In 1984, op het ogenblik dat hij meer dan genoeg had van regisseurs en producenten – de verfilming van *Roomtrein* was met een sisser afgelopen –, pasticheert hij in de roman *Macno* een slecht filmscenario. In *Yucatan* portretteert hij vijf jaar later op een weinig flatterende manier een grillig regisseur, gezien door de bril van zijn assistent. In zijn voorlaatste roman, *Di noi tre* (1997), bekritiseert hij een regisseur die zijn debuut als onafhankelijk verfilmer verloochent en zich leent tot de commerciële film.

De Carlo's filmervaring heeft overigens niet alleen een weerslag op de inhoud, maar bepaalt ook het vertelstandpunt. Zijn tweede roman, *Uccelli di gabbia e di voliera* (*Vogels voor kooien en volière*) opent, net als *Roomtrein*, vanuit vogelperspectief en zoomt dan in op de begane grond. Vervolgens wordt de scène – een aanrijding – als het ware herhaald door de ogen van het hoofdpersonage. Tegelijkertijd past De Carlo, die ook actief is als fotograaf en schilder, nog een ander filmprocédé toe: door de erg gedetailleerde beschrijving creëert hij een slowmotion-effect. Zijn microscopische blik definieerde Calvino terecht als "hyperrealistische fotografie". Het innerlijke wordt in hoge mate uitgeschakeld. De Carlo leunt zo sterk aan bij zowel de *nouveau roman* uit de jaren vijftig als de Calvino van *Palomar*. Daarnaast heeft hij een grote voorliefde voor Amerikaanse auteurs (gaande van Scott Fitzgerald tot Kerouac en Hemingway).

De Verenigde Staten vormen een belangrijke, zo niet de belangrijkste, voedingsbodem voor De Carlo's werk. Vele van zijn personages worden naar dat land gedreven. De auteur is hierbij niet blind voor de gebreken waarmee hij zelf geconfronteerd werd tijdens zijn verblijf in Los Angeles – een voorbeeld van de vele autobiografiche elementen in zijn werk – en die hij met een ironiserende toets weergeeft. Volgens critici verruimde De Carlo zo de horizonten van de Italiaanse lezers: hoofdpersonages met een nomadische levensstijl waren tot de jaren tachtig immers niet echt gebruikelijk.

De Carlo's hoofdpersonages hebben nog een gemeenschappelijk kenmerk: het zijn een voor een (jong)volwassen die op zoek zijn naar zichzelf, verwikkeld raken in een onhoudbare driehoeksrelatie en maar niet willen opgroeien. Dit gegeven zit verweven in titels als *Di noi tre* ("Van ons drie", 1997) of *Vogels voor kooien en volière*, waarin het hoofdpersonage, net als de vogels in de kooi, droomt van een absolute vrijheid; in gedachten vliegt hij met hen mee naar hun moederland Australië (waar De Carlo een tijd verbleef). *Vogels voor kooien en volière* is het relaas van Fiodor, een nietsnut die leeft op kosten van zijn hardwerkende broer Leo en verliefd wordt op Malaidina, de vriendin van een vermeend terrorist. De mysterieuze Malaidina verdwijnt meermaals, maar als bij toeval ontmoet Fiodor haar steeds opnieuw. Juist omwille van de grote onwaarschijnlijkheid van hun weerzien is *Vogels voor kooien en volière* een eerder traditioneel liefdesverhaal, waarin De Carlo trouw blijft aan de stijl van het Amerikaanse minimalisme à la Brett Easton Ellis.

Vanaf zijn derde roman doet zich een opmerkelijke koerswijziging voor. De Carlo ruilt de alziende verteller in voor een ik-verteller, laat de principes van de *école du regard* los en raakt verstrikt in het emotionele. Je kan je als lezer niet van de indruk ontdoen dat zijn proza hierdoor aan lichtvoetigheid inboet. In de latere Bildungsverhalen lijkt hij de verwachtingen die gewekt waren door zijn beloftevol debuut overigens niet te kunnen inlossen. Meermaals weerklinkt het verwijt dat hij heeft toegegeven aan de wetten van de consumptieliteratuur, en zich tezeer conformeert aan de verwachtingen van de gemiddelde lezer.

Calvino's tweede ontdekking uit diezelfde periode is Daniele Del Giudice (°1949, Rome). Niet lang voor zijn dood, in 1983, schreef Calvino – zoals hij eerder had gedaan voor De Carlo – het commentaar op de achterplat van *Lo stadio di Wimbledon* (*Het stadion van Wimbledon*), een roman die de Premio Viareggio voor het beste debuut in de wacht sleepte. In de vrij korte roman onderneemt een fotograaf een poging tot reconstructie van het leven van de uit Triëst afkomstige Bobi Bazlen, die gedurende de jaren vijftig en zestig een erg invloedrijke figuur was in de Italiaanse letteren, maar die uit angst voor de banaliteit nooit kwam tot het schrijven van dé – zijn – roman. De zoektocht voert de verteller van de ene boekhandel naar de andere, waar hij steeds opnieuw een aanwijzing vindt die hij eigenlijk niet zocht. Ten slotte krijgt hij een publicatie en een foto van Bazlen in handen. Een ander boek brengt hem op het spoor van Ljuba Blumenthal, een schrijfster die bevriend was met "Bobi". Door hun gesprekken krijgt de figuur *in absentia* gestalte. Maar als het hoofdpersonage dat op papier wil zetten, is het niet meer dan een samenraapsel van fragmenten dat geen steek houdt. Kon hij de woorden en gedachten maar uitschakelen en zich houden aan de waarneming van het zichbare! Een fototoestel, achtergelaten in het stadion van Wimbledon, nodigt hem hiertoe uit, maar daar hij gaat niet op in.

Toch neemt de fotografie een belangrijke plaats in in het werk van Del Giudice: net als De Carlo in zijn beginfase poogt Del Giudice het object in ere te herstellen, en streeft hij ernaar om het waarneembare zo nauwkeurig mogelijk vast te leggen. Het subject staat niet langer centraal, hetgeen ook Calvino's enthousiasme voor het fotografische vertelstandpunt verklaart. Meteen is de toon gezet voor zijn tweede roman. In *Atlante occidentale* (1985) wordt dit streven namelijk opgesplist over de twee hoofdfiguren, de fysicus Brahe en de romanschrijver Epstein, maar het loopt opnieuw uit op een mislukking: daar waar in *Het stadion van Wimbledon* het volmaakte panorama de fotograaf niet meer kan bekoren, missen de waarnemingen van Brahe diepgang.

Een andere gelijkenis is de drang het onzichtbare zichtbaar te maken, wat symbool staat voor de honger naar kennis. Brahe zal in de deeltjesversneller van het CERN van Genève een blik werpen op de elementaire bouwstenen van het universum; Epstein verkent in zijn gedachten – het schrijven heeft hij allang opgegeven – parallele werelden die de werkelijkheid als een halo omringen. De aanvankelijk sterke tegenstelling wetenschap-literatuur of object-subject slaat om in een parallellisme.

Brahes atomisme en Epsteins potentialiteit verwijzen openlijk naar het gedachtengoed van de natuurfilosoof Democritus en de filosofische dichter Lucretius, zoals duidelijk wordt in de scène waar Brahe observeert hoe de stofdeeltjes zichtbaar worden door inkomende lichtstralen. *L'orecchio assoluto* ("Het absolute oor"), het eerste kortverhaal uit de bundel *Mania* (1997) staat letterlijk bol van soortelijke citaten uit *De rerum natura*. Maar meer nog dan aan de klassieke denkers zelf, refereert Del Giudice aan Calvino, meer bepaald aan de literatuurtheoreticus Calvino die in de *Zes memo's voor het volgende millennium* een aantal marsrichtingen voor de literatuur van het nieuwe millennium uitstippelt.

Vast staat dat Del Giudice deze 'memo's' grondig heeft doorgenomen, in die mate zelfs dat de opbouw van zijn proza volledig stoelt op de principes van Calvino. In *Staccando l'ombra da terra*, een verhalenbundel uit 1994, waarin hij zijn persoonlijke ervaringen als piloot verwerkt, komt naast de *visibilità* ook de *leggerezza* – het onttrekken van de dingen aan hun gewicht – op het voorplan. Dat zijn proza steeds meer de vorm aanneemt van kortverhalen is ook geen toeval. Blijkbaar gelooft Del Giudice – in tegenstelling tot De Carlo – niet langer in de mogelijkheden van de roman. In die kortverhalen vermengt hij discursieve instanties: net als Calvino in *Onzichtbare steden*, wordt de lezer in *Staccando l'ombra da terra* geconfronteerd met een meervoudig gebruik van het persoonlijk voornaamwoord *tu*, dat slaat op de verteller, de andere personages en op de lezer. *Dillon Bay*, een ander verhaal uit de bundel *Mania*, wordt omwille van het fatalisme (de dreiging van een onzichtbare vijand) wel eens gelinkt aan *Il deserto dei Tartari* (*De Tartaarse woestijn*) van Dino Buzzati, maar is in de eerste plaats een doorslag van een Escheriaanse ruimte: een surplus aan dimensies en perspectieven vloeien naadloos in elkaar over. Terwijl Calvino speels kon omgaan met zijn modellen (denk maar aan de vertelloop(s) in *Als op een winternacht een reiziger*, de kosmikomische uitvergrotingen van het primaire leven), heeft dat voor zijn 'leerling' – 'epigoon' is wellicht een gepastere term – een verstikkend en tevens 'kitscherig' effect. Men verwijt de docent aan de Universiteit van Venetië een gebrek aan humor, nochtans een deelaspect van de *leggerezza*, waardoor zijn werken erg cerebraal en vaak essayistisch overkomen. Liet Calvino een te zware erfenis na? Hoewel er enkele uitzonderingen zijn, kan men op deze vraag niet echt ontkennend antwoorden.

HUMOR, POLYFONIE EN ONEINDIGHEID

Stefano Benni (°1947, Bologna), bijvoorbeeld, legt wel een grote creativiteit aan de dag in het integreren en het verwerken van andermans materiaal. Zijn *Psicopatologia del lettore quotidiano*, de bijdragen die hij in 1995 en 1996 schreef voor *Effe*, het maandblad van zijn huisuitgever Feltrinelli, vervolledigt het portret van de lezer dat Calvino bood in het eerste hoofdstuk van *Als op een winternacht een reiziger*. En ook al zijn de *Cosmicomiche* niet ver weg, de proloog van *Elianto* uit 1996 biedt een eigen versie van de Big Bang.

Deze inventiviteit was overigens al aanwezig in zijn debuut uit 1983, *Terra!*, een op het eerste gezicht science-fiction-verhaal dat zich afspeelt in de tweeëntwintigste eeuw: de Derde Wereldoorlog beroofde de aarde van haar belangrijkste warmtebron, de zon, waardoor een nieuwe ijstijd intrad; het leven speelt zich nu ondergronds af, bestaansmiddelen en hulpbronnen worden steeds schaarser en men gaat op zoek naar een leefbare planeet. De bemanning van een eerste ruimte-expeditie keert niet terug, maar zendt wel de coördinaten door van een planeet, die uiteindelijk niets anders blijkt te zijn dan de aarde ten tijde van de inca's. De interplanetaire reis was als een stap in de teletijdmachine: tot deze vaststelling komt de crew van een tweede expeditie.

Terra! knoopt aan bij de lange literaire traditie van de reis naar de maan, die Calvino uitgebreid besprak in zijn *Zes memo's* (van Ariosto over *Cyrano de Bergerac* van Edmond Rostand tot de maanreizen van Jules Verne). Benni kent zijn klassieken en put ongegeneerd, zonder dat dit de lezer stoort, uit de literaire traditie.

Anderzijds is ook het heden een rijke inspiratiebron. Dat zijn verhalen zich meestal afspelen in science-fiction-achtige werelden, klinkt misschien als een paradox in de oren, maar het vergemakkelijkt Benni's opzet de mistoestanden van de hedendaagse samenleving aan te klagen. In de landen waarin zijn verhalen zich afspelen, en die de veelbetekenende namen Gladonia (*Baol*, 1990) of Tristalia (*Elianto*), zijn corruptie en maffieuze praktijken schering en inslag; de media en kijkcijfers sturen (meer nog: manipuleren) de bevolking. Een allescontrolerend regime laat geen afwijkende meningen toe. De slagzin uit George Orwells *1984*, "Big Brother is watching you", weergalmt in allerlei varianten. De hoofdfiguren – een allegaartje van rare snuiters, marginale typetjes, rebelse kinderen en jongeren met al even vreemde namen – gaan hier tegenin. Benni profileert zich als een eigentijdse moraalridder die op zijn sterkst is in zijn kortverhalen (vb. *L'ultima lacrima*). Benni neemt geen blad voor de mond: de links gerichte politieke satire uit zijn journalistieke periode vindt nu een literaire uitlaatklep.

Toch klinken zijn teksten nooit pessimistisch. Zijn politiek-civiele boodschap wordt immers ingebed in hyper- en surrealistische situaties à la Kurt Vonnegut, wat in combinatie met oneindig lange opsommingen – naar het voorbeeld van Calvino – bij de lezer menige (glim)lach ontlokt. Benni staat dan ook in alle overzichten geboekstaafd als een "komisch schrijver", in de stijl van Achille Campanile. Bovendien vermengt hij moeiteloos elementen uit verschillende literaire genres, zoals sprookjes, fabels, de picareske roman, zelfs het bestiarium (zijn tweede werk, *Stranalandia*, is hiervan zelfs een herinterpretatie), waardoor hoge en lage cultuur met elkaar worden verweven. Elke roman begint ook steevast met een spelerslijst alsof het om een toneelstuk ging. Niet alleen op discursief vlak is Benni inventief: hij past een zelfde *contaminatio* toe op de taal en heeft daarbij een bijzondere aandacht voor muzikaliteit. Bovendien heeft zijn verbeeldingskracht – in tegenstelling tot die van een Del Giudice – wel die *velocità mentale*, die snelheid van geest, om van de ene naar de andere episode over te schakelen. Zijn fantasie kan hij ook kwijt in zijn theaterteksten en poëzie.

Alessandro Baricco (°1958, Turijn) is nog zo'n creatieve duizendpoot. Hij geniet hier wellicht een grotere bekendheid omwille van de film van regisseur Giuseppe Tornatore, *The Legend of the 1900*, een bewerking van de theatermonoloog *Novecento* (1994) met Tim Roth in de hoofdrol. Zijn meermaals gelauwerde oeuvre is zo goed als volledig in vertaling verschenen, iets waarin hij voorlopig alleen staat, en hij is in zekere zin ook de meest toegankelijke auteur van dit overzicht. Voor Baricco zich aan de letteren waagde, was hij editorialist, radiomedewerker en presenteerde hij voor de RAI-televisie culturele programma's gewijd aan muziek en literatuur (waarvan *Pickwick* het meest bekende is). Daarnaast schreef hij vanuit zijn opleiding als musicoloog en saxofonist twee essaybundels over muziek, waarover hij ook in zijn columns (bij Feltrinelli uitgebracht onder de titels *Barnum* en *Barnum 2*) geregeld bijdragen levert. In een ander leven was hij – zo zei hij in een interview – graag rockartiest geworden. Muziek maakt dus wezenlijk deel uit van Baricco's leefwereld en is dan ook een belangrijke sleutel tot zijn werk.

Zo bootst hij bij het schrijven van zijn verhalen een aantal muzikale ritmes na: hij herhaalt klanken, woorden, zinnen, tekstfragmenten als in een refrein, waarna hij de vertelling herneemt en nieuwe elementen toevoegt. Elk verhaal wordt vanuit verschillende perspectieven belicht, wat meestal typografisch wordt aangegeven. Baricco hanteert hierbij een principe hem aangereikt door zijn lievelingscomponist, de in zijn ogen weergaloze Rossini, die zijn zangers 'dwong' dezelfde muzikale beweging te herhalen maar steeds op een hoger niveau, ze moesten zich telkens overtreffen. Baricco legt zichzelf – en de lezer – een gelijkaardige *tour de force* op.

Waarmee niet gezegd is dat de verschillende werken eenzelfde cirkelvormige stramien hebben. Ze hebben alle een eigen muziek die gedragen wordt door de verhaallijnen, die zich met elkaar verstrengelen en die de lezer op sleeptouw nemen. In zijn derde roman, het in 1996 verschenen *Seta* (*Zijde*), is de repetitiviteit bijvoorbeeld ingepast in een chronologische vertelling. *Zijde* luidde overigens Baricco's definitieve doorbraak in, maar werd door de Italiaanse critici erg negatief onthaald: het wel erg korte verhaal was volgens hen een publicatie onwaardig. *Zijde* was ook bedoeld om Holden, de schrijversschool in Turijn waarvan hij medeoprichter en -directeur is, te promoten... De auteur hulde zich voor de publicatie van zijn volgende roman in stilzwijgen.

In het voorwoord van *City* (1999) expliciteert hij welke het driedige opzet is van zijn laatste roman: het redigeren van 1° een verhaal dat zich gedeeltelijk afspeelt in onze tijd, 2° een verslag van een bokswedstrijd in de pionierstijd van de radio en 3° een western met de obligate finale schietpartij. Binnen deze verhaallijnen nemen personages het woord om zelf een verhaal te beginnen of maken ze het verhaal van anderen af. Personages bespreken of hernemen samen vertellingen en anticiperen op het vervolg. Daarnaast kan een personage zijn verhaal delegeren aan anderen. Ook een onooglijk detail kan de aanleiding vormen voor weer een nieuw verhaal. Anders dan voor de vorige werken zijn de overgangen naar een andere verhaallijn of een ander tekstniveau minder transparant, wat voor de lezers die minder bekend zijn met zijn oeuvre toch wel even wennen is. Of dit een nieuwe wending in zijn werk is, staat vooralsnog niet vast. Dat Baricco een begenadigd *cantastorie* is staat buiten kijf, maar hij zou zijn virtuositeit toch beter wat beteugelen.

De auteur schept verder duidelijk veel plezier in het bedenken van zijn personages: zijn romans worden bevolkt door excentrieke figuren met al even extravagante namen. Waar hij zijn inspiratie opdoet, wil hij niet kwijt. Toch zijn een aantal links vlug gelegd. Vaak betreft het wetenschappers die, samen met kunstenaars, worstelen met het probleem van de oneindigheid. In hun hoofd speelt een eindeloze gedachtestroom die ze niet kunnen stoppen, kanaliseren noch catalogiseren. Slechts weinig personages slagen erin zich hieraan te onttrekken door de stap van ideeën naar daden te zetten. Meestal echter wordt de vertraagde perceptie van de wereld, de eenzaamheid en zwijgzaamheid hen fataal, maar zelfs in de tragische momenten blijft Baricco grappig en luchtig. De typische Baricco-setting, een *frontierland*, draagt hier zeker toe bij: een wereld *in the middle of nowhere* met een eigen tijdsverloop; hoewel de jaren er voorbijgaan, tikt de tijd niet verder.

Op de vraag zijn aparte vertelstijl te karakteriseren verwijst Baricco in een interview slechts in laatste orde naar de Europese literatuur. Met zijn Italiaanse collega's voelt hij zich niet verwant, ook al laat de on-Italiaanse auteur zich tweemaal betrappen op een hommage aan Italo Calvino. De laatste episode van de western die Shatzy maakt, speelt zich af "onder een jaguarzon", een knipoog naar de gelijknamige verhalenbundel van Calvino; in een andere episode uit de western roept de perfect geometrische vorm van de achtervolgingsscène, waarin de voortvluchtige en de achtervolger verwisselbaar zijn, een van de kosmikomische verhalen van de grote voorganger op. Modellen buiten de literatuur zijn echter bepalender voor Baricco's werk. Hij meent

tot de eerste generatie schrijvers te behoren die sterk werd beïnvloed door film, televisie, stripverhalen en publiciteit, zogenaamde
'B-producten' die volgens de auteur het nerveuze, rabiate ritme van het
tennisspel van McEnroe hebben.

ENFANTS TERRIBLES

Eenzelfde nervositeit en ontvankelijkheid voor de subcultuur vinden we terug bij Aldo Busi en Pier Vittorio Tondelli. Een ander raakpunt is het feit dat hun publieke persoon of hun niet-literaire werk
de auteur overschaduwt, met weliswaar uiteenlopende gevolgen. Nochtans maakte Aldo Busi (°1948, Montichiari) in 1984 een veelbelo-
vende entree met *Seminario sulla gioventù* (*Over de jeugd*), een autobiografisch geïnspireerd Bildungsverhaal met elementen uit de
picareske roman. Hierin worden de personages karikaturaal uitgewerkt
en met het nodige sarcasme bejegend, een formule die Busi zal hernemen in volgende werken. Het verhaal lijkt echter ondergeschikt aan
het expressionistische taalgebruik: een mengvorm van registers, idio-
men, een linguïstische *pasticcio*. Busi is een komisch – lees grotesk –
schrijver. In besprekingen worden keer op keer namen aangehaald als
Dossi, Gadda, Arbasino, Céline en Rabelais, auteurs die vrijelijk expe-
rimenteerden met taal.

Maar vanaf zijn derde roman, *La Delfina Bizantina* (1986), zijn de
kritieken veel minder lovend: Busi weet zijn virtuoze vertelkunst niet
meer in te tomen, men gewaagt zelfs van een "structureel en stilistisch priapisme." Zijn teksten lijden hier sterk onder: het sarcasme
slaat om in een pathetisch meevoelen met zijn personages; de oorspronkelijke nerveuze blik die voortvloeide uit een grote aandacht
voor het detail, maakt plaats voor moraliserende uitspraken. Deze
terugval is omgekeerd evenredig met de toenemende bekendheid van
zijn persoon. Busi gedraagt zich hierbij erg uitdagend, hij schrikt er
niet voor terug mensen te shockeren. Bij de presentatie van *Sentire le
donne* (1991) daagt hij – zoals vooraf aangekondigd – naakt op, met
enkel een kroon op het hoofd. Hij weigert dan obstinaat het over zijn
werk te hebben, kraakt dat van anderen probleemloos af en geraakt
niet uitgepraat over zichzelf. Busi als schandaalfiguur is een eigen leven
gaan leiden, de schrijver werd een *auteur maudit*.

Anders verging het Pier Vittorio Tondelli (1955-1991, Correggio) die zich in de jaren tachtig ontpopte tot een rake observator van de hem omringende maatschappij. Zijn kanttekeningen heeft hij gebundeld in *Un weekend postmoderno*, dat een waarheidsgetrouwe kroniek van het decennium van de jaren tachtig geworden is, zij het dat de bijdragen nogal ongelijkmatig zijn (overigens had Tondelli bewust afgezien van een selectie). Meer nog dan in dit volumineuze werk komen zijn opvattingen over literatuur in het algemeen en zijn poëtica in het bijzonder aan bod in de postume bundel *L'abbandono*.

Tondelli's oeuvre evolueerde zowel op stilistisch als op thematisch vlak van een bijna mateloze exuberantie naar een grote soberheid. Zoals Busi laat Tondelli zich in een eerste fase inspireren door Gadda, Arbasino, Céline, maar ook door de Gianni Celati van voor 1985. Uitgangspunt is de gesproken taal die hij bedenkt met een eigen syntaxis: het meervoudig gebruik van het woord "dat" (*che*) wordt ten top gedreven; de erg lange zinnen zitten vol anakoloeten en dislocaties. Tondelli's taal absorbeert voornamelijk muzikale motieven, van klassiek tot underground. De eerste Tondelli is een expressionist die balanceert op de rand van het experimentalisme. De bundels *Altri libertini* (1980) en de roman *Pao Pao* (1982) verkennen de leefwereld van jongeren in alle mogelijke facetten, van hun drang naar absolute vrijheid (die vaak resulteert in losbandig en narcistisch gedrag) tot hun eenzaamheid. Die expliciete bandeloosheid werd hem niet door iedereen in dank afgenomen: twintig dagen na publicatie werd *Altri libertini* – dat al aan de derde oplage toe was – in beslag genomen. Na zijn ophefmakende bundels schreef Tondelli *Rimini* (1985), waarin een detectiveverhaal dient als kader om de jongerencultuur verder gestalte te geven. Waar kan dat beter dan aan de Adriatische kust, in het uitgaansoord bij uitstek? Toch schiet *Rimini* deels aan zijn doel voorbij omdat de triviaalroman geen enkel gevoel van betrokkenheid oproept, iets waar de auteur met *Camere separate* (1989) wel in slaagt.

Tondelli's laatste roman is het retrospectieve relaas van de verschillende fasen van de zoektocht naar de eigen identiteit: het ontdekken en aanvaarden van de homoseksuele geaardheid, de moeizame, bijna verstikkende relatie met de partner, die na de definitieve breuk komt te overlijden. Het hoofdpersonage Leo verzoent zich maar met zichzelf bij de terugkeer naar zijn geboortedorp: dit voltrekt zich als het ware tijdens een processie – religieuze symbolen doorheen de roman waren hiervan de voorbode. Omwille van de ingetogen, beheerste vertelling wordt de roman als het literaire hoogtepunt van Tondelli beschouwd. Hoewel het verhaal veel autobiografische elementen bevat en tevens een wat macabere voorafspiegeling is van zijn dood in 1991 (hij stierf op zesendertig jarige leeftijd aan Aids), overstijgt *Camere separate* deze autobiografische component.

Toch zal Tondelli misschien nog het meest bekend blijven omdat hij – zoals reeds vermeld – fungeerde als spreekbuis van de jonge generatie van de jaren tachtig en zich tegelijkertijd opwierp als promotor van aankomend talent. Jonge auteurs kregen de kans hun verhalen te publiceren. Zijn vroegtijdige dood maakte een einde aan de geplande serie ("Under 25") waarvan slechts drie titels uitkwamen: *Giovani Blues, Belli e perversi* en *Papergang*.

STILTETEKENS

Maar blijkbaar was de trend gezet, want in het kielzog van dit initiatief verschenen er nieuwe, waaronder *Italiana. Antologia dei nuovi narratori*, een van de meest representatieve verzamelingen – zoals een blik op de inhoudstafel leert. In deze anthologie springt Erri De Luca (°1950, Napels) als persoon en auteur uit de band. Immers, in tegenstelling tot de anderen is hij geen 'geschoold' schrijver. Na de klassieke humaniora hield hij zijn studies voor bekeken en ging hij werken als arbeider, vrachtwagenchauffeur en tenslotte als metselaar in de buurt van Rome waar hij – bewust – een teruggetrokken bestaan leidt. In de jaren zeventig engageerde De Luca zich in Lotta Continua. Hoewel de uiterst linkse beweging niet meer bestaat, is hij het ideeëngoed nog aanhangig en verdedigt hij nog openlijk de militanten die indertijd betrokken waren bij terroristische aanslagen.

De hoofdpersonages-vertellers uit zijn kortverhalen en romans zijn onmiskenbaar geënt op zijn persoonlijkheid: een *Einzelganger*, een weinig sociaal iemand die zich zelden mengt onder gezelschap en zich onbehouwen gedraagt in relaties met anderen. Terwijl recentere personages steeds actiever deel uitmaken van het heden en de liefde een kans geven, lijken zijn vroege personages niet los te komen van het verleden en zich uitsluitend te voeden met de verhalen van anderen.

Met hen communiceren is ogenschijnlijk eenrichtingsverkeer. Een mooi voorbeeld is *Non ora, non qui* (1989), waarin een oude man terugblikt op zijn leven en in het bijzonder op de moeilijke, zelfs problematische verhouding met zijn inmiddels overleden moeder tot wie hij zich richt in een niet-aflatende gedachtestroom. Als kind waren de rollen echter omgekeerd en was het zijn moeder die hem overstelpte met woorden. Wanneer de zoon poogde een dialoog op gang te brengen, werd hem onmiddellijk de mond gesnoerd met de reactie – vervat in de titel – "niet nu, niet hier". Tussen hen ontstond een muur van onbegrip, die de zoon postuum wil afbreken. De jongen hulde zich indertijd in een zwijgzaamheid die nog werd versterkt door zijn spraakgebrek (stotteren), waarmee ook andere van De Luca's personages worstelen en dat ze slechts langzaam overwinnen.

Opvallend is dat in *Non ora, non qui* de ik-verteller zelfs als volwassene geen enkele klank uitbrengt, alsof hij aan een vorm van afasie lijdt. Wat we traditioneel onder taal verstaan, is voor De Luca ontoereikend. Het vertellen of aanhoren van verhalen helpt je niet door te dringen tot de essentie der dingen; je blijft noodgedwongen aan de oppervlakte. Vandaar dat de auteur naarstig op zoek gaat naar andere interpretatiemiddelen: hij wordt aangezogen door een veelheid aan tekens die voor anderen onopvallend of waardeloos en dus onleesbaar zijn. Meestal gaat het om inkervingen en groeven, onuitwisbare sporen van het verleden dat een 'negatieve' indruk naliet. Exemplarisch is het litteken in *Tu, mio* (*Jij, de mijne*, 1998). Wat een eenvoudige vissenbeet had moeten zijn, legt in werkelijkheid de joodse identiteit bloot van het meisje waarop de ik-verteller verliefd wordt. Bovendien herinnert het door zijn vorm – een "τ" – aan haar vader die ze verloor tijdens de oorlog: "τ" staat voor "tate", vader in het Jiddisch. "τ" verwijst evenzeer naar het Hebreeuwse alfabet (waarop het geschreven Jiddisch is gebaseerd). Dit is een logische stap voor een auteur die 's nachts op eigen houtje de taal leerde om het Oude Testament in de oorspronkelijke versie te lezen, wat hem dan weer aanzette tot het vertalen van o.a. *Exodus, Jona* en *Prediker*. (Het Hebreeuws is tevens het vertrekpunt van een bijbelstudie, *Una nuvola come tappeto*, die door de originele benadering zowel bij het brede publiek als bij de critici veel bijval oogstte.) Typisch voor het Hebreeuws is dat alleen medeklinkers de taal genereren: zo is de laatste letter "τ" tevens het woord *tau* ("teken"). De letter omvat de elliptische, minimalistische schriftuur van De Luca. "τ" symboliseert tevens zijn taal die ruw, bijna on-Italiaans in de oren klinkt, maar toch een zekere sonoriteit bezit, wat zich op tekstniveau vertaalt in het veelvuldige geruis, het geritsel of het gemurmel van de materie. De Luca's teksten moet je eigenlijk beluisteren: het zijn beklijvende vertellingen die aansluiting zoeken bij de orale verteltraditie.

Een vergelijkbaar effect ressorteert het oeuvre van Giorgio Pressburger (°1937, Boedapest). Pressburger mag dan wel van buitenlandse origine zijn, zijn werk situeert zich binnen de Italiaanse productie van de laatste vijftien jaar. Pressburger week in 1956 – het jaar van de opstand in Hongarije – samen met zijn tweelingbroer Nicola uit naar Italië, waar ze een heel eigen carrière uitstippelden: Nicola werd economisch journalist; Giorgio werkte als film-, theater- en operaregisseur. Toch besloten ze samen te gaan schrijven. In 1986 verscheen *Storie dell'Ottavo Distretto* (*Verhalen uit het achtste district*), waarvoor ze ieder vijf kortverhalen leverden, tien *tableaux vivants* van het leven van de kleine man in Boedapest. De bundel geraffineerde vertellingen werd positief onthaald; opmerkelijk was de grote stilistische eenheid van de verhalen. Twee jaar later werd de bundel *L'elefante verde* uitgebracht die eenzelfde sfeer uitademt: een sfeer van heimwee naar een Hongarije dat bevrijd is van elke vorm van verdrukking, een sfeer van nostalgie naar de *sjtetl*, de joodse gemeenschapsvorm in Centraal-Europa. Door deze invalshoek behoren Giorgio en Nicola Pressburger, net als De Luca, niet tot die groep auteurs die het joods-zijn vanuit Italiaans standpunt in hun proza verwerken. Eerder dan het werk van de broers te linken aan dat van bijvoorbeeld Rosetta Loy en Giorgio Van Straten, is men geneigd hen te associëren met de rijke Midden-Europese traditie die aan de ene kant de Italiaanse cultuur overstijgt, maar aan de andere kant er een wezenlijk deel van is. De meest bekende exponent ervan is wellicht de Triëstse auteur Claudio Magris.

Deze verwantschappen bieden belangrijke sleutels tot de interpretatie van het werk van de tweeling Pressburger. Toch moet er men zich voor hoeden het louter door deze bril te lezen. Men begaat eenzelfde fout als men de latere werken van Giorgio Pressburger zou beschouwen als de verwerking van Nicola's dood in 1985. *I due gemelli* (1996) draait niet om de dood van de tweelingbroer op zich, maar wel om de herontdekking van die broer. Aanleiding is de komst van een jonge vrouw die een dochter is van een van beide. Wanneer de dochter – die een studie verricht naar harmonieleer in de muziek – piano speelt, groeit Beniamino terug naar Aron toe, met wie hij gebroken had.

Terwijl het in *I due gemelli* de muziek is die een nieuwe benadering van de realiteit – het verleden – aanreikt, is dat in *La legge degli spazi bianchi* (*Het wit [tussen] de letters*) de geneeskunde. Toch is de wetenschap, die in alle werken van Giorgio Pressburger prominent aanwezig is, geen zaligmakend kennisinstrument maar enkel een middel tot iets anders. Vandaar dat in elk van de vijf verhalen – naar aanleiding van het overlijden van een mannelijk personage – een nieuwe poging wordt ondernomen. Een sluitende verklaring voor het voorbije leven wordt nooit gevonden: er ontbreken altijd wel elementen, dat is "de wet van de witruimte tussen de letters".

Thans woont Pressburger opnieuw in Boedapest, waar hij het directeurschap van het Italiaanse Instituut voor Cultuur waarneemt. Zijn bijdragen in de belangrijkste Italiaanse kranten tonen aan dat hij de binding met het huidige Italië niet verliest. Naast zijn journalistieke activiteiten bouwt hij ook verder aan zijn literaire carrière: hij schrijft romans en kortverhalen, maar ook teksten voor theater. Toch kan men gerust stellen dat de metafysische vragen, die het leidmotief bij uitstek zijn in zijn werk, het krachtigst overkomen in zijn gebalde vertellingen.

Pygmalions stenen vrouw

De algemeen aanvaarde opvatting dat Italiaanse auteurs goede vertellers maar geen romanschrijvers zijn gaat, om andere redenen weliswaar, ook op voor Paola Capriolo (°1962, Milaan), die in 1988 zeer sterk debuteerde met een verhalenbundel, *La grande Eulalia* (*De stenen vrouw*), waarin reeds alle kenmerken van haar poëtica vervat zitten. In het titelverhaal lezen we hoe een jonge vrouw, gebiologeerd door theater, zich opwerkt tot de hoofdactrice van een rondtrekkend gezelschap en zo vergroeid geraakt met de wereld van fictie dat ze langzaam alle contact met de werkelijkheid verliest en zichzelf de dood injaagt.

De nevenpersonages krijgen geen hoogte van de zwijgzame Eulalia wiens gedrag eerst als melancholisch, later als narcistisch wordt begrepen, en zien met lede ogen aan hoe ze wegkwijnt. Bovendien wordt een van hen door het hoofdpersonage 'gebruikt' om sneller toegang te krijgen tot de ideale wereld die ze voor ogen hebben. Dat ene personage dat een aardse, dus onvolmaakte voorafspiegeling van de nagestreefde perfectie is, slachtoffert zich uit liefde. Capriolo's volgende werken – met uitzondering van *Il vecchio principe nel paradiso infelice* (1999), een actuele interpretatie van de Apocalyps – worden voortgestuwd door een identiek streven dat zich enkel kan voltrekken in een gesloten, bijna claustrofiele ruimte. Met deze verhaalelementen grijpt Capriolo terug naar het decadentisme van de vorige eeuwwisseling. De beklemmende sfeer heeft overigens wortels in Capriolo's eigen bestaan: de schrijfster houdt niet van open ruimten, ze verplaatst zich node en behalve haar ouders en een handvol vrienden ziet ze niemand. Haar leefwereld beperkt zich als het ware tot de vier muren van haar flat. Capriolo beweert dat ze tot in haar studententijd – ze studeerde filosofie – een heel normaal leven leidde; psychosomatische klachten zorgden voor een radicale ommekeer.

In haar schrijven is Capriolo niet alleen schatplichtig aan de literatuur van het fin de siècle maar ook aan een aantal Midden-Europese klassiekers zoals Kafka en in het bijzonder Thomas Mann. De Duitstalige literatuur kent ze tevens vanuit haar vertaalervaring. Zo vertaalde ze bijvoorbeeld Mann, Benn, Goethe, Keller. Met Hoffmann, Buzzati en Landolfi zegt Capriolo een grote affiniteit te hebben omwille van de sprookjeselementen en de fantastische component. Van haar hand is trouwens de sprookjesbundel *La ragazza della stella d'oro e altri racconti.* De schrijfster wordt vaak verweten dat ze zich teveel laat leiden door haar voorbeelden. Ook haar schrijfstijl draagt deze stempel: haar taal komt archaïsch en esthetiserend over. Met een lagere symbolische geladenheid en een hogere dosis ironie zouden haar teksten wellicht aan vertelkracht winnen.

LOW CULTURE: PULP FICTION

Diametraal tegenover Capriolo's gecultiveerde taal staat het lage(re) taalregister van haar bijna-leeftijdsgenoten, de laatste lichting van de *giovane narrativa,* waarin men enkele (vage) tendensen kan onderscheiden. Een eerste strekking gaat verder op de weg ingeslagen door

Busi en Tondelli: het komisch-groteske van Gadda, Sanguineti en Celati, maar hoofdzakelijk Arbasino werkt inspirerend. Met een jong lezerspubliek voor ogen stellen de auteurs hun romans op in een spreektalig Italiaans. Voor de jonge hoofdpersonages, die uitgewerkt worden volgens een zwartwittekening, zijn verleden en toekomst van geen belang meer, enkel het heden telt. Door de grote autoreferentialiteit – jongeren die voor jongeren schrijven over jongeren – slaan de romans onmiddellijk aan en eindigen vaak hoog in de verkooplijsten. Frappant is dat vrouwelijke auteurs goed vertegenwoordigd zijn. De meest bekende onder hen zijn Rossana Campo (°1963, Genua) en Silvia Ballestra (°1967, Marken). Toch kan men niet spreken van "vrouwelijke" literatuur. Daarvoor is hun werk te verschillend. Het enige wat hen bindt (en hen doet verschillen van hun mannelijke collega's) is de dominantie van een cyclische tijdsperceptie.

Auteurs als Niccolò Ammaniti (°1966, Rome), Aldo Nove (°1967, Varese), Andrea G. Pinketts (°1961, Milaan) daarentegen koesterden halverwege de jaren negentig wel enige ambitie school te vormen en brachten bij wijze van literair manifest de bloemlezing *Gioventù cannibale* uit. In *Le favole cambiano*, het voorwoord op de verhalenbundel, worden de krachtlijnen uitgezet: de literatuur mag niet langer compromissen sluiten, noch moralistische principes inhouden; goed en kwaad zijn lege begrippen, waardoor geweld en bloedvergieten een andere dimensie krijgen. Met de woorden *destroy* en *horror* refereren de *cannibali* in hun teksten openlijk aan de Amerikaanse *splatterpunk*. Naast deze sleutelwoorden komen er nog heel wat veritaliaanste, maar duidelijk herkenbare, Engelse termen in voor (vb. *parens*). In wezen expliciteert en verscherpt deze groep de tendens die een zichtbare vervlakking van het hedendaagse proza bewerkstelligt. De *cannibali* rekruteren op die manier ook Silvia Ballestra.

De bestseller *Jack Frusciante è uscito dal gruppo* (*Jack Frusciante haakt af*) van Enrico Brizzi (°1974, Nizza Monferrato) wordt beschouwd als een referentiepunt van de beweging, die ondertussen alweer over het hoogtepunt heen is omdat bij de aanhangers, en niet in het minst bij Brizzi, er een zekere terugkeer naar de normaliteit merkbaar is. De hoofdfiguur van zijn roman *Elogio di Oscar Firmian e del suo stile impeccabile* (2000), bijvoorbeeld, maakt zich langzaam los van zijn rebelse, extreme levensstijl. Parallel hiermee versobert de aanvankelijk flamboyante vertelling, ze wordt zelfs langdradig om uiteindelijk te verzanden in de banaliteit. De *cannibali* lijken zich van binnenuit te hebben uitgehold. Volwaardige plaatsvervangers hebben zich nog niet aangeboden. Men maakt voorzichtig gewag van een *nouvelle vague* die schrijvers uit het Zuiden groepeert.

Trash

Los van eventuele groepsvorming worden voortdurend nieuwe namen gelanceerd. Elk jaar komen er 450 prozatitels uit, en dat is maar een fractie van de manuscripten die uitgeverijen krijgen toegezonden. Er gaan geregeld stemmen op om de wildgroei aan schrijvers een halt toe te roepen, maar daar valt niet veel van te merken. Welke de selectiecriteria zijn, ontgaat menigeen. Een analoge onduidelijkheid kenmerkt de vertaalpolitiek van de Nederlandstalige uitgeverijen. Lovenswaardig zijn de initiatieven om klassiekers te (her)vertalen, maar hedendaagse auteurs die een reputatie hebben opgebouwd, worden verwaarloosd. Er is daarentegen wel ruimte voor boeken als *My house in Tuscany* van Frances Mayes en kwalitatief weinig hoogstaande romans die worden aangeprezen als Bildungsverhalen (*Volevo i pantaloni* (*Ik wilde een broek*) van Lara Cardella, *La maschera* (*Maskers*) van Elena Soprano).

De niet-Italiëkenner zou hierdoor een sterk vertekend beeld van de Italiaanse letteren kunnen krijgen, een beeld dat deze bijdrage beoogde enigszins bij te stellen door aan de hand van representatieve auteurs de grote verscheidenheid van de laatste twintig jaar in kaart te brengen. Ondanks de grote versnippering blijft men verwoede pogingen ondernemen om groepen te onderscheiden. Hoe deze "generaties" uiteindelijk in de literatuurgeschiedenissen zullen worden opgenomen, is vooralsnog een open vraag.

BEKNOPTE BIBLIOGRAFIE

Primaire literatuur
Prozateksten van individuele auteurs
BALLESTRA, Silvia, *Romanzi e racconti* (waaronder *Compleanno dell'iguana*, 1991), Milano, Theoria, 1999.
—, *La giovinezza della signorina N.N. Una storia d'amore*, Milano, Baldini & Castoldi, 1999.
BARICCO, Alessandro, *Castelli di rabbia*, Milano, Rizzoli, 1991. (*Land van glas*, vert. Manon Smits, Breda, De Geus, 1996.)
—, *Novecento. Monologo*, Milano, Feltrinelli 1994. (*Novecento. Een monoloog*, vert. Manon Smits, Breda, De Geus, 1998.)
—, *Oceano mare*, Milano, Rizzoli, 1993. (*Oceaan van een zee*, vert. Manon Smits, Breda, De Geus, 1995.)
—, *Seta*, Milano, Rizzoli, 1996. (*Zijde*, vert. Manon Smits, Breda, De Geus, 1998.)
—, *City*, Milano, Rizzoli, 1999. (*City*, vert. Manon Smits, Breda, De Geus, 2000.)
BENNI, Stefano, *Terra!*, Milano, Feltrinelli, 1983.
—, *Il bar sotto il mare*, Milano, Feltrinelli, 1987.
—, *Elianto*, Milano, Feltrinelli, 1996.
—, *Bar sport Duemila*, Milano, Feltrinelli, 1997.
—, *Spiriti*, Milano, Feltrinelli, 2000.
—, *Psicopatologia del lettore quotidiano*, http://www.stefanobenni.it/fabula
BRIZZI, Enrico, *Jack Frusciante è uscito dal gruppo*, Ancona, Baldini & Castoldi, 1994. (*Jack Frusciante haakt af. Een groots verhaal over liefde en parochie-rock*, vert. Pietha de Voogd, Amsterdam, Bezige Bij, 1996.)
—, *Elogio di Oscar Firmian e del suo stile impeccabile*, Ancona, Baldini & Castoldi, 2000.
BUSI, Aldo, *Seminario sulla gioventù*, Milano, Mondadori, 1984. (*Over de jeugd*, vert. Jan van der Haar, Utrecht, Veen, 1990.)
—, *Vita standard di un venditore provvisorio di collant*, Milano, Mondadori, 1985. (*Uit het leven van een tijdelijke pantyverkoper*, vert. Els van der Pluym, Amsterdam, Contact, 1992.)
—, *La Delfina Bizantina*, Milano, Mondadori, 1986.
—, *Sentire le donne*, Milano, Bompiani, 1991.
CAMPO, Rossana, *In principio erano le mutande*, Milano, Feltrinelli, 1992. (*Pavarotti, Giovanna en ik*, vert. Henrieke Herber, Amsterdam, Wereldbibliotheek, 2000.)

—, *L'attore americano*, Milano, Feltrinelli, 1997. (*De Amerikaanse acteur*, vert. Els van der Pluym, Amsterdam, Wereldbibliotheek, 1999.)

CAPRIOLO, Paola, *La grande Eulalia*, Milano, Feltrinelli, 1988. (*De stenen vrouw*, vert. Tineke van Dijk, Amsterdam, Meulenhoff, 1992.)

—, *Il nocchiero*, Milano, Feltrinelli, 1989.

—, *La ragazza della stella d'oro e altri racconti. Illustrazioni di Gabriele Kutzke*, Torino, Einaudi, 1991.

—, *Il doppio regno*, Milano, Bompiani, 1991. (*Het rijk van de vergetelheid*, vert. Henny Vlot, Amsterdam, Meulenhoff, 1993.)

—, *Vissi d'amore*, Milano, Bompiani, 1992. (*Voor de liefde heb ik geleefd*, vert. Tineke van Dijk, Amsterdam, Meulenhoff, 1994.)

—, *La spettatrice*, Milano, Bompiani, 1995. (*De vrouw in de loge*, vert. Henny Vlot, Amsterdam, Meulenhoff, 1997.)

—, *Il sogno dell'agnello*, Milano, Bompiani, 1999.

DE CARLO, Andrea, *Treno di panna*, Torino, Einaudi, 1981. (*Roomtrein*, vert. Thomas Graftdijk, Amsterdam, Bert Bakker, 1985.)

—, *Uccelli di gabbia e di voliera*, Torino, Einaudi, 1982. (*Vogels voor kooien en volière*, vert. Thomas Graftdijk & Marguerite Seton, Amsterdam, Bert Bakker, 1986.)

—, *Macno*, Milano, Bompiani, 1984. (*Macno*, vert. Tineke van Dijk, Amsterdam, Bert Bakker, 1987.)

—, *Yucatan*, Milano, Bompiani, 1986.

—, *Tecniche di seduzione*, Milano, Bompiani, 1993.

—, *Di noi tre*, Milano, Mondadori, 1997.

DE LUCA, Erri, *Non ora, non qui*, Milano, Feltrinelli, 1989.

—, *Tu, mio*, Milano, Feltrinelli, 1998. (*Jij, de mijne*, vert. Tine Riegen & Anna Maria Domburg, Amsterdam, Meulenhoff, 2000.)

DEL GIUDICE, Daniele, *Lo stadio di Wimbledon*, Torino, Einaudi, 1983. (*Het stadion van Wimbledon*, vert. Anneke van Ammelrooy, Amsterdam, De Arbeiderspers, 1987.)

—, *Atlante occidentale*, Torino, Einaudi, 1985.

—, *Nel museo di Reims*, Milano, Mondadori, 1988.

—, *Staccando l'ombra da terra*, Torino, Einaudi, 1994.

—, *Mania*, Torino, Einaudi, 1997.

LOY, Rosetta, *La bicicletta*, Torino, Einaudi, 1974. (*De fiets*, vert. Tine Riegen & Anna Maria Domburg, Amsterdam, Meulenhoff, 1991.)

—, *La porta dell'acqua*, Torino, Einaudi, 1976. (*De waterpoort*, vert. Tine Riegen & Anna Maria Domburg, Amsterdam, Meulenhoff, 1994.)

—, *All'insaputa della notte*, Milano, Garzanti, 1984. (*De laatste zomer*, vert. Tine Riegen & Anna Maria Domburg, Amsterdam, Meulenhoff, 1992.)

—, *Le strade di polvere*, Torino, Einaudi, 1987. (*Wegen van stof*, vert. Tine Riegen & Anna Maria Domburg, Amsterdam, Meulenhoff, 1990.)

—, *Sogni d'inverno*, Milano, Mondadori, 1992. (*Winterdromen*, vert. Tine Riegen & Anna Maria Domburg, Amsterdam, Meulenhoff, 1993.)

—, *Italiaanse romans*, Amsterdam, Meulenhoff, 1998. (Bevat *De waterpoort*, *Wegen van stof* en *Winterdromen*.)

—, *Cioccolata da Hanselmann*, Milano, Rizzoli, 1995. (*Chocola bij Hanselmann*, vert. Tine Riegen & Anna Maria Domburg, Amsterdam, Meulenhoff, 1997.)

—, *La parola ebreo*, Torino, Einaudi, 1997. (*Het woord jood*, vert. Tine Riegen & Anna Maria Domburg, Amsterdam, Meulenhoff, 1998.)

PRESSBURGER, Giorgio (& Nicola), *Storie dell'Ottavo Distretto*, Genova, Marietti, 1986. (*Verhalen uit het achtste district*, vert. Barbara de Lange, Amsterdam, Prometheus, 1991.)

—, *La legge degli spazi bianchi*, Genova, Marietti, 1989. (*Het wit [tussen] de letters*, vert. Barbara de Lange, Amsterdam, Prometheus, 1990.)

—, *L'elefante verde*, Genova, Marietti, 1988.

—, *I due gemelli*, Milano, Rizzoli, 1996.

SOPRANO, Elena, *La maschera*, Milano, Baldini & Castoldi, 1996. (*Maskers*, vert. Henny Vlot, Amsterdam, Meulenhoff, 2000.)

TONDELLI, Pier Vittorio, *Altri libertini*, Milano, Feltrinelli, 1980.

—, *Pao Pao*, Milano, Feltrinelli, 1982. (*Arrivederci Roma* [fragment], vert. Bart Van den Bossche, in EECKHOUT, Bart (red.), *City Life. Verhalen uit de grote stad*, Amsterdam-Antwerpen, Meulenhoff-Manteau, 1996, pp. 135-156.)

—, *Rimini*, Milano, Bompiani, 1985.

—, *Camere separate*, Milano, Bompiani, 1989.

—, *L'abbandono. Racconti degli anni Ottanta*, Milano, Bompiani, 1993.

—, *Opere. Romanzi, teatro, racconti* (red. Fulvio Panzeri), Milano, Bompiani, 2000.

VAN STRATEN, Giorgio, *Il mio nome a memoria*, Milano, Mondadori, 2000. (*Hartogs keuze*, vert. Jan van der Haar, Amsterdam, Byblos, 2001.)

Anthologieën

BROLLI, Daniele (red.), *Gioventù cannibale*, Torino, Einaudi, 1996.

PARAZZOLI, Ferruccio & FRANCHINI, Antonio (red.), *Italiana. Antologia dei nuovi narratori*, Milano, Mondadori, 1991.

TONDELLI, Pier Vittorio (red.), *Giovani Blues*, Ancona, Il Lavoro Editoriale, 1986.

—, *Belli e perversi*, Ancona, Transeuropa, 1988.

—, *Papergang*, Milano, Mondadori, 1990.

Het door Tondelli opgestarte project *Under 25* wordt hernomen *cfr.* http://www.under25.it/: *Under 25. 2000* zou elk jaar een vervolg kennen.

Essays:

BARICCO, Alessandro, *Il genio in fuga. Sul teatro musicale di Rossini*, Genova, Il Melangolo, 1988.

—, *L'anima di Hegel e le mucche del Wisconsin*, Milano, Garzanti, 1993.

—, *Barnum. Cronache del Grande Show*, Milano, Feltrinelli, 1995.

—, *Barnum 2. Altre cronache del Grande Show*, Milano, Feltrinelli, 1998.

CALVINO, Italo, *Lezioni americane. Sei proposte per il prossimo millennio*, Milano, Garzanti, 1988. (*Zes memo's voor het volgende millennium*, vert. Linda Pennings, Amsterdam, Bert Bakker, 1991.)

DE LUCA, Erri, *Una nuvola come tappeto*, Milano, Feltrinelli, 1991.

—, *Esodo/Nomi*, Milano, Feltrinelli, 1994.

—, *Giona/Ionà*, Milano, Feltrinelli, 1995.

—, *Kohèlet/Ecclesiaste*, Milano, Feltrinelli, 1996.

TONDELLI, Pier Vittorio, *Un weekend postmoderno. Cronache degli anni ottanta*, Nota di Fulvio Panzeri, Milano, Bompiani, 1990.

Studies over la giovane narrativa

BARANSKI, Zygmunt B. & PERTILE, Lino (red.), *The New Italian Novel*, Edinburgh, Edinburgh University, 1993.

BARENGHI, Mario, *Oltre il Novecento. Appunti su un decennio di narrativa (1988-1998)*, Milano, Marcos y Marcos, 1999.

LUCA, Beatrice, *Stesso sangue. DNA di una generazione*, Roma, Edizioni minimum fax, 2000.

PIEMONTESE, Felice, *Autodizionario degli scrittori italiani*, Milano, Leonardo, 1989.

SINIBALDI, Marino, *PULP*, Roma, Donzelli, 2000.

TRECCA, Michele, *Parola d'autore. La narrativa contemporanea nel racconto dei protagonisti. Con un intervento di Giuseppe Petronio*, Lecce, Argo, 1995.

Andere informatiebronnen:

Goed om weten is dat op de websites van de Nederlandse uitgeverijen de vertaalde werken gekoppeld worden aan een beknopte voorstelling van de auteur, besprekingen en/of recensies en – eventueel – aan interessante links. Idem voor internetbookshops.

Een surftocht naar de website van de Italiaanse uitgevers is ook warm aanbevolen. *www.kwlibri.kataweb.it* en *www.alice.it* zijn goede vertrekpunten.

Edizioni Cadmo heeft net een reeks "Scritture in corso" opgestart gewijd aan hedendaagse schrijvers.

Vele interessante bijdragen zijn te vinden in tijdschriften zoals *Linea d'ombra*, *L'indice del mese* en *Narrativa* (Université de Paris X-Nanterre, Centre de Recherches Italiennes). De bijdragen per auteur zijn gemakkelijk op te zoeken via de *MLA*-catalogus.

Het tijdschrift *Deus ex machina* heeft in december 2001 een themanummer uitgebracht over de hedendaagse Italiaanse literatuur (proza en poëzie).

V
NAMENREGISTER

OMTRENT DE AUTEURS

Dina ARISTODEMO heeft Italiaanse letterkunde gedoceerd aan de Universiteiten van Utrecht en Amsterdam. Behalve over auteurs van de Italiaanse Renaissance heeft ze verscheidene studies gepubliceerd over thema's en schrijvers van de Italiaanse literatuur van de negentiende (o.a. De Amicis, Capuana, Verga) en twintigste (o.a. Ungaretti, Angioletti, Moretti, Rigoni Stern) eeuw. Bijzondere aandacht heeft ze gewijd aan reisliteratuur, aan sprookjesproblematiek en aan het werk van hedendaagse Italiaanse schrijfsters. Een constante in haar onderzoek wordt gevormd door de literaire en cultuurhistorische raakvlakken tussen Italië en de Lage Landen.

Philiep BOSSIER was van 1993 tot 2003 docent aan het Hoger Instituut voor Vertalers en Tolken van de Hogeschool Antwerpen. Sinds januari 2004 is hij hoogleraar oudere Romaanse cultuur- en letterkunde aan de Rijksuniversiteit Groningen. Hij promoveerde in 1995 op een proefschrift over de commedia dell'arte in de zestiende-eeuw. Zijn onderzoek is voornamelijk gewijd aan theatergenres van de Italiaanse Renaissance en Barok. Publiceert regelmatig over theater, vertaalproblematiek en hedendaagse Italiaanse literatuur. Hij is redactielid van *Incontri*, tijdschrift voor Italië-studies en van *Linguistica Antverpiensia*, tijdschrift voor taal-en vertaalwetenschap.

Pieter DE MEIJER was tot 1997 hoogleraar Italiaanse letterkunde en Italiaanse cultuurgeschiedenis aan de Universiteit van Amsterdam. Van deze universiteit was hij rector magnificus van 1991 tot 1997. Hij publiceerde in Italië en in Nederland over Verga, over de Italiaanse neo-avant-garde, over Dante, Boccaccio en Ariosto, over de vertelkunst in Italië van het einde van de achttiende eeuw tot 1970 en over genre-problematiek.

Natalie DUPRÉ is docent aan de Hogeschool voor Wetenschap en Kunst (Campus Vlekho) en *research fellow* aan de K.U. Leuven.

Zij promoveerde op een proefschrift over de grensproblematiek in het verhalend proza van Claudio Magris en publiceerde tevens artikels over andere Triëstse auteurs.

Marie-José Heijkant is universitair docent Italiaanse Letterkunde aan de Universiteit van Leiden. Zij is gepromoveerd op een onderzoek naar de Tristanstof in Italië (*La tradizione del "Tristan" in prosa in Italia e proposte di studio sul "Tristano Riccardiano"*, Nijmegen, 1989) en heeft verschillende artikelen gepubliceerd over de Italiaanse letterkunde uit de Middeleeuwen, met name over de *Tavola Ritonda*. Zij is recensent voor het *Zeitschrift für romanische Philologie*.

Monique Jacqmain is een gepensioneerd hoogleraar van het Hoger Instituut voor Vertalers en Tolken in Antwerpen, en gastdocente aan Amerikaanse universiteiten. Zij vertaalde werken van Marnix Gijsen en Willem Elsschot in het Italiaans, toneelstukken van Goldoni, Dario Fo, Natalia Ginzburg, Renato Sarti in het Nederlands, alsook Lodovico Guicciardini's *Descrittione di tutti i Paesi Bassi*. Publiceerde *Il linguaggio della pubblicità* (Sansoni, 1973), twee handboeken Italiaans voor gevorderden, artikels over Italiaanse taal- en letterkunde, of over vergelijkende literatuurwetenschap. Redactielid van het tijdschrift *Linguistica Antverpiensia*. Vermeld in de *Who's Who in the World*.

Monica Jansen promoveerde in 1999 aan de Universiteit Utrecht op een dissertatie over het postmodernisme-debat in de Italiaanse literatuur en filosofie (verschenen in boekvorm als *Il dibattito sul postmoderno. In bilico tra dilattica e ambiguità*, Firenze, Cesati, 2002). Momenteel is zij verbonden aan de Opleiding Italiaans van de Universiteit Utrecht als postdoc en als docent Italiaanse letterkunde. In haar onderzoek houdt zij zich bezig met de vraag hoe kwesties als postmodernisme en culturele identiteit zich verhouden tot de Italiaanse en Portugese literatuur vanaf de jaren zeventig. Ze publiceerde artikelen over Tabucchi, het postmodernisme en andere onderwerpen die de hedendaagse Italiaanse literatuur betreffen. Ze is eindredacteur van *Incontri*, tijdschrift voor Italië-Studies

Els Jongeneel is universitair docent Literatuurwetenschap en moderne Italiaanse letterkunde aan de Rijksuniversiteit Groningen.

Zij doceerde voorheen bij de afdeling Frans aan de Universiteit Leiden, en publiceerde over o.a. autobiografie, narratologie, tekst-beeldrelatie in de negentiende- en twintigste-eeuwse literatuur.

Inge LANSLOTS studeerde Romaanse filologie aan de UIA. Sinds 1999 is ze als docent Italiaans verbonden aan de Lessius Hogeschool Antwerpen, departement vertaler-tolk. Ze is co-editor van *Piccole finzioni con importanza. Valori della narrativa italiana contemporanea* (Ravenna, Longo, 1993). In 1998 behaalde ze haar doctoraal proefschrift in de hedendaagse Italiaanse literatuur met als titel *Gli orologi molli. La narrativa italiana contemporanea e la coscienza del tempo*. In haar publicaties spitst ze zich verder toe op hedendaags proza (Baricco, Biamonti, Camilleri, Lodoli, Tabucchi). Voor *De Tijd-Cultuur* recenseerde ze Italiaanse, Spaanstalige en Portugese literatuur.

Costantino MAEDER doceert Italiaans aan de Université Catholique de Louvain, waar hij ook het Centrum voor Italiaanse Studies leidt. Hij heeft boeken en artikels gepubliceerd over Metastasio, Arrigo Boito, Pavese, Sciascia, Leopardi en andere auteurs uit de achttiende, negentiende en twintigste eeuw; hij publiceerde tevens verschillende interdisciplinaire studies over literaire theorie, theater en muziek.

Ulla MUSARRA-SCHRØDER heeft van 1975 tot 2000 algemene en vergelijkende literatuurwetenschap gedoceerd aan de Katholieke Universiteit Nijmegen. Sinds 2000 is ze werkzaam als gastdocent vergelijkende letterkunde aan de Katholieke Universiteit Leuven. Haar publicaties liggen vooral op het gebied van het modernisme en het postmodernisme. Ze publiceerde talrijke artikelen over Italiaanse schrijvers, o.m. over Leopardi, Svevo, Pavese, Buzzati, Calvino, Eco, Magris, en de volgende boeken: *Le roman-mémoires moderne. Pour une typologie du récit à la première personne* (1981), *Narcissus en zijn spiegelbeeld. Het moderne ik-verhaal* (1983), *Narciso e lo specchio. Il romanzo moderno in prima persona* (1989), *Il labirinto e la rete. Percorsi moderni e postmoderni nell'opera di Italo Calvino* (1996).

Reinier SPEELMAN is docent-onderzoeker aan de Universiteit Utrecht. Hij houdt zich onder meer bezig met het onderwijs in de Italiaanse literatuur en verricht onderzoek naar de relaties tussen Italië en het

Osmaanse Rijk en naar de joods-Italiaanse literatuur. Onder zijn meest recente wetenschappelijke publicatie bevindt zich een uitgave van de *Lettere delle cose de' Turchi* van Pietro Businello (ca. 1745). Hij publiceerde onder andere over Renaissance-literatuur en over vertalingen van Dante en Petrarca. Daarnaast is hij actief als samensteller van bloemlezingen van Italiaanse literatuur en als vertaler van o.a. Ugo Foscolo en Primo Levi, van wie hij de Nederlandse uitgave van de verhalen bezorgde.

Elisabeth TONNARD is schrijver van poëzie, proza en essays. Zij studeerde algemene literatuurwetenschap aan de Katholieke Universiteit Nijmegen en rondde haar studie in 1996 af met *De papieren geschiedenis. Het literaire werk van Umberto Eco bekeken in het licht van de postmodernistische visie op de geschiedenis*, bekroond door de Werkgroep Italië-Studies en door de K.U.N. Zij heeft algemene literatuurwetenschap gedoceerd aan de K.U.N. en publiceert regelmatig in *Armada, tijdschrift voor wereldliteratuur*.

Isabelle VANDENBORRE studeerde Romaanse talen aan de Katholieke Universiteit Leuven, en is momenteel werkzaam in het middelbaar onderwijs. Zij schreef haar licentiaatsverhandeling over Mario Luzi. Zij publiceerde een essay over de dichter, en een interview van haar met Luzi verscheen in 1999 in de collectieve interviewbundel *"Poesia nonostante tutto"* (Firenze-Leuven, Franco Cesati-Leuven University Press).

Sabine VERHULST doceert Italiaanse taal en literatuur aan de Universiteit Gent. Haar onderzoek spitst zich toe op het Quattrocento, het Settecento, Leopardi en de ideeëngeschiedenis. Behalve over deze onderzoeksvelden publiceerde ze ook over de Italiaanse literatuur van de twintigste eeuw. Zij is auteur van *La frottola (XIV -XVsec.): aspetti della codificazione e proposte esegetiche* (Gent, 1990) en editor van *Immaginazione e conoscenza nel Settecento italiano e francese* (Milano, FrancoAngeli, 2002).